Frontispice de *The Arte of Navigation* de

L'Histoire sacrée du monde

DU MÊME AUTEUR
AUX ÉDITIONS J'AI LU

L'histoire secrète du monde, n° 9579

JONATHAN
BLACK

L'Histoire sacrée du monde

Comment les anges, les mystiques et les intelligences supérieures ont créé notre monde

DOCUMENT

Traduit de l'anglais
par Laure Motet

J'AI LU

TITRE ORIGINAL :
The Sacred History

À Lorna Byrne

Préface

Les récits, contes et légendes que raconte à nouveau ce livre, pris ensemble et présentés dans l'ordre, forment une sorte d'histoire populaire du monde.

Mais plus encore, ils fonctionnent à différents niveaux. Ils appartiennent à une tradition mystique.

Pour la plupart, ces récits décrivent des événements extraordinaires qui se sont déroulés non pas dans le monde physique, mais dans le royaume des dieux, des anges et des êtres spirituels. Dans nombre d'entre eux, les personnages accueillent des dieux et des anges sans le savoir, ou voyagent entre les mondes et s'introduisent dans des réalités alternatives. Ils peuvent nous donner un aperçu de ce qu'on éprouve quand le monde spirituel s'immisce dans le quotidien, quand les êtres spirituels y font irruption, quand on sent subitement une présence, ou quand on entre, à notre insu peut-être, dans un monde différent – un monde sens dessus dessous, un monde à l'envers.

Nombre de ces histoires occupent depuis longtemps une place importante dans la mémoire collective, mais elles nous font toujours autant d'effet aujourd'hui, car elles représentent des tournants majeurs dans l'évolution spirituelle – ou, pour le dire en termes modernes, des tournants dans l'évolution de la conscience.

Dans la tradition mystique, cette évolution correspond au déroulement d'un plan divin. Époque après époque, étape par étape, de grands êtres spirituels nous guident : ils nous amènent à nous révéler et nous aident à évoluer. Quand on se bat, quand on aime, quand on repousse ses limites et qu'on trouve une victoire dans la défaite, on marche sur les traces des dieux et des anges, et on agit selon des modèles de sens et de comportements qu'ils ont établis pour nous.

Toutefois, comme pour tout ce qui touche au mystique, cette histoire n'est pas seulement linéaire. Parce que le temps n'opère pas de la même façon dans les mondes spirituels, certains événements historiques s'y déroulent, en un sens, peut-être encore. Des événements de l'histoire du monde peuvent également se rejouer dans nos vies individuelles, de sorte que chacun d'entre nous doit endurer un exil dans le désert et se mettre en quête du Graal. Certains événements peuvent avoir été reconstitués dans le cadre de cérémonies religieuses : l'histoire que nous connaissons comme celle de Cendrillon, par exemple, était à l'origine celle d'Isis, drame sacré qu'on jouait dans les temples d'Égypte antique. Certaines histoires, y compris celles de renaissance, peuvent avoir fait partie de rituels initiatiques, au cours desquels quelqu'un « naissait à nouveau » dans un état d'être ou un état de conscience supérieur. D'ailleurs, certains de ces rituels sont toujours reconstitués aujourd'hui, en secret.

Dans la forme sous laquelle elles nous sont parvenues, ces histoires se veulent pleines de sagesse. Ce sont des « enseignements », censés agir au niveau de ce qu'on appellerait aujourd'hui l'« inconscient », mais elles visent aussi à nous faire prendre conscience des formes à l'œuvre dans nos vies et des desseins mystiques qui les régissent. Je montrerai que c'est l'une des raisons pour lesquelles les histoires sont importantes. D'après moi, les histoires tendent à montrer l'immanence du divin dans l'expérience humaine.

Voilà pourquoi on peut voir les moments charnières du déroulement de l'histoire spirituelle du monde dans des récits qui peuvent sembler purement fictifs – les contes de fées, les contes des *Mille et Une Nuits*, et les contes populaires qui relatent des rencontres avec des êtres élémentaux et les esprits des morts.

Aucune grande histoire n'est qu'un pur produit de l'imagination – pas plus que ne l'est l'imagination elle-même[1].

*

* *

Ces récits sont présentés en ordre chronologique. Au début du livre, je raconte à nouveau les mythes des premiers temps de l'humanité pour montrer comment, époque après époque, étape par étape, les éléments fondamentaux de la condition humaine se sont mis en place.

Les interventions divines et les interactions intelligentes avec les êtres spirituels, l'accompagnement spirituel, les mises à l'épreuve spirituelles – tout cela y est incontesté et y occupe une large place. Les auteurs de ces récits mythiques ne s'intéressaient pas au monde matériel comme nous nous y intéressons depuis la révolution scientifique. Pour eux, le grand miracle, le grand prodige, n'était pas tant la complexité et la beauté du monde extérieur que celles du monde *intérieur* de l'expérience subjective. Ils expliquaient comment nous en sommes arrivés à faire l'expérience de la vie telle que nous la faisons aujourd'hui[2].

C'est donc à cause de la passion que Vénus nourrissait pour Adonis que le désir peut parfois être destructeur. C'est parce que Loki, le Lucifer scandinave, a volé un anneau magique forgé par les nains que même les meilleurs d'entre nous pouvons devenir cupides et extrêmement égoïstes. C'est grâce à Odin et Mercure que nous sommes curieux sur le plan intellectuel. Et, grâce au dieu Soleil, nous avons l'assurance que, si nous agissons avec sincérité, en y mettant tout notre cœur et en prenant tous les risques, nous finirons par vaincre les forces des ténèbres.

Plus loin, nous verrons que c'est grâce à Moïse que la passion de la justice coule dans nos veines, telle une rivière impétueuse. Que, grâce au Bouddha, nous savons faire preuve de compassion envers toutes les choses vivantes et que, grâce aux grands mystiques d'Arabie, nous avons découvert les délices de l'amour.

L'histoire des fondateurs du Hatha-yoga au Moyen Âge est étroitement liée à celle de Christian Rosenkreutz et à l'introduction des enseignements sur les chakras dans le courant de pensée mystique occidental. Nous verrons que Carl Gustav Jung, l'un des deux grands spécialistes de la spiritualité à l'époque moderne, était conseillé par un guide désincarné, tout comme Socrate était guidé par son démon. Rudolf Steiner, l'autre grand connaisseur des mondes spirituels aux temps modernes, a quant à lui fait un récit circonstancié du voyage de l'esprit après la mort.

Tout au long de cet ouvrage, certains thèmes réapparaîtront, tout comme certains personnages, à l'instar de la figure inquiétante et parfois dangereuse du Vert (Al-Khidr), qui réapparaît sous différentes formes et finira par annoncer la fin du monde tel que nous le connaissons.

Dans certains chapitres, j'ai entrecoupé le récit de commentaires dans le but d'expliciter les moments charnières de l'histoire qu'ils mettent en scène. Dans d'autres cas, je n'ai pas osé m'interposer.

Je tiens pour évident, comme l'a dit Ibn 'Arabî, un mystique soufi qui m'a éclairé au fil de ces pages, qu'« aucune religion ne peut à elle seule exprimer entièrement la Réalité de Dieu ». Dans les chapitres qui suivent, je me penche sur l'œuvre et les enseignements de différentes écoles – kabbalistique, soufie, hermétique, rosicrucienne, maçonnique, théosophique ou encore anthroposophique –, mais aussi sur l'œuvre de mystiques tels que Platon, Plotin, Paracelse, Christian Rosenkreutz, Jakob Böhme, Rudolf Steiner et Lorna Byrne, en me demandant si leurs reformulations de la sagesse des temps anciens peuvent nous aider à trouver le langage approprié pour en parler en termes modernes.

J'examine également l'œuvre des grands conteurs des temps modernes, les écrivains qui cherchent à savoir si notre vie comporte une dimension mystique, si le monde est jonché de significations que nous n'y avons pas mises, si nous interagissons vraiment avec des intelligences non incarnées. À l'ère du matérialisme scientifique, c'est sans doute la plus grande question philosophique et les romanciers, de Dostoïevski à George Eliot en passant par David Foster Wallace, ont cherché des récurrences mystérieuses, des traces mystiques et des influences « surnaturelles » non pas dans la vie épique des héros, mais dans le quotidien de personnes ordinaires.

*

* *

J'ai en partie écrit ce livre pour poser une question scandaleuse : *Et si ce que déclarent les religions du monde était vrai ?* À quoi l'histoire ressemblerait-elle ? Est-il possible de faire un récit créationniste de la création sans que les scientifiques le rejettent immédiatement comme étant absurde ?

Et si d'autres grandes déclarations étaient vraies ? Et si des anges guidaient vraiment Jeanne d'Arc quand elle a vaincu l'armée anglaise ? Et si la Vierge Marie avait bel et bien rendu visite à Bernadette Soubirous ?

Il est bien sûr impossible de prouver scientifiquement ces événements extraordinaires. Mais, si on les réunit pour tisser une trame historique, émerge-t-il une description cohérente du monde, qu'on pourrait opposer à la description traditionnelle, correcte sur le plan scientifique ? Peut-on construire une histoire riche de sens à partir des récits d'interventions angéliques, de visions mystiques et d'autres expériences « surnaturelles » – que les historiens sensés mettent systématiquement au rebut ?

Est-il possible de retrouver les mêmes récurrences dans le monde d'aujourd'hui ? De grands êtres spirituels interviennent-ils toujours de façon décisive, comme ce fut le cas dans la vie de Moïse ou de Jeanne d'Arc ? Dans la troisième partie du livre, nous en trouverons des exemples : les expériences troublantes d'un président américain ; des miracles attestés par des milliers de témoins dans la péninsule ibérique ; l'apparition d'anges devant les juifs persécutés par les nazis en Hongrie, devant des écoliers attaqués par une armée rebelle au Congo, mais aussi devant des personnes menant en apparence une vie urbaine ordinaire. *L'Histoire sacrée du monde* fournit des éléments probants d'expériences directes du « surnaturel » à travers les âges et, selon moi, l'abondance et la cohérence des témoignages sont particulièrement marquants[3].

*

* *

Nous vivons à l'intersection de deux plans, un plan mental et un plan physique, et nous pouvons passer de l'un à l'autre. Tous deux sont infiniment mystérieux et nous font nous interroger sur nos origines et notre avenir.

De tout temps, les philosophes se sont demandé quel plan était apparu en premier, lequel était le plus fiable, le plus appréhensible. L'existence de l'un dépend-elle de l'autre ? La question philosophique qui a le plus de répercussions sur notre rapport au monde est la suivante : *Quel est le plus réel – l'esprit ou la matière* ?

En découlent d'autres questions : sommes-nous ici parce que l'univers nous a faits ainsi, ou l'univers est-il ainsi fait parce que son *but* est de nous créer ? L'esprit est-il le composant primaire de l'univers ? La valeur et le sens sont-ils inhérents à l'univers ? Les lois morales fondamentales sont-elles tissées dans la toile de l'univers ? Ou les avons-nous inventées ?

Avons-nous inventé l'amour ?

Croire que l'esprit est apparu en premier et qu'il est en quelque sorte plus réel que la matière est la conception religieuse ou spirituelle de la vie – et c'est ce que l'immense majorité des gens a cru pendant la plus grande partie de l'histoire[4]. Croire que la matière est apparue en premier est le point de vue matérialiste et athée. Ce point de vue est devenu populaire avec l'avènement de la révolution scientifique et prévaut aujourd'hui, du moins parmi l'élite instruite. De nos jours, l'idée qui domine sur le plan intellectuel est que l'esprit et la conscience ne sont dus qu'à l'assemblage aléatoire de certaines substances chimiques.

En philosophie, il existe un terme pour désigner le point de vue selon lequel « l'esprit est apparu en premier » : l'idéalisme. Ce terme peut prêter à confusion, car, en dehors du monde universitaire, on l'utilise généralement pour désigner la poursuite de grands idéaux. Pour les étudiants en philosophie – du moins, ceux qui étudient la philosophie selon la tradition anglo-américaine –, il désigne une théorie de la connaissance désuète en laquelle personne ne croit plus vraiment, et qui a pour la dernière fois été défendue sérieusement par l'évêque Berkeley au XVIIIe siècle.

Pourtant, pendant la majeure partie de l'histoire, l'idéalisme a été une cosmologie et une philosophie de vie globale et sincère. La plupart des gens faisaient l'expérience du monde d'une manière qui concordait avec cette philosophie : on pourrait donc parler d'« idéalisme populaire[5] ». Ils croyaient qu'« au commencement », un grand Esprit cosmique – « Dieu » dans les traditions occidentales – avait créé la matière, qu'il en avait eu l'intention. Ils ressentaient en outre la présence de cet Esprit cosmique, qui réorganisait le cosmos en réponse à leurs prières et à leurs espoirs et peurs les plus intimes, les guidait, et les récompensait ou les punissait pour leurs actions. Il leur arrivait aussi de ressentir une présence spirituelle et, parfois, d'avoir ce qu'on appellerait aujourd'hui des « hallucinations collectives[6] ».

L'élite intellectuelle d'aujourd'hui, clairement acquise à la cause du matérialisme, tend à railler les expériences mystiques et spirituelles, à les tourner en dérision. Au lieu d'essayer sérieusement de se confronter aux données de l'expérience spirituelle, certains athées insistent haut et fort, comme si la question était déjà réglée. Mais il ne faut pas nous résigner à accepter cette situation. Il n'existe, par exemple, aucune preuve définitive de ce qui s'est passé « au commencement » – ni même aucune qui puisse prétendre à l'être. Il n'existe que très peu de preuves du Big Bang et aucune preuve de ce qui s'est passé avant. Pour ce qui concerne les premiers temps de la création, croyants comme athées n'ont pas grand-chose pour appuyer leurs dires. On échafaude un volume considérable de spéculations sur des embryons de preuve[7]. Dans ce domaine comme dans beaucoup d'autres, au vu de la quantité de preuves à notre disposition et de leur nature, toute certitude est tout bonnement inappropriée. Dans un livre paru récemment, le philosophe américain Alvin Plantinga avance de la même manière qu'on ne peut pas exclure que l'évolution ait résulté d'une intention – mais qu'on ne peut pas non plus exclure le contraire[8].

*
* *

Si les preuves que fournit la science sont insuffisantes, peut-on puiser dans d'autres sources de connaissances ?

Le mot « mystique » vient du latin *mystae* (« initiés aux mystères »). Dans la Grèce antique, certains individus étaient choisis pour être initiés dans des institutions appelées « écoles de mystère », rattachées aux grands temples publics. Tout le monde connaissait leur existence, mais rares étaient ceux qui avaient le privilège de découvrir ce qu'on y enseignait. Dans ces enceintes très secrètes, les *mystae* étaient instruits et soumis à une série d'épreuves extrêmes, qui pouvaient comprendre de longues périodes de jeûne et de privation sensorielle, des exercices spirituels, et parfois même la prise de drogues. Le procédé visait à induire des expériences mystiques.

Les *mystae* étaient à même de percer le voile qui rendait les êtres spirituels invisibles au commun des mortels. Ils pouvaient communiquer directement, consciemment, avec les forces constructives de l'univers, forces qui, d'après l'idéalisme, nous contrôlent en grande partie, nous et notre monde.

Nous verrons que les connaissances ésotériques que les initiés acquéraient étaient des connaissances pratiques sur la manipulation de la matière par l'esprit humain. Tout commençait par la physiologie : les initiés apprenaient à générer des effets psychosomatiques à l'intérieur du corps humain, puis à déplacer la matière hors du corps par le seul pouvoir de l'esprit. De fait, ils étaient capables d'œuvrer dans le monde par des moyens inaccessibles à la conscience normale, de tous les jours. Ils pouvaient devenir prophètes ou guérisseurs, ou faire montre d'autres dons extraordinaires. Ils pouvaient donner naissance à de nouvelles idées dans le domaine des arts, de la philosophie et des sciences. Ils connaissaient les algorithmes spirituels avec lesquels l'Esprit cosmique façonne le monde qui nous entoure. Parfois, nous le verrons, ils les connaissaient avec une précision mathématique. De nombreux Grecs et Romains illustres, parmi lesquels Socrate, Platon, Eschyle, Pindare, Ovide, Virgile, Sénèque et Cicéron, étaient initiés de ces écoles.

À cette époque comme aujourd'hui, certains mystiques atteignaient ces états de conscience altérés et les autres modes de connaissances qu'ils induisaient grâce à ces techniques d'initiation ; chez d'autres, cette capacité était tout simplement innée. Dans *L'Histoire sacrée du monde*, des témoignages de ces deux types de mystiques nous éclaireront. L'histoire racontée ici est l'histoire des hommes telle qu'elle est relatée par les individus qui possèdent cette conscience alternative ou supérieure, ces autres moyens d'atteindre la connaissance. En puisant dans la sagesse des mystiques à travers les âges, dont Ibn 'Arabî, Hildegarde de Bingen, Rudolf Steiner et la remarquable mystique moderne Lorna Byrne, j'ai essayé d'expliciter les intentions des êtres spirituels qui interviennent dans la vie des hommes.

Ce livre est une histoire visionnaire et, comme je le dis toujours, je ne peux rien prouver. Cela serait bien sûr impossible. Mais cela fait longtemps qu'une chose me frappe : au niveau de l'expérience spirituelle et mystique, toutes les grandes traditions religieuses se rejoignent. L'expérience d'un yogi dans les forêts indiennes, celle d'un derviche dans le désert d'Arabie, et celle de Lorna Byrne dans la banlieue de Dublin sont d'une cohérence remarquable. Les mystiques soufis évoquent un « autre monde », un lieu qui a une réalité objective mais qui est accessible grâce à l'imagination : les hommes peuvent y entrer par de nombreux portails, situés à différents endroits du globe, et pourtant se retrouver au même endroit et rencontrer les mêmes êtres spirituels.

*

* *

À la fin du livre, je propose ce que j'appelle l'« argument de l'expérience personnelle directe » : si l'univers a été créé par un Esprit cosmique, l'expérience que nous en faisons devrait être très différente de ce qu'elle serait s'il était le simple fruit du hasard.

Comment évaluer notre expérience, comment l'éprouver, dans cette perspective ? Les preuves en faveur d'un Esprit cosmique auront tendance à entrer dans la catégorie du mystique. Mais il nous est difficile de parler d'expérience mystique en termes abstraits. Excepté quelques mystiques peu connus, rares sont ceux qui s'y sont essayés, si bien que nous n'avons pas les termes adéquats pour en parler. Et, comme il est difficile d'exprimer – ou de penser – l'expérience mystique, nous sommes sans doute plus susceptibles d'échouer à la reconnaître quand nous en vivons une.

George Eliot a évoqué ce problème : « Les instants d'or pur du torrent de la vie filent sous nos yeux et nous n'y voyons que du sable ; les anges viennent nous rendre visite et nous les reconnaissons seulement quand ils sont repartis[9]. »

S'il nous manque le cadre conceptuel adéquat, comment réfléchir à ces expériences – et aux questions de la vie et de la destinée ? J'ai suggéré que les histoires pouvaient fournir une arène pour ce faire...

Avant la révolution scientifique, la conscience humaine se focalisait sur certains des principaux aspects de la condition humaine : nous n'avons que peu de prise sur les grands événements de notre vie, ce qui influe le plus sur notre bonheur arrive sans qu'on n'ait rien demandé, et une intelligence directrice qui n'est pas la nôtre est à l'œuvre. De nos jours, de telles idées ne sont pas monnaie courante, mais le romancier américain David Foster Wallace a écrit à leur sujet en des termes originaux, contemporains et immédiats :

> [L]es baisers du destin autant que les coups bas illustrent l'impuissance de l'individu face aux événements vraiment significatifs de sa vie : quand quelque chose d'important vous arrive, c'est rarement à votre initiative. Le destin n'a pas de bipeur : le destin se contente de vous faire *Psst*

dans une ruelle, planqué dans un imperméable, et généralement vous ne l'entendez pas parce que vous êtes trop occupé par autre chose, une de vos importantes initiatives personnelles[10].

Une grande vérité, une vérité brute, sous-tend toutes ces réflexions sur le sens de la vie. Sans un Esprit cosmique préexistant en ayant eu l'intention, le cosmos, la vie elle-même, ne peut pas, par définition, avoir de signification *intrinsèque* – seules celles que l'on choisit de projeter dessus temporairement, partialement, ont un sens. Sans un Esprit cosmique préexistant, la notion de destin n'a aucun sens.

Pourtant, comme David Foster Wallace et d'autres l'ont suggéré, nombre d'entre nous devinent parfois un sens plus profond, absolu. Le monde est contre nous ; on joue de malchance ; on esquive une épreuve mais elle se représente à nous sous une autre forme ; on fait l'expérience de prémonitions, de coïncidences riches de sens, de rêves qui essaient de nous dire quelque chose ; subitement, on comprend en toute clarté les pensées de quelqu'un d'autre ; on sent un lien spécial avec des personnes que l'on rencontre ; on vit un moment de bonheur et on se rend compte que tout dans notre vie nous y a conduit ; on tombe amoureux et on est sûr que c'était écrit…

Les histoires de récurrences surnaturelles et de desseins mystiques peuvent nous sensibiliser à de tels motifs dans notre propre expérience. Elles incitent à porter attention aux phénomènes intérieurs subtils et complexes qui, si l'idéalisme dresse un tableau exact du monde, manifestent les rouages internes du monde tout en révélant les grandes forces qui s'entrelacent pour le créer, l'entretenir et l'animer. Les récits présentés dans cet ouvrage ont précisément été choisis pour faire ressortir de tels motifs.

Quand on lit une histoire, on entre dans un monde mystérieux, plein de paradoxes, d'énigmes et de mystères, et on pourrait bien se rendre compte que *la vie est elle aussi comme ça*. La grande fiction nous révèle les profondeurs de notre être et celles du monde dans lequel on vit. Elle peut nous montrer un monde empreint d'énergie intelligente, un monde qui entend communiquer avec nous…

J'espère que ces histoires vous plairont et que vous les lirez dans l'esprit voulu.

Introduction
La vision mystique

« Que Dieu nous garde de la vision simple. »

William BLAKE

Certaines personnes voient le monde des anges aussi clairement que nous voyons les rochers, les pierres et les arbres. On leur donne différents noms – certains grossiers – mais, ici, nous les appellerons « mystiques[1] ».

Les mystiques travaillent parfois au sein des religions traditionnelles mais, le plus souvent, vivent en marge du monde. Ils ont tendance à être isolés, voire solitaires.

Ils ont toujours été source de préoccupation pour l'institution religieuse. Imaginez un prêtre sincère et appliqué, qui prie pour avoir la foi mais s'inquiète, au plus profond de son cœur, de n'avoir jamais vécu d'expérience mystique digne de ce nom. Imaginez comme cela doit lui être difficile si, à quelques kilomètres de là, vit une jeune femme qui s'entretient avec les anges à longueur de journée. Comment défendre avec assurance le dogme de l'Église quand on suspecte que d'autres font personnellement et directement l'expérience de réalités qu'on ne connaît qu'en théorie ?

Les athées sont eux aussi hostiles aux mystiques, cela va sans dire. Pour eux, voir des anges ne peut être qu'une hallucination. Si certains psychiatres un brin autoritaires mettaient la main sur quelques-uns de mes amis, ils n'hésiteraient pas à les déclarer schizophrènes, c'est certain[2].

Face à une telle hostilité, on se doit de dissiper un malentendu fréquent : la vision mystique n'est pas nécessairement en contradiction avec le point de vue scientifique. Les mystiques ne remettent pas en question ce que l'on voit de nos yeux. Pas plus qu'ils ne disent que la vie n'apparaît pas de la manière ordonnée que décrit la science. Ce qu'ils disent, c'est que les événements se produisent parce que *les anges et les autres êtres spirituels les planifient*. Parce qu'ils œuvrent « en coulisses ».

Comment ces mystiques le savent-ils ? Parfois, ils ne voient que ce que nous voyons – le monde physique. D'autres fois, ils atteignent un état visionnaire dans lequel le monde physique disparaît : ils ne voient alors plus que le monde spirituel[3]. À d'autres moments, les deux mondes s'entrecroisent. Un mystique peut voir un événement de ses deux yeux physiques – comme une mère qui revérifie la ceinture de sécurité maintenant en place le siège de son bébé dans sa voiture –, tout en le voyant en même temps avec un troisième œil, plus spirituel. Dans ce cas, son troisième œil voit l'ange gardien de la mère se tenir sur son épaule et l'inciter à vérifier, parce que le clip de sécurité n'est pas bien accroché. Quand elle se retourne, l'ange gardien du bébé sourit avec gratitude et rayonne de la lumière bleue de la compréhension.

Ce que le troisième œil, ou œil spirituel, voit peut se situer hors du monde physique, mais cela ne signifie pas pour autant que cette vision est en *contradiction* avec ce que les deux autres yeux voient. Elle ouvre plutôt une nouvelle dimension, qui se mêle au monde physique[4].

Il est important de garder cette double vision à l'esprit quand on en vient à réfléchir à la création. En la matière, mystiques et scientifiques examinent selon moi la même série d'événements. *Ils l'examinent simplement de points de vue très différents*.

Si on regarde le premier chapitre de la Genèse dans la Bible du roi Jacques, les événements se déroulent ainsi :

> Et Dieu dit : Qu'il y ait la lumière [...]. Qu'il y ait un firmament [...] et qu'il sépare les eaux d'avec les eaux [...] et que la terre sèche paraisse [...]. Que la terre produise l'herbe [...]. Que les eaux produisent en abondance les créatures mouvantes qui ont vie [...]. Que la terre produise [...] les bêtes de la terre [...]. Faisons l'homme [...][5].

Dieu créant le monde avec une précision mathématique (illustration extraite de *Le Livre du Trésor*, ou *Li Livres dou Tresor*, de Brunetto Latini).

Si l'on dépouille le texte du langage poétique, que décrit-il ? Une série d'événements au cours de laquelle des particules subatomiques (la « lumière ») sont suivies par du gaz (le « firmament »), puis du liquide (les « eaux »), du solide (la « terre sèche »), une vie végétale primitive (l'« herbe »), une vie aquatique primitive (« les eaux produisent en abondance les créatures mouvantes qui ont vie »), des animaux terrestres (« les bêtes de la terre ») et, pour finir, des êtres humains modernes du point de vue anatomique (« faisons l'homme »). Vue sous cet angle, la Genèse est cohérente avec le point de vue scientifique moderne.

Pour réfuter le récit biblique de la création, les athées soulignent invariablement qu'elle n'a duré que sept jours. Or il est évident que la Bible n'a jamais voulu dire que le monde avait été créé en sept jours au sens moderne du mot « jour ». La durée d'une journée correspond à la rotation de la Terre sur elle-même, par rapport au Soleil. Or au commencement, ni la Terre ni le Soleil n'existaient. Dans la Genèse, le mot « jour » est sans nul doute utilisé pour désigner une grande unité de temps, comme un éon. Les événements qui y sont rapportés se sont produits avant que le temps tel que nous le connaissons ne soit mesurable, peut-être même avant qu'il n'existe.

Alors, d'où vient le problème ? Pourquoi tant d'animosité ? Parce que la Genèse dit que *Dieu a planifié cette série d'événements. Il a voulu que la Création se produise et a fait en sorte qu'elle se produise*. Il a dit : « Qu'il en soit ainsi », et il a vu que cela était bon.

*

* *

Mais il y a plus provocant encore : dans la Bible, il est aussi dit que les anges ont aidé Dieu à réaliser ses intentions et qu'ils s'en sont réjouis[6].

Saint Michel aidant à modeler la forme humaine (miniature italienne du XIIIe siècle).

On trouve de nombreux passages sur les anges dans la Bible, mais il existe aussi d'autres sources, dont certaines sont aussi anciennes que la Bible. Les mythes et légendes des Juifs – le Talmud et les traditions mystiques de la Kabbale, sur lesquels nous nous pencherons plus tard – développent les descriptions d'anges de la Bible[7]. Les mystiques ont toujours affirmé comprendre le rôle joué par les anges, auquel il est seulement fait allusion dans les textes sacrés : il n'y apparaît pas de manière explicite, mais peut-être cryptée. Dans les traditions mystiques juive et chrétienne, par exemple, l'archange Michel joue un rôle déterminant dans la création de la forme humaine, et ses actes et sa personnalité, ainsi que ceux des autres anges, se cachent entre les lignes et les mots de la Genèse. Nous le verrons, les traditions mystiques et sacrées d'autres religions semblent également raconter les mêmes histoires, impliquant les mêmes êtres.

Contemplons maintenant les grands horizons que ces mystiques et visionnaires ont ouverts, les vastes panoramas d'armées et de dynasties d'anges, de dirigeants et de héros angéliques, et, oui, de mauvais anges. Dans les pages qui vont suivre, nous verrons des galaxies s'étendre et se rétracter, et des civilisations d'anges apparaître et disparaître.

Les batailles d'anges sont-elles le produit de l'imagination humaine, comme le soutiennent les athées ?

Ou notre vie et nos amours sont-elles un écho de la vie et des amours des anges ?

L'archange Raphaël envoyé à Adam et Ève (illustration de Gustave Doré pour *Le Paradis perdu* de Milton).

1

La rosée tombe doucement...

Au commencement, il n'y avait ni temps, ni espace, ni matière – seulement les ténèbres.

Les scientifiques n'ont quasiment rien à dire sur cette période – et les mystiques non plus. Peu importe où on se place, il est presque impossible de découvrir quoi que ce soit au sujet de ces ténèbres, ni même de trouver les mots pour en amorcer une description.

Toutefois, tandis que les scientifiques les réduisent au néant, les croyants soutiennent qu'elles n'étaient rien de moins que l'esprit fécond de Dieu.

C'est de ce point de désaccord, concernant une question pour laquelle les deux camps devraient admettre ne pas avoir de réponse, que découlent toutes les grandes discordes de l'histoire – les inquisitions, les persécutions, les emprisonnements, la torture, les exécutions, les guerres qui se poursuivent à l'époque moderne[1].

Quel que soit le camp auquel on appartient, il existe néanmoins une certitude : pour en arriver là où nous en sommes aujourd'hui, il doit y avoir eu une transition d'un état de non-matière à un état dans lequel la matière a fait son apparition. Les scientifiques ont proposé différentes théories pour expliquer cette transition très mystérieuse, comme la théorie de « l'état stationnaire », selon laquelle la création de matière est continue, la matière étant continûment précipitée des ténèbres. Ou, bien sûr, la théorie du Big Bang, qui affirme que la matière, l'espace et le temps sont tous apparus d'un coup, jaillissant d'un point sans dimension et sans temps appelé « singularité ». Or, que cela se soit passé en continu ou d'un seul coup – quelle que soit la *vitesse* du processus –, si vous aviez été présent à ce moment-là et si vous aviez pu observer ces événements à travers le plus puissant des microscopes, vous auriez vu de toutes petites particules subatomiques, presque abstraites dans un premier temps, évoluer pour devenir des atomes. Sous la forme d'une brume très fine, *quelque chose* commençait à imprégner le cosmos.

Cela aurait pu vous rappeler l'émerveillement que vous ressentiez, enfant, quand vous vous réveilliez à l'aube et que vous sortiez dans le jardin pour découvrir que l'air s'était condensé en rosée. Même s'il ne semblait pas avoir plu dans la nuit, les premiers rayons du soleil révélaient une pelouse scintillante, recouverte de gouttes d'eau. Dans la tradition mystique juive, on pense parfois que la rosée mystique de la création tombe doucement de la crinière hirsute de Dieu[2].

Ou cela aurait pu vous rappeler l'émerveillement que vous avez ressenti en cours de chimie quand, au milieu des becs Bunsen et des tubes à essai, vous avez vu pour la première fois de magnifiques cristaux se former dans une solution, comme si les idées d'une autre dimension réussissaient à entrer dans notre dimension matérielle. Si vous êtes croyant, c'est exactement ce qu'il s'est passé – et cette autre dimension, celle qui a donné naissance à notre dimension matérielle et lui a conféré sa forme, n'est rien d'autre que l'esprit de Dieu.

Du point de vue des mystiques, le processus de création a commencé lorsque Dieu s'est mis à penser – lorsque les pensées ont commencé à émaner de l'esprit de Dieu, par vagues successives. De même que les vagues qui s'abattent sur le rivage les unes après les autres lissent les galets sur la plage, les vagues successives qui émanent de l'esprit de Dieu ont façonné la matière originelle.

Regardez plus attentivement cette version mystique, faites un petit effort d'imagination, et vous verrez que ces vagues de pensées qui émanent de l'esprit de Dieu sont en réalité constituées de millions d'anges. La première vague est composée d'anges gigantesques qui remplissent la totalité du cosmos. Puis vient une vague d'anges plus petits, que les plus grands anges ont aidé à créer. Ensemble, ils engendrent une troisième vague d'anges, encore plus petits, et cette séquence se poursuit jusqu'à atteindre de minuscules êtres spirituels. Tous s'unissent pour créer ce que nous reconnaissons comme le monde matériel qui nous entoure – les rochers, les pierres et les arbres[3].

Assimiler les pensées de Dieu aux anges peut paraître étrange. De nos jours, on tend à se montrer humbles devant nos propres pensées, à les considérer comme des abstractions quasiment *inexistantes*. Mais si on adopte un point de vue plus ancien, et sans doute plus éclairant, qui nous vient des grandes religions, on peut les envisager différemment : ici, les pensées sont considérées comme des *êtres vivants* qui ont une certaine existence indépendante et une vie propre et que nous libérons dans le monde pour qu'ils nous servent.

Nous reviendrons plus tard sur cette manière d'envisager les pensées. Je me contenterai de dire ici que toute personne qui prie croit en quelque chose de cet ordre. En priant, les gens se livrent à une activité qui est un écho de la création du cosmos par Dieu.

*

* *

Focalisons maintenant notre attention sur cette question : quand on prie, quand on fait un vœu, si on veut vraiment quelque chose et que l'on s'y prend bien, le cosmos répond-il ? Ou l'influence ne va-t-elle que dans un sens – de la matière à l'esprit ? Cette question – savoir si, oui ou non, il y a une interaction entre l'esprit et la matière – est aujourd'hui au cœur du débat intellectuel de haut niveau.

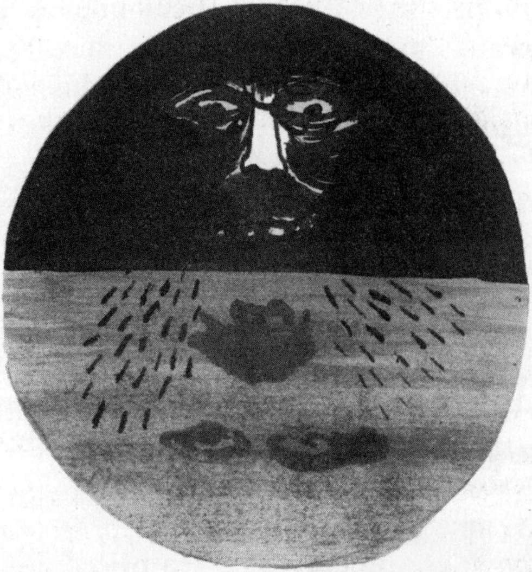

Dieu songeur. Les mythes de la création décrivent la manière dont la matière est apparue et dont les lois fondamentales de l'univers se sont mises en place. Étant donné que le temps est la mesure du mouvement des objets dans l'espace, on peut dire que ces mythes décrivent des événements qui se sont produits avant que le temps tel que nous le connaissons ne se mette en marche. Selon la théorie du Big Bang, la matière et les lois fondamentales de l'univers sont apparues au bout d'un laps de temps très court – on dit parfois une fraction de seconde, ou quelques secondes – après l'explosion initiale. Mais, en un sens, si le temps n'avait pas encore commencé, toute mesure de cet intervalle est arbitraire. On pourrait également considérer qu'il a duré suffisamment longtemps pour que prennent place les batailles des anges, les amours des dieux et l'essor et la chute de civilisations que décrit la mythologie.

Toute tentative sincère de répondre à cette question primordiale implique de se pencher sur ses sentiments les plus intimes, ses peurs les plus profondes, les plus personnelles, et ses plus grands espoirs. Il faut aussi faire appel à ses capacités de discernement les plus subtiles et aux interprétations les plus subjectives de ses expériences. Vous seul(e) êtes à même de savoir ce pour quoi vous priez en votre for intérieur. Vous seul êtes capable d'apprécier si vos prières ont été exaucées. Vous êtes le meilleur juge pour connaître la signification d'un moment particulier pour vous. Nous parlons ici des variations et des nuances les plus subtiles de la vie intérieure – des questions qu'on ne peut ni mesurer ni tester scientifiquement.

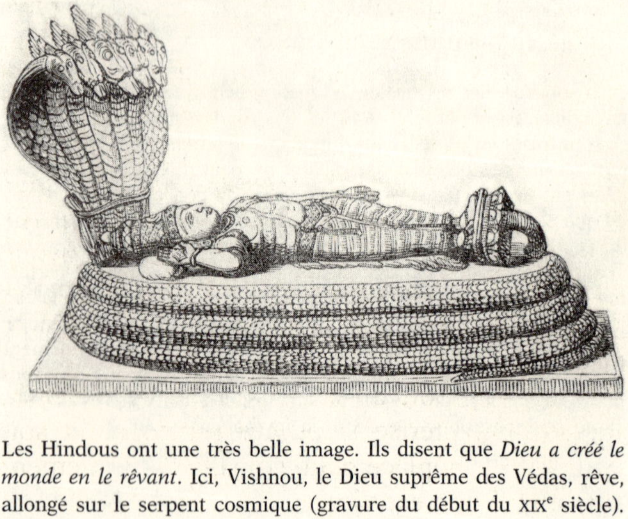

Les Hindous ont une très belle image. Ils disent que *Dieu a créé le monde en le rêvant*. Ici, Vishnou, le Dieu suprême des Védas, rêve, allongé sur le serpent cosmique (gravure du début du XIXe siècle).

Parfois, certains scientifiques tentent d'affirmer que les seules questions qui méritent d'être posées sont celles que l'on peut analyser scientifiquement. Mais ce point de vue est *exclusivement scientifique* et ne tient pas compte des champs d'expérience où la science n'a rien d'utile à apporter. Les athées qui militent au sein de la communauté scientifique ont tendance à se méfier de ces champs et à prétendre que ces expériences ne sont pas réelles. Dans son essai intitulé *Sur la vie*, Tolstoï évoque cette ingérence, cette tentative de nous faire croire qu'on ne vit pas réellement ce qu'on vit : « La fausse science de notre époque suppose [...] que nous ne pouvons savoir la seule chose que nous connaissons réellement. [...] [L]'homme se figure [...] ignorer ce qui lui est révélé par sa conscience réfléchie. »

Aux yeux d'un athée, ce sont les objets physiques qui donnent la mesure du réel. D'après l'idéalisme au contraire, l'esprit est *plus réel* que la matière. Le cosmos est imprégné d'esprit, il en est chargé. L'esprit anime la matière, la fait vibrer, et la matière lui répond. Il réorganise constamment la matière qui nous entoure[4]. Et nous aussi avons voix au chapitre. Nous pouvons changer le cours de l'histoire en restant simplement assis dans une pièce, seul, à y réfléchir en silence...

Croire au pouvoir de l'esprit à déplacer la matière caractérise la pensée religieuse et spirituelle. Ce déplacement constitue l'événement surnaturel par excellence.

Pour autant, nous qui nous considérons comme croyants ou spirituels considérons souvent que le surnaturel n'existe pas. Pourquoi nous rallions-nous si fréquemment au point de vue des athées ? Peut-être parce que nous tendons à compartimenter nos croyances spirituelles : nous sommes, par exemple, disposés à accepter une version de l'histoire dans laquelle Dieu et le surnaturel ne jouent aucun rôle.

*
* *

D'après les mystiques, les anges, en plus d'œuvrer ensemble à la création du monde matériel, ont guidé l'humanité vers les grands tournants de son histoire.

J'ai eu la chance de recevoir l'aide d'une femme remarquable, Lorna Byrne, pour l'écriture de ce livre. Toute sa vie, elle a vu des anges et s'est entretenue avec eux. Elle a toujours eu une relation privilégiée avec l'un des anges supérieurs, un ange qui a joué un rôle de premier plan dans l'histoire de l'humanité et qui est investi d'une mission précise à notre époque – l'archange Michel.

Peu après que j'ai entendu parler de Lorna pour la première fois, un ami m'a appris que le chef d'un ordre religieux de Rome l'avait rencontrée et qu'un théologien haut placé d'une université de Dublin la consultait quand il voulait savoir si ce qu'il écrivait sur les différents ordres d'anges était correct. Depuis, Lorna et moi sommes devenus très amis. J'ai quelquefois eu l'occasion de lui lire certains des récits préservés dans la tradition mystique et de lui demander si les anges les approuvaient. À d'autres occasions, elle m'a aidé en donnant vie aux histoires et aux traditions angéliques.

*

* *

La rosée mystique tombe-t-elle toujours ?

Nous sommes des créatures qui, dès le moment de la naissance, se mettent à exister et, en même temps, commencent à mourir. En vieillissant, nous nous figeons dans nos habitudes et la partie moribonde devient prédominante. Les os du crâne continuent de grandir et font pression sur la peau. Malgré tout, même dans la vieillesse, nous bénéficions toujours d'influences vivifiantes, en particulier quand nous dormons. La rosée mystique est alors à nouveau précipitée, et scintille dans les profondeurs sombres et mystérieuses de notre esprit. Nous nous réveillons reposés, avec un regain de vie et de détermination.

Nous pouvons y voir l'œuvre des anges qui se tiennent à notre chevet, nous protègent, nous instruisent et nous préparent à affronter la journée. Pendant notre sommeil, ils communient avec notre esprit, nous étreignent et nous réconfortent. Et, à notre réveil, nous savons, au plus profond de nous-mêmes, ce que nous devons faire.

2

La Terre-Mère et le Père-Temps[1]

« Quelle est cette guerre au cœur de la nature ? Pourquoi la nature rivalise-t-elle avec elle-même ? Pourquoi la terre affronte-t-elle la mer ? »

Phrases d'ouverture de *La Ligne rouge*, réalisé par Terrence Malick[2]

Si l'œil humain avait existé au commencement, il aurait vu d'immenses vagues de brume, plus fines et plus subtiles encore que la lumière. Cette brume douce et bienfaisante, qui portait en elle le potentiel de la vic, était la Terre-Mère.

La Bible dit : « Il y avait des ténèbres à la surface de l'abîme. »

En puisant dans les légendes juives et les mythes de la création des cultures voisines, on peut percevoir en partie ce qui se cache derrière le récit biblique. Les mythes du monde entier racontent tous cette histoire :

Un vent sec et brûlant souffla sur la Terre-Mère. Un œil humain aurait simplement vu la brume se faire entraîner dans le tourbillon d'une tornade, mais la vision mystique décèle autre chose dans cette tempête : un genre de forme humaine – un géant noueux, encapuchonné, à la peau blanche et couverte d'écailles, et aux yeux rouges. Ces ténèbres étaient l'esprit de Saturne. Armé d'une faux, il fondit sur la Terre-Mère et se pressa contre elle avec un plaisir macabre.

« N'aie pas peur. Laisse-moi seulement... m'allonger sur toi. »

Voulait-il lui faire l'amour ? Ou son seul désir était-il de lui ôter la vie ? L'ambiguïté de ses actes allait laisser une cicatrice, creuser un gouffre dans la structure profonde du cosmos.

On aurait pu penser que la Terre-Mère serait terrifiée en sentant l'haleine froide du géant, sa présence éreintante, pesante, qui l'écrasait de plus en plus. On aurait pu penser qu'elle lutterait, qu'elle tenterait de le repousser. Mais elle savait que cela *devait arriver*, que tout devait se passer conformément au plan. Quand il essaya de la recouvrir, elle se laissa donc faire. Elle l'étreignit et le serra fort, de façon à ce qu'il ne puisse pas se relever et s'envoler à nouveau.

« Quel homme ! » lui dit-elle pour l'amadouer.

Oh oui, pensa-t-il... mais il se rendit alors compte qu'il ne pouvait plus lever les yeux. Il ne put qu'émettre un sifflement métallique.

Elle voulait qu'il l'attire contre lui, plus près, aussi près que deux êtres peuvent l'être. Elle voulait monter se fondre en lui et qu'il descende se fondre en elle[3].

Saturne eut le sentiment qu'elle avait une énergie infinie, qu'elle absorbait toutes ses forces, l'en vidait. Ironie de la chose, pour sa part, la Terre-Mère commençait à craindre de ne pas pouvoir tenir beaucoup plus longtemps. Elle avait l'impression de ne plus avoir de force, qu'il était plus fort qu'elle. Il arrivait à l'étouffer, menaçant sa vie, et elle connaissait les conséquences s'il y parvenait : il n'y aurait jamais de vie dans l'univers. Il n'y aurait jamais rien que de la matière morte à la dérive…

« Que la lumière soit ! »

Au moment où tout semblait perdu retentit un son semblable à celui d'une trompette. Subitement, sortie de nulle part, la lumière fit son apparition sous les traits d'un beau jeune homme à la crinière dorée, sur un char en or tiré par des chevaux d'or. De son front doré irradiaient sept rayons tout aussi dorés et il chevaucha courageusement en plein cœur de la tempête pour disperser les ténèbres.

Ce sauvetage *in extremis* allait établir un schéma dans la structure profonde du cosmos. Par la suite, les sauveteurs arriveraient toujours juste à temps – Robin des Bois qui, pour secourir Marianne, roule sous la herse du château juste avant qu'elle ne se referme, ou la cavalerie américaine qui arrive *in extremis* pour sauver le convoi de chariots.

Le jeune dieu Soleil combattit Saturne et le vainquit. Saturne est l'un des noms de Satan, l'esprit de l'opposition. Les mythes de la création du monde entier garderaient un souvenir de ces événements en racontant la manière dont Saturne avait opprimé la Terre-Mère et le dieu Soleil, vaincu le monstre.

Saturne fut banni aux confins de l'univers, où il s'enroula autour du cosmos, tel un grand serpent qui se mord la queue. C'était l'incarnation du mal, mais c'était un mal *nécessaire*. Grâce à lui, les brumes de la protomatière n'étaient plus totalement informes. Les atomes se formèrent et les objets individuels commencèrent à exister.

Ce vieux tyran épouvantable passerait à la postérité pour avoir dévoré ses propres enfants. Ce mythe souligne une chose : *ce qui vient à exister peut aussi cesser d'exister*. C'est le propre d'une chose que d'être limitée. Si on peut commencer à *être*, cela entraîne nécessairement qu'on peut aussi cesser d'être[4].

Triomphant, le dieu Soleil réchauffa la Terre-Mère pour la ramener à la vie. Ce faisant, il lui chanta une belle chanson, d'abord doucement, délicatement, puis de plus en plus fort, jusqu'à secouer tout le cosmos. C'était un chant de victoire et d'amour, qui fit vibrer toute la matière de l'univers. Les mystiques chrétiens ont préservé une belle expression pour décrire cette agitation de la matière primitive : la « danse des substances ». Sous l'effet de cette danse, les substances se mirent à coaguler pour former des myriades de motifs. Si on disperse de la poudre, du talc par exemple, sur une surface lisse comme une vitre et si on frotte un archet sur le rebord, la poudre formera différents motifs à mesure que la musique et les vibrations changeront. Les motifs formés sur la vitre ressembleront à ceux qui se sont formés à ce moment-là – des formes de plantes primitives évoquant des fougères.

Les Grecs donnaient un nom au dieu Soleil qui forma le monde de cette manière : le Verbe. Le Verbe était avec Dieu et le Verbe était la principale pensée de Dieu. Le Verbe chanta pour faire exister la vie. Au début de son Évangile, Jean dit : « La lumière luit dans les ténèbres. » Il évoquait en réalité le Verbe et s'attendait à ce que ses lecteurs le comprennent[5].

Dans le chapitre précédent, nous avons assisté à la mystérieuse transition de la non-matière à la matière. Maintenant, avec l'arrivée du dieu Soleil, nous assistons au passage tout aussi mystérieux de la non-vie à la vie – la création des premières formes végétales.

Des germes isolés se rassemblèrent pour former d'immenses filets flottants. Constitués de fils lumineux entrecroisés, ces filets se dissolvaient et se rejoignaient à nouveau pour former des motifs encore plus complexes. Un tronc se forma en leur centre, et ses branches se déployèrent en tous sens. Cet immense être végétal au cœur du cosmos, dont les membres souples et lumineux s'étendaient dans toutes les directions, était Adam.

Contrairement aux animaux, les plantes ne se reproduisent pas sexuellement. Typiquement, une graine se détache pour former une nouvelle plante : les scientifiques appellent cette méthode de reproduction la parthénogénèse. Dans les récits de la création, c'est de cette manière que la côte d'Adam se détache pour former Ève. Adam et Ève étaient les graines végétales de ce qui finirait par devenir l'humanité : c'est ce que la Bible entend quand il est dit qu'Ève fut créée de la « côte » d'Adam.

C'est donc par parthénogénèse qu'Adam et Ève ont peuplé le cosmos tout entier. Leurs enfants et les enfants de leurs enfants ont évolué pour devenir des formes de vie végétale complexes, qui comprenaient des organes sensoriels de plantes en forme de fleurs. Avec le temps, l'univers s'est empli de ces fleurs palpitantes, tout comme le ciel nocturne est empli d'étoiles.

Dans la Bible, ce stade végétal de l'évolution correspond au Jardin d'Éden. Comme il n'y avait pas encore de vie animale dans le cosmos, Adam était dénué de désirs : il ne ressentait donc ni inquiétude ni insatisfaction. Il vivait dans une félicité absolue, béate. La nature lui fournissait de la nourriture en abondance, sous la forme d'une sève laiteuse semblable à celle qu'on trouve dans les pissenlits aujourd'hui. Les anges entretenaient ce jardin. L'humanité vivait en communion avec eux et pouvait voir au-delà d'eux pour contempler le doux visage de Dieu lui-même[6].

Une rumeur persiste depuis toujours : les hommes pourraient retrouver cet état de félicité. Plus loin dans ce livre, nous remonterons aux origines de cette rumeur pour vérifier sa véracité[7].

3
L'ange Michel et le serpent

La vie a quelque chose d'horrible. On ne sait pas quoi, mais quelque chose arrive. Lente ou rapide, face à nous ou derrière, de l'intérieur ou de l'extérieur, comme un cavalier sur l'échiquier, cette chose venant d'une dimension inconnue adviendra.

Lors de ces premiers instants, au milieu des jeunes pousses vertes et des fleurs, quelque chose s'animait. Une odeur de soufre emplit l'air, suivie d'un éclair et d'un coup de tonnerre. Un serpent violacé à cornes rouges, scintillant comme s'il était couvert de diamants, de saphirs et d'onyx, une émeraude ornant son front, vint briser la paix du jardin baigné de soleil. Il brillait tant que les feuillages du jardin en projetaient des ombres. Il déroula vite ses anneaux et fonça à une vitesse vertigineuse sur le tronc au milieu du jardin pour s'enrouler autour d'Adam[1].

Adam commença à se débattre, ressentant un sentiment nouveau. La *douleur* n'avait jamais été ressentie dans le monde auparavant, car, jusque-là, les seuls êtres vivants étaient des plantes.

Cette vision mystique du serpent et de l'arbre nous donne à voir l'image la plus évidente du développement de la colonne vertébrale, particularité anatomique de la vie animale. On assiste donc là à la troisième transition mystérieuse de la création – le passage de la vie végétale à la vie animale – et, ici aussi, le récit mythique et biblique n'est pas en contradiction avec le récit scientifique : il est simplement exprimé de manière différente, plus visionnaire.

Adam vit un personnage ailé fendre le ciel, vêtu d'une armure étincelante. L'archange Michel, défenseur du dieu Soleil, venait d'arriver pour le sauver avant que la douleur ne le rende complètement fou.

Le serpent se détourna d'Adam pour affronter Michel. Ses yeux lancèrent des éclairs de feu et son corps se gonfla de poison.

Michel tenta d'atteindre le reptile au cou, mais celui-ci déroula ses anneaux et fit un bond pour le repousser, exposant son ventre à la vue de Michel, qui saisit cette occasion pour y jeter sa lance, qui alla se loger dans la peau épaisse de son adversaire. Une abominable puanteur s'échappa de la plaie, forçant Michel à reculer. Le serpent fit son possible pour déloger la lance, mais Michel eut la force de l'extraire rapidement et de la jeter en l'air, pour l'atteindre cette fois en plein cou. Le serpent se retrouva cloué au tronc de l'arbre, tout en haut.

Pendant quelques instants, il se tordit de douleur, et Michel vit la pierre verte tomber de son front[2].

Il se dégonflait maintenant peu à peu sous les yeux de Michel mais soutenait son regard, d'un air de défiance. Il le regardait comme si, d'une manière ou d'une autre, il avait emporté la partie, comme si Michel était stupide !

Appuyant toujours sur sa lance avec une main, Michel sortit son épée de son fourreau avec l'autre, dans l'intention de décapiter le serpent d'un seul coup.

L'espace d'un instant, il eut l'impression que le serpent était en verre et que son épée l'avait brisé en morceaux. Puis il se rendit compte avec effroi que ce n'était pas vraiment ce qu'il s'était passé : le serpent s'était dissous en des millions de minuscules serpents, qui s'échappaient déjà et se dispersaient dans toutes les directions, s'enfonçant dans la vie de la forêt.

Michel l'avait emporté, mais cette victoire avait un goût amer. Dans la défaite, Lucifer avait donné naissance à une chose merveilleuse et douce. Grâce à lui, la lumière de la conscience animale fut introduite dans le monde, mais l'histoire d'Adam et Ève dit aussi autre chose : avec la vie animale vint le désir.

Mais avec le désir vint la souffrance.

Et, après le désir vint la mort. Nous avons vu qu'une plante se reproduit en perdant une partie d'elle-même. En un sens, la nouvelle plante est donc la continuation de l'ancienne et, en cela, une plante ne meurt pas. Or le corps animal, lui, meurt totalement, irrévocablement[3].

Avec la colonne vertébrale et le système nerveux, caractéristiques du corps animal, naît la conscience animale, mais aussi la possibilité du savoir. Et bien sûr, le savoir entraîne la possibilité de se tromper.

Le désir entraîne la mort (gravure de Sebald Beham, XVe siècle).

À cause de Lucifer, nous sommes animés, à la fois dans le sens où nous pouvons nous déplacer à la surface de la terre tels des animaux mais également dans le sens où nous sommes mus par nos désirs. Et à cause de lui, nous sommes constamment confrontés au danger de nous tromper de chemin et de perdre le contrôle[4].

Par conséquent, comme Satan avant lui, Lucifer est nécessaire – mais reste malgré tout un mal.

Je dis que Lucifer est « comme » Satan car, dans la Bible et dans les grands mythes de la création du monde, on trouve deux grands récits primordiaux de la bataille entre le dieu Soleil et un monstre-serpent. Bien sûr, ces histoires sont similaires et ont tendance à se confondre dans notre esprit, mais il vaut la peine de les démêler car elles nous disent des choses proches mais sensiblement différentes sur la condition humaine. Toutes les deux nous expliquent pourquoi la vie est difficile – mais « difficile » dans deux sens différents. La vie est difficile au sens où elle peut être pénible, douloureuse et nous obliger à repousser nos limites. Mais elle est aussi difficile à comprendre.

Ces récits sur les deux serpents reflètent cette double difficulté. Le serpent de Saturne – Satan – nous attaque de l'extérieur, tandis que le serpent de Vénus – Lucifer – s'immisce à l'intérieur de nous. À cause de Satan, l'esprit de l'opposition, la vie est parfois difficile à supporter. À cause de lui, nous sommes assaillis et – comme la Terre-Mère – nous sommes amenés à tester nos limites, au point de vouloir renoncer[5].

Lucifer nous attaque de plusieurs manières. À cause de lui, nous sommes susceptibles de commettre des erreurs. Il a doté la matière d'un éclat qui aveugle les hommes et les empêche d'accéder aux vérités supérieures. Lucifer a introduit le paradoxe et l'illusion au cœur de l'univers et, en même temps, une certaine perversité dans nos cœurs qui réagit à l'illusion « ambiante ». C'est à cause de Lucifer que, comme l'a dit saint Paul : « Je ne fais pas le bien que je veux, et je fais le mal que je ne veux pas. »

Et c'est précisément cela qu'être humain signifie. Il n'y a pas de solution facile pour s'en sortir, pas de réponse toute prête. Sur notre chemin, nous sommes constamment confrontés au danger de la mort mais, si nous n'empruntons pas ce chemin, nous mourrons dans notre lit sans jamais avoir vécu. Nous devons mettre en péril ce qui nous est le plus cher, ou nous le perdrons de toute façon. Au-delà d'un certain point, il n'y a plus de retour en arrière possible. Mais il nous faut atteindre ce point.

*

* *

Nous venons de raconter à nouveau des histoires qui impliquent les dieux planétaires – Saturne, la Terre-Mère, Vénus et le dieu Soleil. Comment est-il possible de les faire concorder avec le récit biblique ?

La réponse se trouve dans les vagues d'anges qui émanent de l'Esprit de Dieu. Il existe une tradition, peu connue mais profonde et répandue, selon laquelle l'un des ordres d'anges est étroitement lié aux planètes : *les dieux planétaires sont un type d'anges*.

La Bible regorge d'histoires sur les différents types d'anges – les archanges, les chérubins et les séraphins, entre autres – et saint Paul lui-même fait référence aux différents ordres d'anges : « Car par lui toutes choses ont été créées, celles qui sont dans le ciel et celles qui sont sur la terre, les visibles et les invisibles, que ce soit les trônes, ou dominations, ou principautés, ou puissances [...] » (Épître de Paul aux Colossiens, I, 16). Saint Paul ne prend pas la peine d'expliquer cette liste des différents ordres. Comme saint Jean lorsqu'il évoque le Verbe, saint Paul s'attend à ce que ses lecteurs le comprennent[6].

Les êtres que les Grecs et les Romains appelaient des dieux correspondaient aux ordres d'anges que saint Paul nommait « puissances ».

Bien sûr, de tout temps, partout dans le monde, des gens ont rencontré des êtres désincarnés auxquels ils donnaient le nom de dieux, d'anges ou d'esprits. La perception qu'ils en ont est teintée de la culture dans laquelle ils ont été élevés. De leur côté, les êtres spirituels s'adaptent et prennent différentes formes en fonction des cultures, comme en témoigne une dédicace tamoule sur laquelle la divinité s'appelle : « Toi qui prends les formes que se représentent ceux qui t'adorent[7]. »

Évidemment, du point de vue scientifique, ces récits ne peuvent être que de simples délires. Mais si ce n'était pas le cas ? S'ils relataient des rencontres avec des êtres réels ? S'il existait

Dans les cultures anciennes, on représentait souvent les intelligences non incarnées sous les traits d'êtres ailés. Ces trois magnifiques images – extraites de *The Dictionary of Greek and Roman Antiquities*, illustré par de nombreuses gravures sur bois et édité par William Smith en 1848 – montrent un génie ailé (qui se trouve sur la base de la colonne dédiée à Antonin le Pieux), une déesse en train de graver un bouclier, et la conjuration d'un esprit, qui sort d'une cuvette.

vraiment une dimension spirituelle ? Eh bien, on s'attendrait à y trouver des êtres manifestement similaires, même sous des apparences culturelles différentes.

Lorna Byrne fait quotidiennement et directement l'expérience du monde spirituel d'une manière qui concorde avec les récits des grands mystiques du passé. Lorna souffre de dyslexie et, à cause de sa nature angélique, elle a aussi des problèmes d'attention : de fait, elle n'a pas lu un seul livre de toute sa vie. Elle n'avait jamais entendu parler de cette tradition mystique avant de me rencontrer, mais a toujours considéré Michel comme l'archange du Soleil et Gabriel, celui de la Lune.

Je me souviens de la première fois que nous avons évoqué ce sujet. Nous nous promenions au bord d'une rivière dans la campagne dublinoise – et j'étais étonné car Lorna venait de me proposer de m'apprendre à pêcher ! Quand je lui ai appris que Michel était l'archange du Soleil et Gabriel celui de la Lune, non seulement dans les traditions chrétienne et juive mais aussi dans la tradition musulmane, elle a éclaté de rire, franchement ravie.

De fait, il y a beau y avoir conflit – contradiction même – entre les religions au niveau de la doctrine et du dogme, les récits et les expériences, eux, paraissent très similaires. C'est ce que nous allons voir dans les pages suivantes, où j'essaie de tisser les histoires des dieux et des anges et celles des hommes et des femmes illustres guidés par les dieux et les anges en une seule trame narrative.

4
La Femme-Araignée tisse son sort

« [E]n se les remémorant [les mythes], en les réactualisant, il [l'homme des sociétés archaïques] est capable de répéter ce que les Dieux, les Héros ou les Ancêtres ont fait ab origine.

Connaître les mythes, c'est apprendre le secret de l'origine des choses. »

Mircea Eliade, *Aspects du mythe*

La Femme-Changeante vivait dans le canyon des Navajos. Sa terre était belle, mais son peuple était terrorisé par des géants et des monstres qui dévoraient les voyageurs.

Un grand géant au front ridé avait remarqué que la Femme-Changeante était seule. Il rôdait toujours dans les environs. Il la désirait, mais elle savait que son cœur était sombre et plein de haine.

Un jour, il remarqua les traces de pas de ses fils, des jumeaux, dans le sable et, jaloux, demanda d'où elles provenaient. La Femme-Changeante répondit qu'elle les avait faites elle-même, avec ses mains. Mais elle n'était pas sûre de l'avoir convaincu et, quand elle avait peur qu'il revienne, elle cachait ses fils dans un trou au milieu de sa cabane, qu'elle recouvrait ensuite d'une plaque de grès.

Les garçons survécurent et devinrent grands et forts. Quand fut venu le temps pour eux d'apprendre à chasser, la Femme-Changeante les aida à se fabriquer des arcs et des flèches. Mais cela fit naître un grand désir chez eux : ils voulaient chasser avec leur père. C'était on ne peut plus naturel.

« Qui est notre père ? lui demandèrent-ils.

— Vous n'avez pas de père », leur répondit-elle.

Mais ils s'obstinèrent et elle finit par leur avouer que leur père était le dieu Soleil, qu'il vivait très loin, bien au-delà du Grand Canyon, sur une île au beau milieu de l'océan. Elle ajouta qu'il leur serait impossible de le trouver, qu'ils ne survivraient jamais au voyage – les pièges, le terrain accidenté, les monstres voraces…

Mais ils étaient déterminés, et elle décida de les laisser partir, le cœur plein de chagrin mais avec sa bénédiction tout de même. Elle les mit en garde contre le Corbeau, le Vautour et la Pie : ces derniers étaient des espions au service des monstres qui voulaient les dévorer.

Les deux garçons se mirent en route avant l'aube, passant entre les arbres, ayant bien conscience qu'on les épiait à chacun de leurs pas.

Dans la lumière du petit matin, tandis qu'ils approchaient d'une montagne sacrée qui pointait à la cime des arbres, ils virent un panache de fumée sortir d'un trou dans le sol. Intrigués, ils scrutèrent l'obscurité et virent une vieille femme, laide et rabougrie, vêtue de noir, en train d'entretenir un feu. C'était la Femme-Araignée :

« Qui êtes-vous et que faites-vous ici ? demanda-t-elle d'une voix éraillée.

— Nous ne savons pas qui nous sommes, reconnurent-ils. Et nous ne savons pas où nous allons. »

Ils lui expliquèrent qu'ils étaient les fils de la Femme-Changeante et qu'ils s'étaient lancés dans une quête.

« Essayez-vous de trouver votre père ? »

Ils acquiescèrent et la Femme-Araignée leur fit signe de s'approcher, d'une main grise et desquamée :

« Descendez dans ma cabane. »

Ils se frayèrent un chemin jusqu'en bas et virent que, sous terre, les murs étaient obstrués d'os et couverts de toiles d'araignée aussi épaisses que du tissu.

« N'ayez pas peur, leur dit-elle. Je vais vous dire comment trouver la Demeure du dieu Soleil. »

Elle leur expliqua qu'un voyage long et périlleux les attendait et que leur père vivait très loin derrière l'horizon, de l'autre côté de l'océan. Pour le rejoindre, ils devraient surmonter des obstacles mortels – des rochers qui s'entrechoqueraient pour essayer de les écraser, une forêt de roseaux qui les lacérerait, les réduirait en lambeaux, et des dunes de sable bouillonnant qui brûleraient leur chair.

« Aucun homme ne peut survivre à ces épreuves sans le talisman que je vais vous donner », ajouta-t-elle.

Elle leur tendit un cerceau fait de trois plumes arrachées à des aigles vivants et leur ordonna de le tenir devant eux. Elle leur dit de regarder leur ennemi dans les yeux et de dire :

Que ce pollen paralyse vos pieds !
Qu'il paralyse vos mains !
Qu'il paralyse votre esprit !
Alors, vos pieds vont devenir pollen.
Votre corps deviendra pollen.
Votre esprit deviendra pollen.
Votre voix deviendra pollen.
Vous êtes beau.
Ne bougez plus[1]*...*

Les garçons se remirent en route, armés des artefacts et de la sagesse de la Femme-Araignée. Les rochers du Grand Canyon s'écartèrent pour les laisser passer, les roseaux se flétrirent et les dunes de sable bouillonnant se calmèrent et s'aplanirent. Subitement, un arc-en-ciel apparut sur le rivage devant eux. Ils s'en servirent pour traverser l'océan en marchant par-dessus et atteignirent enfin la Demeure du Soleil.

Au départ, leur père ne voulut pas croire qu'ils étaient ses fils. Il les combattit, puis leur fit subir le rituel de la hutte de sudation, qui aurait été fatal à n'importe quel homme ordinaire. Ils survécurent à ces épreuves, et il les reconnut enfin pour ses fils. Il leur donna des casques en silex, ainsi que des flèches faites d'éclairs et de rayons de soleil meurtriers. Il leur dit :

« Mes fils, voici les armes dont vous aurez besoin pour détruire les monstres qui ravagent le royaume de votre mère... mais je suis celui qui doit frapper le premier. Car c'est moi qui dois tuer le grand géant au front ridé. »

Et ce fut ainsi que les trois hommes entreprirent le voyage retour, bras-dessus, bras-dessous...

Des années plus tard, les combats avaient cessé : la bataille contre les monstres avait été remportée et les enfants pouvaient à nouveau sortir sans danger. Une petite fille jouait dans les bois quand elle vit un panache de fumée sortir d'un trou dans le sol. Elle scruta l'obscurité et, subitement, un vieux visage rabougri surgit devant elle.

« Descends, ma petite. Descends t'asseoir près de moi. »

La petite fille descendit une vieille échelle noire toute branlante et s'assit près de la Femme-Araignée.

La femme sage.

« Comment ça s'appelle ? demanda-t-elle.

— C'est un métier à tisser, ma petite, et ce que je fais s'appelle tisser », répondit la Femme-Araignée.

Pendant trois jours et trois nuits, la Femme-Araignée apprit à tisser à la petite fille. Stupéfaite, cette dernière observait la main de Femme-Araignée se déplacer sur le métier à tisser avec légèreté, d'avant en arrière, en rythme. La Femme-Araignée fredonnait alors qu'elle élaborait des motifs lumineux et colorés, décrivant des cercles comme les étoiles et les planètes, comme si, avec ces formes et ces couleurs, elle donnait naissance au monde même, avec une harmonie et un sens cachés. La petite fille eut peut-être le pressentiment, même si elle était incapable de le formuler, que la Femme-Araignée était en train de tisser une toile cosmique, dans laquelle toutes les parties étaient liées entre elles, et centrées sur un trou au milieu du tissu.

« Garde toujours un trou au milieu de la couverture, ma petite, d'accord ? l'avertit la Femme-Araignée. Comme les araignées le font toujours. Sinon, tu pourrais bien te faire prendre au piège de ta propre toile[2] ! »

« Je suis tout ce qui fut, ce qui est, ce qui sera et aucun mortel n'a encore osé soulever mon voile » : Plutarque vit cette inscription sur un tombeau à Saïs, en Égypte. Ce tombeau était dédié à Athéna mais l'historien gréco-romain pensait qu'à l'origine, il avait été dédié à Isis. La divinité créatrice que la petite Navajo a rencontrée est connue sous différents noms selon les régions du globe.

Dans ce livre, nous rencontrerons cette mystérieuse Initiatrice sous différentes formes, dont certaines vous seront très familières. Elle est l'intermédiaire par lequel le divin entre dans nos vies. Elle peut paraître effrayante car elle a recours au surnaturel pour combattre les forces obscures, mais l'histoire suivante nous montrera qu'elle a joué un rôle capital en faisant échouer un complot saturnien qui visait à nous priver totalement du divin.

*
* *

Du point de vue du matérialisme, les mythes représentent des éléments de l'inconscient – Freud explique que ce sont des souvenirs de notre petite enfance, les dieux n'étant autres que nos parents affublés de costumes. Du point de vue de l'idéalisme au contraire, ils constituent un récit historique : ils relatent la manière dont la conscience humaine s'est formée, par une succession de dépôts de sédiments devenus agrégats de la psyché humaine.

C'est dans *Le Héros aux mille et un visages*, de Joseph Campbell, que je suis tombé pour la première fois sur la Femme-Araignée. On y trouve une version abrégée de son histoire. La grande réussite de Campbell a été de déceler l'unité fondamentale derrière les mythes et légendes du monde entier et de montrer que les différentes cultures racontent les mêmes histoires sous différentes formes. Pour lui – en partie à cause de l'influence de Jung, peut-être –, les mythes tendaient à représenter de grandes vérités psychologiques, et non des vérités historiques. Le voyage du héros, la série d'épreuves qu'il doit traverser, c'est le voyage de tout homme et de toute femme qui traverse la vie. Les mythes révèlent les grands schémas de l'inconscient.

L'Ange de la nuit (tiré de *L'Art byzantin*).

C'est on ne peut plus vrai selon moi. C'est une part importante de la réalité, à laquelle nous réagissons tous intuitivement et que nous tenons tous pour vraie, mais je crois aussi que l'histoire ne s'arrête pas là. Les mythes et les légendes proviennent des différentes étapes du développement humain. Cette idée n'est jamais exposée de manière explicite ni systématique dans l'œuvre du grand mystique autrichien Rudolf Steiner, mais y est partout implicite. Si on les envisage de cette manière – sous l'impulsion de Steiner, comme cela a été mon cas lors de l'écriture de ces chapitres –, on voit qu'à un certain niveau, les mythes sont des souvenirs collectifs des grands tournants de l'évolution humaine, et qu'il est possible d'en retracer la chronologie.

5

Isis et le mystère de l'accord parfait

Il était une fois une jeune fille dont la fonction était d'entretenir le feu dans les cuisines d'un grand palais. Elle avait la vie dure et, comme elle était constamment couverte de la suie provenant de la cheminée, tout le monde l'appelait Cendres.

Elle était très pauvre et exploitée aussi bien par ses maîtres que par les autres servants. Malgré tout, elle rêvait qu'un jour, son prince viendrait…

L'histoire de Cendrillon est une version d'un drame qu'on mimait dans les temples de l'Égypte antique. Dans la version originale, Cendrillon était couverte de suie car elle était en deuil : le prince qu'elle attendait était porté disparu, présumé mort. Elle avait parcouru le monde entier, à la recherche de sa dépouille, et sa quête avait atteint son apogée – dans le langage de la pantomime, la « scène de transformation » – tandis qu'elle travaillait en qualité de servante dans les cuisines du palais du roi de Syrie.

Dans cette version originale, elle s'appelait Isis et son prince, Osiris :

Osiris était un roi populaire, un grand chasseur qui débarrassait la terre des nombreux monstres qui la ravageaient. Un jour, il rentra d'une de ses parties de chasse et découvrit que son géant de frère, Seth, avait organisé un dîner de gala en son honneur.

Après le repas, des jeux furent organisés et Seth annonça qu'il avait confectionné un magnifique coffre en bois, incrusté d'or, d'argent et de pierres précieuses. Il déclara que quiconque rentrerait parfaitement dedans aurait le droit de le garder[1].

Tour à tour, les invités essayèrent le coffre, mais tous étaient trop gros, trop minces, trop petits ou trop grands. Vint enfin le tour d'Osiris :

« Regardez ! s'écria-t-il. Il est parfaitement à ma taille ! Il me va comme la peau dans laquelle je suis né ! »

Les invités observaient la scène, stupéfaits, mais ils n'étaient pas au bout de leurs surprises : subitement, Seth et ses sbires bondirent et rabattirent le couvercle sur Osiris. Ils le clouèrent, puis colmatèrent chacun des trous avec du plomb. Le coffre s'était transformé en cercueil.

Seth et ses hommes l'emportèrent sur les rives du Nil et le jetèrent à l'eau. Il flotta sur le fleuve pendant des jours et des nuits, avant de s'échouer sur le rivage.

Peu à peu, un tamaris poussa autour du coffre, l'enveloppant de ses branches jusqu'à ce qu'il en soit totalement prisonnier. Plus tard, cet arbre fut abattu pour servir de pilier dans le nouveau palais du roi de Syrie.

Folle de douleur, Isis, la jeune épouse d'Osiris, s'était fait couper les cheveux et s'était recouverte de suie. Elle parcourait le monde, à la recherche de son mari.

Elle finit par se présenter à la cour du roi syrien. Elle ne portait plus aucun des attributs de la royauté et ne put trouver qu'un emploi de bonne à tout faire dans les cuisines du palais.

Mais une nuit, elle eut une vision extraordinaire : elle vit Osiris enfermé dans le vieil arbre qui soutenait la salle centrale du palais.

Le lendemain matin, elle se fraya un chemin jusqu'à la salle du trône et réussit à convaincre le roi de sa véritable identité. Ce dernier l'autorisa à tailler dans l'écorce de l'arbre et à ouvrir le cercueil. Elle fut également autorisée à sortir le corps d'Osiris du palais pour le transporter sur une petite île, où elle utilisa des huiles et eut recours à la magie pour le ramener à la vie.

Mais Seth avait lui aussi des pouvoirs magiques. Il chassait au clair de lune avec ses acolytes quand il vit Isis bercer Osiris sur les rives de l'île. Ils fondirent sur eux, s'emparèrent du corps d'Osiris et prirent un malin plaisir à le mettre en pièces. Déterminé à réussir son coup cette fois-ci, Seth fit enterrer les morceaux du corps en différents endroits.

Isis dut donc se remettre en route, accompagnée de Nephtys, sa sœur à la peau plus foncée. Afin de retrouver et de déterrer plus facilement les différentes parties du corps de son aimé, elle se transforma en chien.

Osiris et Bastet. En fonction des époques, les différentes civilisations se sont souvenues des dieux à différents stades de leur évolution. Avant que la forme humaine, sommet de la création, n'absorbe toutes les autres formes animales, les dieux ont aidé les hommes à développer l'anatomie telle que nous la connaissons aujourd'hui : ils adoptaient alors les formes anthropomorphiques dont ont témoigné les Égyptiens.

Les deux femmes finirent par rassembler tous les morceaux et les emportèrent sur l'île d'Abydos. Isis les banda alors avec un morceau de lin blanc et réussit à insuffler suffisamment de vie à son mari pour qu'il la féconde.

Isis, la déesse mère, attendait désormais Horus, le futur dieu Soleil.

Comme dans le cas de Cendrillon, l'histoire d'Horus et de sa bataille contre le géant Seth nous est parvenue sous la forme d'un conte populaire et, aujourd'hui, de nombreux enfants le connaissent sous le nom de Jack. Comme Jack le tueur de géants, Horus allait revenir pour renverser son oncle gigantesque et régner en qualité de roi des dieux.

L'histoire d'Isis, Osiris et Horus est très étrange, n'est-ce pas ? Comment lui donner un sens ? Peut-on, dans une certaine mesure, considérer qu'elle est réelle, ou historique ? Selon moi, il est possible de commencer à comprendre en racontant à nouveau un autre conte de fées célèbre, *La Belle au bois dormant*…

Il était une fois dans un pays lointain, dans un royaume très heureux, un roi et une reine qui eurent une jolie petite fille. Ravis, ils organisèrent un bal pour célébrer sa naissance. Ils y convièrent l'élite du royaume, dont six des sept fées qui l'habitaient.

L'une après l'autre, les six fées agitèrent une baguette magique et offrirent un don à la petite fille, pour l'aider à avoir une belle vie, bien remplie.

Mais la septième fée du royaume, une mauvaise fée, enrageait de ne pas avoir été invitée. Elle apparut dans un éclair au beau milieu du bal et jeta un sort à l'enfant, la condamnant à mort :

« Elle se piquera le doigt et mourra ! »

C'était sans compter sur l'une des bonnes fées, qui s'avança et se servit de sa magie blanche pour contrer la magie noire de la mauvaise fée. La sentence fut commuée en un profond sommeil, un sommeil sans rêves qui durerait au moins cent ans et que seul le baiser d'un prince pourrait briser.

Le roi et la reine firent disparaître tous les objets métalliques pointus du palais – chaque épingle, aiguille, paire de ciseaux, fourchette et couteau. Le bébé grandit et devint une belle jeune fille, avec de longs cheveux sombres et des yeux qui étincelaient lorsqu'elle parlait. Elle était aimée de tous, courtisans comme servants.

Un jour, alors qu'elle s'ennuyait et arpentait les couloirs du palais, elle arriva dans une partie qu'elle ne se souvenait pas avoir déjà visitée. Elle trouva l'entrée d'une tour et monta les escaliers jusqu'au sommet. Là, dans la petite chambre sous les combles, elle tomba sur une vieille femme, toute petite, avec un visage doux et de bons yeux, qui maniait un fuseau.

La princesse s'assit et la regarda faire tout en discutant avec elle. Au bout d'un moment, elle lui demanda si elle pouvait essayer.

« Bien sûr, ma chère.

— Aïe ! »

Et ce fut ainsi que la princesse tomba à terre, comme morte, un filet de sang s'écoulant du bout de son doigt.

Le nombre sept est sacré dans toutes les religions : les sept fées de cette histoire devraient donc éveiller notre attention sur le fait que celle-ci a une signification secrète, mystique.

D'après les enseignements mystiques du monde entier, quand l'esprit quitte le corps après la mort, il s'élève en spirale à travers les sept sphères planétaires. Parfois, on appelle aussi ces sphères les « cieux » : saint Paul a, par exemple, évoqué le moment où il a été ravi au « troisième ciel », et l'expression « septième ciel » provient également de cette tradition.

Ayant atteint le septième ciel, l'esprit est réabsorbé dans l'étreinte de Dieu. Puis il redescend en spirale. Alors qu'il retraverse chaque sphère, il reçoit un don de l'ange de la planète correspondante. C'est un don unique, spécial, dont il aura besoin dans sa prochaine incarnation s'il veut avoir une vie heureuse et comblée. Ainsi, par exemple, l'esprit humain reçoit l'amour de l'ange de Vénus ; l'audace, de Mars, et ainsi de suite[2].

Mais l'ange de la sphère de Saturne est satanique – c'est la mauvaise fée. Son but est d'endormir l'esprit en l'enfermant à jamais dans le monde matériel.

Si l'on garde à l'esprit le fait que, dans le conte de fées, la distribution des six dons et de la malédiction se passe *lors du bal,* un moment féerique, on se rend facilement compte de la nature très étrange, inversée, de ce conte. Car on voit désormais que tout ce qui se passe quand la Belle au bois dormant semble éveillée, bien vivante, se passe en réalité lorsqu'elle est morte et que ce n'est que lorsqu'elle est dans un sommeil profond, semblable à la mort – ce qui revient à dire, morte dans le monde spirituel – qu'elle est vivante sur terre[3] !

Les similarités entre l'histoire de la Belle au bois dormant et celle d'Isis et Osiris sont trop évidentes pour qu'on s'attarde sur le sujet : quand Osiris est mort, coincé dans son cercueil, il est en réalité vivant sur terre. Ces histoires, comme celles que nous venons de raconter à nouveau, *ne parlent pas vraiment de ce qui se passe dans ce monde*.

En réalité, toutes les histoires que nous avons évoquées jusque-là – le renversement de Saturne par le dieu Soleil, le serpent dans le jardin, la Femme-Araignée, Isis et Osiris – relatent des événements qui se sont produits dans la dimension spirituelle, et ce pour une très bonne raison : le monde des objets physiques qui nous est familier aujourd'hui existait à peine à l'époque. Le monde matériel ressemblait alors à un genre de brume, une anomalie confuse, informe et éphémère, qui flottait au milieu d'un monde spirituel lumineux et éclatant, totalement formé. Les corps des nymphes, des monstres, des animaux et même des humains s'apparentaient plus à des spectres qu'au genre de créatures enfermées dans un corps solide que nous sommes aujourd'hui[4].

Aussi, en un sens, nous pouvons reconsidérer tout ce que nous avons dit jusqu'ici et dire, comme de nombreux conteurs :

Ce n'était qu'un rêve en fin de compte…

*
* *

J'ai avancé que nous nous souvenons de ces récits très anciens parce qu'ils ont préservé des moments-clés de l'histoire humaine, des grands événements qui ont préparé le terrain pour la vie telle que nous en faisons l'expérience aujourd'hui. Le grand tournant dans l'histoire de l'humanité que le christianisme nomme la Chute correspond en réalité à la chute dans la matière. Jusque-là, les esprits humains étaient des spectres, à l'instar des dieux, des anges et des géants. À mesure que leur corps est devenu plus dur et plus charnu, ils ont commencé à faire l'expérience de nouveaux plaisirs – mais aussi à faire face à de nouveaux dangers.

L'histoire d'Isis et d'Osiris raconte comment nous en sommes venus à naître et à vivre dans le monde matériel pour une durée limitée – et la sensation que cela a induit.

Osiris était le dieu égyptien de la régénération : il mourait en hiver et renaissait au printemps. Traditionnellement, les Égyptiens plantaient des graines avec des figurines à son effigie, qui germaient au printemps, reproduisant ainsi le cycle de la végétation.

À cause de l'ange Osiris, l'esprit humain allait devenir profondément immergé dans le monde matériel, le temps de sa vie sur terre. À cause d'Osiris, les défis qui attendaient l'esprit humain allaient être plus difficiles, plus contraignants et plus personnels qu'ils ne l'auraient été pour n'importe quel esprit flottant librement[5]...

6

Amants divins et femmes angéliques

« Les anges sont les pouvoirs cachés dans les facultés et les organes de l'homme. »

Ibn 'Arabî

Depuis son trône sur le mont Olympe, Jupiter (ou Zeus) jeta un coup d'œil en bas et se caressa la barbe. Il contemplait les flancs d'une nymphe qui escaladait des rochers sous une cascade sacrée. Io avait progressé depuis la dernière fois qu'il avait regardé. Elle avait la peau blanche et lisse et, grâce à sa vision divine, quasi télescopique, Jupiter voyait qu'elle était toute luisante de gouttelettes. Il se passa la langue sur les lèvres.

À cette époque, les dieux fendaient l'air aussi rapidement que les pensées elles-mêmes.

Au moment où Jupiter apparut à ses côtés, la nymphe se détourna et fila se cacher entre les arbres, mais un rire tonitruant retentit juste derrière elle. Jupiter la cloua au sol, les muscles de son cou saillants.

Junon (ou Héra), l'épouse de Jupiter, était capable de lire dans les pensées de son mari. En réalité, elle pouvait même voir ce qu'il voyait : lorsqu'il ferma les yeux de plaisir, elle décida de se venger. Elle, dont on vantait les grands et beaux « yeux de vache », transforma sa rivale en vache blanche.

Jupiter ouvrit les yeux et regarda Io, stupéfait. Même sous les traits d'une vache, elle était charmante.

Au temps béni où Jupiter régnait sur le monde, les dieux de l'Olympe volaient dans les cieux d'un bleu limpide. Chaque arbre, chaque rocher, chaque rivière, chaque ruisseau avait son propre dieu et son propre esprit. Les choses prenaient constamment de nouvelles formes. C'était une époque magique, où la création n'était pas encore figée ; une époque de clairvoyance, troublée ni par le doute ni par l'hésitation – seulement par le désir.

Si Io s'était montrée placide et douce, Daphné avait en revanche tout d'un garçon manqué. *Cette* jeune nymphe aimait jouer dans les bois, ramasser des baies et construire des arcs et des flèches. Elle ne pensait pas aux hommes, mais était trop belle pour leur échapper.

Apollon la désira dès l'instant où il posa les yeux sur elle. Il s'imaginait en train de lui recoiffer les cheveux qui, à ce moment-là, lui tombaient dans le cou et dans le dos.

Gravure d'après *L'enlèvement d'Europe* (du peintre initié Paul Véronèse). Le taureau regarde hors du tableau, semblant demander : « Vous n'en feriez pas autant ? »

Il vint se poser à côté d'elle. Il voulait lui dire qu'il l'aimait, mais elle se tourna pour s'enfuir. Elle savait sans doute mieux que lui ce qu'il attendait d'elle.

Il lui cria :

« Ne t'enfuis pas ! Je ne vais pas te faire de mal ! »

Mais elle escaladait déjà une colline.

« Fais attention ! » s'écria-t-il, craignant qu'un roncier ne l'écorche.

À ce moment précis, une rafale de vent souleva la robe de Daphné et, à la vue de ses cuisses fermes, Apollon pressa le pas.

Elle pouvait déjà sentir son haleine dans son cou. Elle appela alors son père à l'aide, un dieu-fleuve, afin qu'il la protège. Quand Apollon voulut lui attraper les cheveux, il ne sentit que des feuilles sous ses doigts. Il glissa sa main autour de sa taille pour la retourner et l'attirer contre lui, mais la poitrine de Daphné s'entoura d'écorce et ses pieds prirent racine dans le sol. Elle s'était transformée en laurier.

Selon Ovide, le poète latin qui a consigné ce récit, même en cet instant, Apollon aimait toujours Daphné : il regarda l'arbre qu'il étreignait et vit qu'il était bon.

On pourrait apparenter le fait d'être très beau à celui d'être la seule personne sobre lors d'une soirée : les autres s'enivrent de votre beauté. Et ils se moquent de savoir si vous vous sentez exclu. Tout ce qu'ils veulent, c'est vous faire plier à leur volonté.

Adonis était convoité par deux femmes plus âgées, Vénus (ou Aphrodite) et Perséphone. Il était orphelin et avait été confié enfant à la garde de Perséphone. Mais, étant devenu un beau jeune homme, les attentions de cette dernière à son égard commencèrent à le mettre très mal à l'aise. Il détestait qu'elle s'approche de lui et, quand elle le touchait, il avait l'impression que tout devenait sans intérêt autour de lui.

Toutefois, quand il vit la belle Vénus, avec ses hanches étroites et son large sourire, venir vers lui les bras tendus, entourée d'un halo comme si elle battait de ses ailes évanescentes, il eut l'impression de se faire happer. Elle lui parlait, mais il n'écoutait pas ce qu'elle lui disait. Pourtant, il savait qu'elle lui faisait don de mille secrets au goût de miel.

Ils se trouvaient dans une clairière au milieu des bois. Il était midi et il faisait chaud. Il y avait des primevères par terre et Adonis entendait le bourdonnement d'un million d'abeilles. C'était vrai, ce qu'on racontait : Vénus était belle, très belle. Elle était aussi belle que lui.

Gravure tirée de *Vénus et Adonis* (du peintre initié Titien).

Elle attrapa sa main moite et tenta de la couvrir de baisers. Adonis sentait la sève monter dans ses veines – alors pourquoi pas ?

C'en fut trop pour lui : il se détourna d'elle et s'enfuit.

« Cœur de pierre, s'écria-t-elle. Tu n'es pas un homme ! »

La dernière chose qu'Adonis entendit fut le cri de Vénus alors qu'il s'empalait sur les cornes d'un sanglier qui sortait des sous-bois à ce moment-là.

Tandis qu'il gisait au sol, du sang s'écoulait de son flanc. Des anémones se mirent à pousser là où la terre en était trempée.

Vénus s'accroupit pour humer les fleurs et y décela une trace de la douce haleine du jeune homme[1].

*
* *

Si Jupiter, Apollon et les autres dieux planétaires *étaient* des anges, n'est-il pas étrange qu'ils se soient comportés de manière aussi immorale ? Nous attendons de nos anges qu'ils aient un sens moral plus élevé.

La Bible comporte un passage-clé sur lequel il est fort probable que le catéchisme fasse l'impasse – ainsi que la plupart des sermons d'ailleurs. Dans le chapitre VI de la Genèse, il est dit : « Que les fils de Dieu virent les filles des hommes, qu'elles étaient belles, et ils prirent des femmes d'entre toutes celles qu'ils choisirent [...]. [L] orsque les fils de Dieu vinrent vers les filles des hommes, et elles leur enfantèrent des enfants ; ceux-ci devinrent des hommes puissants qui de tout temps étaient des gens de renom. » Ailleurs dans l'Ancien Testament, la formule « les fils de Dieu » est utilisée pour parler des anges. La Bible fait ici allusion aux amours des dieux.

Il faut garder autre chose à l'esprit : peu importe la partie du monde d'où ils viennent, ces récits décrivent des événements qui se sont produits bien avant que l'humanité n'ait développé la moindre notion de moralité. Ils décrivent ce qu'il est désormais convenu d'appeler des forces *naturelles* – ce qui nous met sur la voie des événements historiques qui se cachent derrière ces mythes.

Nous avons vu que la Bible et les différents mythes n'étaient pas nécessairement en contradiction avec le récit scientifique de la création, mais qu'ils relataient la même série d'événements d'un point de vue différent. Io est transformée en vache, Daphné en laurier, les beaux jeunes hommes Adonis et Hyacinthe en fleurs, Arachné en araignée, Callisto en ours... Ce que ces histoires nous racontent, c'est la prolifération des formes biologiques. Elles décrivent la venue au monde des différentes espèces que nous connaissons aujourd'hui – les plantes, les fleurs, les arbres, les animaux, les bourgeons de la biodiversité mondiale[2]. Comme la matière n'était pas encore figée et que les corps étaient souples et spectraux, cette prolifération des formes biologiques se produisit avec une rapidité et une facilité vertigineuses, magiques[3].

*

* *

Les mythes grecs ont beau être les versions qui nous sont les plus familières, pour l'essentiel, ce sont les mêmes histoires qui ont été racontées à travers le monde. Dans la tradition celtique,

Gravure réalisée d'après le vase de Salpion. On tend à sous-estimer le degré de sophistication intellectuelle des Grecs au sujet des dieux. Selon Macrobe, pour les initiés orphiques, Dionysos était le principe de l'Esprit, qui était réparti entre les esprits individuels. L'élite intellectuelle considérait qu'Apollon et Dionysos représentaient différents aspects d'un même principe divin. Leur point de vue n'était en aucun cas grossièrement anthropomorphique. Les dieux planétaires grecs sont les agents de la parfaite concordance entre l'humanité et le cosmos. Nous avons dit que les Grecs l'exprimaient à travers les contes, mais ils l'exprimaient aussi en termes numériques. Les Grecs de l'Antiquité attribuaient une valeur numérique à chaque lettre de leur alphabet. Additionner les valeurs attribuées aux différentes lettres composant un mot ou un nom pouvait produire un chiffre ou un nombre significatif. C'est étonnant, mais il a été démontré que les noms Apollon, Zeus et Hermès donnent des constantes mathématiques, selon lesquelles les formes naturelles du monde se construisent. Les valeurs numériques de ces noms correspondent aux nombres qui décrivent les formes géométriques des triangles équilatéraux, des carrés, des cubes, des pyramides, des octaèdres et des tétraèdres. L'harmonie musicale est également proportionnelle à ces nombres. (Pour une explication plus complète et une démonstration de ces calculs, voir *Jesus Christ, Sun of God*, du brillant David Fideler.) À l'époque moderne, on établit une distinction entre qualité et quantité : les mathématiques décrivent la quantité sans se soucier des préoccupations humaines. Ce point de vue est très éloigné de celui de l'Antiquité, basé sur l'idéalisme. Le cosmos dans lequel vivaient les anciens se préoccupait de l'humanité et les mathématiques supérieures étaient une manière de décrire cette préoccupation. Certaines personnes sont hostiles au mysticisme car elles le considèrent comme un retour à une pensée infantile et paresseuse. Ce n'est pas le cas ici. Cette pensée est incroyablement complexe et perspicace – mais ce n'est pas une pensée empirique. C'est la pensée de l'idéalisme qui se manifeste dans le monde et qui découvre la manière dont fonctionne le monde grâce à cette façon de penser.

qui a eu une influence sur Tolkien et une grande partie de la *fantasy* moderne, on trouve une histoire galloise sur un garçon nommé Gwion :

Gwion était au service d'une sorcière : il était chargé de surveiller un chaudron. La sorcière préparait un élixir visant à transformer son fils, laid et stupide.

Un jour, alors que Gwion remuait la préparation, celle-ci se mit à bouillonner. Trois gouttes jaillirent du chaudron et atterrirent sur sa main, l'ébouillantant. Sans réfléchir, il porta sa main à sa bouche.

La sorcière le vit faire et se précipita sur lui :

« Ce n'est pas pour toi ! » s'écria-t-elle, folle de rage.

Gwion prit l'apparence d'un lapin pour s'enfuir, mais la sorcière se transforma aussitôt en lévrier et le rattrapa vite. Atteignant une rivière, il se métamorphosa en saumon, mais elle se jeta à l'eau sous l'apparence d'une loutre. Il sortit de l'eau subitement et s'envola sous la forme d'un oiseau, mais elle se changea en faucon et essaya de lui attraper la queue.

Pris de panique, il regarda en bas et repéra un tas de blé. Il se précipita vers le sol pour atterrir dessus et se transforma en grain de blé. *Autant chercher une aiguille dans une botte de foin*, pensa-t-il.

Mais la sorcière se métamorphosa en poule et picora jusqu'au dernier grain de blé.

Plus tard, elle se rendit compte qu'elle était enceinte, bien qu'elle n'ait trouvé personne disposé à la féconder. Il semblait que le grain avait poussé en elle et Gwion naquit à nouveau sous les traits d'un bébé doté de toute la beauté et la sagesse dont la sorcière avait rêvé pour son fils.

Quelqu'un s'écria alors : « *Tal iesin !* », ce qui signifie : « Comme son front est rayonnant ! »

Et ce fut ainsi qu'un grand esprit s'incarna dans le corps de Taliesin, le célèbre barde gallois.

Nous aimons tous les histoires dans lesquelles un être humain est capable de voler, n'est-ce pas ? Récemment, lors d'un week-end avec de vieux amis (dont celui qui m'a initié aux mythes et légendes gallois), nous avons discuté des scènes de films qui font pleurer. Bien sûr, il y a la mort de la mère de Bambi. L'un d'entre nous a évoqué le moment où on apprend que Baloo, l'ours du *Livre de la jungle*, n'est pas mort.

Quelqu'un d'autre a lancé : « Quand on apprend qu'E.T. n'est pas mort. »

Gwion.

J'ai repensé à la fin de ce film, quand le petit garçon part à vélo avec E.T. dans le panier sur son guidon et qu'ils décollent subitement pour voler dans les airs. C'est comme dans les spectacles pour enfants, quand Peter Pan s'envole subitement pour voler au-dessus du public – cela nous donne aussi envie de pleurer. Imaginer un être humain voler est très émouvant, sans doute parce que nous gardons tous en nous des souvenirs de l'époque où notre corps matériel n'était pas encore complètement formé, où nous étions *capables* de voler, où nous étions des esprits vivant librement parmi les esprits, dans un monde baigné de la lumière ineffable d'un soleil spirituel. Nous sommes, j'en suis convaincu, profondément nostalgiques de cette époque et, par ailleurs, nous rêvons du jour où nous serons à nouveau des êtres purement spirituels.

C'est la trajectoire de l'histoire humaine, telle que la racontent toutes les religions du monde. Nous sommes brièvement plongés dans la matière et, un jour, nous nous élèverons à nouveau et nous volerons, enfin débarrassés d'elle.

Bientôt, nous monterons à nouveau en flèche vers les cieux[4].

7

Odin et la théorie angélique de l'évolution

« Tu fus d'abord minéral, puis tu devins végétal, ensuite tu devins animal [...]. Après cela, tu devins homme [...]. [Q]ue la goutte qui te constitue devienne une mer équivalente à cent mers d'Oran »

Rûmî

Selon les époques, les lieux et les traditions, des anges et des esprits différents occupent le devant de la scène. Si les Grecs et les Romains se souvenaient très nettement des actes de l'ange de Jupiter (ou Zeus), dans le nord de l'Europe, c'étaient les exploits de l'ange de Mercure (ou Hermès) qui enflammaient l'imagination. Les Scandinaves l'appelaient Odin[1].

Dans la mythologie des dieux planétaires nordiques, comme dans celle des dieux de l'Olympe, les dieux et leurs règnes sont menacés par des géants, mais aussi sapés de l'intérieur.

Odin savait qu'il devait souffrir pour se préparer à la mission qui l'attendait : sauver le monde.

Transpercé par une lance, Odin resta suspendu à l'Arbre du Monde durant neuf jours et neuf nuits, au cours desquels les feuilles de cet arbre noueux et battu par les vents lui murmurèrent les secrets des runes.

Il traversa ensuite des brumes épaisses pour atteindre des grottes sombres, le royaume des Elfes noirs. Il voulait apprendre les secrets pour forger les éléments.

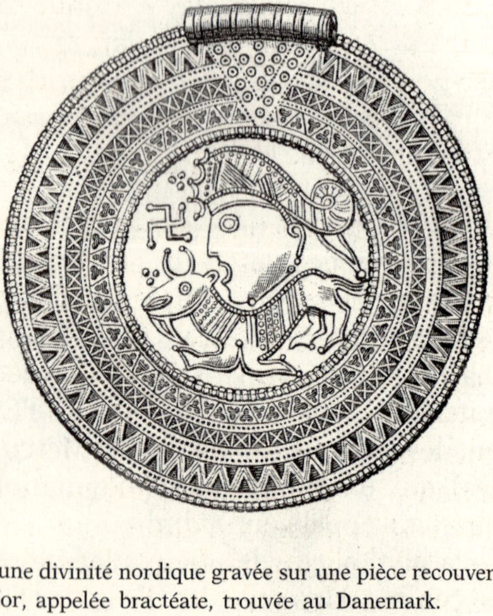

Image d'une divinité nordique gravée sur une pièce recouverte d'une feuille d'or, appelée bractéate, trouvée au Danemark.

Enfin, il suivit les racines de l'Arbre du Monde jusqu'à la Fontaine de Sagesse. Cette fontaine était la source de tous les souvenirs. Le vieux géant qui la gardait s'appelait Mimir (du latin *memor*, « mémoire »). Il refusa de laisser Odin y boire, sauf s'il sacrifiait son bien le plus précieux. Odin s'arracha donc un œil, qui sombra dans les eaux de la fontaine et se posa au fond, tout luisant.

Dans la vision spirituelle des peuples d'Europe du Nord, l'Arbre du Monde se tenait au centre du cosmos. Le monde des hommes était appelé *Midgard*, ou royaume du milieu, et l'Arbre du Monde avait poussé en son milieu pour s'élever très haut dans les cieux.

Près du sommet de l'Arbre du Monde se trouvait un trône d'or. Odin s'y asseyait, un corbeau perché sur chacune de ses épaules. Tous les jours, ces corbeaux faisaient le tour du monde. Ils rentraient chaque soir lui raconter ce qu'ils avaient vu.

L'Arbre du Monde abritait aussi dans ses branches Ásgard, la grande cité des dieux – douze châteaux d'or, chacun orné du signe d'une des constellations. Le seul moyen de pénétrer dans ce royaume doré était d'emprunter le Bifröst. Pour le peuple en contrebas, dans le *Midgard*, ce pont, fait d'air, d'eau et de feu, avait l'apparence d'un arc-en-ciel. Heimdall, le gardien des dieux, en surveillait l'entrée. On disait que ses sens étaient si développés qu'il pouvait entendre pousser l'herbe ou la laine sur le dos d'un mouton, dans un rayon de cent cinquante kilomètres à la ronde.

Guidés par Odin sur son cheval à huit pattes, les dieux traversaient le Bifröst pour livrer bataille aux géants et aux trolls. Le royaume de *Midgard* était ceint de montagnes. Par-delà ces montagnes vivaient les Géants des glaces, les Géants du feu, les Géants de l'océan, les Géants des collines et les Géants du givre.

Les elfes et les trolls étaient les alliés des géants. Les elfes, aux yeux verts et à la peau foncée, se reproduisaient comme les lombrics, dans le corps de la terre. Les trolls, eux, vivaient dans de petits villages faits de monticules de terre, entourés de têtes humaines plantées sur des piques. Ils amassaient des trésors dans leurs monticules, où ils vivaient comme des cochons, le sol en terre infesté de vers et de serpents.

Les dieux tinrent les géants et leurs alliés en échec. Leur chef de file était Thor, le grand dieu du tonnerre, qui jouissait du surnom de « fléau des géants ». Bébé, il avait stupéfié les autres dieux en soulevant dix énormes balles de peaux d'ours d'une seule main. Invité à prendre part à un concours de pêche, il aurait décapité un bœuf qui passait par là pour se servir de sa tête comme appât.

Thor conduisait un char tiré par deux boucs. Son marteau traversait les nuages noirs et menaçants pour aller fracasser le crâne des géants avant de revenir à sa main. Il aimait dire que, sans lui, les géants se seraient rendus maîtres du royaume des dieux.

C'est sous l'impulsion de Thor, le dieu de la guerre, que le fer dans notre sang vient nous marteler les tempes.

*

* *

Les mythes nordiques, comme les mythes grecs, romains et hébreux, rendent compte d'un monde en évolution, dans lequel de grands êtres spirituels, nommés « anges » dans certaines traditions et « esprits » dans d'autres, sont les agents de la création[2]. À nouveau, ces mythes ne sont pas nécessairement en contradiction avec les données recueillies par la science. Alfred Russel Wallace a élaboré la théorie de l'évolution des espèces par la sélection naturelle au même moment que Charles Darwin, et indépendamment de lui. Preuve en est, les deux hommes l'ont coprésentée devant l'élite intellectuelle de l'époque, représentée par la Société linnéenne de Londres, en 1858. Alors que cette théorie a peu à peu ébranlé, et même sapé, la foi religieuse de Darwin, Wallace, lui, croyait que la sélection naturelle était guidée par des intelligences créatrices, qu'il assimilait aux anges.

Aujourd'hui, ces intelligences créatrices trouvent leur place dans la théorie de la résonance morphique développée par le biologiste Rupert Sheldrake[3]. Dans un ouvrage publié récemment, *Réenchanter la science*[4], il souligne le manque de subtilité philosophique des principaux militants matérialistes, en démontrant que la version de la science dont ils se servent pour vaincre la spiritualité est dépassée et bancale. Mary Midgley, l'une des principales philosophes du Royaume-Uni, en a fait la critique dans *The Guardian* :

> On le dit trop peu et c'est funeste : notre manière matérialiste et mécaniste habituelle d'envisager le monde repose sur des notions confuses et dépassées. […] On ne saurait aborder les problèmes des rapports entre l'esprit et le corps, tel celui de la conscience et des origines de la vie, en continuant à traiter la matière à la mode du XVIIe siècle : comme si c'était une substance morte, inerte […]. Nous avons besoin d'un nouveau paradigme pour rendre compte du rapport entre le corps et l'esprit[5].

Dans les mythes, les dieux et les anges planétaires jouent un rôle particulier dans la formation de la condition humaine. Ils œuvrent pour lui donner sa structure fondamentale – pour créer une arène dans laquelle nous pouvons grandir et subsister, nous battre, aimer, et développer nos facultés de libre arbitre et de libre pensée. Les mythes relèvent de l'idéalisme, d'une vision du monde dans laquelle la matière n'existe que pour nous aider à vivre des expériences : c'est sa fonction. Les mythes rendent compte de la condition humaine en tant qu'*expérience subjective*, de manière aussi précise que possible.

*
* *

J'ai traité ailleurs des origines de l'idée d'évolution dans la pensée religieuse. L'évolution signifie évoluer en *mieux*, et la pensée et l'expérience religieuses et spirituelles y aspirent toujours.

Mais la pensée religieuse, telle qu'elle est exprimée dans les mythes, est aussi très consciente de l'extrême précarité de ce processus d'évolution...

En buvant à la Fontaine de Sagesse, Odin avait découvert le caractère éphémère de toute chose. Il savait que les géants ne seraient pas éternellement tenus en échec. Dans la grande salle du royaume des dieux, les festins de sangliers rôtis, les orgies d'hydromel, les compétitions sportives tumultueuses et les farces exubérantes aidaient à oublier le sentiment d'anxiété, mais tout était empreint d'une certaine mélancolie.

Loki n'avait pas son pareil pour rendre Odin joyeux : il le faisait rire aux éclats – et Odin l'aimait pour cela. Loki correspond à l'ange nommé Lucifer dans la tradition chrétienne. Il vivait à Ásgard en compagnie des autres dieux, qui l'acceptaient – mais il était malicieux et, peu à peu, sa malice se transforma en méchanceté.

Loki disparut quelque temps, puis on apprit qu'il avait pris pour maîtresse l'une des ennemies des dieux, une géante. Pire, il s'avéra que cette géante avait donné naissance à trois enfants monstrueux. Loki avait gardé l'existence de ses enfants secrète aussi longtemps que possible, mais ils étaient désormais trop grands pour continuer à les cacher et Odin lui ordonna désormais de les ramener à Ásgard.

Quand on les traîna dans la grande salle, les dieux reculèrent, saisis d'effroi. Seul Odin, qui ne craignait aucune créature vivante, s'avança.

Il saisit le premier des monstres, un grand serpent, et le jeta violemment à la mer avant de l'enrouler, bien serré, autour de la Terre afin de l'emprisonner : c'est le serpent qui se mord la queue.

La fille de Loki et de la géante se nommait Hel. Elle était hideuse : une moitié de corps vivante, l'autre moitié un cadavre bleuâtre en décomposition. Odin la chassa d'Ásgard : sa chute dura neuf jours, puis elle atteignit un royaume sombre, froid et humide, dans les entrailles de la Terre. Odin déclara qu'elle ne pourrait quitter ce royaume avant la fin du monde. Ayant reçu le nom de sa reine, cet enfer[6] était très difficile d'accès : pour s'en approcher, il fallait s'acquitter d'un péage, traverser une rivière souterraine glaciale et échapper à un chien de l'enfer ensanglanté, enchaîné à ses portes.

Odin était moins sûr de ce qu'il devait faire du troisième monstre, Fenris. La Fontaine de Sagesse lui avait montré ce loup gigantesque dans une vision prophétique. Il savait qu'il représentait une menace mortelle pour lui. La loi d'Ásgard interdisait de tuer un hôte, même un loup. Or, jour après jour, celui-ci devenait de plus en plus grand et de plus en plus fort : il hurlait dans la cour d'Ásgard et se débarrassait des chaînes les plus solides que les dieux pouvaient forger comme de vulgaires toiles d'araignées.

Odin se rappela alors les secrets de la forge des métaux qu'on lui avait montrés dans le royaume des Elfes noirs. Il leur envoya un messager, qui revint avec une chaîne minuscule, aussi souple et délicate qu'un ruban.

« Ça ne retiendra jamais Fenrir ! » s'écria Odin.

Le messager protesta que les elfes lui avaient juré que cette chaîne retiendrait le loup jusqu'à la Bataille finale. Elle était *magique*, expliqua-t-il, faite à partir du bruit des pas d'un chat, de la barbe d'une femme, des racines d'une montagne, des tendons d'un ours, du souffle d'un poisson, et de la salive d'un oiseau.

Le loup était devenu si grand et si fort qu'il était devenu impossible de lui attacher une chaîne autour du cou. Il était sûr de sa force et n'avait peur d'aucune chaîne, excepté des chaînes magiques. Les dieux lui promirent qu'aucune magie n'avait été employée et Fenris accepta qu'on la lui mette autour du cou, à condition qu'un des dieux place sa main dans sa gueule en guise de bonne foi.

Les dieux hésitèrent, mais Tyr, le dieu de la guerre, s'avança et plaça sa main dans la mâchoire pleine de bave. Thor passa alors la chaîne autour du cou de Fenrir et l'attacha à un rocher au centre de la Terre.

À l'instant où elle fut fixée, la chaîne se raidit, s'enfonçant dans le cou du loup. Fenrir rugit et hurla de rage, se débattit et secoua si violemment la tête que tout devint flou autour de lui. Au bout d'un moment, il finit par se calmer et tout le monde vit qu'il était bien attaché – avec la main coupée de Tyr serrée dans sa mâchoire.

Fenrir était donc enchaîné – pour le moment. Mais Odin savait bien que le mal ne pouvait pas engendrer le bien, que le mal finirait par engendrer le mal. Il y aurait un prix à payer pour avoir trompé le loup, même s'ils avaient une bonne raison de le faire.

La condition humaine est très précaire. Elle est menacée de toutes parts. Et une chose en apparence aussi insignifiante et insaisissable qu'une intention cachée pourrait – et peut – facilement la détruire.

*

* *

Alors, comment se fait-il que nous soyons là ? Comment se fait-il que toutes les circonstances les plus improbables aient été réunies, que le délicat équilibre nécessaire à la création de la vie intelligente ait été atteint, pour nous créer et nous donner une chance d'évoluer ? Les scientifiques s'accordent à dire que la probabilité que cela se produise était infime[7].

Mais pour les anciens, cet ajustement parfait n'est en rien le fruit du hasard. Il s'est produit – et nous sommes comme nous sommes – car toute *chose* est ordonnée, influencée par l'intelligence des anges. Dans le récit idéaliste – où l'esprit a précédé la matière –, toute chose est chargée d'intelligence, toute chose est pleine d'esprit[8]. Le monde matériel a été créé pour accueillir le monde végétal, qui a été créé pour accueillir la vie animale, créée à son tour pour accueillir la conscience humaine[9].

Nous ne sommes pas systématiquement conscients de cette intelligence et de la manière dont elle influe sur chaque partie du monde matériel. Il est possible que nous voyions des signes de cette intelligence à l'œuvre tout autour de nous, mais que nous échouions à les reconnaître. Pourtant, même les objets en apparence les plus inertes, comme une montagne ou un escarpement, sont emplis d'intelligence et d'intentions. Ils se déplacent simplement avec une extrême lenteur[10].

Avant l'avènement de la science, tous les grands esprits étaient des idéalistes. Ils comprenaient mieux cette intelligence, à la fois dans le monde « extérieur » et à l'intérieur de nous. Ils avaient un sens aigu du rôle des planètes – en particulier dans la formation de notre constitution physique et mentale –, de l'influence des phases lunaires sur les forces de la reproduction et de celle des cycles de Vénus sur les reins pour qu'ils produisent du désir sous la forme de testostérone. Ils savaient que Mercure agissait sur nos membres, nous permettant de nous déplacer et de raisonner dans l'espace, et que le Soleil a fait naître l'œil et a causé son développement pour que, tel un tournesol, il s'élève à sa rencontre[11].

Notre être conscient est comme un empereur en bas âge transporté dans les airs par un cortège de nurses, de ministres, de gardes du corps et de généraux – et ce sont eux les grandes forces intelligentes de l'univers.

Ces forces sont bien plus puissantes que notre intelligence consciente : elles opèrent sous le seuil de la conscience. Elles savent accomplir des opérations chimiques complexes, comme, par exemple, décomposer la nourriture pour isoler et transmettre les substances aux différentes parties de l'organisme, absorber l'oxygène dans le sang, convertir des substances inorganiques en fluides vitaux, ou encore convertir les vibrations dans l'oreille en sons. Un grand nombre d'opérations intelligentes que vous et moi commençons à peine à appréhender se produisent à un niveau subliminaire.

Dans le monde antique, on considérait que les agents de ces procédés complexes dans les différentes parties de l'organisme étaient d'origine spirituelle – il s'agissait des dieux et des anges. Aujourd'hui, nous avons une conception complexe et sophistiquée du corps humain : il est composé de parties plus ou moins indépendantes, qui œuvrent avec d'autres éléments, internes et externes au corps. Nous voyons le corps comme une machine vivante. Les anciens avaient une conception similaire de la constitution spirituelle d'un individu. Ils voyaient l'être humain comme une machine spirituelle constituée de nombreuses parties vivantes qui œuvraient en coopération avec les êtres spirituels, et sur leur ordre. Pour Basilide, un élève de saint Pierre, l'être humain était « le siège de différents esprits ». Selon Ibn 'Arabî, un maître spirituel soufi, « Les anges sont les pouvoirs cachés (virtualités) dans les facultés et les organes de l'homme. »

L'escorte qui élève le jeune empereur dans les airs est donc composée de saint Michel, d'Odin et de Mars, des grands dieux et des anges planétaires, ainsi que des anges et des esprits inférieurs sous leur commandement. La critique qu'on adresse fréquemment au fait de croire aux dieux et aux anges est la suivante : ils sont un exemple de l'erreur classique qui consiste à tout « anthropomorphiser ». Par exemple, on observe des phénomènes naturels, comme le tonnerre ou une éruption volcanique, et on leur attribue des caractéristiques humaines de manière primitive ou enfantine : un coup de tonnerre est un signe de la colère des dieux.

Or, cette critique est problématique. En effet, le matérialisme est tellement enraciné dans notre société qu'il est parfois difficile ne serait-ce que de commencer à appréhender l'ancienne sagesse spirituelle sur laquelle se fondent les récits des dieux et des anges. Notre but ici est d'essayer de déceler la sagesse et la pertinence de la vision des anciens. Ces derniers aimaient s'attarder sur une vérité importante afin d'en saisir toutes les implications. L'une de ces grandes vérités est la suivante : l'être humain est le prolongement de son environnement. Nous sommes un reflet des qualités du cosmos, et nous avons évolué en réponse à ces qualités. Il existe donc des qualités dans l'univers qui nous rendent humains.

Les peuples de l'Antiquité nommaient ces qualités « anges » et « dieux ». Vu sous cet angle, ce que nous aimons considérer comme des qualités intrinsèquement humaines nous a en réalité été donné par les anges[12]. Ce sont eux qui ont projeté leurs qualités sur nous, et non le contraire.

8
L'histoire du précieux

« Nous le voulons. Nous en avons besoin. Nous devons avoir le précieux. »

Gollum, *Le Seigneur des anneaux*

Odin, Loki et Hœnir, le frère d'Odin, parcouraient la Terre déguisés en hommes. Ils passaient devant une cascade verte et argentée quand Loki aperçut une loutre en train de se chauffer au soleil. Il ramassa un galet et le lui jeta, la tuant sur le coup.

Les autres saluèrent son habileté et tous poursuivirent leur chemin. Ils arrivèrent devant un grand château, où ils furent accueillis par un homme à la peau brune qui portait de magnifiques vêtements incrustés de joyaux. Il se présenta sous le nom d'Hreidmar le magicien, mais semblait plutôt sympathique.

Loki lui expliqua qu'ils étaient de pauvres voyageurs et qu'ils n'avaient pas de cadeaux dignes d'un si grand seigneur. Toutefois, ajouta-t-il en sortant la bête de son sac, ils pouvaient lui offrir une loutre fraîchement abattue pour le dîner...

Le sourire accueillant d'Hreidmar s'évanouit aussitôt et, en un instant, les trois dieux se retrouvèrent cloués au sol par deux autres hommes à la peau brune. Hreidmar se tenait au-dessus d'eux, une double hache à la main, hurlant qu'ils étaient sur le point de mourir.

« Pourquoi voudriez-vous nous tuer ? bredouilla Loki.

— Quand mon fils cadet allait pêcher, il aimait se transformer en loutre !

— Mais nous ne le savions pas ! s'exclama Hœnir. Comment l'aurions-nous pu ? Que voulez-vous pour nous libérer ? »

Hreidmar se réunit avec les deux autres hommes à la peau brune, ses deux fils aînés. Il finit par revenir :

« En échange de votre liberté, vous devrez nous apporter suffisamment d'or pour recouvrir toute la peau de la loutre... jusqu'à ce qu'on ne voie plus un seul poil. Deux d'entre vous resteront ici, enchaînés, tandis que le troisième sera libéré pour aller chercher l'or. »

Loki revenait sur ses pas près de la cascade, se demandant quoi faire, quand il crut voir un reflet dans le bassin en dessous. Scrutant les profondeurs, il vit un brochet caché à l'entrée d'une grotte souterraine.

Loki ne se laissa pas abuser par ce déguisement. Il reconnut le nain Alberich, le célèbre gardien d'un grand trésor. Le regard de Loki s'illumina à cette idée, et il partit chercher un filet pour draguer l'étang et attraper le brochet.

Alberich déguisé en brochet.

Quelques minutes plus tard, il saisissait le poisson suffocant et frétillant, et s'écriait :

« Tu ne me dupes pas ! Je sais qui tu es ! »

Il dit à Alberich qu'il le tuerait s'il ne lui remettait pas tout son trésor. Puis il observa le nain émerger de l'eau, encore et encore, les bras chargés de richesses, jusqu'à ce qu'une grande pile vacillante repose sur la pierre plate où Loki avait aperçu la loutre. Tout son trésor était là, lui dit le nain. Loki lui annonça qu'il pouvait disposer mais, au moment où Alberich se tournait pour sauter à l'eau, il vit quelque chose briller à son doigt. C'était un anneau en or. Loki, attiré par cette bague, exigea que le nain la lui donne.

« Laisse-moi seulement garder cet anneau, l'implora le nain. C'est un anneau magique. Je peux m'en servir pour remplir ma réserve d'or, mais cette magie n'opère qu'avec un nain.

— Non, donne-le-moi ! répondit Loki en lui arrachant du doigt.

— Alors je te maudis, toi et quiconque portera cet anneau », proclama Alberich en se laissant glisser dans l'eau sous la forme d'un brochet.

Loki retourna à la demeure de Hreidmar les bras chargés d'or, le précieux anneau à son doigt. Odin le remarqua et exigea que Loki le lui donne.

Puis, sous l'œil vigilant et vengeur du magicien, les trois dieux entreprirent de recouvrir d'or la peau de la loutre. Comme cette peau était magique, elle n'arrêtait pas de s'agrandir, mais elle finit par sembler entièrement recouverte. Ils demandèrent à être libérés.

Hreidmar était sur le point d'accepter, mais se ravisa :

« Non, il y a un poil sur le museau qui n'est pas recouvert. »

Or il ne regardait pas le poil, mais l'anneau au doigt d'Odin. Il lui ordonna de le lui donner.

Et ce fut ainsi qu'une funeste malédiction fit son entrée dans le cours de l'histoire.

Plus tard, quand Hreidmar refusa de partager son or avec ses deux fils, ces derniers l'assassinèrent. Puis les deux frères se brouillèrent, et l'un d'eux finit par se transformer en dragon pour garder l'anneau et le trésor pour lui tout seul.

Le deuxième frère se nommait Regin. Il n'était pas suffisamment courageux ni assez fort pour combattre le dragon seul : il fallait donc qu'il ruse pour amener quelqu'un de plus courageux et de plus fort que lui à le faire à sa place.

Il vit un jeune homme, Siegfried, arriver à la cour et eut vent d'une rumeur : son épée aurait été forgée à partir de fragments d'une épée qu'Odin avait donnée à son père. Il se lia donc d'amitié avec lui et lui parla du dragon qui gardait un véritable trésor.

Ensemble, ils traversèrent la lande et suivirent le sentier qui conduisait à la grotte du dragon.

Regin expliqua à son nouvel ami que le dragon sortait tous les jours de sa grotte pour aller boire à la rivière et lui conseilla de creuser une tranchée sur son chemin pour s'y cacher. Quand le dragon lui passerait au-dessus, Siegfried pourrait lui plonger son épée en plein cœur.

Mais, au moment où Regin allait se cacher derrière des rochers pour observer la scène à distance, bien en sécurité, un vieil homme apparut aux côtés de Siegfried. Il portait une longue cape bleue et un chapeau bas à large bord qui lui cachait le visage. Il mit Siegfried en garde : s'il se trouvait sous le dragon au moment où il le frapperait avec son épée, il serait trempé de son venin mortel et mourrait.

Le vieil homme disparut, mais Siegfried suivit son conseil en creusant une tranchée sur le côté. Quand le dragon passa au-dessus, il réussit à se glisser dedans et à éviter le sang qui coulait à torrents.

Regin sortit de derrière les rochers, se réjouissant de la mort du dragon, son frère. Il demanda à Siegfried de lui arracher le cœur pour le faire rôtir.

Mais, alors que Siegfried s'exécutait, du sang bouillant l'éclaboussa. Une goutte lui brûla légèrement un doigt, qu'il porta à sa bouche pour soulager la douleur – et il se rendit immédiatement compte qu'il comprenait le langage des oiseaux. Les pics l'avertirent qu'on se jouait de lui : si Regin mangeait le cœur du dragon, il deviendrait l'homme le plus intelligent au monde et personne ne pourrait s'opposer à lui. Il régnerait sur le monde entier[1].

Puis le jacassement de plus en plus pressant des pics avertit Siegfried que Regin s'apprêtait à l'attaquer par surprise.

Il se retourna et fit à Regin ce que ce dernier avait l'intention de lui faire : il lui coupa la tête d'un seul coup d'épée.

Les oiseaux entonnèrent un nouveau chant, celui d'une belle jeune femme plongée dans un profond sommeil.

Au matin, tandis que Siegfried sellait son cheval, il aperçut une grande lumière à l'horizon. Il chevaucha dans cette direction, à travers des régions vierges de tout chemin, et vit un gigantesque mur de flammes au sommet d'une montagne.

Éperonnant son cheval pour qu'il avance plus vite et gravisse la montagne, il franchit ce mur de flammes et découvrit, allongé, comme mort, un chevalier en armure dorée. Il mit pied à terre et ôta le casque du chevalier : il découvrit alors une belle endormie, avec de longs cheveux dorés et une peau d'une blancheur éblouissante.

Siegfried tue le dragon (illustration du XIXe siècle).

Tandis qu'il se penchait pour l'embrasser, il vit une aubépine piquée dans son flanc. Lorsqu'il la retira, la belle se réveilla. Elle lui dit s'appeler Brunehilde. Odin l'avait plongée dans un sommeil profond en l'avertissant : seul un homme nommé Siegfried le tueur de dragon pourrait l'en sortir.

Alors qu'ils se regardaient dans les yeux, sachant qu'ils étaient faits l'un pour l'autre, Siegfried passa l'anneau doré qu'il avait pris dans le trésor du dragon au doigt de Brunehilde.

La belle changea sur-le-champ. Elle lui dit qu'avant qu'ils puissent vivre ensemble, il devait prouver son mérite : il devait lui conquérir un royaume sur lequel régner.

Et ce fut ainsi que l'influence maléfique de l'anneau continua à se propager dans le monde.

*

* *

Dans la mythologie, l'un des principaux jalons chronologiques s'appuie sur les générations successives de dieux. Dans la mythologie grecque par exemple, il y a la génération des parents de Zeus, la génération de Zeus et de ses frères et sœurs, la génération des enfants des dieux qui étaient eux-mêmes des dieux – Aphrodite, Arès, Athéna – puis la génération des demi-dieux et des héros, qui étaient les enfants nés de l'union entre les dieux et les humains. Cette dernière génération avait des pouvoirs surhumains : ils étaient en général plus forts que les autres hommes, qui ne pouvaient habituellement pas se mettre en travers de leur chemin, mais n'étaient pas aussi puissants que les dieux. Par exemple, n'étant qu'à demi divins, ils ne savaient pas voler tout seuls. Néanmoins, ils pouvaient souvent compter sur l'aide des dieux et communiquer avec eux. Dans la mythologie scandinave, Siegfried est un demi-dieu ou un héros : il appartient donc à la même génération – et à la même ère – que les héros grecs.

Ces différentes générations marquent les différentes étapes de la création. Comme le monde matériel devenait de plus en plus dense, l'ère des grands dieux toucha à sa fin. Les dieux planétaires avaient joué leur rôle en créant un monde pour l'humanité. Les mythes des générations suivantes montrent que ces dieux apparaissaient de moins en moins souvent aux hommes.

Mais l'influence maléfique de l'anneau ne se propageait pas seulement dans leur monde, mais aussi ici-bas, dans notre monde. La vie sur Terre serait souvent difficile et pleine d'épreuves.

9

Les hommes puissants, les gens de renom

« [L]es fils de Dieu vinrent vers les filles des hommes, et elles leur enfantèrent des enfants ; ceux-ci devinrent des hommes puissants qui de tout temps étaient des gens de renom. »

Genèse, VI, 4[1]

Un roi nommé Acrisios emprisonna sa fille, Danaé, dans une tour d'airain. Cette tour n'avait qu'une unique fenêtre, toute petite et située tout en haut de la cellule. Acrisios avait commis ce crime abominable car un devin lui avait dit que Danaé engendrerait un fils qui un jour le tuerait.

Mais Danaé était belle. Et un jour que Jupiter (ou Zeus) scrutait la terre depuis les nuages, il la remarqua. Sa vue le réjouit et, une nuit, il lui rendit visite furtivement, en passant par la fenêtre de sa cellule sous la forme d'une pluie d'or.

Danaé donna naissance à un garçon nommé Persée. Le roi n'osa pas tuer le fils de Jupiter : il enferma donc Danaé et le bébé dans un coffre en bois qu'il jeta à la mer.

Danaé aimait son fils. Elle lui gazouillait à l'oreille dans le noir et était heureuse quand il s'endormait, bercé par le mouvement des vagues.

Le coffre finit par être rejeté sur le rivage, où un pêcheur le trouva. Il l'ouvrit à l'aide d'une hache. Cet homme était bon : il recueillit Danaé et Persée et prit soin d'eux. Avec le temps, le garçon devint grand et fort.

Bien que le pêcheur ait opté pour une vie simple, loin de la cour, il était en réalité le frère du roi local, Polydecte. Un jour, ce dernier vit Danaé marcher sur le rivage. Il la désira sur-le-champ, mais elle ne voulait pas entendre parler de lui : quand on a fait l'amour avec un dieu, un simple mortel, même roi, n'est peut-être pas particulièrement attirant.

Le roi élabora un plan pour se débarrasser de Persée, qui protégeait sa mère. Il annonça qu'il organisait un banquet. Tous les jeunes hommes du royaume avaient ordre d'y participer et d'offrir un cheval à leur roi. Tous s'exécutèrent, sauf Persée – le beau-fils d'un simple pêcheur n'ayant pas de cheval à offrir. Le roi ne manqua pas de le faire remarquer et tous les autres jeunes hommes, serviles et flatteurs, éclatèrent de rire. Rouge de honte, Persée tenta de sauver la face et, sans réfléchir, annonça qu'il pouvait ramener au roi tout cadeau qui lui ferait plaisir. Il était tombé en plein dans le piège.

« Ramène-moi la tête de Méduse ! » exigea le roi, rayonnant.

Méduse était l'une des trois Gorgones, trois sœurs monstrueuses. Elle était si laide que quiconque la regardait était instantanément pétrifié. De nombreux prétendus héros étaient morts en essayant de l'exterminer.

Persée ne savait que faire. Il était assis au bord de la mer, priant pour recevoir de l'aide, quand deux grandes formes lumineuses apparurent, chatoyantes, devant lui. Pour une raison ou une autre, il savait qu'il s'agissait d'Athéna, la déesse de la sagesse, et de Mercure (ou Hermès), le messager des dieux. Tous deux le réconfortèrent et lui assurèrent qu'ils protégeraient sa mère en son absence. Mercure lui donna une faucille en silex suffisamment aiguisée pour décapiter Méduse, et Athéna lui annonça qu'elle lui prêterait son bouclier, luisant comme un miroir. Elle lui conseilla de se servir de son reflet pour guider la faucille dans le cou du monstre, de façon à ne pas avoir à le regarder directement.

Ils ajoutèrent que Persée devrait d'abord effectuer un long voyage pour trouver les Grées. Ces trois sœurs le mettraient sur le bon chemin et lui diraient comment rassembler les autres artefacts magiques dont il aurait besoin.

Persée chemina vers le nord jusqu'à ce qu'il trouve les Grées dans une grotte lugubre au pied d'une montagne. Elles donnaient l'impression d'être nées vieilles. Elles n'avaient qu'une dent et qu'un œil pour elles trois, qu'elles étaient obligées de se passer pour les utiliser à tour de rôle. Persée s'approcha à pas de loup et s'empara de l'œil au moment où deux sœurs se l'échangeaient, les réduisant à l'impuissance. Il leur rendrait, leur dit-il, si elles lui promettaient de le conseiller.

Les Grées lui expliquèrent donc comment se rendre dans un mystérieux pays, situé par-delà les souffles du vent du nord. Persée suivit leurs instructions et y trouva des créatures spectrales qui allèrent lui chercher les autres objets magiques dont il aurait besoin pour mener à bien sa mission – les Talaria, une paire de sandales ailées qui lui permettraient de voler dans les airs comme Mercure (ou Hermès) ; une besace magique qui pourrait contenir la tête de Méduse sans être dissoute par son poison ; et la Kunée, casque qui rend son porteur invisible.

C'est donc en volant que Persée se remit enfin en quête des Gorgones. Quand il se posa au sol, il se retrouva vite au milieu d'une forêt de pierres levées. Au bout d'un moment, il se rendit compte que ces pierres étaient en réalité des personnes pétrifiées et en conclut que Méduse ne devait pas être loin.

Puis il entendit un sifflement et vit les trois monstrueuses Gorgones allongées au soleil, endormies sur un rocher plat. Elles avaient des ailes vert doré de la forme de celles des chauves-souris, des défenses jaunissantes et, en lieu et place des cheveux, une masse de serpents vivants.

Revêtant le casque d'invisibilité et se servant du bouclier d'Athéna pour se guider, Persée les attaqua par surprise. Prenant soin de ne pas se détourner du reflet, il trancha la tête de Méduse d'un seul coup de faucille.

Mais les serpents de sa chevelure ne moururent pas et leur sifflement frénétique réveilla les deux autres sœurs, qui se lancèrent à la poursuite de Persée. Chaussé des sandales ailées, il s'élança dans les airs et partit comme une flèche vers l'horizon. Des gouttes de sang tombaient de la besace : partout où elles atterrissaient, des serpents venimeux infestaient le sol.

Persée se languissait de sa mère, mais, alors qu'il approchait de l'île qu'il pensait être la sienne, il changea de direction. Il avait vu une belle jeune fille, aux longs cheveux roux, nue à l'exception d'un collier d'émeraudes et de torrents de larmes, enchaînée à un rocher près du rivage. Il s'arrêta en vol et voltigea un moment au-dessus d'elle.

Elle lui dit s'appeler Andromède. On l'offrait en sacrifice à un monstre marin gigantesque car sa mère s'était vantée de sa beauté…

La surface de l'eau se mit alors à bouillonner, à se couvrir d'écume et, soudain, un grand serpent se dressa en direction d'Andromède.

Persée s'élança dans les airs puis fondit sur le monstre pour le frapper au cou, encore et encore, jusqu'à ce qu'il s'écroule dans la mer. Alors que les remous de l'eau se calmaient, il libéra Andromède[2].

Gemme sculptée gréco-italienne représentant la Gorgone.

Persée et Andromède arrivèrent à la cour de Polydecte. Entouré des riches jeunes hommes qui s'étaient moqués de Persée, le roi eut encore le courage de le railler, refusant de croire qu'il avait mené à bien sa mission. Mais Persée mit la main dans sa besace et brandit la tête de Méduse. Le roi et sa cour retinrent leur souffle un instant, pris d'horreur, avant d'être pétrifiés.

Le frère de Polydecte délaissa la pêche pour monter sur le trône et épouser Danaé.

Persée et Andromède, eux, prirent la mer, en quête d'un nouveau royaume. En chemin, ils tombèrent par hasard sur des jeux et décidèrent de faire une halte. Persée voulait y prendre part. C'était l'occasion pour lui d'accomplir de grandes prouesses. Il excellait dans toutes les disciplines, mais était particulièrement bon au lancer de disque. En réalité, il lança le disque avec une telle force que celui-ci sortit du stade pour atterrir dans la foule. Quand les spectateurs se séparèrent, Persée vit que le disque s'était fiché dans la tête d'un vieil homme.

Gemme sculptée représentant Hercule (ou Héraclès) jeune portant une coiffe de lion (tirée d'*Antique Gems*, du révérend C. W. King). Bien que les lions soient peu nombreux et qu'il soit interdit de les chasser, il arrive que les guerriers des tribus Masaï se retrouvent acculés, dans l'obligation de les tuer pour se défendre. Ils portent alors leur fourrure sur la tête (de la même manière qu'Hercule). C'est la marque d'un grand guerrier, qui séduit de nombreuses femmes.

Persée, la tête de Méduse et Andromède, dessinés parmi les constellations (tiré d'un manuscrit espagnol datant du XIVe siècle).

Ce vieil homme n'était autre qu'Acrisios, qui avait enfermé sa fille, Danaé, et son enfant dans un coffre, qu'il avait ensuite jeté à l'eau pour triompher de la prophétie selon laquelle un jour, son petit-fils le tuerait...

*

* *

Au cours de ses voyages, le roi d'Athènes tomba amoureux pour la première fois et eut un fils. C'était un aventurier, et il ne tenait pas en place. Il n'assista pas à la naissance de son enfant, mais laissa une paire de sandales et une épée cachées sous un gros rocher. Il dit à sa jeune maîtresse que leur fils devrait partir à sa recherche lorsqu'il serait suffisamment fort pour soulever le rocher et récupérer ces biens.

Ce fut ainsi que Thésée, à l'âge de dix-huit ans, se mit en route pour Athènes. À son arrivée, il trouva son père vieux et épuisé par un mariage malheureux.

Son père ne le reconnut pas immédiatement mais, dès que Thésée fit son entrée à la cour, la reine décela dans sa mâchoire carrée la beauté dont son mari ne conservait plus que les traces. Craignant que Thésée ne contrarie le pouvoir qu'elle exerçait sur le roi, elle exigea que l'on envoie ce jeune inconnu chercher le taureau crétois qui ravageait alors le pays.

Beaucoup étaient morts en s'y essayant mais, bien sûr, Thésée ramena le taureau à Athènes par le bout du nez. Le roi décréta qu'on le sacrifierait lors d'un grand banquet. La reine prévoyait de profiter de l'occasion pour empoisonner Thésée mais, au moment où le jeune homme brandit son épée pour découper la viande sur l'os, le roi reconnut l'épée qu'il avait laissée sous le rocher des années auparavant. On célébra les retrouvailles du père et du fils, et la reine s'éclipsa honteusement.

Au lendemain de la fête, Thésée se réveilla, surpris : on pleurait et criait dans les cours du palais. Que se passait-il ? On lui répondit que c'était le jour de l'année où les Athéniens devaient envoyer un tribut à Minos, le roi de Crète. Chaque année, sept jeunes hommes et sept vierges étaient sacrifiés au Minotaure, un être terrifiant, mi-homme mi-taureau.

Thésée se porta volontaire sur-le-champ pour compter parmi les sept jeunes hommes. Son père le supplia de ne pas partir, mais, devant l'insistance de son fils, il se résigna en lui soutirant une promesse : s'il survivait au Minotaure, il devrait changer les voiles noires de son navire pour des blanches avant de prendre la mer, afin de lui montrer qu'il était toujours en vie.

Quand le jeune aventurier arriva sur l'île de Crète, Ariane, la fille du roi local, tomba amoureuse de lui. Elle vint le trouver au beau milieu de la nuit pour lui révéler comment vaincre le Minotaure, qui était enfermé dans un labyrinthe. Toutes ses précédentes victimes s'étaient perdues, désorientées, avant d'être attaquées. Ariane apporta donc une pelote de fil à Thésée, en lui disant d'en attacher une extrémité à l'entrée du labyrinthe : il devrait dévider le fil derrière lui à mesure qu'il progresserait dans les couloirs, afin de laisser une trace qui lui permettait de revenir sur ses pas.

Elle lui dévoila aussi le secret pour trouver son chemin dans un labyrinthe : toujours choisir le couloir qui semble vous éloigner de l'endroit où vous voulez aller.

Thésée progressa de cette manière dans le labyrinthe, jusqu'à ce qu'il pénètre enfin dans la salle en son centre. Le Minotaure lui sauta dessus dans un grand mugissement. Sa peau était trop épaisse pour la transpercer avec l'épée qu'Ariane lui avait donnée. Il la jeta à terre et combattit le monstre à mains nues. Il arriva à lui attraper les cornes et tira sa tête en arrière – jusqu'à entendre un énorme craquement.

Avant l'aube, Thésée et Ariane fuirent discrètement le palais. Ils coururent main dans la main vers le port et se mirent en route avant que le père de la jeune fille ne se réveille.

Sur le chemin du retour, ils firent halte sur l'île de Naxos.

Le dieu Dionysos s'y cachait et observait la belle jeune femme depuis les arbres qui jouxtaient la plage. Il attendait qu'elle s'éloigne, seule, pour venir la trouver.

Dionysos était un beau jeune homme, légèrement féminin, au ventre doux et à l'air sinistre. Il offrit du vin à Ariane et la courtisa jusqu'à ce qu'elle oublie Thésée, où elle allait et la raison de sa présence.

Quand vint le moment de partir, Thésée n'arriva pas à trouver Ariane. Il l'appela, mais elle ne réapparut pas. Et ce fut ainsi qu'Ariane abandonna Thésée, comme le père du héros avait abandonné sa mère.

Au comble du désespoir, le beau prince oublia de changer les voiles de son navire. Du haut d'une falaise, son père vit les voiles noires poindre à l'horizon et, supposant que son fils avait été tué par le monstre, se précipita dans la mer.

*

* *

L'histoire de Persée comme celle de Thésée finissent par la mort du père. Dans le récit le plus ancien, c'est la réalisation d'une prophétie ; dans le plus récent, un accident cruel, conséquence d'une étourderie.

Le premier récit regorge d'éléments surnaturels et fantastiques. Outre la prophétie, les talismans, les transformations magiques et la présence d'êtres éthérés, Persée a recours au surnaturel pour surmonter tous les obstacles qu'il rencontre.

L'histoire de Thésée, elle, ne comporte qu'un seul élément ouvertement surnaturel : l'existence de la bête elle-même, et tout porte à penser qu'elle est enfermée dans cette cage sophistiquée précisément parce que les monstres ne sont pas monnaie courante.

En tuant des monstres, les demi-dieux détruisaient aussi la part de bestialité en eux et en l'homme – car, dans la vision mystique du monde, nous partageons tous une dimension spirituelle, dans laquelle nous sommes connectés, même si nous semblons séparés en des corps distincts dans le monde physique. L'humanité avait reçu le don de la conscience animale, mais ce cadeau comportait un risque pour chaque être humain – céder à la bestialité et à la monstruosité.

Une ère plus sombre et plus froide voyait le jour. La vie des habitants de la Terre devenait plus difficile. Si leurs corps avaient un jour été des imaginations comme densifiées, s'apparentant plus à des fantômes qu'à des êtres de chair et d'os, ils étaient désormais alourdis par la gravité et leurs os s'épaississaient et se rigidifiaient. Les humains se mouvaient plus lentement sur la surface de la Terre. Ils vivaient dans un monde sanglant, affligé par la mort, un monde dévoyé.

Ironie du sort, alors que les hommes pouvaient de moins en moins compter sur les dieux, ils s'aperçurent que les dieux, eux, se mettaient curieusement à compter sur eux...

10

Les dieux appellent les hommes à l'aide

Les Titans, les disciples de Satan, avaient été tenus en échec mais, de temps à autre, ils apparaissaient tels des ouragans à l'horizon et menaçaient de mettre un terme au règne des dieux – et, par conséquent, à l'évolution de l'humanité.

Le monstre le plus effroyable que le monde avait connu jusque-là se nommait Typhon. Lorsque ce Titan émergea des flots, un cri de peur retentit tout autour du mont Olympe. Il avait une gigantesque tête de bouc et, quand il se libéra des vagues pour monter sur le rivage, les dieux virent avec effroi que, sous la taille, il n'était qu'une masse de serpents entortillés. Typhon se dirigea droit sur l'Olympe, avec une rapidité terrifiante. Il crachait du feu et cachait le soleil de ses ailes semblables à celles des chauves-souris.

Jupiter (ou Zeus) tenta de le ralentir en lui lançant des éclairs, mais ceux-ci ne faisaient que rebondir sur lui avant de tomber bruyamment au sol. Alors que le monstre était presque sur lui, Jupiter réussit tout juste à attraper une vieille faucille en silex – celle dont Persée s'était servi pour décapiter Méduse. Mais avant qu'il n'ait le temps de la brandir pour frapper Typhon, les serpents rampaient déjà sur lui, s'enroulant autour de ses membres.

Une fois le dieu immobilisé, un autre serpent lui arracha la faucille des mains et entreprit de lui sectionner les tendons. Un dieu tel que Jupiter ne pouvait pas être tué sur le coup, mais il pouvait être réduit à l'impuissance.

Typhon rassembla les tendons et les emporta dans une grotte, où il prévoyait de se reposer et de se remettre de ses blessures.

Apollon et le dieu-bouc Pan avaient observé la scène et élaborèrent une stratégie. Ils retrouvèrent Cadmos, un héros tueur de dragon qui errait désespérément à la surface de la Terre, à la recherche de sa sœur perdue depuis longtemps. Ils lui promirent que, s'il faisait ce qu'ils lui demandaient, ils l'aideraient à terminer sa quête. Pan lui donna sa flûte et, déguisé en berger, Cadmos se mit en quête du monstre.

Allongé dans sa grotte, Typhon se demandait ce que ce son merveilleux pouvait bien être. Il n'avait jamais entendu de musique auparavant, mais il sentait que cela le calmait, l'apaisait. Il se traîna hors de sa caverne pour voir ce qu'il se passait.

Surpris par son apparence hideuse et ensanglantée, Cadmos cessa de jouer.

« Ne t'arrête pas ! hurla Typhon. Qu'est-ce que c'est ? Refais ce son !

— Oh, ce n'est rien, répondit Cadmos. La musique que je joue avec ma lyre est bien plus belle. Cette musique te guérirait de tes blessures.

— Pourquoi ne joues-tu pas de ta lyre dans ce cas ?

— Malheureusement, les tendons dont je me sers comme cordes sont cassés et je ne sais pas où en trouver de nouveaux. »

Typhon alla donc chercher les tendons de Jupiter dans sa grotte et les tendit à Cadmos[1].

Ce dernier lui expliqua qu'il devait rentrer à sa cabane pour remplacer les cordes de sa lyre mais, bien sûr, retourna auprès de Jupiter.

Recousu, Jupiter tendit une embuscade à Typhon et, cette fois, terrassa le monstre avant de l'ensevelir sous une montagne.

Des éons plus tard, à l'époque de l'Antiquité grecque, Typhon laissait occasionnellement éclater sa rage : la montagne entrait alors en éruption et des torrents de lave en fusion en dévalaient les pentes.

Nous venons tout juste d'assister à quelque chose de nouveau, sans précédent dans le monde, qui marque un profond changement dans l'équilibre des pouvoirs : les dieux ont été contraints d'appeler Cadmos à l'aide.

Cadmos ne s'est pas contenté de secourir Jupiter (Zeus) à la demande des dieux. Les Grecs le considèrent aussi comme l'inventeur de l'écriture. Toutefois, malgré ses exploits et ses réussites, il reste un personnage mystérieux.

*
* *

Il existe un personnage tout aussi mystérieux dans la tradition hébraïque, dont on dit qu'il a inventé l'écriture et que les anges l'ont appelé à l'aide pour les sauver.

Énoch était cordonnier, d'ossature et de carrure épaisses. Solitaire et intimidant, avec son regard noir et sa grosse barbe, il se retira du monde, car il voyait la cruauté contaminer l'humanité.

Un jour, il marchait seul dans le désert, dans un lieu rocailleux et désolé, lorsqu'il entendit une voix l'appeler depuis les cieux :

« Énoch ! Énoch !

— Me voici.

— Lève-toi, quitte ce désert et va marcher parmi les hommes pour leur apprendre les voies du Créateur. »

Une vision lui apparut alors, emplissant tout le ciel. Un nuage radieux fut englouti dans des ténèbres tourbillonnantes. Puis vint le saint Verbe, la Voix de la lumière, et tout dans la vision se mit à rayonner, à vibrer.

La littérature énochienne est riche et variée[2]. Dans l'un de ses courants, Énoch comprit que ce saint Verbe portait un autre nom : le « maître d'œuvre ». Il vit ce maître d'œuvre créer sept Esprits planétaires, sept Gouverneurs, qui ferait chacun don d'une partie de sa nature à l'humanité.

Les grands tournants de l'histoire représentent de nouveaux départs, mais aussi des fins. Ici, c'est la période où les hommes pouvaient contempler les dieux, les voir aussi clairement qu'on voit les objets physiques aujourd'hui, qui prend fin. À partir de ce moment-là, cette capacité déclina et les hommes virent de moins en moins souvent les dieux, et seulement dans des conditions très particulières. Ils perdaient donc quelque chose de précieux, mais ils gagnaient aussi quelque chose – la capacité de *comprendre* le fonctionnement du monde et de le formuler dans le langage.

Énoch eut des visions afin de préserver la vision de Dieu et des anges dont les premiers hommes faisaient communément l'expérience – et il la préserva au moyen du langage. C'est pour cela qu'on se remémore Énoch, et Cadmos, comme l'inventeur du langage et de l'écriture.

Selon certaines traditions, Énoch grava cette nouvelle sagesse sur deux colonnes monumentales, une de granite et une de bronze. Ces dernières furent construites pour aider à mesurer les mouvements des corps célestes que les hommes ne considéraient désormais plus comme des êtres vivants. Énoch voulait que ces structures massives et robustes résistent à une grande catastrophe qui s'abattrait bientôt sur le monde. D'autres traditions évoquent un livre ou une bibliothèque perdus[3].

On disait que c'était en voyant les étoiles et les planètes qu'Énoch avait eu l'idée du langage. Il vit un alphabet dans les corps célestes disséminés dans le ciel. Les consonnes étaient les images des douze signes du zodiaque et les voyelles, celles des planètes : l'organisation des mots dans une phrase reflétait leur organisation dans le ciel.

Puis Énoch quitta le désert. Quand il réapparut avec le don du langage, on vint le trouver du monde entier, y compris des rois et des princes. Son message était fascinant et les gens l'adoraient. Des foules se pressaient autour de lui, désireuses de l'entendre, de le toucher. Il lui arrivait de se sentir oppressé et il ne pensait plus qu'à s'enfuir. Il se retranchait alors dans le désert, pour vivre dans la solitude et communier avec les grands esprits. Il avait de plus en plus besoin d'être seul.

Au départ, il ne s'absentait que trois jours d'affilée. Il revenait le quatrième jour pour retrouver le peuple. Puis, au bout de quelques années, il ne se montra plus qu'une fois par an. Ses apparitions suscitaient toujours un grand enthousiasme. Après une année d'attente, la foule attendait désespérément son retour, mais, lorsqu'il réapparaissait, son visage brillait d'un tel éclat qu'ils étaient nombreux à devoir détourner le regard.

Certains des textes énochiens rappellent le ministère de Jésus Christ qui, lui aussi, attirait les foules puis se retirait dans la solitude. En outre, l'un des titres d'Énoch était le « Soleil de justice », titre qu'on donnait aussi à Jésus[4].

Que faisait-il lors de ses retraites dans le désert ? Il eut certainement d'autres visions : « Là encore mes yeux contemplèrent les secrets de la foudre et du tonnerre, […] ; les secrets des vents, de la rosée et des nuées. […] Je vis également les trésors de la lune, où ses phases prenaient naissance ; leur commencement, leur glorieux retour ; [...] et leur obéissance qui les porte sur les pas du soleil [...]. » Le Livre hébreu d'Énoch (ou 3 Hénoch) est l'une des principales sources de connaissances sur les anges et leurs différents ordres[5].

Les récits relatant l'union de Zeus (Jupiter) et d'autres dieux grecs et romains avec des hommes et des femmes sont empreints de lumière, de beauté, de joie et de bonne humeur. Ils sont chargés de l'étonnement d'être en vie dans le monde. Le récit qu'en font les textes énochiens montre un côté plus sombre. Ici, les anges qui prennent des épouses humaines sont des anges déchus, aussi connus sous le nom de « vigilants ». Les « Nephilim », leur progéniture, sont des géants malfaisants et destructeurs qui provoquent des guerres, mangent de la chair et boivent du sang humain. Suite à ces unions contre nature, la création entière deviendrait corrompue[6].

Dieu dit à Énoch d'aller trouver les anges déchus et de les prévenir qu'ils ne seraient pas absous, que leurs enfants ne connaîtraient que la violence et la ruine, et qu'ils ne trouveraient jamais la paix.

Énoch s'exécuta. Les anges déchus tremblèrent de peur et lui demandèrent d'intercéder en leur faveur auprès de Dieu. Ils avaient trop honte pour lui parler et n'osaient même pas regarder les cieux.

Certains disciples d'Énoch rapportèrent avoir eu la vision d'un cheval gigantesque dans le ciel. Ils en parlèrent à leur maître, qui répondit : « Cela signifie que le temps est venu pour moi de vous quitter. »

Énoch se retira dans les montagnes, où la terre était inhospitalière et le temps orageux.

Des milliers de personnes tentèrent de le suivre avant de renoncer, mais certains s'obstinèrent. Énoch les prit à partie, leur dit de retourner dans leurs tentes :

« Il est dangereux de me suivre. Vous allez mourir. »

Le sixième jour de son périple, il s'adressa de nouveau à un dernier groupe de disciples épuisés qui s'étaient évertués à suivre son rythme. Mais ces irréductibles refusèrent à nouveau de rebrousser chemin, déclarant que seule la mort pourrait les détourner de lui. Énoch ne leur adressa plus la parole.

Le septième jour, un étrange objet volant apparut dans les nuages. C'était un char tiré par des chevaux de feu. Énoch monta dedans et s'envola.

Plus tard, des hommes partirent à la recherche d'Énoch et de son groupe d'adeptes. À l'endroit où le sentier s'arrêtait, ils fendirent la neige et la glace et trouvèrent les cadavres de ses disciples, mais aucune trace d'Énoch.

Énoch n'était pas mort. Dieu l'avait emmené dans un lieu où ils marchaient tous les deux. Dieu avait d'autres projets pour lui.

Avec l'histoire de Cadmos et celle d'Énoch, nous avons assisté à un bouleversement dans l'économie spirituelle du cosmos. Alors que l'humanité semblait autrefois dépendre entièrement des anges et des dieux, désormais, les êtres spirituels cherchaient de l'aide auprès des hommes.

La Chute des anges (gravure du XIXe siècle).

Du point de vue spirituel, l'histoire du cosmos suit le déroulement d'un plan. Dans ce chapitre, nous avons commencé à aborder les mystères de ce plan.

Sa prochaine étape appelait un autre héros – mais un héros d'un genre nouveau…

11

Orphée, le Sphinx et le temps verrouillé

Dieu décida d'apprendre à penser aux hommes. Et la méthode qu'il choisit pour ce faire fut la musique.

Orphée vivait avec sa mère et ses tantes. Il n'avait pas de père à admirer, aucun modèle masculin. Puis un jour, un ami de sa mère arriva. Une grande excitation régnait. Ils avaient eu vent d'une rumeur : ce seigneur envisageait d'épouser l'une des sœurs.

Tout le monde prévint Orphée que ce monsieur était une personne très importante.

Le visiteur se déplaçait dans un grand char royal tiré par de magnifiques chevaux blancs. Il en sortit dans les rayons du soleil, si bien que, dans un premier temps, Orphée ne put pas bien le voir. Malgré tout, il sut immédiatement que ce seigneur était plus grand que la moyenne, d'au moins soixante à quatre-vingt-dix centimètres, et qu'il n'était pas de la même trempe que les autres hommes.

Orphée resta en arrière tandis que sa mère et ses tantes s'attroupaient autour de cet inconnu aux cheveux d'or. Il était intimidé, reculant peut-être devant une rencontre dont il savait qu'elle serait capitale.

Apollon regarda derrière les femmes qui l'encerclaient :

« Qui est-ce ?

— Orphée, mon fils », répondit fièrement sa mère.

Orphée voyait désormais que cet homme avait des yeux brillants, intenses, et qu'il devait être difficile de lui dire « non ».

Apollon s'approcha du jeune garçon, lui mit le bras autour du cou et discuta longuement avec lui. Les heures s'écoulèrent. Il semblait bien plus intéressé par Orphée que par ses tantes. Avant de partir, il lui fit un cadeau. Orphée n'avait jamais rien vu de tel. Cet objet ressemblait un peu à un tamis, mais il n'avait que sept cordes et était fait d'or. Apollon lui montra comment pincer les cordes pour produire un son extraordinaire, qui ne ressemblait à rien de ce qu'il avait déjà entendu…

Une belle mélodie peut induire un changement dans la conscience, comme un éveil. Imaginez que vous ayez vécu avant l'invention de la musique et que soudain, vous ayez entendu une mélodie enfler, de belles harmonies, un rythme hypnotique. *Qu'est-ce que ça peut bien être ?* auriez-vous pensé. Vous auriez pris la musique pour un enchantement, comme si la qualité de l'air avait subitement changé, était désormais empreinte de signification[1]. En écoutant ce nouveau son étrange, vous auriez pu avoir l'impression que votre esprit s'ouvrait. Vous auriez pu commencer à défaillir, soudain conscient de votre propre corps, comme si vous pouviez entendre votre sang bouillonner dans vos veines aussi clairement que vous voyiez la Voie lactée.

Orphée grandit. Jeune homme, il chantait et jouait de la lyre si divinement que les oiseaux et les animaux sauvages, de même que les arbres et les rochers, se rassemblaient autour de lui[2]. Sa musique avait le pouvoir de guérir et de rétablir les harmonies naturelles entre le corps, l'âme et l'esprit.

Il rencontra d'autres héros et, ensemble, ils se joignirent à Jason dans sa quête de la Toison d'or. Orphée partit à bord de l'*Argo* – le premier navire à voiles d'après certaines traditions – en compagnie d'Héraclès (ou Hercule), de Thésée et d'autres. Sans lui, Jason n'aurait jamais pu parachever sa quête. Les Argonautes passèrent devant les sirènes, des créatures démoniaques et séduisantes, mi-femmes mi-oiseaux, perchées sur des rochers déchiquetés. Leur chant d'une beauté inquiétante emplissait les hommes d'une douce léthargie qui les poussait à se jeter à l'eau pour les rejoindre : les rochers les mettaient alors en lambeaux. Mais la musique d'Orphée ajouta de nouvelles harmonies au chant des sirènes et ce chant de désir sexuel prit une dimension plus élevée, permettant aux héros de poursuivre tranquillement leur quête.

À son retour au pays, Orphée tomba amoureux d'une nymphe nommée Eurydice. Le jour de leurs noces, elle se promenait seule au bord d'une rivière quand un satyre se jeta sur elle. Elle s'enfuit aussi vite qu'elle le put, sans remarquer un serpent dans les hautes herbes qui lui planta ses crochets dans la cheville. Les yeux d'Eurydice se remplirent de larmes et la vie la quitta rapidement.

Ses sœurs poussèrent un cri, qui retentit jusqu'au sommet des montagnes. Orphée, lui, marcha seul le long du rivage, en entonnant un chant d'amour et de perte.

Puis il s'approcha de l'entrée des Enfers. Le monde entier retint son souffle. Tandis qu'il suivait le sentier obscur qui menait au marécage bordant le Styx, les ombres des morts tournoyaient autour de lui comme des volées d'étourneaux. Mais Orphée chanta, et les morts se dispersèrent.

Puis il chanta à Charon, le nocher[3], qui accepta de le faire traverser, et aux Érinyes (ou Furies), dont les cheveux étaient tressés de serpents. La beauté de sa musique les fit pleurer. Quant à Cerbère, le chien à trois têtes, il garda docilement les mâchoires serrées.

Le sentier descendait en spirales et Orphée finit par atteindre la grande salle où siégeaient le roi et la reine des Enfers.

Il chanta pour sa bien-aimée, les suppliant de la ramener à la vie. Le roi et la reine acceptèrent, à une condition : quand Eurydice le suivrait vers la lumière du jour, il ne devrait en aucun cas se retourner pour la regarder.

Orphée entreprit donc la longue ascension, très escarpée. Hermès était chargé d'escorter Eurydice derrière lui.

Après que le sentier eut décrit neuf spirales, Orphée et Eurydice étaient presque libres. Mais, alors qu'il apercevait tout juste la lumière du jour sur les murs de pierre devant lui, Orphée fut pris d'angoisse. Et si les dieux des Enfers s'étaient joués de lui ? Et s'ils lui avaient tendu un piège ? Alors qu'il ne lui restait plus que quelques pas à faire, il s'arrêta.

« Il s'est retourné ! » cria Hermès et, du fond des Enfers s'élevèrent trois énormes bruits, comme si un bâtiment monumental venait de s'effondrer.

Orphée vit Eurydice tendre la main vers lui, faisant son possible pour le saisir – mais cela ne dura qu'un instant.

« Je suis rappelée ! » lui cria-t-elle.

Il tenta de la retenir, mais eut l'impression d'essayer d'attraper une volute de fumée. L'instant d'après, il se retrouva seul devant les portes de l'Enfer.

Sept mois durant, il erra sans but, traversant les déserts de neige du nord, puis charmant les tigres et les animaux de la jungle. Il faisait résonner le nom d'Eurydice dans le monde entier. Son chant charmait toute chose, excepté lui-même.

Un jour, il grimpa au sommet d'une colline et se retrouva sur une plaine herbeuse. Les arbres le suivirent pour l'écouter jouer. Les chênes se penchèrent en avant pour mieux l'entendre. Les frênes, les cyprès et les ormes, autour desquels s'enroulait du lierre, ainsi que des plants de fraisiers sauvages agréablement parfumés escaladèrent eux aussi la colline.

Mais soudain, un autre bruit emplit l'air. Un groupe de femmes barbares, des disciples de Dionysos, avinées et seulement vêtues de peaux de bêtes, se déchaînaient, folles de désir. Elles riaient aux éclats, se frappaient la poitrine et poussaient des cris d'ivrognes. Elles dansaient, la gorge renversée vers le ciel, leurs cheveux fouettant l'air, tapaient sur des tambours avec des bâtons et faisaient résonner des cymbales.

Elles pouvaient voir le jeune homme, mais ne l'entendaient pas. Elles le hélèrent pour qu'il les rejoigne, mais il était trop accablé de chagrin pour les remarquer. Furieuses, elles se mirent à lui lancer des pierres et des mottes de terre, puis arrachèrent des branches d'arbre pour s'en servir comme projectiles. Comme il ne leur répondait toujours pas, elles se jetèrent sur lui avec frénésie. Leurs yeux roulaient tandis qu'elles le mordaient, et elles le déchiquetèrent, membre après membre. Et ce fut ainsi qu'Orphée mourut : dans d'immenses souffrances, après une vie de souffrances[4].

Plus tard, on vit sa tête et sa lyre descendre le courant, vers le rivage, ses lèvres murmurant toujours : « Eurydice, Eurydice ! »

Quand elles furent au large, un vent marin se mit à jouer de sa lyre. Toutes deux vinrent se déposer dans une grotte sur l'île de Lesbos, où, finalement, un tombeau fut construit.

Les deux principales sources de l'histoire d'Orphée sont Ovide et Horace. Tous deux étaient initiés des écoles de mystère et leurs poèmes sont empreints d'histoire mystique. Dans mon récit, j'ai également ajouté des éléments empruntés à Rainer Maria Rilke.

La version qu'Horace donne de l'histoire d'Orphée se trouve dans les *Géorgiques*, une série de poèmes contenant des anecdotes sur l'agriculture. Ce récit est enchâssé dans un long poème sur les abeilles. Après avoir raconté l'histoire d'Orphée, Horace décrit une cérémonie religieuse en son honneur. Des pavots funéraires et du bétail sont conduits dans un bosquet pour y être sacrifiés. Lorsque les flancs d'une des bêtes sont ouverts, une immense nuée d'abeilles bourdonnantes en sort.

D'après la philosophie mystique, au contraire des hommes, les animaux n'ont pas d'esprit individuel, mais chaque espèce animale a un esprit. Un animal n'a donc pas d'espace mental propre, mais les animaux d'une même espèce partagent un espace mental. De fait, un groupe d'animaux peut se déplacer comme s'il n'était qu'un. Nous avons déjà tous vu, par exemple, une volée d'oiseaux tournoyer dans le ciel en un parfait mouvement. Rudolf Steiner a quant à lui évoqué les « esprits-groupes » (ou « âmes-groupes ») des espèces animales, qui se déplacent à la surface de la Terre comme les alizés.

Mais de tout le règne animal, c'est dans le cas des abeilles que cet esprit partagé est le plus mystérieux et le plus fascinant. Les abeilles dans un essaim se comportent de manières très complexes, en communiquant par télépathie, avec une grande intelligence. Elles sont par exemple capables de se rendre à un rendez-vous. Quand une abeille trouve de la nourriture, elle peut rentrer à la ruche pour dire aux autres où elles doivent aller, et quand. Elle leur communique l'information en effectuant une sorte de danse, qu'on appelle parfois la « danse des abeilles ». Cette information codée comprend entre autres – ainsi que des expériences l'ont montré dans les années 1940 – l'angle de rotation de la Terre ! De fait, alors qu'on peut penser qu'une abeille a une intelligence très limitée, à certains égards, un essaim d'abeilles a une forme d'intelligence supérieure à l'intelligence humaine. Aujourd'hui, les biologistes disent des abeilles qu'elles ont un « esprit de ruche ». Pour Steiner, c'est parce que les esprits supérieurs de Vénus le guident qu'un essaim d'abeilles est sage. C'est par amour que les abeilles coopèrent – l'amour de la communauté, et non la recherche du plaisir sexuel[5].

On peut aussi aborder la question différemment, en considérant la tête d'un être humain comme un essaim d'abeilles. Nous avons tendance à tirer fierté de notre espace mental privé. Nous aimons nous attribuer le mérite des bonnes idées qui nous traversent l'esprit. Mais la vérité, c'est que des anges et des esprits s'y introduisent constamment, nous aidant à structurer notre vie mentale.

La musique peut nous permettre d'être plus conscients de l'unité qui existe entre notre esprit et la vie mentale du cosmos. La grande musique nous fait parfois percevoir la bonté créatrice du cosmos. La musique d'Orphée a aidé à faire naître le sentiment de l'ordre cosmique en l'homme. Plus tard, elle participerait à l'essor des mathématiques.

Mais il existe aussi des notes dissonantes en musique et des accords qui attendent d'être résolus.

*

* *

Tout commença par une banale dispute, portant sur la priorité de passage…

Et cela n'avait aucune raison d'être : Œdipe avait emprunté cette route suite à un malentendu.

Œdipe aimait son père, qui s'était toujours montré bon et gentil envers lui. Mais, un jour, une vieille femme étrange avait pris Œdipe à part pour l'avertir qu'il assassinerait son père et épouserait sa mère. Œdipe se méfiait de lui-même. Aussi décida-t-il de partir sur-le-champ et d'entreprendre un long voyage, en quête d'un nouveau toit.

Il finit par arriver à un croisement, où un vieillard stupide bloquait la route avec son char. Une dispute éclata et le vieil homme le bouscula en tentant de passer. Œdipe, qui était à pied, refusa de lui céder le passage. Le vieil homme essaya alors de l'écraser et une roue du char lui roula sur le pied. Souffrant le martyre et aveuglé par la rage, Œdipe le fit descendre de son char comme une vulgaire poupée de chiffon et le tua.

Œdipe poursuivit son chemin. Il se trouvait sur un col de montagne, où l'air était empli de mouches et imprégné de l'odeur nauséabonde de charognes. Dans cette atmosphère chargée de miasmes, il vit un monstre étrange qui avait le visage d'une femme, le corps d'un lion, les ailes d'un aigle et la queue d'un serpent.

Sa bouche était rouge de sang.

Le Sphinx, assis sur un rocher à côté du col, posait une devinette à tous les voyageurs qui tentaient de passer :

« Quelle créature a d'abord quatre jambes, puis deux, et finalement trois ? »

Quand les voyageurs ne parvenaient pas à répondre, comme c'était toujours le cas, elle leur sautait dessus, les attaquait sauvagement et recrachait leurs restes dans l'abîme en contrebas.

Mais Œdipe eut une inspiration subite et répondit :

« Un homme se déplace à quatre pattes dans sa prime enfance, se tient debout sur ses jambes à l'âge adulte et, dans sa vieillesse, s'aide d'un bâton. »

Dans un cri de rage, le Sphinx se précipita dans l'abîme.

Œdipe fut acclamé en héros dans la cité qui se trouvait de l'autre côté du col. Il s'avéra que le vieillard sur son char n'était autre que le roi tyrannique de la ville. Œdipe épousa Jocaste, sa belle veuve, et fut couronné roi dans la plus grande joie.

Mais il n'avait pas l'esprit tranquille. Pour une raison qu'il ignorait, son désir pour Jocaste était teinté de dégoût et, parfois, le lit conjugal lui donnait l'impression d'être un champ de ruines. Il ne trouvait pas le sommeil et se perdait dans le méandre de ses pensées. Il commença à voir la mort partout – dans les champs, dans la terre, dans les airs, dans l'utérus des femmes qu'il croisait en ville.

Il décida de convoquer un devin, le célèbre Tirésias. Ce dernier était aveugle et si vieux qu'il ressemblait à un insecte, avec la peau toute brillante, comme une carapace. Sa vieillesse l'avait aussi rendu asexué, mais la rumeur disait qu'il connaissait les secrets des hommes comme des femmes.

Debout devant le trône, Tirésias semblait nerveux et rechignait à dire à Œdipe ce qu'il exigeait de savoir – quelle honte se cachait sous la surface de cette ville ? Quelle était la cause de ses souffrances ?

« Il faut souffrir pour être sage, dit le devin en hochant la tête.

— Cesse tes lieux communs ! lui répondit Œdipe pour qu'il arrête de tergiverser et lui révèle l'origine du mal qui l'affligeait, lui et la cité.

— C'est *toi* qui empoisonnes cette cité, finit par reconnaître Tirésias.

— Non. Au contraire, c'est moi qui ai *sauvé* cette cité, car j'ai réussi à répondre à l'énigme à laquelle des hommes "sages" comme toi ont été incapables de répondre. Comment oses-tu m'accuser de la sorte ? »

Le Sphinx (gravure du XIXe siècle réalisée à partir d'une statue de marbre trouvée sur l'île de Délos).

Œdipe s'emportait, mais cela sembla donner à Tirésias le courage de parler sans détour :

« Je me moque de ce que vous me ferez », poursuivit-il avant de déclarer devant Œdipe et la cour que la cité était maudite à cause du meurtre du roi.

Jocaste essaya de calmer son mari, mais l'arrivée d'un messager qui venait lui apprendre la mort de son père le déstabilisa…

Œdipe aimait son père mais était soulagé d'un poids : il savait désormais que la prophétie ne se réaliserait jamais, qu'il ne le tuerait pas.

Le messager lui expliqua qu'il était venu le chercher pour les funérailles, mais Œdipe déclina l'offre : rentrer chez lui équivaudrait à tenter le sort. Il avait en tête la seconde moitié de la prophétie, selon laquelle il épouserait sa mère.

Le messager tenta de le rassurer, en lui expliquant qu'il n'avait rien à craindre.

« Que veux-tu dire ? Comment peux-tu affirmer cela ?

— Mon seigneur, vous n'êtes pas lié par le sang au roi et à la reine que vous connaissez comme vos parents. »

Le messager lui expliqua que le hasard l'avait mis sur sa route alors qu'il était encore bébé : un berger le transportait, les pieds cloués sur une planche de bois. Le messager avait pris le nourrisson au berger, ôté les clous à ses pieds, et l'avait amené à la cour, où le couple royal l'avait adopté et élevé, l'aimant comme son propre enfant...

Œdipe n'en croyait pas ses oreilles et exigea qu'on retrouve et qu'on amène ce berger à la cour pour qu'il confirme cette histoire.

Entre-temps, Jocaste était devenue blême. Elle supplia Œdipe de laisser tomber. À quoi bon replonger dans le passé ?

« Nous sommes qui nous sommes. Nous sommes heureux ensemble. Quelle différence cela peut-il bien faire ?

— Non, je dois percer le secret de ma naissance », rétorqua Œdipe.

Plus tard, il se rendit compte qu'il n'avait pas vu Jocaste depuis un bout de temps. Il la trouva pendue, et la vérité sur sa naissance et les vicissitudes cruelles de sa fortune lui apparurent alors.

Il prit une broche sur le cadavre et se creva les yeux.

« Pourquoi aurais-je besoin d'yeux, quand le monde est si laid ? »

À l'ère des demi-dieux, le tissage de la matière s'était progressivement resserré et, désormais, l'humanité pouvait sentir autre chose se tisser autour d'elle : la toile du destin.

*

* *

Pourquoi suis-je ici, maintenant, à vivre cette vie ? Je n'en ai choisi consciemment qu'une petite partie. Les plus grandes parties en termes de temps et d'espace, comme l'époque à laquelle je suis né, mon pays, si je suis né en temps de guerre ou non, riche ou pauvre, la personnalité de mes parents, qu'ils m'aient aimé ou non, qu'ils m'aient bien élevé ou non, je ne les ai pas choisies – du moins pas dans cette vie. Et ma capacité à influer sur ces choses est au mieux limitée.

Nous vivons dans deux mondes différents, régis par deux ensembles de lois différents. Les lois qui gouvernent ces univers parallèles sont similaires mais, à certains égards, différentes. Il y a les lois de la physique, mais aussi les valeurs humaines. La condition humaine est ainsi faite que tous les êtres humains désirent ardemment le bonheur, la gentillesse, le sens. Nous voulons bien agir, mais nous avons peur d'échouer.

Frise sur le temple d'Héphaïstos à Athènes. Thésée et le Minotaure sont à droite. À un certain niveau, le labyrinthe est une image de l'esprit dans la matière. L'esprit se fraye un chemin jusqu'au milieu, accomplit la mission que lui a assignée Dieu, puis se fraye à nouveau un chemin vers la sortie. Vivant dans la matière, nous avons un certain libre arbitre, mais il est limité. De temps à autre, nous pouvons choisir d'emprunter tel ou tel chemin. Mais nous ne voyons pas le grand plan cosmique et, en ce sens, agissons en général à l'aveuglette. D'après l'idéalisme, la matière nous empêche de voir ce plan cosmique pour que nous soyons libres de faire nos propres choix. Plus précisément, le labyrinthe est une image du cerveau. Selon l'idéalisme, le cerveau est une espèce de matière très spéciale. Il filtre l'esprit, comme toute matière, mais est également conçu pour laisser entrer certains éléments spirituels.

Nous sommes les seuls animaux qui posent un regard craintif sur le monde, car nous savons que les choses peuvent mal tourner, à bien des égards.

Nous menons donc deux vies parallèles. Il y a la vie des faits, des données, des chiffres – la vie qui peut être mesurée. Et il y a la vie qui importe à nos yeux. Dans cette vie, nos chances d'être heureux dépendent parfois de grands événements, mais, le plus souvent, reposent sur des choses infimes, subtiles, incommensurables – un sourire qui s'estompe, un regard qui se détourne trop rapidement. Les événements importants dans cette autre vie, cet autre univers, peuvent ne pas être étroitement liés au monde des faits, des poids et mesures, de la paix ou de la guerre, de la richesse ou de la pauvreté. Je parle des événements qui déterminent si, oui ou non, nous sommes heureux et épanouis. Vais-je rencontrer un inconnu qui s'avérera être l'amour de ma vie ? Quand cela arrivera, trouverai-je les mots justes ? Une maladie subite me terrassera-t-elle ? Aurai-je des enfants ? Quand mes parents mourront-ils ?

L'aspect le plus extraordinaire de la condition humaine relève de ces questions d'ordre qualitatif. Et la conscience humaine est miraculeuse précisément parce que l'équilibre de tous ces aspects – notre bonheur ou notre malheur, notre sécurité et notre survie, notre épanouissement ou son absence, notre bienveillance ou notre malveillance, notre salut ou notre damnation, notre compréhension ou notre incompréhension, notre gentillesse ou notre méchanceté, notre amour ou notre haine – est en permanence menacé.

La vie nous met constamment face à des épreuves, des mystères et des dilemmes. L'histoire d'Œdipe montre un homme confronté à une vie qui l'interpelle et traite avec lui des valeurs humaines. Les récits tels que celui-ci rendent compte de l'intelligence cosmique immanente dans nos vies. Le cosmos a des projets pour nous et essaie de nous faire prendre part à un échange d'idées intelligent – presque un dialogue – concernant notre propre bien-être[6].

Aujourd'hui, nous n'avons pas les mots appropriés pour parler de cette influence divine sur nos vies, de la fatalité ou de la destinée – à part peut-être en astrologie, mais l'élite intellectuelle ne prendra jamais cette discipline au sérieux.

C'est l'une des raisons pour lesquelles ces récits mythiques sont importants : ils peuvent nous aider à nous faire prendre conscience des qualités que présentent nos propres vies – d'origine mystique –, que nous aurions du mal à formuler autrement[7].

Nous avons vu qu'Orphée a inventé la musique et ouvert la voie aux mathématiques. C'était un personnage de transition : il avait le pouvoir d'émouvoir les animaux, les arbres, et même les rochers grâce à sa musique mais, en inventant les nombres, il a aussi jeté les bases de la science.

Dédale était un contemporain de Thésée, d'Orphée et des autres demi-dieux qui se joignirent à Jason dans sa quête de la Toison d'or, à bord de l'*Argo*.

Mais Dédale attendait impatiemment une nouvelle étape dans le développement de l'homme. Il avait conçu le labyrinthe qui abritait le Minotaure et tenté de fabriquer des ailes en utilisant des plumes d'oiseaux et de la cire, pour son fils, Icare, et lui-même. On lui attribue l'invention de la scie, du tour de potier, ainsi que de la voile et de la proue d'un bateau : il n'avait donc aucune affinité pour le pouvoir du surnaturel.

Assis sur un rivage de galets, Dédale réparait son bateau. Il enfonçait des clous et, à chaque coup de marteau, entendait le cri d'agonie des dieux en écho.

12

Noé et les eaux de l'oubli

Noé (sur une peinture dans les catacombes de Saint-Calixte).

Par une nuit d'orage, alors que le monde entier mugissait comme un taureau, j'entendis une voix me parler à travers les roseaux de ma cabane. Elle me dit en murmurant : « Abats ces roseaux et démolis ta cabane pour te construire un bateau. Renonce aux biens matériels et préserve ta vie. Prends la substance de tout ce qui vit et charge-la dans le bateau, que tu devras construire selon les dimensions que je vais te donner. »

Je répondis comme on nous l'avait enseigné :

« Seigneur, obéir est pour moi un honneur. »

Le lendemain matin, tout le monde se mit au travail. Le lieur de roseaux commença à démolir ma maison, le charpentier alla chercher sa hache, et même les enfants furent mis à contribution : ils portèrent la poix et le bitume nécessaires pour enduire le bois et les roseaux, et rendre le bateau étanche.

Cinq jours plus tard, nous avions construit la structure de base. Elle était monumentale. Elle occupait un demi-hectare et comportait six ponts, mais je ne faisais que suivre les ordres.

Tous les jours, je tuais des moutons et fournissais du vin – rouge et blanc – pour que les ouvriers reprennent des forces et prennent plaisir à travailler. Puis, le septième jour, j'installai les derniers bouchons de drain et le bateau fut fini. Nous nous équipâmes de perches pour le diriger plus facilement et chargeâmes des paniers de provisions à bord.

Puis nous essayâmes de mettre l'embarcation à l'eau. Cela s'avéra difficile – nous dûmes retirer quelques planches avant de les repositionner. Nous décidâmes donc d'attendre qu'elle soit à flot avant d'y transporter nos réserves d'or et d'argent.

Ma famille finit par monter à bord et nous fîmes aussi entrer tous les animaux – les animaux domestiques comme les bovins, mais aussi les bêtes sauvages. Puis je dis aux artisans de monter à bord, de fermer la porte et de la sceller avec du bitume, et je fermai les écoutilles.

Le moment doit être venu, pensai-je. Le vent se levait.

Nous passâmes une nuit tranquille, mais, au petit matin, je vis un énorme nuage orageux à l'horizon. Rapidement, la foudre déclencha des feux de forêt sur les collines alentour. Quand je regardai à nouveau, l'immense nuage se trouvait déjà au-dessus de nous, emplissant la totalité du ciel. Le monde entier était plongé dans les ténèbres. La pluie commença à tomber et bientôt j'entendis des bruits fracassants, à faire trembler les dieux, comme si le monde entier se soulevait avant de retomber et de se briser en mille morceaux, tel un pot d'argile. J'entendis la voix d'une femme gémir : « Oh Seigneur, faites que revienne la lumière du jour ! »

Six jours durant, nous fûmes ballottés dans ce bateau puis, subitement, le septième jour, le calme revint. J'ouvris une écoutille et sortis la tête, heureux de sentir les rayons du soleil sur mon visage. Mais ce que je vis ensuite me donna envie de m'asseoir et de pleurer : la mer était pleine de corps, qui flottaient en petits groupes comme des œufs de poisson.

Notre bateau s'était immobilisé. Il s'était planté dans le sommet d'une montagne et, partout autour de nous, à perte de vue, s'étalait la mer. Je pensai : *l'humanité redevient argile*.

Je libérai une colombe, mais elle revint car elle n'avait trouvé nulle part où se poser.

Le lendemain, je libérai une hirondelle, qui tourna dans le ciel avant de revenir elle aussi.

Le troisième jour, je libérai un corbeau, qui finit par revenir avec de l'argile sur les serres. Je libérai alors de nombreux oiseaux qui ne revinrent pas et je remerciai le Seigneur.

*

* *

Voici une version de l'histoire que la plupart des gens connaissent comme étant celle de Noé. Elle provient de sources sumérienne, mésopotamienne et babylonienne, mais, fondamentalement, on la raconte partout dans le monde, de la Chine à l'Amérique du Sud. Dans la version que donne Le Livre des Jubilés, le but du Déluge est de détruire la progéniture monstrueuse enfantée par les anges déchus. Dans les mythes des Hopis, c'est la Femme-Araignée qui sauve l'humanité. Elle abat des roseaux gigantesques qu'elle évide pour qu'ils flottent comme des pirogues et transportent les survivants[1].

Le récit biblique qui montre Noé faisant entrer les animaux deux par deux dans l'arche installe l'humanité au sommet de la création. La philosophie mystique considère que la forme humaine a en un sens absorbé et perfectionné toutes les autres formes de la nature en elle-même. Une légende raconte en outre qu'un animal a été oublié : il n'est pas monté dans l'arche et, par conséquent, n'a pas survécu au Déluge – la licorne. Cette légende nous dit également quelque chose de la forme humaine : d'après l'histoire mystique, quand les humains ne s'étaient pas encore totalement matérialisés, qu'ils étaient essentiellement des créatures spirituelles, ils avaient un œil spirituel, à travers lequel ils percevaient les dieux, les anges et les autres créatures spirituelles. Nous avons vu qu'il s'agissait de l'œil d'Odin[2].

Mais à l'époque du Déluge, la forme humaine s'était figée et avait l'apparence que nous lui connaissons aujourd'hui.

Nous avons dit que les anges avaient participé à la création de la condition humaine. Il arrivait qu'ils montrent l'exemple aux hommes en adoptant eux-mêmes un aspect de cette condition. Par exemple, les Égyptiens de l'Antiquité se souvenaient des dieux comme Osiris, Isis et Horus comme de créatures anthropomorphiques. Ces souvenirs cosmiques rappelaient l'époque très lointaine où les dieux guidaient l'humanité vers la forme humaine.

Le Sphinx a été sculpté sur le plateau de Gizeh pour signaler l'achèvement de ce processus. Il est constitué de quatre créatures – le lion, l'homme, le taureau et le scorpion –, auxquelles la tradition judéo-chrétienne donne le nom de chérubins. Il existe douze chérubins en tout : ce sont les anges des douze constellations. Mais les quatre chérubins aux quatre points cardinaux du Zodiaque – Taureau, Scorpion, Lion et Verseau – forment

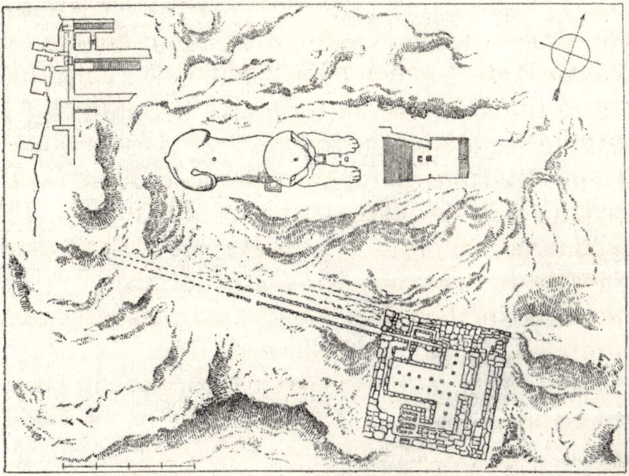

Plan aérien du plateau de Gizeh, XIXe siècle.

une croix dans le cosmos et sont les quatre éléments qui, d'après la métaphysique traditionnelle, constituent la matière du cosmos : la terre, l'air, le feu et l'eau[3]. Le Sphinx signale donc le moment où se sont fixées non seulement l'anatomie de l'être humain mais aussi la matière, qui finit par devenir solide, très ressemblante à ce qu'on connaît aujourd'hui. C'est grâce à ces chérubins que les objets comportent, pour ainsi dire, quatre aspects.

L'histoire racontée dans les douze chapitres précédents a semblé fantasmagorique en partie parce que, jusque-là, la matière n'était pas encore entièrement figée. Avec la sculpture du Sphinx dans le grès d'Égypte, l'ère de la métamorphose touchait enfin à sa fin.

À la suite de la fixation de la matière, il est également devenu possible de fixer des dates. Robert Bauval, auteur et ingénieur belge, a démontré de manière convaincante que le Sphinx a été sculpté sur le plateau de Gizeh en 11451 av. J.-C. Toutes les cultures rapportent que le Déluge s'est produit à la fin de la dernière période glaciaire, recouvrant ce dont on se souvenait comme d'un monde de créatures hybrides, de géants et de nains, quand les dieux volaient dans les airs et les humains côtoyaient les demi-dieux et les héros[4].

La version sumérienne du Déluge comporte un étrange épilogue. Ziusudra prépare un feu à partir de bois de cèdre, de myrte et de roseau pour célébrer la fin du Déluge et faire un sacrifice (probablement celui d'un mouton, mais c'est incertain car le texte est tronqué). Attirés par l'odeur alléchante, les dieux viennent s'agglutiner autour, comme des mouches. Cette comparaison est déconcertante, mais ce récit nous dit la chose suivante : la compagnie des hommes manque déjà aux dieux.

13
Râma et Sîtâ, les amants de la forêt

Râma (illustration extraite de *The Gods of Greece, Italy and India*, de Sir William Jones, 1784).

Fuyant les inondations et la disparition du mode de vie antédiluvien, les peuples migrants étaient attirés vers l'ouest, en partie à cause d'une rumeur qui circulait sur l'existence d'une montagne magique. Dans le *Mahâbhârata*, la grande épopée indienne dont l'origine remonte au Néolithique, il est dit que les pécheurs ne peuvent pas s'approcher de cette montagne. D'après la rumeur, elle était située dans une région éloignée et inaccessible, derrière l'Himalaya. Une rosée céleste s'était déposée à son sommet et avait formé de petits ruisseaux. Ceux-ci s'étaient rencontrés, avaient coulé et s'étaient divisés pour former quatre grands fleuves qui s'étaient déployés à travers les plaines. C'est là que la première des grandes civilisations post-diluviennes fut fondée[1].

Si vous aviez été vivant à cette époque et si vous aviez regardé le paysage avec des références modernes, vous auriez sans doute vu peu de traces des histoires que nous nous apprêtons à raconter à nouveau. Les preuves archéologiques subsistantes suggéreraient seulement l'existence d'habitations très quelconques et de quelques outils primitifs en pierre et en os. Alors, comment mieux comprendre le ressenti des hommes qui vivaient à cette époque ? Comment en apprendre davantage sur la réalité de la condition humaine à cette période ? En nous basant sur quelques bribes de preuves et les théories scientifiques quant à leur signification ? Ou sur les grands récits sacrés qui survivent dans la psyché humaine ?

*
* *

Le héros de la civilisation indienne archaïque s'appelait Râma. Un voleur nommé Vâlmîki raconta son histoire.

Réprimandé par des saints hommes itinérants pour avoir volé de la nourriture, Vâlmîki s'assit seul dans la forêt pour méditer. Il resta ainsi, dans un état méditatif profond, pendant si longtemps qu'une fourmilière vint le recouvrir.

Un peu plus tard, les saints hommes empruntèrent le même chemin : ils souhaitaient voir s'il avait fait des progrès, mais ne le voyaient pas. Ils le hélèrent. Subitement, Vâlmîki surgit de sa fourmilière dans une pluie de boue séchée et, repenti, écrivit l'épopée appelée le *Râmâyana*…

Dans la vaste plaine où coulait le Gange, le roi commençait à sentir le poids des années. Et son fils cadet lui manquait. Tout le monde aimait le beau Râma, aux larges épaules et aux bras musclés. Il en aurait été difficile autrement. Les gens se sentaient attirés par lui, comme les fleuves le sont par l'océan. Il dégageait bonté et sincérité.

Râma était en réalité sur le chemin du retour : il allait trouver son père, venant tout juste de gagner la main de Sîtâ, la princesse d'un royaume voisin. Le père de cette dernière avait lancé un défi à ses prétendants. Ils étaient nombreux à avoir échoué, mais Râma avait levé d'une seule main l'arc que les autres n'avaient même pas été capables de soulever. Puis il l'avait tendu avec une telle facilité qu'il se cassa net, dans un grand craquement ! Râma était fort comme un bœuf et le père de Sîtâ fut ravi de lui accorder la main de sa fille. Quant à Sîtâ, elle passa une guirlande autour de son cou de taureau.

Lorsqu'il vit ce couple heureux, le vieux roi décida d'abdiquer. Il nomma Râma pour lui succéder. Comme il s'y attendait, ses trois autres fils étaient ravis. *Qui ne le serait pas ?* pensa-t-il.

Malgré tout, il demeurait vaguement inquiet. Il se rappelait un épisode de sa jeunesse : il se trouvait près d'une rivière quand un gargouillement dans son dos lui avait fait penser qu'un animal sauvage s'apprêtait à lui sauter dessus. Il s'était retourné et avait décoché une flèche, transperçant un jeune garçon qui remplissait une marmite. Les parents du garçonnet lui avaient alors jeté un sort – lui aussi perdrait son fils.

En outre, le roi ignorait qu'une vieille servante bossue, dame de compagnie de l'une de ses femmes, murmurait à l'oreille de sa maîtresse que son fils devrait devenir roi à la place de Râma : « Si Râma devient roi, chuchotait cette vieille servante malveillante, votre fils et vous serez bannis. Râma se croit supérieur à vous. Vous savez comme il est fier. »

Le roi, qui avait été follement épris de cette épouse, lui avait jadis accordé deux faveurs sans réfléchir. Elle lui demandait désormais de tenir promesse. Elle exigea que son fils soit couronné roi et que Râma soit banni pendant quatorze ans.

Le roi l'implora de le libérer de sa promesse, mais elle insista. Abasourdi, il se tourna vers Râma, dans l'espoir qu'il trouve un moyen de sortir de ce dilemme, mais son fils était déterminé à bien faire. Râma, Lakshmana, son frère préféré, et Sîtâ, sa jeune épouse, se dépouillèrent donc de leurs parures royales, revêtirent des vêtements en écorce d'arbre et s'esquivèrent discrètement.

Lorsqu'ils atteignirent le Gange, ils construisirent un radeau, traversèrent le fleuve, puis s'enfoncèrent dans la forêt. Ils marchaient en file indienne sur les sentiers étroits, se frayant un chemin à travers la végétation luxuriante et les plantes grimpantes, et s'émerveillaient devant les fleurs étranges, très parfumées, les oiseaux exotiques et les singes haut perchés dans les arbres. Le soir venu, ils s'arrêtèrent pour se construire une cabane en bois.

Soudain, il y eut une grande agitation – du mouvement dans la forêt, un nuage de poussière, des craquements sous les pattes des animaux qui fuyaient dans les sous-bois. Lakshmana grimpa dans un arbre et leur annonça que Bharata, leur frère, se dirigeait vers eux, à la tête d'une colonne de soldats.

« Ils viennent nous tuer ! »

Râma refusa de se cacher et attendit, pour accueillir Bharata.

Ce dernier leur annonça la mort de leur père. Il ne tenait pas à devenir roi lui-même et demanda à Râma de revenir monter sur le trône.

Maintenant que leur père était mort, dit-il, sa promesse ne liait plus personne.

Mais Râma refusa. Il avait consenti à s'exiler pendant quatorze années.

Bharata se mit à genoux et demanda à Râma de lui donner ses sandales en bois, ajoutant que, s'il ne voulait vraiment pas rentrer avec lui, ses sandales resteraient sur le trône jusqu'à son retour[2].

Râma, Sîtâ et Lakshmana s'enfoncèrent plus profondément dans la forêt, heureux de leur vie simple, à manger des fruits et des racines, chasser les cerfs et boire l'eau des ruisseaux. Plusieurs années durant, ils explorèrent gaiement la région et vécurent au rythme des saisons. Râma disait que cette vie le contentait autant que s'il avait vécu à la cour.

Or, alors même que Râma était caché dans les profondeurs de la forêt, sa perfection faisait affront aux forces maléfiques du monde. Elles refusaient de le laisser en paix. La vie dans la forêt *ressemblait* seulement à la vie au Paradis.

Un jour, une odeur exquise évoquant celle d'un parfum luxueux emplit l'air devant la cabane de Râma, Lakshmana et Sîtâ. Puis une belle femme à la peau blanche entra dans la clairière et sourit à Râma, les yeux brillants. Il vit qu'elle avait de longs ongles, de couleur grisâtre, recourbés comme des griffes.

« Je t'ai remarqué depuis un moment, lui dit-elle. Je t'aime depuis l'instant où j'ai posé les yeux sur toi. Pourquoi vis-tu ainsi, tout sale, les cheveux emmêlés, dans cette petite cabane dégoûtante ? Tu gâches ta vie avec cette femme ordinaire. Épouse-moi à la place. Nous régnerons sur le monde et en ferons un bel endroit. »

Râma échangea un regard entendu avec Lakshmana :

« Mon frère ici présent n'est pas marié. Pourquoi ne l'épouserais-tu pas ?

— Mais je ne suis que le serviteur de mon frère, ce qui ferait aussi de toi une servante, dit Lakshmana en souriant. C'est lui que tu veux épouser. »

Se rendant compte qu'on se moquait d'elle, le démon reprit sa forme normale, avec un énorme ventre distendu, des cheveux bouclés couleur cuivre et des yeux globuleux. Elle se jeta sur Sîtâ, mais Lakshmana s'interposa rapidement entre elles. Sortant son couteau, il lui coupa le nez et les oreilles, et le démon s'enfuit dans la jungle en hurlant.

La vie reprit son cours jusqu'à ce qu'un jour, alors que Sîtâ était assise devant la cabane, elle voie un cerf doré traverser la clairière en courant. Elle appela Râma et Lakshmana pour qu'ils l'attrapent et les deux frères se lancèrent à sa poursuite. Mais à chaque fois qu'ils s'approchaient de la bête, celle-ci leur échappait et disparaissait, les éloignant de plus en plus de la maison.

Au bout d'un moment, Sîtâ entendit un chant doux, tout bas. Un vieil ermite apparut, quémandant de la nourriture.

« Comme tu es belle ! s'exclama-t-il. Ces dents blanches et parfaites ! Ces hanches rondes et harmonieuses ! Tu es sûrement la déesse de l'amour. »

Ce langage parut un peu étrange à Sîtâ dans la bouche d'un saint homme, mais elle alla malgré tout lui chercher de la nourriture.

Au moment où elle la lui tendit, il avança brusquement la main et lui attrapa le bras. Elle tenta de se dégager, mais le vieil ermite lui bondit dessus tel un tigre, se révélant sous sa vraie forme – un démon à dix têtes avec des sourcils comme des serpents.

« Oui, décidément, venger ma sœur va être un véritable plaisir ! »

C'était Râvana, le roi des démons. Après que Lakshmana eut mutilé sa sœur, cette dernière était allée le trouver pour exiger qu'il la venge. Il lui avait fait prendre la forme d'un cerf pour éloigner les protecteurs de Sîtâ par la ruse. Il empoigna Sîtâ et la traîna dans son char magique tiré par des singes. Ils s'envolèrent au-dessus de la cime des arbres.

En rentrant de leur chasse, Râma et Lakshmana constatèrent, désemparés, que Sîtâ avait disparu. Ils l'appelèrent et cherchèrent les traces d'une bagarre, ou d'une piste qu'elle aurait pu laisser.

Dans les buissons, Râma trouva alors ce qu'il prit dans un premier temps pour un démon horriblement difforme. En réalité, il s'agissait du corps mutilé, sanguinolent, d'un oiseau gigantesque, les ailes et les pattes coupées, à moitié mort. Dans son dernier souffle, le roi des vautours expliqua qu'il avait vu Râvana enlever Sîtâ dans son char : il avait tenté de la secourir, mais Râvana avait triomphé de lui. Il leur apprit que Râvana emmenait Sîtâ dans son palais, sur l'île de Ceylan.

Râma et Lakshmana brûlèrent solennellement la dépouille du roi des vautours, puis se lancèrent à la poursuite de Râvana.

Pendant des jours, ils progressèrent péniblement dans la forêt. Le ciel se fit plus noir, les nuages s'amoncelant comme des hordes de démons. Comme ils approchaient du littoral, Râma et Lakshmana traversèrent des parties de la forêt où seules restaient des souches d'arbres calcinées, où le sol était noirci. Ils tombèrent sur les ruines incendiées d'ashrams et de villages.

Après avoir franchi le dernier rideau de végétation et atteint la côte, ils regardèrent la mer, frappés d'horreur. Ceylan était si loin. Comment rejoindre l'île ?

Râma s'agenouilla sur le rivage pour prier. Il était autant aimé des animaux que des hommes et toutes les créatures de la forêt vinrent lui porter secours, guidées par Hanumân, le roi des singes. Les singes et les ours transportèrent des rondins et des rochers et les insectes et les araignées les aidèrent à tisser un gigantesque pont flottant.

Râma le traversa à la tête d'une grande armée de plusieurs milliers de singes pour se retrouver face à un régiment de démons. La bataille fit rage pendant sept jours.

L'armée de singes de Râma.

Râma se fraya un chemin à travers les hordes démoniaques pour acculer Râvana. À chaque fois qu'il coupait une de ses dix têtes, une autre poussait à la place. Il sortit alors son arc et lui décocha une flèche en plein cœur. Le roi des démons tomba de son char, du sang jaillissant de ses dix bouches. Lui qui avait été « célèbre dans les trois mondes » libérait enfin les trois mondes de son joug.

Râma partit à la recherche de Sîtâ, arpentant les couloirs du palais à pas lourds. Il la trouva dans le jardin secret et retiré de Râvana. En la voyant, il n'en crut pas ses yeux. Il ne se précipita pas pour l'embrasser. Elle était maigre, maladive, et sa peau tirait sur le gris.

La voix brisée par le chagrin, elle raconta à Râma que Râvana avait menacé de la couper en morceaux, d'en faire de la viande hachée, de la tuer, si elle ne couchait pas avec lui – mais elle lui jura que ce n'était jamais arrivé.

Pour s'en assurer, Râma la soumit à l'épreuve du feu. Elle en sortit indemne, car elle était pure.

Cela faisait désormais quatorze ans qu'ils s'étaient exilés : Râma et Sîtâ montèrent donc dans le char de Râvana, désormais orné de fleurs, et survolèrent la mer et la forêt. Bharata et le peuple les accueillirent avec des guirlandes et de grandes célébrations. On dansa, on chanta, des soldats défilèrent en armure d'or, arborant des drapeaux dorés. Le roi des singes assista aux festivités en faisant tournoyer une ombrelle blanche.

Voilà l'histoire que raconta Vâlmîki, après être sorti de sa fourmilière.

Le règne de Râma fut un âge d'or, dont le Mahatma Gandhi disait souvent espérer le retour. Malgré tout, assis sur leurs trônes d'or, Râma et Sîtâ ne retrouvèrent jamais le bonheur qu'ils avaient connu dans la forêt. En outre, un jour qu'il se promenait en ville déguisé, Râma eut vent de rumeurs : Sîtâ aurait cédé à Râvana. La famine frappa et certains affirmèrent que Râma en était la cause, car il avait repris Sîtâ pour femme alors qu'elle avait vécu avec un autre homme.

Une nuit, Lakshmana vint s'asseoir auprès de Sîtâ.

« Pourquoi pleures-tu ? » lui demanda-t-elle.

Il lui expliqua que Râma lui avait ordonné de la ramener dans la forêt, en exil.

Lakshmana l'escorta donc de l'autre côté de la rivière. Debout sur la berge, regardant les lumières du bateau de Lakshmana s'évanouir, elle crut devenir folle. Cela n'avait aucun sens. Elle ne pouvait supporter l'idée de vivre sans son seigneur Râma.

« Ne fais pas ça. »

Elle entendit une voix derrière elle.

« Ne te jette pas à l'eau. »

Elle se retourna et vit un homme très âgé, un ermite.

« Qui es-tu ?

— Je suis Vâlmîki. La forêt est ma demeure. »

Quand Vâlmîki recueillit Sîtâ, elle était enceinte. Elle donna naissance à deux garçons et Vâlmîki devint leur tuteur.

Bien des années plus tard, les garçons devenus adultes, il les emmena en ville et les encouragea à entonner un chant de sa composition, nommé le *Râmâyana*. Lorsque Râma l'entendit, il fut enchanté de les reconnaître comme ses fils. Il envoya chercher Sîtâ, donnant l'ordre qu'elle revienne auprès de lui – en ajoutant malgré tout qu'elle devrait à nouveau se soumettre à l'épreuve du feu pour prouver sa pureté.

Sîtâ était réticente, mais accomplit son devoir.

Râma fut submergé de bonheur quand il la vit, très frêle mais vêtue d'une robe de cérémonie rouge et dorée.

Elle lui demanda :

« Ai-je la permission de te prouver ma pureté et mon innocence ? »

Oui, elle l'avait, répondit-il, et ce fut ainsi que Sîtâ fit ses preuves, en mourant sur-le-champ. Râma vit son âme monter au ciel.

Il existe de nombreuses versions du *Râmâyana* et ce texte soulève des questions délicates. Pourquoi Sîtâ est-elle si durement traitée ? La manière dont se comporte Râma ne semble-t-elle pas terriblement injuste ? Le texte est également empreint de nostalgie. Râma et Sîtâ veulent retourner au Paradis, au jardin, à une époque où la vie n'était pas encore difficile et pleine de responsabilités.

Ce récit traite donc de l'évolution spirituelle – mais aussi des souffrances qu'elle entraîne. Râma et Sîtâ triomphent de démons manifestement malveillants, mais ils sont eux-mêmes vaincus par leurs propres ambiguïtés morales. L'épouse de Râma ne mérite pas d'être suspectée d'infidélité, mais elle l'est pourtant par les mesquins du royaume, et la femme de Râma se doit d'être au-dessus de tout soupçon. Elle doit souffrir pour le bien de la communauté, afin que les autres puissent être purgés de leurs sombres pensées.

Bien que nous soyons tous séparés sur le plan physique en étant chacun emprisonné dans un corps de chair, sur le plan spirituel, nous sommes tous connectés au grand Esprit cosmique, qui est la pierre angulaire du cosmos, à l'instar du mont Méru.

Pourquoi Râma ne monte-t-il pas sur le trône quand tout le monde l'y incite ? Parce que son père a tué accidentellement un garçon, en agissant précipitamment, sans réfléchir. Nous devons tous réparer les déchirures causées dans le tissu du cosmos[3].

14

Krishna, Blanche-Neige et les sept vierges

Au début du cinquième millénaire av. J.-C., un grand chef spirituel naquit dans une région à l'ouest de l'Inde.

La terre que nous appelons aujourd'hui Iran était alors un endroit dangereux, où vivaient des tribus en guerre qui se livraient au pillage et au vol. Il nous faut imaginer un paysage désolé et rocailleux. Les petites communautés de fermiers et leur bétail étaient menacés par les tribus rivales, les hors-la-loi – bandits et sorcières – et les loups. La maladie sévissait. La propreté et la pureté étaient sans cesse menacées. Le sang à l'intérieur du corps était sacré mais, une fois répandu, il devenait profane. On n'enterrait pas les morts : on les accrochait à des poteaux, dehors, pour que les vautours nettoient leurs os. Aux yeux de ces communautés, les ténèbres à l'extérieur de leur enceinte semblaient étouffantes, rugissantes, cinglantes, déferlantes. Blottis les uns contre les autres dans leurs huttes, ils se racontaient des histoires où Satan fondait sur la création, telle une mouche gigantesque.

Aussitôt né, Zarathoustra (ou Zoroastre)[1] éclata de rire – cas unique dans l'histoire. En grandissant, il apprit à ne pas avoir peur du mal, étant déterminé à combattre le feu par le feu, mais il cherchait aussi à le comprendre. Certaines de ses réflexions nous sont parvenues sous la forme d'hymnes appelés les *Gathas* : « Pour qui m'avez-vous formé, qui m'a créé ? Sur moi [s'appesantissent] la passion meurtrière, la force et la violence de l'homme impur, hardies et cruelles. […] Quand nous ramènera-t-il dans la voie de la vérité […] ? »

À l'âge de trente ans, il rencontra sept grands êtres de lumière qui lui montrèrent l'histoire et la réalité spirituelles du cosmos dans une vision[2].

Zarathoustra se rendit à la cour pour prêcher ce que les êtres de lumière lui avaient montré. Il dit au roi de se détourner du mal pour lui préférer le bien. Il proclama que le malheur s'abattrait sur les scélérats et que les anges étaient maîtres de la destinée du monde. Il fut le premier d'une lignée de prophètes qui disaient aux rois ce qu'ils ne voulaient pas entendre.

Les conseillers du roi étaient des prêtres de Saturne et ils le persuadèrent de jeter Zarathoustra en prison. Ce dernier s'enfuit et se retira dans des régions montagneuses reculées. Là, dans des grottes, il initia ses disciples, comme les êtres de lumière l'avaient initié. À travers ces épreuves terrifiantes, qui les tuaient puis les ramenaient à la vie, ses disciples apprirent à ne pas avoir peur de la mort. Une fois initiés, ils étaient persuadés qu'ils avaient été confrontés et avaient résisté au pire de ce que la vie et la mort avaient à offrir. Puis Zarathoustra les renvoya au monde pour combattre les démons. On appelait ces défenseurs du bien des « mages », du latin *magus*, qui signifie « prêtre ».

À l'âge de soixante-dix-sept ans, Zarathoustra entretenait la flamme sacrée dans l'une de ses cachettes dans la montagne quand un assassin l'attaqua par surprise et le tua à coups de couteau.

Les démons avaient gagné la bataille. La guerre entra dans une nouvelle phase[3].

*

* *

Un conseil de dieux se réunit dans une dimension parallèle, au bord de l'Océan de lait. Ils implorèrent le dieu Soleil de s'incarner. Selon eux, c'était la seule façon dont ils pourraient vaincre les forces des ténèbres qui étaient en train de remporter la guerre pour le monde.

L'un des chefs de ces forces du mal était un roi nommé Kamsa. Enfant, il était malveillant. Jeune prince, il avait assassiné d'autres enfants, les enfants des pauvres. Plus tard, il avait fait emprisonner son propre père pour usurper le trône. Il était entouré de sa cour, dans le luxe et l'extravagance, et les enfants de la région continuaient à disparaître, mais personne n'osait questionner le roi.

Quand sa sœur, Devaki, se maria, il lui donna une dot somptueuse qui comprenait des éléphants, des chevaux et des centaines de domestiques. Il rentrait du mariage sur son char, satisfait de sa générosité, quand il entendit une voix au milieu de la foule le traiter d'idiot et prédire que Devaki aurait un fils qui le tuerait.

Kamsa hésitait à assassiner sa propre sœur. À la place, il la fit jeter, ainsi que son mari, dans les cachots les plus profonds de sa grande prison de pierre. Mais dans sa cellule sombre, des rêves étranges et lumineux nourrissaient Devaki. Elle entendait une belle musique, comme si on jouait de la harpe et de la flûte dans la cellule voisine, et elle voyait de grands êtres de lumière.

Avec le temps, Krishna naquit. En ce jour capital, sur le coup de minuit, les geôliers tombèrent dans un sommeil profond. Les menottes et les grilles qui retenaient les prisonniers s'ouvrirent d'un coup, comme par magie. Ils s'enfuirent, le père de Krishna portant le bébé enveloppé dans des couvertures.

Aux abords de la ville, ils parvinrent à un grand fleuve, très large. L'agitation dans les rues leur indiqua que les soldats du roi les avaient presque rattrapés. Ils semblaient pris au piège, mais les eaux du fleuve se séparèrent miraculeusement et ils purent le traverser, dans la boue, avant que les eaux ne se referment derrière eux.

Kamsa avait envoyé ses soldats dans les rues et chez l'habitant en donnant l'ordre de massacrer tous les nouveau-nés du royaume.

Or après le massacre, il consulta un de ses démons et découvrit, furieux, que son rival mortel, son neveu, était toujours en vie.

Cette nuit-là, il fit un rêve. Il se regardait dans le miroir et il n'avait plus de tête…

Pendant ce temps, Krishna était mis à l'abri. Les fugitifs arpentèrent les allées verdoyantes qui s'enfonçaient dans la forêt jusqu'à ce qu'ils aperçoivent le mont Meru à la cime des arbres. Ils s'installèrent dans un village d'éleveurs retiré, dans lequel flottait une odeur de cèdre.

Krishna devint un beau garçon avec de grands yeux et un large sourire. Il était d'une grande douceur. Tous ceux qui le voyaient tombaient immédiatement sous son charme. Les vachères qui travaillaient à la ferme lui pardonnaient toujours quand il n'était pas sage. Il leur chipait du beurre pendant leur sommeil pour le donner aux singes. Il laissait parfois les vaches vagabonder avant la traite et, d'autres fois, quand les vachères ramenaient les pots de lait sur leur tête après la traite, il les faisait délibérément tomber par terre et s'enfuyait en courant, les obligeant à le pourchasser.

Si la vie de Râma repose sur des principes strictement observés, Krishna, lui, prend un malin plaisir à enfreindre sans cesse les règles. Si la vie de Zarathoustra ressemble à un rite initiatique terrifiant, celle de Krishna est une vision du cosmos régi par une divine allégresse.

La mère de Krishna le trouvait parfois en train de jouer avec les cerfs. Un jour, elle le surprit en pleine lutte avec de jeunes panthères. Une autre fois, elle entendit dire qu'il avait mangé de la boue. Comme il niait en secouant la tête, elle lui ordonna d'ouvrir la bouche pour jeter un œil à l'intérieur. L'espace d'un instant, elle vit le cosmos s'ouvrir et de nouvelles dimensions se déployer.

Pendant ce temps, Kamsa redoublait d'efforts pour tuer Krishna. Un jour où Krishna était seul, il vit une femme s'approcher de la ferme. Déclarant qu'elle était nourrice, elle l'attrapa et le mit à son sein. En réalité, c'était une démone nommée Putana, envoyée par Kamsa, et ses mamelons regorgeaient de poison. Krishna s'accrocha à son sein et but son lait jusqu'à ce qu'elle s'effondre, toute fripée, vidée de toute vie. En mourant, elle reprit sa forme monstrueuse et tomba tel un grand arbre noir, en écrasant cabanes et remises.

Adolescent, Krishna aimait flirter avec les vachères. Une fois, il subtilisa leurs vêtements pendant qu'elles se baignaient dans la rivière et se cacha dans un arbre pour les regarder sortir de l'eau. Sept d'entre elles étaient amoureuses de lui, pour sa douceur et sa grande beauté. Elles aimaient l'entendre jouer de la flûte et, parfois, les soirs d'automne, elles dansaient autour de lui au clair de lune. À chaque fois, chacune d'elles avait l'impression que Krishna se tenait face à elle et qu'il la prenait dans ses bras.

Kamsa décida d'attirer son neveu hors de sa cachette par la ruse. Il envoya des messagers pour annoncer des festivités. Il y aurait un banquet, des danses et un tournoi de lutte avec des prix somptueux pour les gagnants. Ce fut ainsi que Krishna et son frère, entrant dans l'âge adulte, décidèrent de se rendre en ville.

Krishna avec une vachère (image sur une tenture murale indienne du XVIIIe siècle).

À leur arrivée, vêtus comme de pauvres paysans, ils rencontrèrent une jeune fille indigente, défigurée par la lèpre, qui vendait des parfums pour survivre et se nourrir de restes. Krishna s'arrêta et lui demanda de lui donner gratuitement un flacon. Elle lui en tendit un sans hésiter et il l'embrassa : aussitôt, elle fut guérie et devint d'une grande beauté.

La rumeur de ce miracle se propagea rapidement. Le temps que Krishna et son frère atteignent la place principale, une foule s'était rassemblée autour d'eux, les accueillant sous une pluie de pétales.

Quand Kamsa vit ce cortège, il bouillit de rage. Il avait l'impression que le peuple acclamait son nouveau roi. Il avait prévu de leur envoyer un éléphant et de les faire piétiner, mais le frère de Krishna s'avança et assomma le pachyderme d'un seul coup de poing.

Il existe plusieurs versions de ce qui se passa à la fin de la foire. Certaines disent que Krishna traîna Kamsa dans l'arène pour le tuer. D'autres, que Krishna et son frère s'enfuirent à nouveau dans les bois.

*

*   *

À certains égards, l'histoire de Krishna rappelle celle de Blanche-Neige, mais les genres y sont inversés. Krishna comme Blanche-Neige vivent dans les bois. L'oncle satanique de Krishna et la tante de Blanche-Neige essaient à maintes reprises de les tuer et les attaquent en prenant l'apparence de gentils inconnus. Oncle et tante vérifient l'avancée de leur projet dans un miroir magique. Krishna est entouré de sept vierges, Blanche-Neige de sept nains. Le nombre sept nous dit quelque chose : ces deux séries de sept sont les planètes qui tournent autour du Soleil.

Décortiquons maintenant le lien mystérieux qui unit ces deux récits. Selon les psychologues, Blanche-Neige représente le moi et son histoire est l'histoire archétypique de notre enfance à tous. Dans la philosophie orientale, le grand Esprit cosmique est appelé le Soi, et tous nos moi individuels sont des reflets de ce Soi[4]. Bien que nous puissions ne pas nous en rendre compte pendant la majeure partie de notre vie (croyant que le fondement de notre propre être réside en nous), la relation entre le Soi et le moi est, dans cette perspective, des plus intimes. Comme l'a dit maître Eckhart, un mystique allemand : « L'œil par lequel je vois Dieu est le même œil par lequel Dieu me voit. »

Krishna représente le Soi. On l'a appelé le « Christ indien » et, pour le dire selon des termes occidentaux, il est une manifestation sur Terre du Verbe, le dieu Soleil qui, avec son intervention capitale, a empêché Saturne d'ôter toute vie à la Terre-Mère, comme nous l'avons vu au chapitre 2.

Nous allons maintenant voir que les textes sacrés indiens contiennent une description de Krishna dans laquelle il se révèle être le Soi.

*

* *

Deux familles souveraines s'apprêtaient à entrer en guerre. Le temps avait passé et Krishna avait survécu aux tentatives d'assassinat de son oncle pour pouvoir jouer un rôle décisif dans une grande bataille.

La querelle était née d'un jeu de dés, au cours duquel une de ces deux familles avait tout perdu au profit de l'autre. Krishna allait régler ce différend. « Entre tout ce qui trompe, je suis le jeu de dés », déclara-t-il.

Au matin de la grande guerre (le Mahâbhârata), Krishna devint l'aurige[5] d'Arjuna, un chef guerrier.

Arjuna s'apprêtait à souffler dans sa conque pour signaler le début du combat et faire avancer son armée. Toutefois, en passant les rangs ennemis en revue et en y reconnaissant nombre de parents et d'amis et en pensant au massacre sans précédent auquel donnerait lieu cette bataille, le grand guerrier hésita. Il descendit de son char et laissa échapper son arc, qui tomba au sol.

Krishna mit également pied à terre et vint à sa rencontre. Il dit à Arjuna que la bataille qu'il s'apprêtait à livrer ouvrirait les portes mêmes du Paradis. Il ajouta qu'il ne pourrait tuer, ni être tué, car l'éternel en l'homme se déplaçait entre les mondes.

Il permit alors à Arjuna de le voir sous sa forme divine, déclarant : « L'univers entier provient de moi-même avec tous les êtres qu'il contient. Je suis l'origine de tout, et tout émane de moi. Je suis le commencement, le milieu et la fin de la création. Je suis le jeu des tricheurs, l'éclat de ce qui brille, la victoire des victorieux, la bonté des hommes bons. Je suis la force du fort détaché du succès et de la convoitise. Je suis le désir dans les hommes qui agissent avec justice. Je suis aussi toi-même. Je suis la mort qui saisit tout et Je suis l'origine de tous les êtres à venir. »

Arjuna le regarda et, là où s'était trouvé un homme, il vit l'éclat d'un millier de soleils, des formes innombrables, des univers se déployer à perte de vue, un espace infini et un temps infini. Il vit Krishna, le Soleil et la Lune en lieu et place des yeux. Il le vit adoré de tous les dieux et de tous les esprits dont il avait entendu parler, et bien plus encore. (Cet épisode relaté dans la *Bhagavad-Gîtâ* nous permet de mieux imaginer une rencontre avec le Christ incarné[6].)

Puis il entendit Krishna dire : « Ô, Arunja ! Lève-toi. L'esprit ne peut tuer ni être tué. Ton devoir de guerrier est de mener une guerre juste. »

Arunja remonta donc dans son char et souffla dans sa conque. Pendant dix-huit jours, la vaste plaine résonna des cris des guerriers, des hennissements des chevaux, du mugissement des éléphants, de la clameur des trompettes, du sifflement des flèches, du fracas des massues dorées et des cris des hommes à l'agonie, jusqu'à ce qu'enfin, le conseil que Krishna murmura à l'oreille d'Arjuna lui permette de triompher de forces supérieures[7].

Les grottes d'Éléphanta (gravure du XIXe siècle). La légende raconte que ces caves ont été taillées dans la pierre par Pandava, un héros du *Mahâbhârata*.

Il existe plusieurs versions de la mort de Krishna. Dans l'une d'elle, il fut attaché à un arbre et martyrisé par des archers. Dans d'autres, il vécut à une époque terrible, frappée par les catastrophes et la maladie. Tout semblait aller mal pour lui. Il se retira dans la forêt et méditait sous un arbre quand un chasseur prit accidentellement son pied, qui dépassait du tronc de l'arbre, pour les oreilles d'un cerf et lui décocha une flèche. Toutefois, les différentes versions s'accordent sur un point : la date de sa mort est déterminée par les cycles astronomiques – et elle marque la fin d'un grand cycle et le début d'un autre, le Kali Yuga ou « âge sombre[8] ».

Le commencement du Kali Yuga fut également celui de l'époque de la fondation des premières grandes villes et civilisations. Râma et Sîtâ, Zarathoustra et Krishna vivaient dans la nature. Les héros de l'ère suivante seraient les premiers à être confrontés à la solitude, à l'aliénation et au sentiment de futilité qui accompagnent la vie urbaine.

15

Gilgamesh et l'élixir d'immortalité

« En Babylonie, quantité d'hommes venus d'ailleurs s'étaient installés en Chaldée, où ils menaient une existence inculte, pareils à des bêtes. Une première année, alors, apparut sur le rivage un monstre extraordinaire sorti de la mer Rouge et appelé Oannès. Son corps entier était celui d'un poisson avec, sous la tête, une autre tête insérée, ainsi que des pieds, pareils à ceux d'un homme [...]. Ce même être vivant, passant ses jours parmi les hommes, sans prendre la moindre nourriture, leur apprit l'écriture, les sciences et les techniques de toute sorte, la fondation des villes, la construction des temples, la jurisprudence et la géométrie ; il leur dévoila pareillement la culture des céréales et la récolte des fruits ; en somme, il leur donna tout ce qui constitue la vie civilisée. [...]

Au coucher du soleil, ce même monstre Oannès replongeait en la mer pour passer ses nuitées dans l'eau : car il était amphibie. »

Ce fragment, datant du Proche-Orient ancien, rend compte de la fondation de la première ville, Uruk, en 3000 av. J.-C. environ, dans une région qui correspond au sud de l'Irak actuel, entre Basra et Bagdad. Bérose, son auteur, y dit clairement que la transition de la société tribale à la société urbaine a été provoquée par une intelligence surhumaine[1].

L'histoire ultérieure de Gilgamesh, quatrième roi d'Uruk, traite en partie du ressenti de la population alors qu'elle s'adaptait à la vie urbaine. Ce récit étrange et merveilleux fut perdu pendant des millénaires, jusqu'en 1872, quand George Smith, spécialiste au British Museum, annonça avoir déchiffré des tablettes déterrées dans la bibliothèque du dernier roi assyrien. Écrit sur du lapis lazuli, ce récit avait été enfermé dans le temple de Vénus, dans un coffre en cuivre…

Héros-chasseur sumérien (gravure sur un sceau-cylindre).

Gilgamesh était un jeune homme élégant, très beau, plus grand et plus fort que tous les autres hommes. Il avait un buste de lion et de magnifiques cheveux bouclés. Il débordait d'énergie et avait un appétit vorace pour la vie : il courait en tous sens, chassait, déneigeait les cols de montagne, creusait des puits, construisait les remparts de la ville – et séduisait les jeunes femmes. Malgré tout, il ne tenait toujours pas en place. Il voulait se mesurer aux autres, lutter corps à corps, tester sa force, mais personne n'était capable de l'affronter et il se sentait seul.

Puis un trappeur qui travaillait dans les bois alentour remarqua que quelque chose ou quelqu'un mettait ses pièges hors d'état, en bouchant toutes ses trappes et en aidant le gibier à s'échapper.

Un jour, près d'un point d'eau où s'abreuvaient les gazelles, ce trappeur vit un homme étrange, sauvage et velu. Il regarda cette créature simiesque boire puis s'éloigner d'un pas tranquille en compagnie des gazelles.

Entre-temps, Gilgamesh avait rêvé d'un nouvel ami qui viendrait à sa rencontre et le marquerait à jamais. Quand le trappeur lui raconta ce qu'il avait vu, il pensa : *Ce doit être lui – ce doit être l'ami que j'attends !* Les deux hommes imaginèrent un plan pour attirer le sauvageon en ville par la ruse.

Le trappeur retourna au point d'eau avec l'une des prostituées du temple. Ils restèrent à l'affût un moment, ne voyant que de petites créatures s'y désaltérer, mais, au bout de trois jours, les gazelles revinrent et le trappeur vit que le sauvageon était toujours avec elles. Il dit à la prostituée :

« Va le voir et découvre-toi les seins. Tu peux apprivoiser l'homme-sauvage. »

Le sauvageon vit donc pour la première fois ce qu'il n'avait encore jamais vu : une femme nue. Elle étala sa cape sur le sol et ils firent l'amour pendant sept jours et sept nuits. Puis l'homme-sauvage, qui s'appelait Enkidu, essaya de repartir gambader avec les animaux, mais il se rendit compte qu'il ne courait plus aussi vite et qu'il effrayait les bêtes.

La femme lui dit :

« Enkidu, pourquoi cours-tu avec les bêtes sauvages ? Tu es beau comme un dieu. Viens avec moi en ville. »

Elle l'emmena d'abord dans une chaumière, où elle le lava, l'habilla et lui apprit à manger du pain et d'autres aliments cuits. Il but sept pichets de bière, ce qui le fit chanter de joie[2] !

Elle lui en dit plus sur la vie en ville – la foule, les beaux vêtements, les grands bâtiments, les festivals et la musique. Elle lui parla du jeune roi, le grand et beau Gilgamesh. Toutefois, quand elle évoqua sa nature impitoyable envers la gente féminine, le fait qu'il s'arrogeait le droit de disposer de toutes les femmes de la ville, Enkidu prit la décision de le défier pour mettre un terme à ces agissements.

L'affrontement tant attendu entre Gilgamesh et Enkidu eut lieu sur la place du marché. Gilgamesh était plus grand qu'Enkidu, mais ce dernier avait une carrure plus imposante. Enkidu empêcha Gilgamesh de passer et les deux hommes s'affrontèrent pendant quatre jours, au point d'en faire trembler les murs et les madriers des bâtiments. Ils étaient presque de force égale, mais Gilgamesh finit par mettre Enkidu sur le dos et le clouer au sol.

Ils ressentirent alors un amour fraternel l'un pour l'autre. Ils s'étreignirent et, à partir de ce jour, ne se quittèrent pratiquement plus.

Au bout d'un moment, la vie dans la nature commença à manquer à Enkidu. Il se plaignait de ne plus avoir d'énergie, d'être pris de paresse. Il disait que ses bras commençaient à perdre de leur force. Gilgamesh lui proposa donc de partir à l'aventure tous les deux. Ils tueraient un monstre nommé Humbaba, qui s'attaquait aux voyageurs traversant la forêt de Cèdres, au Liban. On disait que son visage hideux semblait composé d'intestins enroulés, formant un dédale de rides et de bourrelets monstrueux.

Gilgamesh et Enkidu traversèrent les montagnes, traquèrent Humbaba dans la forêt, le capturèrent et le décapitèrent.

À peine étaient-ils rentrés à Uruk qu'un taureau gigantesque se mit à ravager la campagne. Rapidement, il avait tué trois cents hommes. Certains disaient que les portes de l'Enfer étaient en train de s'ouvrir et que les morts en sortiraient pour manger les vivants.

Alors que Gilgamesh et Enkidu partaient à la rencontre du taureau, un grand abîme s'ouvrit devant eux. Enkidu tomba dedans mais réussit à s'accrocher au bord. Il se hissa d'un bond et attrapa le taureau par les cornes. Il cria à Gilgamesh de planter son épée entre la nuque et les cornes – l'endroit qu'utilisent les matadors aujourd'hui –, puis ils lui coupèrent les cornes pour exposer ce trophée une fois de retour chez eux.

Toutefois, en rentrant à Uruk, ils découvrirent que la ville avait été frappée par la peste. Les gens disaient que le taureau était le taureau sacré d'Enlil, le roi des dieux, et que ce dernier était maintenant en colère[3].

Enkidu tomba malade. Gilgamesh pleura et pria pour son ami. Enkidu maudit le trappeur qui l'avait trouvé et la prostituée qui l'avait apprivoisé et lui avait appris à apprécier la vie civilisée. Sa vue commença à baisser. Puis il fit un rêve dans lequel on l'emmenait le long d'une route sans retour vers une maison de poussière, où les gens ne mangeaient et ne buvaient que de la poussière. Il ne voyait pas Gilgamesh et crut que son vieux camarade l'avait déserté. Dans son rêve, il se voyait pris d'angoisse, à l'agonie.

Un ver sortit doucement de son nez et Gilgamesh poussa un hurlement. Il recouvra le visage de son ami d'un drap. Enkidu, qui avait été aussi véloce qu'une panthère, ne bougerait plus.

Faisant les cent pas, Gilgamesh déchira ses vêtements délicats et coupa ses beaux cheveux bouclés.

« Il était ma hache, toujours dans ma main, s'écria-t-il. Il était la dague à ma ceinture. »

Il ordonna qu'on construise une statue en l'honneur d'Enkidu, puis quitta la ville et se mit à parcourir la steppe, pleurant son ami. Puis une pensée terrible, nouvelle, lui vint à l'esprit : *Si Enkidu pouvait mourir, alors lui aussi le pouvait*.

À mesure que les hommes s'enfonçaient plus profondément dans leur nature corporelle et animale, qu'ils faisaient de moins en moins l'expérience des royaumes spirituels et que les souvenirs qu'ils en avaient s'estompaient, ils avaient de plus en plus peur de la mort.

Gilgamesh se souvenait des histoires qu'on lui avait racontées sur un de ses ancêtres qui avait survécu au Déluge en construisant une arche. La rumeur disait que cet aïeul n'était jamais vraiment mort et qu'il vivait sur une montagne sacrée à l'Est. Gilgamesh décida de partir à sa recherche pour découvrir les secrets de la vie et de la mort.

Il traversa la steppe. Il tua des lions pour se vêtir de leur peau. Il franchit les portes qui gardaient un col étroit menant vers un royaume montagneux. Il chemina dans une obscurité épaisse avant d'arriver dans une plaine bien éclairée, où les arbres étaient en or et portaient des rubis, des émeraudes et d'autres pierres précieuses à la place des fruits. Là, au milieu des arbres, son ancêtre vint l'accueillir.

Gilgamesh dit :

« Je m'attendais à ce que tu aies une apparence étrange, mais tu ressembles à un homme, tout comme moi ! Je m'apprêtais à te *forcer* à me dévoiler tes secrets mais, maintenant que je t'ai rencontré, je me rends compte que je ne peux même pas lever la main sur toi. »

Le vieil homme sourit et commença à lui raconter son histoire :

« Par une nuit d'orage, dit-il, alors que le monde entier mugissait comme un taureau, j'entendis une voix me parler en murmurant à travers les roseaux de ma cabane. Elle me dit : "Abats ces roseaux et démolis ta cabane pour te construire un bateau. Renonce aux biens matériels et préserve ta vie. Prends la substance de tout ce qui vit et charge-la dans le bateau..." »

Le vieil homme termina son récit en expliquant que, suite au Déluge, le roi des dieux était monté à bord du bateau. Sa femme et lui s'étaient inclinés devant lui. Dieu leur avait touché le front pour les bénir, déclarant qu'ils vivraient pour toujours.

Enfin, le vieil homme annonça qu'il allait faire don du même cadeau à Gilgamesh. Toutefois, pour pouvoir le recevoir, ce dernier ne devrait ni s'allonger ni dormir pendant six jours et sept nuits.

Or Gilgamesh, épuisé par son voyage sur le col de montagne, succomba au sommeil à l'instant même où il s'assit.

À son réveil, il savait qu'il avait échoué. Il supplia le vieil homme :

« Que vais-je faire ? La mort est partout autour de moi. Elle m'attend à chacun de mes pas, à chacun de mes souffles. Elle habite mes vêtements, mes draps. Elle s'agrippe à ma chair. »

Le vieil homme, en colère, le congédia, lui faisant signe de retourner là d'où il était venu, mais sa femme intervint. Elle dit :

« Gilgamesh a fait un long voyage, il était épuisé à son arrivée. Donne-lui un peu d'espoir, quelque chose qu'il puisse ramener dans son pays. »

Le vieil homme se radoucit et dit à Gilgamesh où trouver une plante très spéciale :

« Elle pousse au fond des eaux. Son épine te piquera comme un roncier, comme une rose, mais si tu réussis à plonger suffisamment profond, à l'arracher et à la remonter à la surface, tu ne vieilliras jamais. »

Gilgamesh se rendit au bord de l'océan, à l'endroit dont lui avait parlé son aïeul, et s'attacha de lourdes pierres aux pieds pour descendre tout au fond de l'eau.

Il coula, traversa les différentes couches de la mer, et finit par trouver la plante. Elle le piqua et lui arracha la chair de la main, mais il réussit à l'extirper du fond marin. Puis il délia les lourdes pierres de ses pieds et se hâta de remonter à la surface.

Alors que Gilgamesh était allongé sur le rivage, haletant, un serpent sentit l'odeur exquise de la plante. Il s'approcha en ondulant et la déroba – ce qui explique pourquoi les serpents perdent leur peau et peuvent se régénérer.

Quant à Gilgamesh, il fut condamné. Il avait échoué dans sa quête, qui consistait à soulager l'humanité du mal qui l'affligeait. Il n'avait rien trouvé pour apaiser sa peine ni disperser les ténèbres grandissantes.

Gilgamesh, roi d'Uruk, n'avait pas eu la bonne idée. Il n'avait pas cherché au bon endroit. Ce fut un autre habitant de la cité, un homme d'un genre très différent, qui mit l'humanité sur le bon chemin...

16

Abraham
et le siège de la pensée

Un épisode du Talmud relate l'histoire d'un garçon nommé Abram qui, en grandissant, demanda à son père où il pouvait trouver le Dieu qui avait créé les Cieux et la Terre.

« Mon fils, le créateur de toute chose est ici, avec nous, dans cette maison.

— Alors, montre-le-moi, père », répondit Abram.

Son père le conduisit dans une chambre secrète, où il lui montra douze grandes idoles, entourées de nombreuses autres, plus petites. Devant elles étaient éparpillés des restes de nourriture et d'autres offrandes brûlées.

« Les voici, fils – les dieux qui ont tout créé. »

Abram, furieux contre son père, saisit une tige de fer et fit voler en éclats toutes les idoles, sauf une :

« Tu rends ton âme coupable, de la même culpabilité pour laquelle tes ancêtres ont été punis par le Déluge. Cesse, père, de servir de tels dieux, de peur que le mal ne s'empare de ton âme et de celles de toute ta famille. »

Avec cette histoire, on assiste aux prémices de l'un des grands dons que le peuple juif ferait au monde : le questionnement. Abraham, comme on l'appellerait plus tard, était célèbre dans tout le monde antique pour y avoir introduit cette qualité.

La famille d'Abraham venait d'Uruk, la grande cité sur laquelle avait régné Gilgamesh. Gilgamesh était peut-être encore en vie au moment de la naissance d'Abraham. D'après la légende juive, son père travaillait pour Nimrod, le puissant chasseur auquel la Bible fait allusion et qui pourrait avoir succédé à Gilgamesh sur le trône. D'aucuns ont même identifié Gilgamesh à Nimrod.

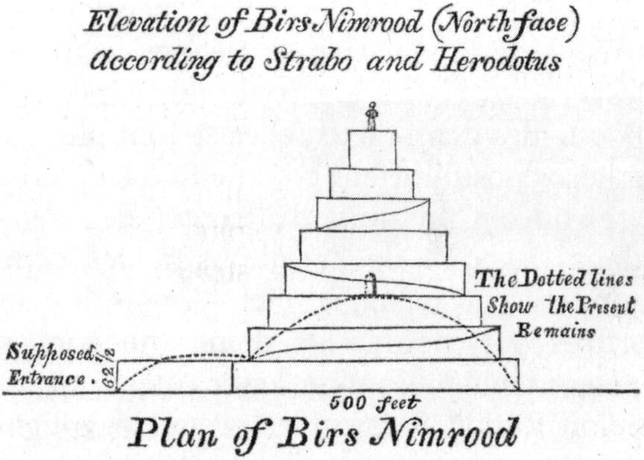

La tour de Babel (illustration extraite de *Evidence of the Truth of Christian Religion*, du révérend Alexander Keith, 1833).

Toutefois, en passant de l'histoire de Gilgamesh à celle d'Abraham, il est tout de suite évident que nous nous trouvons face à une mentalité très différente.

D'après une tradition, Abraham aurait été chassé d'Uruk pour avoir refusé de participer à la construction de la tour de Babel. Cette tour était la plus haute des grandes ziggurats ou des pyramides à degrés qui surplombaient la ville. Pourquoi la construisait-on ?

Il devenait de plus en plus difficile pour les grands êtres spirituels de se laisser tomber à travers les cieux pour atteindre la Terre. Nous avons parcouru un long chemin dans cette histoire : le temps où Dieu marchait avec Adam et Ève dans le jardin et où les exploits des dieux relatés par les mythes grecs étaient connus, et même perçus, directement, est désormais bien loin. Dans les récits de la vie avant le Déluge, les activités célestes se succèdent à un rythme effréné, mais, à l'époque des demi-dieux, elles se font plus rares. Les héros postdiluviens comme Râma et Krishna se retrouvent en train d'affronter des démons – dans l'histoire de Zarathoustra, les démons assombrissent même le ciel –, mais les anges d'ordres supérieurs, les dieux, ne sont plus constamment présents à leurs côtés.

Selon Rudolf Steiner, les prêtres égyptiens et sumériens pensaient que la Lune était le point le plus proche de la Terre dont pouvaient s'approcher de leur propre chef de nombreux êtres supérieurs. La Lune devint donc une sorte de point de relais : les grandes pyramides d'Égypte et les ziggurats sumériennes furent construites pour attirer ces êtres supérieurs et les inciter à descendre sur Terre.

On peut voir les pyramides du monde antique comme l'expression d'un cri de douleur spirituelle, le témoignage d'un terrible sentiment de perte – la perte de la vision cosmique et du grand dessein cosmique unificateur. Voilà ce que cache l'histoire de la tour de Babel. Quand il est dit dans la Bible que les différents peuples se mirent à parler différentes langues pour les punir d'avoir tenté de toucher le ciel, cela signifie que les peuples ne partageaient désormais plus une même vision cosmique. En lieu et place, ils n'avaient plus qu'un petit aperçu des royaumes spirituels – des visions floues qui les laissaient étrangers les uns aux autres, incapables de voir leur but commun.

Abraham ressentait ce sentiment de perte, mais ne voulait pas se servir des ziggurats pour tenter de satisfaire son désir de spiritualité. Il développerait de nouvelles méthodes – pour lui-même et pour l'humanité.

En 2000 av. J.-C. environ, Abraham quitta Uruk et les gratte-ciel du monde antique pour errer dans le désert. Il essayait de trouver un sens à ce qui se passait dans le monde, un schéma, une unité. Il réussirait, à travers une série de mystérieuses rencontres et une célèbre épreuve finale dont la signification réelle, nous le verrons, est révélée dans une tradition mystique secrète.

Dieu dit à Abraham :

« Sors de ton pays, et de ta parenté, et de la maison de ton père, vers un pays que je te montrerai. »

Ce fut la toute première allusion à la Terre promise.

Abraham avait soixante-dix ans quand avec sa femme, Sarah, et son neveu, Loth, ils partirent vers le sud, en direction de Canaan. Des années de famine les forcèrent à renoncer à leur mode de vie nomade et à s'attarder en Égypte. Plus tard, comme le nombre de leurs disciples et de leurs têtes de bétail augmentait, Abraham et Loth se séparèrent.

Plus tard encore, un roi local captura Loth et le fit prisonnier. Abraham arma et entraîna trois cent dix-huit de ses disciples pour lui porter secours.

Il célébrait la libération de Loth dans un lieu nommé Salem – qui deviendrait Jérusalem – quand il reçut un étrange visiteur :

> Et Melchizedek, roi de Salem, fit apporter du pain et du vin ; et il était le prêtre du Dieu très-haut. Et il le bénit et dit : Béni soit Abram de par le Dieu très-haut, possesseur du ciel et de la terre ; Et béni soit le Dieu très-haut, qui a livré tes ennemis en ta main. [...] (Genèse, XIV, 18-20.)

Le nom « Melchizedek[1] » signifie « roi de la justice ». Une autre référence est faite à ce personnage dans l'Ancien Testament (Psaumes, CX, 4) : « Tu es prêtre à toujours, selon l'ordre de Melchizedek. »

Ces deux courts passages contiennent tout ce que l'Ancien Testament a à dire au sujet de cette mystérieuse figure. Mais dans l'Épître aux Hébreux (VII, 17), il est fait référence à Jésus Christ comme étant *un prêtre pour toujours, selon l'ordre de Melchizedek* – allusion au Psaume CX. En un sens, il est donc dit que Jésus suit les traces de Melchizedek. Paul dit aussi de lui (Hébreux, VII, 3) qu'il est « [s]ans père, sans mère, sans descendant, n'ayant ni commencement de jours, ni fin de vie ; mais fait semblable au Fils de Dieu ». À l'évidence, Melchizedek est un personnage extraordinaire. Avec le temps, les artistes et les architectes en prendraient conscience : il deviendrait une figure majeure de l'iconographie ecclésiastique.

Le visage de Melchisezek (dessiné d'après une statue ornant la cathédrale de Chartres).

Quel est son secret ?

On trouve un indice dans la *Pistis Sophia*, un des premiers textes chrétiens : il y est nommé le « grand héritier de la lumière ». C'est l'un des titres qu'on donne à Manu, le Fils du Soleil et survivant du Déluge dans la tradition hindoue

– l'individu que nous connaissons sous le nom de Noé. Une tradition talmudique veut aussi qu'enfant, Abraham soit parti seul pour s'instruire auprès de son ancêtre, Noé.

Melchizedek est donc Noé déguisé, le gardien et l'apôtre de la sagesse antédiluvienne. Il n'était pas vraiment mort de mort ordinaire. C'était lui l'ancêtre que Gilgamesh avait cherché. Mais Gilgamesh avait échoué, car il n'avait pas posé les bonnes questions. Ses aspirations avaient été limitées et matérialistes. Désormais, Noé/ Melchizedek délivrait ses vrais enseignements sur la vie éternelle à Abraham, symbolisés par la cérémonie du pain et du vin.

Dieu fit alors une promesse à Abraham :

« Regarde vers le ciel, et compte les étoiles, si tu peux les compter. Et il lui dit : Ainsi sera ta semence. » (Genèse, XV, 5.)

Comme le passage sur Melchizedek, cette promesse contient une signification cachée. Dieu ne veut pas seulement dire que les descendants d'Abraham seront *aussi nombreux que* les étoiles : ils seront également *ordonnés* comme elles. Ils seront ordonnés selon douze tribus, tout comme les étoiles sont ordonnées selon les douze constellations du zodiaque, et leur destinée sera tracée selon les mouvements des anges stellaires et planétaires – selon un plan et un schéma unifiés.

Mais la promesse de Dieu se réaliserait-elle ? Cela semblait très improbable. Abraham et Sarah n'avaient pas d'enfant et étaient déjà très âgés.

Quand Abraham eut quatre-vingt-dix-neuf ans, il reçut de nouveaux visiteurs mystérieux. Un jour, il était assis dans sa tente, à l'abri du soleil de midi, quand il leva les yeux vers le soleil et vit trois hommes s'approcher. Il se précipita à leur rencontre, s'inclina devant eux et leur offrit de l'eau pour qu'ils se lavent les pieds. Puis il leur proposa de se reposer à l'ombre d'un arbre et demanda à Sarah de leur préparer des gâteaux et d'aller chercher du beurre, du lait et de la viande pour les nourrir.

Sarah offrit sa servante, Agar, comme deuxième épouse à Abraham et, à l'âge de quatre-vingt-six ans, ce dernier devint père. Agar, jeune Égyptienne guidée par un ange, engendra un fils nommé Ismaël, dont la descendance donnerait en temps voulu naissance à l'islam. (Agar et l'ange. Illustration extraite de *La Chronique universelle* de Rodolphe d'Ems, début du XIIIe siècle.)

Il accueillait « des anges sans le savoir[2] » et l'un d'eux lui apprit que Sarah lui donnerait bientôt un enfant. Assise dans une tente voisine, Sarah l'entendit et se mit à rire. Non seulement Abraham avait quatre-vingt-dix-neuf ans, mais elle avait atteint l'âge de quatre-vingt-dix ans.

Un autre ange prévint Abraham de la destruction de Sodome et Gomorrhe, où vivait son neveu.

Loth était assis à la porte de Sodome lorsqu'il vit des visiteurs approcher. Comme Abraham, il s'inclina devant eux. Il les fit entrer chez lui, leur offrit de l'eau pour se laver les pieds et les nourrit. Mais quand vint le moment d'aller se coucher, il entendit des gens se presser autour de sa maison, qui exigeaient de savoir qui étaient ses hôtes.

La famille de Loth quittant Sodome (de l'artiste initié Pierre Paul Rubens).

Pourquoi les habitants de Sodome se méfiaient-ils ? Se sentaient-ils coupables ? Avaient-ils l'impression que quelqu'un était venu pour les espionner et les juger ? Ils exigèrent que Loth fasse sortir les visiteurs et, devant son refus, entreprirent de défoncer la porte.

Les mystérieux visiteurs avaient un pouvoir surnaturel : les assaillants furent frappés de cécité et l'attaque prit fin.

Les anges expliquèrent alors à Loth que le Seigneur s'apprêtait à détruire cette cité et qu'il devait partir avant les premières lueurs du jour avec sa femme et leurs deux filles.

Quand le moment fut venu, la famille se montra hésitante. Les anges leur dirent de se hâter. Ils les prirent par la main et les firent sortir de la ville, pour les mettre en sécurité sur une montagne.

Le soleil se leva : « Alors le Seigneur fit pleuvoir du ciel sur Sodome et sur Gomorrhe du soufre et du feu, de la part du Seigneur. » (Genèse, XIX, 24.)

Abraham avait cent ans quand Sarah lui donna un fils. Elle dit : « Dieu m'a donné de quoi rire ; ainsi tous ceux qui l'entendront, riront avec moi. »

Ils nommèrent leur fils Isaac, ce qui signifie « rire ».

Le garçon devint grand et fort et était d'une disposition naturellement solaire. Des années plus tard, quand il avait environ quatorze ans, Abraham dit à Sarah :

« Je vais emmener Isaac avec moi demain. »

Sarah aimait beaucoup son fils et ne le laissait jamais s'éloigner d'elle. Elle répondit :

« Je t'en prie, ne l'emmène pas trop loin – ni pendant trop longtemps. »

Elle esquissa un sourire mais, cette nuit-là, ne trouva pas le sommeil. Éveillée dans son lit, elle eut une prémonition. Au matin, elle serra Isaac contre elle et sanglota :

« Mon seul garçon, mon seul enfant, mon seul espoir. »

Puis elle se tourna vers Abraham et dit :

« Fais attention à notre fils. Il est encore jeune. Ne le fais pas marcher sous le soleil. Tu sais qu'il se fatigue vite. »

Tandis qu'ils progressaient, Isaac remarqua que son père ramassait le bois nécessaire pour faire un sacrifice.

« Père, où est l'agneau sacrificiel ? demanda-t-il.

— Notre Dieu t'a choisi toi, une créature sans défaut, comme offrande acceptable à la place de l'agneau », répondit Abraham.

Il prit son fils par l'épaule et le regarda dans les yeux :

« Es-tu sans défaut ? Caches-tu quelque mal secret dans ton cœur ? Si c'est le cas, c'est le moment de me le dire.

— Je n'ai… aucun regret », lui répondit Isaac.

Au bout de trois jours de marche, ils atteignirent la montagne sacrée que Dieu avait choisie. Abraham construisit un autel et y déposa du bois. Son fils l'aida. Puis Abraham l'attacha au bois.

« Serre bien, de façon à ce que je ne me débatte pas, dit Isaac. Dis à ma mère que je suis mort avec courage. »

Abraham se détourna. Il ne voulait pas qu'Isaac voie les larmes dans ses yeux.

« Maintenant, hâte-toi père, accomplis la volonté de Dieu. »

Demandait-on à Abraham de sacrifier le fils adoré que Sarah et lui avaient attendu pendant tant d'années ?

L'ange de Dieu appela Abraham depuis les cieux et lui dit :

« Abraham, Abraham.

— Me voici.

— Ne mets pas ta main sur l'enfant, et ne lui fais rien. »

Abraham leva les yeux et regarda : il vit un bélier retenu dans un buisson par les cornes. Il alla prendre le bélier et l'offrit comme offrande consumée à la place de son fils.

La signification secrète, profonde et cachée qui sous-tend toute l'histoire d'Abraham refait surface ici. Les cornes du bélier coincées dans le buisson représentent ce que le mysticisme hindou nomme le « chakra couronne », l'organe de la vision spirituelle à deux pétales qui, lorsqu'il est ouvert, permet de voir le monde spirituel et de communier avec les dieux, les anges et les esprits. C'est cette capacité qu'Abraham sacrifie ici. Il rejette les formes extatiques, ataviques, de la religion pratiquées sur les ziggurats, le dérèglement des sens qui menait aux visions chaotiques. À l'époque des pyramides, les gens se languissaient de la forme de conscience onirique des premiers temps et, s'ils ne pouvaient pas rencontrer les êtres spirituels supérieurs, ils étaient prêts à rencontrer ceux qui leur étaient inférieurs, même les démons. D'une façon ou d'une autre, Abraham comprenait que l'humanité devrait rejeter cette vision atavique des choses. Si la réalité spirituelle était moins immédiate, moins envahissante, l'humanité serait à même de développer une faculté pour entrer en contact avec elle.

L'histoire d'Abraham marque le commencement de la quête de la Terre promise et, à un certain niveau, relate l'apprentissage d'une nouvelle forme de conscience. Dans l'histoire sacrée, la conscience humaine n'est jamais statique, elle continue d'évoluer, et la Genèse et l'Exode montrent les juifs en train de développer de nouvelles facultés dans l'intérêt de toute l'humanité.

On dit parfois qu'Abraham est le père du monothéisme. Il est le chef de file du judaïsme, du christianisme et de l'islam. Mais il est important de ne pas faire d'anachronisme ici. Les peuples de l'Ancien et du Nouveau Testament et, bien sûr, ceux du Coran, n'étaient pas monothéistes au sens où on utilise souvent ce terme aujourd'hui – croire en un être divin totalement indifférencié, ou qu'il n'existe aucun autre être spirituel perceptible à part Dieu. Leur monde demeurait peuplé de dieux, d'anges, de démons et d'autres esprits. Saint Paul admet l'existence d'autres dieux dans 1 Corinthiens, VIII, 5-6 : « Car bien qu'il y en ait qui soient appelés dieux, soit dans le ciel, soit sur la terre, (comme il y a beaucoup de dieux et beaucoup de seigneurs), Mais pour nous, il n'y a qu'un seul Dieu. »

Abraham fut le fondateur du monothéisme, car il eut l'intuition qu'un grand Esprit cosmique se cachait derrière toute chose et planifiait tout en coulisses. Le monothéisme ne signifiait pas qu'il n'existait pas d'autres dieux ni d'autres êtres spirituels, mais qu'il y avait un plan unifié dans le monde et – fondamentalement – que l'humanité aurait à développer la capacité d'intelligence pour découvrir ce plan. Grâce au monothéisme, l'humanité serait à même de comprendre la totalité de la vie et du cosmos. Pour ce faire, elle développerait la faculté d'abstraction intellectuelle.

*

* *

Au cours de leurs pérégrinations, les israélites traversèrent des terres arides et hostiles. La famine les ramena en Égypte, où ils devinrent esclaves. Le mode de vie nomade fut remplacé par une vie au milieu de gigantesques monuments en pierre, d'obélisques, de pyramides et de temples.

Le pays d'Isis et d'Osiris avait préservé des traditions rituelles qui remontaient au commencement des temps. Au point culminant des cérémonies, les dieux et les esprits des ancêtres pouvaient apparaître dans la fumée et l'encens. La civilisation égyptienne était obsédée par la mort et le paysage urbain évoquait une immense nécropole.

Le plus célèbre des israélites devint prince d'Égypte. Son frère Aaron et lui rivaliseraient avec les mages égyptiens en effectuant des tours de magie spectaculaires.

Les forces du matérialisme avaient assassiné les grands maîtres mondiaux, Zarathoustra et Krishna. La lumière des messagers du dieu Soleil déclinait et une nouvelle forme de sagesse, coupée des royaumes spirituels, se répandait depuis la Chine. Elle apprenait aux gens à se montrer prudents et à protéger leurs propres intérêts matériels.

Depuis le début, Dieu et les anges avaient prévu que les esprits humains tomberaient dans la matière, mais ils y tombaient trop rapidement et trop profondément. Non seulement se coupaient-ils progressivement des royaumes spirituels et des influences spirituelles, ils se coupaient aussi peu à peu les uns des autres. Et de nouvelles formes de cruauté apparurent.

Pour la première fois de l'histoire, nous entendons parler de tyrannie, d'esclavage, d'exploitation, de massacre. De célèbres sculptures sur les murs des temples de Karnak, en Égypte, représentent ces atrocités, et s'en glorifient. Comme les gens ne voyaient plus les ordres supérieurs d'anges s'élever vers le grand Esprit cosmique, ils en vinrent à considérer les ordres inférieurs d'êtres spirituels comme les dieux les plus éminents. Ils soutenaient que tel ou tel de ces êtres était le dieu de leur tribu ou de leur ville – et, dans un renversement étrange et terrible, le Dieu d'Abraham devint aussi un dieu de la guerre.

L'échelle de Jacob (illustration extraite de la Bible de Lübeck). « Il arriva dans un lieu où il passa la nuit ; car le soleil était couché. Il y prit une pierre, dont il fit son chevet, et il se coucha dans ce lieu-là. Il eut un songe. Et voici, une échelle était appuyée sur la terre, et son sommet touchait au ciel. Et voici, les anges de Dieu montaient et descendaient par cette échelle. [...] Voici, je suis avec toi, je te garderai partout où tu iras [...]. Et Jacob se leva de bon matin ; il prit la pierre dont il avait fait son chevet, il la dressa pour monument, et il versa de l'huile sur son sommet. » (Genèse, XXVIII, 11-18.)

Il est intéressant de noter que les anges ne font pas faire un tour des cieux à Jacob, contrairement à Énoch et, plus tard, à Mahomet. Jacob voit pour ainsi dire les ordres d'anges de loin, et cette distance lui donne un espace pour y *réfléchir*. Plus tard, il les rencontre à nouveau, de manière plus intime :

« Jacob demeura seul. Alors un homme lutta avec lui jusqu'au lever de l'aurore. Voyant qu'il ne pouvait le vaincre, cet homme le frappa à l'emboîture de la hanche ; et l'emboîture de la hanche de Jacob se démit pendant qu'il luttait avec lui. Il dit : Laisse-moi aller, car l'aurore se lève. Et Jacob répondit : Je ne te laisserai point aller, que tu ne m'aies béni. Il lui dit : Quel est ton nom ? Et il répondit : Jacob. Il dit encore : Ton nom ne sera plus Jacob, mais tu seras appelé Israël ; car tu as lutté avec Dieu et avec des hommes, et tu as été vainqueur. Jacob l'interrogea, en disant : Fais-moi je te prie, connaître ton nom. Il répondit : Pourquoi demandes-tu mon nom ? Et il le bénit là. » (Genèse, XXXII, 24-29.)

Notez que Jacob ne lutte pas avec l'ange pour tester sa force, mais son intelligence, un peu comme dans une partie d'échecs.

17
Moïse et les dieux de la guerre

« Sur le plan de l'illusion, le feu divin représente le courroux divin. »

Rudolf STEINER

« L'homme vit dans l'illusion que ses pensées sont enfermées dans sa boîte crânienne, mais elles n'y sont que réfléchies. »

Rudolf STEINER

La vie de Moïse présente une série d'interventions divines d'une ampleur et d'une importance rarement égalées. Le surnaturel accompagne Moïse en permanence. Les anges l'aident à faire tourner la grande roue cosmique et à ouvrir la grande porte cosmique.

Tout d'abord, un ange apparut à Moïse dans le buisson ardent et il se mit à accomplir des miracles. Plus tard, quand on dit à Moïse de tendre sa main et son bâton, Yahvé tendit lui aussi sa main et punit l'Égypte à plusieurs reprises en lui envoyant les plaies, qui se terminèrent par le meurtre des premiers-nés[1]. Les eaux de la mer Rouge se séparèrent par des moyens surnaturels pour laisser passer les israélites. Dieu envoya une colonne de fumée pour les guider pendant la journée, et un pilier de feu pour les éclairer la nuit. Quand ils furent dans le besoin, il leur envoya les cailles et la manne et il dit à Moïse de frapper le rocher d'Horeb avec sa main pour en faire jaillir l'eau. Yahvé recouvrit le mont Sinaï de flammes et de fumée et s'adressa à Moïse. Moïse, Aaron et soixante-dix anciens eurent une vision de Yahvé avec un ouvrage en saphir sous ses pieds. Yahvé donna alors à Moïse des tables en saphir sur lesquelles les commandements étaient écrits « du doigt de Dieu[2] ».

Gravure d'après *Seventh Plague of Egypt*, de John Martin, 1872.

Quand Moïse descendit de la montagne pour la seconde fois, son visage brillait d'un vif éclat – ce qui pourrait nous rappeler l'histoire d'Énoch. Le Tabernacle, un modèle réduit du cosmos entier, fut construit et empli de la « gloire du Seigneur » devant tous les enfants d'Israël.

Pourtant, un jour, Dieu apprit à Moïse qu'il n'était pas l'homme le plus sage sur Terre. Moïse était intrigué. Dieu lui révéla aussi où trouver cet homme – au « confluent des deux mers »[3].

On peut identifier ce lieu à Bahreïn, qui signifie « deux mers » ou « deux eaux ». Au large de ce royaume, les plongeurs peuvent toujours s'immerger dans de l'eau de mer et nager dans des courants d'eau douce en profondeur[4]. Ce phénomène mystérieux – causé par des trous dans le fond marin d'où jaillit de l'eau douce provenant de grands lacs souterrains – est évoqué dans les commentaires du Coran : ce sont « les sources divines d'où découlent les paradoxes de la vie ». Dans le mysticisme islamique, l'eau pure est une manifestation de l'esprit qui, « au commencement », donna naissance à l'opposé de l'esprit, à savoir la matière. L'eau salée au contraire est une manifestation de ladite matière et cette rencontre des opposés explique la qualité paradoxale et mystérieuse de la vie.

Nous reviendrons sur cette qualité paradoxale. Contentons-nous ici d'y voir un signe : l'histoire que nous nous apprêtons à raconter est pour le moins étrange…

Moïse et les démonstrations épiques du pouvoir divin (gravure d'après une illustration extraite de *The Christian's New and Complete Family Bible*, 1790).

Moïse, accompagné de son serviteur, entreprit de retrouver ce sage. Ils marchèrent longtemps le long du rivage et, à midi, Moïse commença à se sentir fatigué. Il demanda à son servant de préparer le repas. Celui-ci dut alors lui avouer que, lorsqu'ils s'étaient arrêtés un peu plus tôt pour se reposer, il avait laissé le poisson destiné au dîner derrière un rocher.

« Quoi ? Tu l'as oublié ? Tu dois retourner le chercher !

— Non, ce qui est étrange, c'est que le poisson – qui était bel et bien mort, j'en suis certain – était posé par terre quand une grande vague est venue s'écraser sur le rocher. Une goutte d'eau lui est tombée dessus et, subitement, il est revenu à la vie et a sauté dans l'eau ! »

Moïse y vit un indice crucial. La renaissance apparemment miraculeuse du poisson signifiait qu'ils s'étaient trouvés tout près du confluent des deux mers.

Ils revinrent sur leurs pas et, à sa grande surprise, Moïse trouva un vieil homme assis sur le rocher : il portait une barbe, était entièrement vêtu de vert, et semblait un peu sauvage. Il avait l'air sévère, furieux, peut-être même un peu fou. Il ne leur fit aucun geste de bienvenue et ne leur adressa aucun signe de reconnaissance.

« Puis-je marcher avec toi, demanda Moïse, pour que tu me transmettes ta sagesse supérieure ?

— Tu n'arriveras pas me suivre, rétorqua le vieillard. Et, en plus, tu ne comprendras rien à ce que je dirai ni ferai… rien !

— Je demanderai à Dieu de m'aider à comprendre, répondit Moïse. Et je t'obéirai en tout.

— Si tu dois me suivre, j'ai une condition : ne m'interroge jamais sur ce que je fais. »

Le vieil homme se mit en route à une allure étonnante et Moïse le suivit le long du rivage. Au bout d'un moment, ils atteignirent un port, où était amarré un bateau. Le vieil homme sauta dedans et tapa du pied avec fureur, jusqu'à ce que l'eau se mette à y pénétrer. Alors qu'il faisait un pas en arrière pour admirer son œuvre, l'embarcation commença à couler.

« Mais qu'as-tu fait ? lui demanda Moïse. Veux-tu noyer les propriétaires de ce bateau ?

— As-tu déjà oublié ton serment ? » demanda le vieillard.

Moïse s'excusa.

Ils repartirent au pas de course. Peu de temps après, Moïse vit un jeune homme arriver dans la direction opposée. Le vieillard sortit subitement une épée de son manteau et l'embrocha, le tuant sur le coup, devant Moïse, stupéfait.

Alors qu'ils se tenaient au-dessus du cadavre sanguinolent, Moïse avait le souffle coupé :

« Es-tu fou ? Tu viens de tuer un innocent ! »

Le vieil homme leva un doigt réprobateur :

« Que t'ai-je dit ? Tu ne peux pas supporter la sagesse de Dieu, n'est-ce pas ? Tu n'es pas capable d'y faire face. »

Moïse répondit que, s'il l'interrogeait à nouveau, il accepterait que leurs chemins se séparent.

Le vieillard se remit en route à une vitesse vertigineuse.

Le soir venu, ils entrèrent dans un petit village isolé, qui semblait frappé par la pauvreté. Personne ne sortit les accueillir. Le vieil homme se dirigea droit sur un mur en ruines et entreprit de le réparer avec une énergie prodigieuse. Moïse n'osa pas l'interroger. Lorsque le mur fut fini, il se fendit d'un simple commentaire : le vieil homme aurait pu réclamer un salaire pour ce travail.

Ce dernier lui répondit alors :

« C'est ici que nos chemins se séparent, mais, avant, je vais t'expliquer ce que j'ai fait aujourd'hui. Le bateau appartient à une famille pauvre. Les propriétaires terriens réquisitionnent tous les bateaux de la région pour mener une guerre. Ils ne s'encombreront pas d'un bateau qui nécessite des réparations. Le garçon que j'ai tué était pétri de mauvaises intentions. Il prévoyait de convertir sa famille afin qu'elle voue un culte au démon. Maintenant, un nouvel enfant, aimant, va naître. Il fera la joie de ses parents jusqu'à la fin de leur vie. Ce mur appartient à de jeunes orphelins. Leur père a caché un trésor dessous, mais il est mort avant d'avoir pu les mettre au courant. Si le mur n'avait pas été réparé, le trésor aurait été découvert alors que les garçons étaient encore trop jeunes pour se défendre. Maintenant, ils le trouveront au bon moment. »

En écoutant, Moïse garda la tête baissée : il souhaitait se concentrer pour s'assurer de bien tout comprendre. Lorsqu'il releva les yeux, le vieil homme avait disparu.

Qui est cet étrange personnage auquel se soumet le puissant Moïse ? Il réapparaît sous différentes formes tout au long de l'histoire sacrée et nous le recroiserons d'ici peu.

*

* *

L'Ancien Testament donne différents noms aux différents aspects de Dieu, parmi lesquels l'Elohim dans l'acte de création, et Adonaï, ou « Seigneur ». Yahvé représente un aspect particulier de Dieu, qui aide l'humanité à développer la capacité de réflexion, de pensée. Nous avons vu au chapitre 8 qu'aux premiers temps, le corps entier était perçu comme un organe conscient et perceptif. Outre la conscience de la tête, les gens avaient une conscience du cœur, une conscience des reins (qui exprimait le désir), et ainsi de suite. Ce sentiment d'avoir différents centres de conscience à l'intérieur du corps humain disparut à l'époque de Yahvé : l'humanité commençait à se forger une «monoconscience », dont elle imaginait que le siège se situait dans la tête.

Le terme Sinaï, mont sur lequel Yahvé fit sa révélation à Moïse, signifie littéralement « la montagne de la Lune ». En termes ésotériques, on considère que Yahvé reflète la lumière du Soleil au moyen de la Lune : c'est cet agencement cosmique qui rend la pensée humaine possible[5].

La science moderne en est venue à comprendre le rôle primordial que joue la Lune dans le développement de la vie sur Terre : elle stabilise l'inclinaison de l'axe de la Terre, ce qui permet de maintenir une variété de climats propices à la vie organique. La science a aussi commencé à mesurer ce dont la sagesse populaire a toujours été consciente : les phases de la Lune ont des effets sur la psychologie humaine. Une étude statistique portant sur les cycles lunaires et l'agressivité humaine menée en Floride par le *Journal of Clinical Psychiatry* et publiée en 1978 a montré que les agressions violentes et les meurtres culminaient au moment de la pleine Lune[6]. Mais la philosophie ésotérique et mystique suggère également autre chose, d'encore plus fondamental : *c'est seulement à cause des positions et des cycles du Soleil et de la Lune l'un par rapport à l'autre et par rapport à la Terre que nous sommes capables de penser.* La Lune réfléchit non seulement la lumière du Soleil, mais aussi sa vie spirituelle : étant donné que la lumière réfléchie est plus faible que la lumière directe, nous sommes capables de considérer les influences spirituelles qui, autrement, nous éblouiraient et nous submergeraient. Grâce à la Lune, nous avons les capacités de libre-pensée et de libre arbitre que les anges – qui voient Dieu directement – n'ont pas[7].

Le deuxième des dix commandements descendus de la « montagne de la Lune » – « Tu ne feras pas d'image taillée, ni aucune ressemblance de quoi que ce soit qui est dans le ciel en haut » – commande d'arrêter de penser en images et de commencer à penser de façon conceptuelle, en termes abstraits. Il est intéressant de noter que les écritures, qui auraient été dictées par les anges, ont en général un contenu pictural, et non conceptuel. À nouveau, cela s'explique sans doute par le fait que, contrairement aux anges, nous sommes capables de penser de manière conceptuelle – et c'est sans doute en partie pour cela que les anges ont besoin de nous[8].

*

* *

Ce fut en 2500 environ av. J.-C., au début de la période que les historiens nomment l'âge du bronze final, que Moïse se mit en route pour la Terre promise, emportant avec lui cette capacité mentale naissante. Il causa des ravages et sema la destruction parmi les tribus qui se trouvaient sur son chemin.

Le roi des Moabites, qui craignait pour son peuple et pour lui-même, envoya des messagers à un voyant nommé Balaam. Quand Balaam finit par rencontrer le roi, il lui dit la dernière chose que celui-ci souhaitait entendre : Israël emporterait la bataille.

La prophétie se réalisa. Dieu envoya un ange au-devant des israélites pour qu'ils chassent les Moabites, les Cananéens et les autres peuples indigènes. La lecture de certains passages du récit biblique décrivant la progression des israélites vers la Terre promise met mal à l'aise. Lors d'un épisode particulièrement épouvantable, des milliers d'israélites furent massacrés sur ordre de Dieu. Dieu leur envoya des châtiments et des serpents brûlants, qui mordaient mortellement. La lecture du chapitre 31 du Livre des Nombres est particulièrement insoutenable. Guidés par Dieu et commandés par Moïse, les israélites tuèrent tous les rois locaux, firent femmes et enfants prisonniers et réduisirent les villes en cendres. Certains commandants furent blâmés pour avoir épargné les femmes indigènes et reçurent l'ordre de tuer tous les jeunes garçons. Trente-deux mille vierges furent réduites en esclavage.

Rainer Maria Rilke, le grand poète des anges des temps modernes, se posa la question suivante : s'il invoquait les hiérarchies d'anges et que l'un d'entre eux lui répondait et descendait vers lui, son propre cœur, en s'élançant vers lui, le supporterait-il ? « La beauté est le commencement de la terreur que nous sommes capables de supporter », dit-il au début des *Élégies de Duino.* Dans la poésie de Rilke, les anges sont les agents du soin que nous porte le cosmos – mais nous ne sommes pas bien armés pour les comprendre, eux et leur œuvre. Le feu de l'amour divin peut apparaître comme une force terrifiante et destructrice.

De fait, quand on lit le récit des atrocités dans l'Ancien Testament, il peut être difficile de se retenir de juger Yahvé selon des critères humains modernes – difficile, en effet, de ne pas porter le même genre de jugements moraux que Moïse lors de sa rencontre avec le vieux sage – mais, comme le fait remarquer un proverbe arabe médiéval, attribuer un sens moral humain à Dieu peut être aussi grossièrement anthropomorphique que l'imaginer avec une barbe ou fumant la pipe.

Le Yahvé de l'Ancien Testament est belliqueux, plein de courroux. Peut-être parce qu'Il entend défendre farouchement les premières lueurs, timides, délicates et tremblantes, de l'intellect humain ? Ces lueurs menaçaient de s'éteindre à tout moment, tandis que le peuple qu'Il avait choisi pour les accueillir accomplissait son dangereux périple.

Alors que les israélites approchaient de la Terre promise, l'apprenti de Moïse, Josué, rencontra un inconnu et le défia :

« Es-tu pour nous, ou pour nos adversaires ?

— Je suis le capitaine de l'armée du Seigneur », répondit l'inconnu, s'identifiant comme l'archange Michel.

Josué se prosterna et Michel lui dit :

« Ôte ta chaussure de ton pied ; car le lieu sur lequel tu te tiens est saint. »

Guidé par un ange, Josué s'empara de la ville de Jéricho et ses habitants furent eux aussi massacrés[9].

Si aujourd'hui les grands êtres spirituels ne se manifestent plus aussi souvent qu'auparavant sur le plan matériel, il semble que pendant l'âge de bronze final, ils se montraient encore lors des grands tournants de l'histoire. Dans les livres historiques de l'Ancien Testament, non seulement les anges prennent part à une guerre spirituelle, mais ils participent également aux batailles au cours desquelles la chair est mutilée et le sang coule : « Cette nuit-là, l'ange de l'Éternel sortit, et frappa dans le camp

Le prophète Balaam était monté sur son ânesse pour aller voir le roi des Moabites, mais l'ânesse refusa de traverser un pont. Le prophète la frappa avec son bâton, encore et encore, puis une chose extraordinaire se produisit : l'ânesse tourna la tête, regarda là où Balaam était assis, sur son dos, et dit :

« Que t'ai-je fait, que tu me frappes de la sorte ?

— Tu ne m'obéis pas et tu m'as délibérément fait mal.

— Tu me connais depuis toujours. T'ai-je déjà désobéi ou fait mal auparavant ? »

Alors, le voile que Balaam avait devant les yeux se leva et il vit soudain ce que l'ânesse voyait : un ange se tenait sur le chemin, une épée à la main, prêt à le frapper.

Balaam se jeta aux pieds de l'ange, qui lui dit :
« Pourquoi as-tu frappé ton ânesse ces trois fois ? Ton ânesse m'a vu et s'est détournée devant moi ces trois fois. Si elle ne s'était pas détournée de moi, je t'aurais tué. » (Tiré des Nombres, XXII, 21-38.)

des Assyriens cent quatre-vingt-cinq mille hommes. » (2 Rois, XIX, 35). Malgré tout, bien que l'Ancien Testament fasse allusion aux anges qui interviennent dans la bataille, il ne nous permet pas vraiment de comprendre ce que les hommes ressentaient sur place.

*

* *

Les épopées d'Homère nous aideront peut-être à mieux comprendre ce ressenti, en particulier quand ce dernier évoque le siège de Troie, qui se tint sans doute quelque deux cents années après le siège de Jéricho[10].

Il y a des nuits, écrit Homère, où l'air est immobile et sans nuages et où les étoiles ressortent dans toute leur splendeur – ce qui nous aide à nourrir de grandes pensées. Dans *L'Iliade*, Homère contemple les plaines d'en haut et voit les dieux stellaires et planétaires influer sur le cours des événements. Le plaisir que son pouvoir de conteur lui procure est palpable tandis qu'il décrit les dieux se délectant de leur propre pouvoir :

> Cependant Athéna et Apollon à l'arc d'argent, sous l'apparence de vautours, s'étaient perchés tous deux sur le grand chêne consacré à Zeus, le Porte-Egide, ravis de voir ces hommes disposés en rangs serrés, tout frissonnants de boucliers, de casques et de lances. Comme on voit sur la mer s'épandre, au lever du Zéphyre, un long frisson, qui assombrit par en dessous les flots : tels frissonnaient les rangs des Troyens et des Achéens Alignés dans la plaine[11].

Homère nous fait aussi descendre sur le champ de bataille pour voir les dieux se battre de près. Ses descriptions nous emmènent au cœur de l'action et nous voyons ce qui se passe quand – pour reprendre la fameuse citation de Shakespeare – les dieux « lâchent les chiens de la guerre » :

> Il toucha la hanche d'Énée, à l'endroit où la cuisse S'emboîte dans la hanche et qu'on appelle le cotyle. Il broya le cotyle et déchira les deux tendons ; La pierre rugueuse arracha la peau ; lors le héros S'écroula à genoux, appuyé de sa forte main Au sol, et une nuit obscure enveloppa ses yeux. Il eût péri alors, le gardien de son peuple Enée, Si la fille de Zeus ne l'eût vu de son œil perçant, Ce fruit des amours d'Aphrodite et du bouvier Anchise. Tout autour de son fils elle fit couler ses bras blancs Et tendit par-devant les plis de sa robe éclatante, Pour le garder des traits, de peur qu'un Danaen véloce Ne le tuât en enfonçant le fer en sa poitrine. Furtivement elle emporta son fils loin du combat. [...] Il [Arès] marcha droit sur Diomède, dompteur de cavales. Dès que, courant l'un contre l'autre, ils se furent rejoints, Arès le premier se fendit, par-dessus joug et rênes, Avec sa pique en bronze, afin de lui ôter la vie. Mais Athéna, la déesse aux yeux pers, prenant la pique, La détourna du char et lui fit perdre son élan. Diomède à la voix sonore à son tour s'élança Avec sa pique en bronze, et Athéna la dirigea Au creux du flanc d'Arès, à l'endroit où se met la sangle. C'est là qu'il le blessa ; il déchira la belle peau, Puis retira son arme. Alors l'horrible Arès poussa Un cri comme celui que lancent neuf ou dix mille hommes, Quand ils se trouvent engagés

dans un rude combat. Troyens et Achéens se mirent à trembler de peur, En entendant crier si fort cet affamé de guerre. De même qu'un brouillard obscur s'échappe des nuées, Quand, appelé par la chaleur, se lève un vent d'orage : De même, sous les yeux du Tydéide Diomède, L'horrible Arès gagna le vaste ciel avec les nues. [...] Il [Zeus] dit et attela deux coursiers aux sabots de bronze, Fougueux, et dont le front portait une crinière d'or. Il endossa une tunique d'or et prit en main Un fouet d'or richement ouvré, puis, montant sur son char, Fit s'envoler d'un coup de fouet ses coursiers frémissants, A mi-chemin entre la terre et le ciel étoilé. Il atteignit l'Ida riche en torrents, mère des fauves, Et le Gargare, où il avait son temple et son autel. Arrêtant ses coursiers, le père des dieux et des hommes Les détela et les couvrit d'une épaisse vapeur, Puis s'assit tout seul au sommet, dans l'orgueil de sa gloire, Pour contempler les murs de Troie et les nefs achéennes. [...] Alors il tonna bruyamment et, du haut de l'Ida, Lança un trait de feu sur les Argiens. A cette vue, Pleins de stupeur, tous furent pris d'une blême épouvante[12].

La manière dont la conscience a évolué à travers l'histoire a été examinée par les philosophes allemands dès le début du XIXe siècle. (Nous nous pencherons plus tard sur l'extraordinaire récit que fait Hegel de l'évolution de la conscience en lien avec Napoléon.) Cette manière d'envisager l'évolution de la conscience a reçu le soutien d'une source inattendue en 1976, quand Julian Jaynes de l'université de Princeton aux États-Unis a publié *La naissance de la conscience dans l'effondrement de l'esprit.* Ce livre a fait l'objet de beaucoup d'attention et continue d'être controversé. Jaynes fait remarquer combien il est aisé d'interpréter les textes antiques comme *L'Iliade* à travers le prisme de la conscience moderne. Il avance que, si on lit le texte de près, on voit qu'il contient peu de notion d'introspection, ou même pas du tout. Dans le texte d'Homère, poursuit-il, il n'existe pas de mots pour décrire les états mentaux. Les hommes et les femmes ne réfléchissent pas à ce qu'ils vont faire avant de décider. Ce que nous ressentons comme des impulsions de l'esprit intérieur, ils le ressentaient comme leur étant extérieur – comme leur venant de l'extérieur. Achille ne décide pas de ne pas frapper Agamemnon : c'est Athéna qui le retient par les cheveux.

Plus curieux encore : contrairement à nous, les hommes et les femmes de cette époque semblent totalement dépourvus de la notion d'espace mental personnel. Ils semblent n'avoir qu'un espace mental collectif. De fait, ce ne sont pas seulement des individus isolés qui voient les dieux de la guerre et de la sagesse arpenter les rangs de l'ennemi pour le repousser, ce sont tous ceux qui sont présents sur le champ de bataille. À l'évidence, il s'agit là de ce qu'on pourrait qualifier d'« hallucinations collectives » – ce que fait Jaynes. Et ce sont ces hallucinations collectives qui dirigeaient le siège de Troie et les civilisations complexes de l'âge de bronze[13].

Une hallucination collective est un événement qui ne peut pas exister dans l'univers du matérialisme scientifique – sauf dans le cas, hautement improbable, de la coïncidence d'hallucinations individuelles, ou d'une hystérie collective qui amènerait les gens à croire qu'ils ont la même hallucination. Dans l'univers de l'idéalisme au contraire, l'apparition d'un dieu ou d'un ange devant une foule peut être la manifestation d'une réalité supérieure. D'après l'idéalisme, nous pouvons partager un espace mental, même si la matière vient parfois l'entrecouper. À en croire les récits contemporains de ces événements, ces « hallucinations collectives » guidaient les batailles et ordonnaient des sociétés extrêmement complexes.

Les dieux grecs au combat (gravure d'après la frise du grand autel de Pergame, musée de Pergame, Musée d'État de Berlin).

Quand on lit des récits de l'expérience humaine écrits à des époques antérieures à la nôtre, une chose nous frappe : ils semblent tous partir du principe que le monde est une arène pour les événements surnaturels, et que les hommes ont régulièrement des visions, des hallucinations collectives, ou sont témoins d'autres manifestations surnaturelles. Il est vrai que la littérature du monde antique raconte l'apparition des dieux et des anges, aussi bien devant des individus que des groupes d'individus, de manière ouverte et inconditionnelle. Leur apparition devant un grand nombre de personnes est extraordinaire, magnifique, mais, aux yeux de ces écrivains et de leurs contemporains, elle n'est en rien inattendue. Les auteurs de ces récits n'essaient pas de nous duper. Ils n'ont même jamais suspecté que le monde pouvait être différent de celui qu'ils décrivaient. Si l'apparition des dieux et des anges était une illusion, c'était une illusion collective, partagée par l'humanité tout entière. C'était leur réalité[14].

18

Salomon, le sexe et la beauté

« Qui est celle qui se montre comme l'aurore, belle comme la lune, claire comme le soleil, et terrible comme une armée arborant ses bannières ? »

Cantique des Cantiques, VI, 10

Nous avons vu qu'Homère a décrit dans une langue magnifique l'intervention des dieux dans les batailles.

Mais Homère montre aussi les différentes manières dont les dieux peuvent agir. Dans L'*Iliade*, il donne une merveilleuse description de Pâris, dont la fuite avec Hélène provoqua le siège qui dura dix ans :

> Revêtu de sa belle armure au bronze scintillant, Il [Pâris] descendit vers la cité, sûr de ses pieds agiles. Comme un cheval, longtemps soumis à l'orge de la crèche, Rompt soudain le licol et court dans la plaine en piaffant, Pour aller se baigner aux eaux courantes d'un beau fleuve ; Il porte haut la tête et se pavane ; sa crinière Voltige autour de lui ; et, sûr de sa force éclatante, Il s'élance aux

> lieux familiers où paissent les cavales : Tel Pâris, le fils de Priam, descendit du sommet De Pergame, brillant comme un soleil dans son armure, La joie au cœur ; ses pieds rapides le portaient.

Pâris et Hélène étaient faits l'un pour l'autre car ils étaient beaux. Pâris s'était rendu à la cour de Ménélas, le mari d'Hélène. Il avait plongé son regard dans les yeux de la belle et y avait vu sa destinée.

À cette époque – au début de ce que les historiens nomment l'âge de fer –, le serpent de Vénus à l'intérieur du corps humain commençait à s'agiter sous le poids d'une énergie sexuelle non assouvie. Au chapitre 3, nous avons vu que le cosmos a été assemblé de façon à faire naître en nous un grand désir de bonheur. L'histoire de Moïse, elle, décrit la manière dont un autre grand désir en est venu à couler dans nos veines, tel un flot impérieux : le besoin de justice, d'équité.

Dans les histoires d'Hélène, de David et de Salomon, on voit ces deux grands désirs s'affronter.

La beauté terrestre est loin d'être sereine, bien qu'une personne belle puisse paraître sereine et posée. « Le plus terrible dans la beauté, écrit Dostoïevski, n'est pas d'être effrayante, mais d'être mystérieuse. » La Beauté est le lieu où toutes les contradictions se heurtent : « En elle Dieu lutte avec le Diable, et le champ de bataille se trouve dans le cœur de l'homme. » La grande beauté attire les puissances démoniaques.

Nous vivons dans un monde paradoxal, un monde où les contraires sont réunis, si bien qu'ils sont difficiles à distinguer. La beauté peut nous rendre profondément heureux. Elle fait naître en notre for intérieur une vision de la création telle qu'elle pourrait – et devrait sans doute – être. Elle peut conférer un sens et un but à notre vie et nous donner l'impression d'avoir trouvé notre place dans le monde. L'extase de l'amour physique que la beauté nous inspire parfois peut ressembler de près à une expérience mystique.

Mais si elle nous abuse, la beauté peut entraîner la chute d'empires.

Et les personnes honnêtes, et même les personnes exceptionnelles, peuvent elles aussi mal agir.

*

* *

Tout comme son contemporain Ulysse, David tua un géant à un œil. Il devint le premier roi à unir les tribus d'Israël en un grand royaume. C'était un grand roi, mais il était aussi imparfait : amoureux de Bethsabée, il envoya son mari à la guerre afin de garder sa belle pour lui tout seul.

Son règne, ainsi que celui de son fils Salomon, dura quarante ans. Salomon ferait ériger le temple que son père avait promis de construire.

Une nuit, Salomon fit un rêve dans lequel Dieu lui demandait ce qu'il devait lui donner. Salomon réfléchit à la question avant de donner sa réponse.

Si je demande de l'or, de l'argent et des bijoux, pensa-t-il, *Dieu me les donnera, et cela s'arrêtera là. Mais si je lui demande la sagesse, je pourrai gagner ces richesses par moi-même, et bien plus encore...*

Il répondit donc : « Seigneur, donne à ton serviteur un cœur intelligent. »

À son réveil, il se promena dans les champs. Il entendit les oiseaux jacasser, le coq chanter, les ânes braire, et se rendit compte qu'il comprenait ce qu'ils disaient.

La tradition attribue à Salomon l'écriture de ce que les théologiens nomment les « livres de la sagesse » de la Bible : le livre des Proverbes et l'Ecclésiaste. Ces « écrits de sagesse » ne traitent pas principalement de questions d'ordre spirituel. Le livre des Proverbes donne des règles pratiques pour réussir sa vie et être heureux. Il en va ainsi des proverbes de toutes les traditions, qui nous conseillent de « réfléchir avant d'agir » ou nous disent qu'il vaut mieux « prévenir que guérir ». Dans son rêve, Salomon a agi avec prudence et, à son réveil, a poursuivi dans cette voie. Le Talmud dit qu'il avait le pouvoir de comprendre la nature, les propriétés des arbres et des plantes, et qu'il « a aussi parlé sur les animaux, sur les oiseaux, sur les reptiles et sur les poissons » (1 Rois, IV, 33). Dans le Coran, il est dit qu'il était capable de soumettre le monde à sa volonté, y compris les *djinns*, et ce de plusieurs manières[1].

Le règne de Salomon apporta une richesse et une prospérité sans précédent à son peuple.

Le commerce permit de faire entrer les richesses par de nouvelles voies, mais aussi les idées nouvelles. Salomon se fit ériger un palais puis, au bout de quatre années de règne, entreprit la construction de son Temple. Un millier d'ouvriers abattirent des cèdres et des genévriers. Ils descendirent les rondins des montagnes libanaises pour les transporter jusqu'à Jérusalem. Des milliers d'ouvriers supplémentaires exploitèrent les carrières de calcaire locales, extrayant des blocs de pierre grossiers, dans lesquels ils sculptèrent des pierres de taille parfaits.

Le Temple de Salomon n'était pas aussi monumental qu'on pourrait le penser, compte tenu de la place qu'occupe ce bâtiment dans l'imaginaire collectif. D'après les mesures rapportées dans la Bible, il n'était pas plus grand qu'une petite église de campagne. S'il impressionnait tant les gens, c'était parce que Dieu lui-même vivait dans l'obscurité épaisse de son saint des saints.

Le Temple était destiné à être le corps de Dieu. Comme les temples d'Égypte et les cathédrales chrétiennes d'Europe, il fut construit selon les proportions humaines idéales – pas seulement la forme et les proportions du corps physique, mais aussi les qualités des corps spirituels supérieurs. Les formes quadripartites, septipartites et octopartites que l'on trouve dans les temples et les cathédrales agissent sur notre âme et notre esprit et, à travers eux, sur notre physiologie. On peut même ressentir cette influence en entrant dans une petite église de campagne. Les artisans des générations précédentes avaient assimilé ces connaissances spirituelles élémentaires.

Martin Luther évoqua la structure tripartite du Temple : elle se révélait en traversant la grande salle du culte depuis le vestibule jusqu'au saint des saints. Cette structure, disait-il, reflétait la nature tripartite de l'être humain – le corps physique, l'âme et l'esprit. Puis la lumière de Dieu se révélait dans le chandelier à sept branches qui se tenait devant, si bien que les rayonnements des sept pensées de Dieu n'en faisaient plus qu'un.

Ses deux colonnes furent façonnées par Hiram Abi, un artisan bronzier, l'architecte que Salomon avait employé pour dessiner le Temple et superviser sa construction. Nommées Jakin et Boaz, ces colonnes se dressaient à l'extérieur du Temple et indiquaient le lever du soleil au moment des équinoxes. Mais elles symbolisaient aussi les rythmes à dimension humaine qui s'emboîtaient dans les rythmes cosmiques, tels les rouages d'une horloge – les rythmes de l'évolution humaine, de la vie et de la mort, du jour et de la nuit, de l'inspiration et de l'expiration.

La colonne rouge, Jakin, représentait l'absorption de l'oxygène par les globules rouges – et aussi l'absorption de l'influence spirituelle du Soi par le moi. Avant que les humains ne développent un corps matériel, cette absorption se produisait facilement, à tout moment. Aujourd'hui, elle se produit entre les différentes incarnations, quand l'esprit s'élève dans les mondes spirituels pour être régénéré, et aussi, à plus petite échelle, la nuit, quand l'esprit sort du corps physique.

Intérieur et pilier de la chapelle de Rosslyn
(gravure du XIXe siècle).

La colonne rouge était l'Arbre de la vie : elle représentait la vie animale, que les globules rouges rendent possible. La colonne bleue, elle, était l'Arbre de la connaissance. Elle représentait le sang gazeux, ainsi que notre contribution à l'évolution cosmique et humaine en tant qu'individus, à travers nos pensées et nos actes au cours de notre vie, à travers ce que nous décidons de penser et de faire au jour le jour. Ce sont ces choix que nous emportons avec nous dans la vie après la mort : c'est notre contribution à l'évolution progressive de l'humanité, ce processus alchimique mystérieux.

Le Temple de Salomon n'était pas indestructible, mais en préfigurait un qui le serait un jour. Cette prophétie était marquée dans la pierre. À l'avenir, après que le monde et l'humanité auraient traversé de nombreuses phases d'évolution, quand le corps humain aurait été spiritualisé d'après le processus auquel les colonnes faisaient allusion, et quand l'humanité aurait redécouvert sa nature idéale, alors, il serait indestructible. Telle était la sagesse maçonnique inscrite dans le Temple : de même que l'artisan avait sculpté la pierre, l'avait divisée avec ses compas et ciselée avec son burin, l'être humain serait maîtrisé et rendu parfait.

La sagesse de Salomon, sa richesse et ses constructions extraordinaires qui détenaient des propriétés étranges et miraculeuses attiraient les habitants de contrées très lointaines.

La reine de Saba était célèbre pour sa beauté. Elle arriva chargée de cadeaux : de l'or, de l'encens et de la myrrhe. Salomon l'attendait dans une pièce entièrement faite de miroirs – murs, sol et plafond – et, quand elle le vit pour la première fois, elle crut qu'il se tenait sur l'eau.

Saba avait peur de marcher sur ces glaces. Elle avait un secret, qu'un sol couvert de miroirs dévoilerait – ses pieds étaient palmés, comme ceux des oies.

Le roi lui fit signe d'approcher. Elle voyait désormais qu'elle devait traverser un ruisseau pour le rejoindre, mais, alors qu'elle s'apprêtait à poser le pied sur un pont en bois, quelque chose la fit hésiter. Elle resta immobile un moment. Elle avait une prémonition et tenait à s'assurer qu'elle la comprenait parfaitement. L'instant d'après, elle se rendit compte de ce dont on l'avertissait : un jour, un dieu serait crucifié sur ce morceau de bois.

Elle fit donc un pas de côté pour éviter d'emprunter ce pont, préférant traverser dans l'eau. Quand elle sortit de l'autre côté, elle exulta de joie : ses pieds étaient guéris.

Salomon s'avança pour la saluer.

Salomon et Saba étaient attirés l'un par l'autre.

« Je suis noire, dit-elle. Mon bien-aimé est mien, et je suis sienne : il me nourrit parmi les lys. »

Elle lui posa des énigmes, puis lui donna une émeraude percée d'un trou incurvé en son centre en le mettant au défi d'y faire passer un fil. Salomon y fit passer un ver à soie, qui tirait derrière lui un fil.

Le roi est surpris de voir la bonne fortune entrer par la fenêtre (emblème de Jean Cousin, 1568).

Mais il existe une autre version de l'histoire de Salomon et de la reine de Saba, laquelle touche aux strates les plus profondes de la psyché humaine, aux agrégats du tourment spirituel.

Saba rencontra un autre homme, une autre âme sœur : Hiram Abi. En qualité de reine des Sabéens, Saba rendait un culte à Vénus, sous le nom d'Astarté. Hiram, lui, était phénicien et vénérait également Astarté : il construisit le Temple de façon à ce qu'à certains moments, la lumière de Vénus se levant pénètre par une lucarne dans le saint des saints. De nos jours, les temples maçonniques sont toujours construits selon cette orientation et, quand un candidat à l'initiation « naît » dans la confrérie, son attention se porte sur le lever de l'étoile de Vénus à cinq branches.

Le Temple était presque achevé quand, lors d'une visite, Saba demanda à Salomon si elle pouvait rencontrer l'homme qui avait dessiné cette merveille. Salomon se montra réticent, mais elle insista.

Quand Hiram fut convoqué, il lança un regard à la reine qui la fit fondre. Salomon le remarqua et il vit aussi la reine baisser les yeux, gardant ses pensées pour elle.

Puis Saba demanda à Salomon si elle pouvait aussi rencontrer les maçons.

« Impossible », lui répondit Salomon.

Il lui expliqua qu'ils étaient éparpillés aux quatre coins du Temple et qu'ils étaient en outre bien trop occupés. Mais Hiram sauta sur une pierre, tenant le signe de la croix (ou Tau), et des centaines d'ouvriers vinrent immédiatement s'agglutiner autour d'eux.

Salomon savait qu'Hiram prévoyait de dévoiler prochainement sa plus grande prouesse architecturale et alchimique : la mer d'airain. Sachant également que la reine assisterait à l'événement, Salomon nomma trois apprentis pour travailler sur ce projet. Il avait toutes les raisons de croire que ces derniers étaient incompétents et espérait qu'ils ruineraient la démonstration d'Hiram.

Le jour où la mer devait être coulée, quand le métal fondu et l'eau furent sur le point d'être versés dans le moule, Salomon, la reine de Saba et de nombreux nobles se réunirent pour assister à l'événement. Mais les apprentis versèrent l'eau et le métal fondu dans les mauvaises proportions, et le moulage tourna à la catastrophe : un nuage de vapeur brûlante enveloppa la foule de spectateurs.

Hiram se sentit humilié. Sa réputation était détruite. Or cette nuit-là, il eut une vision : un ange lui remettait un marteau et un triangle doré. À son réveil, il trouva ses objets posés à côté de lui et comprit qu'il devait porter le triangle autour du cou. Un mot était inscrit dessus : il sut que c'était le nom secret de Dieu. S'il était parfaitement prononcé, l'humanité regagnerait l'état de perfection dont elle jouissait avant la Chute.

Ayant retrouvé son optimisme, Hiram Abi se remit au travail. Il essaierait à nouveau de couler la mer d'airain, en se servant cette fois du marteau qu'on lui avait donné dans son rêve.

Un jour, alors que son œuvre était quasiment achevée, il rencontra la reine de Saba dans la cour du palais. Ils s'avouèrent mutuellement leur amour et échafaudèrent en secret un plan pour fuir le royaume. Ils projetèrent de se revoir dans un lieu sûr.

Salomon ne demanda pas directement aux trois apprentis de tuer Hiram : il ne fit que se demander à haute voix qui pourrait bien le débarrasser de cet homme turbulent.

Le soir même, les apprentis attaquèrent Hiram, exigeant de connaître les secrets du maître-maçon.

« La vie ou tes secrets ! s'écrièrent-ils.

— Vous pouvez m'ôter la vie, pas mon intégrité », répliqua-t-il avant que l'un des voyous ne le tue d'un seul coup à la tête.

Juste avant de mourir, Hiram put jeter le triangle d'or dans un puits. Et ce fut ainsi que le Verbe fut perdu.

Nous le verrons, la quête du Verbe perdu, comme celle du Saint Graal, est étroitement liée aux mystères de la physiologie humaine[2].

La signification de Vénus pour les auteurs de l'Ancien Testament n'est peut-être pas évidente. Mais la description que fait le Psaume 19 du Soleil, qui sort de sa chambre semblable à un époux, se base sur un passage cananéen antérieur qui décrit l'union sacrée du Soleil et de Vénus. Plus intéressant encore, et peut-être plus important : l'auteur Robert Lomas a fait remarquer la récurrence du nombre quarante – le nombre d'années que compte le cycle de Vénus – dans le récit que l'Ancien Testament fait de l'histoire. Par exemple, le peuple d'Israël erra dans le désert pendant quarante ans ; le règne de Saul dura quarante ans ; celui de David aussi, ainsi que celui de Salomon. Selon 1 Rois, VI, 1, le temple de Jérusalem a été construit quatre cent quatre-vingts ans (douze cycles de Vénus) après l'Exode hors d'Égypte. L'historien Flavius Josèphe consigna la tradition selon laquelle Salomon entreprit la construction du Temple cent quarante-quatre ans (trente-six cycles de Vénus) après le Déluge. De toute évidence, cette récurrence est significative. Soit les auteurs de la Bible connaissaient la tradition selon laquelle les mouvements de Vénus exerçaient une influence déterminante sur le cours de l'histoire et, par conséquent, ont manipulé les dates pour qu'elles correspondent. Soit Vénus exerce bel et bien une telle influence et ces auteurs l'ont décrite avec exactitude[3].

19
Élie entre les mondes

Trois apôtres accompagnent Jésus en haut d'une montagne. Soudain, ils le voient dans le ciel. Il brille – « transfiguré ».

Moïse et Élie sont à ses côtés dans le ciel : il leur parle, mais les apôtres ne peuvent entendre ce qu'il leur dit.

Cette transfiguration correspond à la spiritualisation du corps dont parlent les enseignements mystiques de toutes les religions. La Transfiguration préfigure le moment où tous les corps humains auront été spiritualisés de cette manière. Moïse et Élie sont aux côtés de Jésus car ils jouent un rôle très important dans ce processus.

Moïse, figure quasi divine, prophète de la foudre, assista à certaines des interventions surnaturelles les plus spectaculaires de l'histoire. Élie était lui aussi un prophète de la foudre. Animé par une colère juste, il fit également appel au feu divin pour tuer les ennemis d'Israël. Il semblait vivre dans la tempête. Les tribus slaves d'Europe de l'Est l'identifiaient au personnage que leurs ancêtres avaient vénéré sous les traits de Péroun, le dieu de l'orage et du tonnerre.

Et, comme un Dieu, Élie n'était pas constamment présent. Il apparaissait et disparaissait de manière imprévisible et mystérieuse[1].

Élie apparaît pour la première fois sous le règne d'Achab, roi d'Israël. Achab était un grand souverain qui avait fait croître la richesse et renforcé l'armée de la nation. Il avait remporté une bataille contre un roi voisin et fait un mariage stratégique en épousant Jézabel, la fille du roi de Tyr. Jézabel vénérait Baal, le grand esprit de Saturne. En termes judéo-chrétiens, Baal correspond bien sûr à Satan. Jézabel convainquit Achab de lui élever un temple, et ses disciples commencèrent à persécuter ceux qui restaient fidèles au Dieu de Moïse.

Élie fit alors son apparition à la cour pour faire des reproches au roi. Il avait les cheveux longs et mal peignés. Il portait un manteau de fourrure noir et une ceinture en cuir. Achab se moqua de ce personnage déconcertant, qui avait l'apparence d'un clochard. En retour, Élie maudit le pays : « [I]l n'y aura ni rosée ni pluie pendant ces années-ci, seulement ma parole. »

Abraham et Moïse avaient été les chefs politiques de leur peuple, ainsi que leurs chefs spirituels. À l'époque d'Élie, le peuple s'était installé en Terre promise et une transition avait eu lieu. Le roi était par essence un homme politique. Il avait fait des compromis – et était compromis.

En se présentant à sa cour, Élie fut l'un des premiers prophètes hébreux à exprimer sa colère contre les dirigeants qui s'éloignaient des idéaux spirituels. Ces prophètes étaient sévères. Comme Zarathoustra avant eux, ils disaient ce que les personnes au pouvoir n'avaient pas envie d'entendre.

Élie disparut aussi subitement qu'il était apparu. Il savait qu'il devait se cacher pour survivre. Dans un pays affligé par la sécheresse suite à sa malédiction, c'était un personnage isolé, solitaire. Il semblait vivre dans un état visionnaire, un genre de monde entre les mondes.

Un jour, alors qu'il errait sur les terres desséchées, il atteignit un ruisseau et les corbeaux lui apportèrent du pain et de la viande[2].

Élie se remit en route avec lassitude. Il aperçut une vieille femme en train de ramasser du bois et l'interpella pour lui demander de lui apporter de l'eau. Puis, alors qu'elle s'apprêtait à aller lui en chercher, il l'appela de nouveau pour lui demander de lui apporter quelque chose à manger. Elle lui expliqua qu'il ne lui restait plus qu'une poignée de farine dans un tonneau et un petit bol d'huile : elle en avait besoin, car son fils et elle mouraient de faim. Élie lui dit que si elle faisait un gâteau avec sa farine et lui en donnait un morceau, son fils et elle ne manqueraient plus jamais de rien. Elle fit ce qu'il lui demandait : le tonneau et le bol se remplirent alors comme par magie. La réserve de farine semblait inépuisable.

Malgré tout, le garçon s'affaiblissait toujours et finit par mourir. La femme demanda à Élie : « Es-tu venu tuer mon fils ? »

Élie transporta le corps du garçon dans le grenier où il logeait parfois et l'allongea sur son lit. Ils y restèrent trois jours et trois nuits. Quelque part, bien enfouie, il restait une étincelle de vie dans le corps du garçon...

Il sentit qu'on le secouait pour le réveiller. Il était allongé au fond d'un bateau qui tanguait sur l'océan. C'étaient les membres de l'équipage qui le secouaient : ils avaient les yeux écarquillés et étaient morts de peur. Ils parlaient une langue inconnue, mais il crut comprendre qu'ils le pensaient capable de leur expliquer ce qui avait provoqué la tempête – et ce qu'ils pouvaient faire pour qu'elle se calme. Furieux, ils lui demandèrent si c'était à cause de lui qu'ils étaient punis. Avait-il commis un crime qui avait entraîné leur malheur ?

Le garçon dit aux marins de le jeter par-dessus bord. Il sentit les flots se refermer sur lui, l'obscurité des profondeurs l'enserrer et les algues s'enrouler autour de sa tête.

Soudain, une énorme baleine surgit et l'avala. Il resta dans son ventre pendant trois jours et trois nuits, jusqu'à ce que son âme défaille et qu'il appelle Dieu à l'aide...

Il se réveilla dans le grenier, un vieil homme aux cheveux longs et au manteau de fourrure penché au-dessus de lui, le dévisageant.

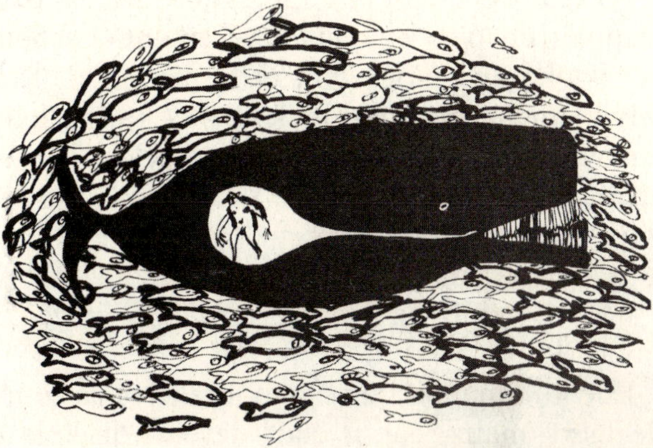

Jonas et la baleine.

Qu'a pensé le garçon quand il a été ramené à la vie, à la lumière du soleil, à la surface de la terre ? Élie est un personnage féroce, imprévisible, mais les enfants semblent savoir intuitivement que, dans le fond, il est bienveillant. Dans les familles juives, au début de Pessah, une cinquième coupe lui est réservée lors d'un repas rituel nommé Seder. La porte donnant sur la rue reste grande ouverte, Élie est invité à entrer, et les enfants regardent si des rides se forment à la surface du vin dans sa coupe pour signaler sa présence[3].

En grandissant, le garçon dans le grenier d'Élie deviendrait prophète. La tradition mystique révèle son identité secrète : il s'agissait de Jonas, célèbre pour son aventure avec la baleine et le mystère de sa résurrection miraculeuse.

Pendant ce temps, la sécheresse en terre d'Israël frappait de plus en plus sévèrement. Le bétail et les chevaux mouraient et le peuple souffrait terriblement. Au bout de deux ans, le roi Achab envoya une expédition à la recherche de l'homme étrange qui avait prédit ce fléau. Après de longues recherches, ils finirent par trouver Élie et le persuadèrent de se rendre à la cour.

« Es-tu celui qui trouble Israël ? » exigea de savoir le roi.

Élie lui répondit que c'était lui, le roi, la source de leurs maux, car il était devenu disciple de Baal. Puis il mit les prêtres de Baal au défi de se mesurer à lui au sommet du mont Carmel, afin de montrer la différence entre leur dieu et le Dieu d'Israël.

Du lever du jour à la tombée de la nuit, quatre cent cinquante prêtres de Baal appelèrent leur Dieu, l'invoquèrent et l'implorèrent d'enflammer du bois qu'ils avaient disposé sous un jeune bœuf sacrificiel. Ils psalmodièrent et s'écorchèrent la peau pour nourrir le sacrifice de leur sang – en vain.

À son tour, Élie construisit un autel et pria : le feu descendit immédiatement du ciel et embrasa son sacrifice. Le ciel s'assombrit, il y eut un coup de tonnerre, et la pluie bénie se mit à tomber sur la terre asséchée.

« Lève-toi, dit-il à Achab. Mange et bois, car la pluie tombe en abondance. »

Les rues de la capitale étaient en liesse mais, pour la deuxième fois, Élie sut qu'il devait s'enfuir et se cacher. Jézabel, la prêtresse de Baal, essaierait certainement de le faire tuer.

En fuite dans le désert, Élie finit par s'asseoir lourdement à l'ombre d'un genêt. Il dit à Dieu qu'il en avait assez, qu'il voulait mourir. Totalement épuisé, il s'endormit.

Un ange le toucha et lui dit de se lever et de se restaurer. À son réveil, il trouva près de sa tête un gâteau cuit sur des charbons et une cruche d'eau. Il mangea, but et se rallongea pour se rendormir, mais un ange le toucha à nouveau et lui dit de se lever et de se restaurer, car un pénible voyage l'attendait.

Élie erra dans le désert pendant quarante jours et quarante nuits. Il se rendit sur la montagne où Moïse avait entendu Dieu lui parler depuis un buisson ardent. Dieu s'adresserait-il à lui avec la même clarté ?

Élie s'était abrité dans une grotte à flanc de montagne quand un vent violent se mit à déchirer la terre. De grands rochers dévalèrent la montagne, devant l'entrée de la grotte.

Mais Élie savait que Dieu n'était pas dans le vent.

Puis un tremblement de terre secoua la montagne, mais Elie savait que ce n'était pas ce qu'il espérait. Dieu n'était pas dans le tremblement de terre.

Puis la foudre éclaira l'entrée de la grotte, mais Élie savait que Dieu n'était pas dans la foudre.

Les buissons devant la grotte étaient désormais embrasés, mais Dieu n'était pas dans ces buissons ardents comme il l'avait été pour Moïse.

Abattu, Élie s'enveloppa le visage de son manteau. Ce faisant, il entendit une voix calme et tranquille venant de lui murmurer :

« Que fais-tu ici, Élie ? »

Cette voix, qu'Élie reconnut comme étant celle de Dieu, lui dit de poursuivre sa mission et de nommer son successeur.

Plus tard, il passa devant un homme qui labourait son champ avec des bœufs. Cet homme cessa son travail et le suivit. C'était son successeur, Élisée.

L'histoire de la « voix calme et tranquille » rend compte de l'un des tournants les plus profonds dans l'histoire humaine. Dans les chapitres précédents, nous avons constaté que, dans le récit de l'histoire que fait la religion, vu par le prisme de l'idéalisme, la formation du monde physique est allée de pair avec la formation tout aussi progressive de la conscience humaine. Nous avons vu que, dans les descriptions homériques du siège de Troie et dans le récit biblique de la séparation des eaux de la mer Rouge, le divin se manifestait dans le « monde extérieur ». Désormais, avec Élie, la sphère des opérations divines se déplaçait vers l'intérieur.

Le feu qui avait enflammé le buisson était aussi, Élie le comprenait maintenant, une étincelle à l'intérieur de lui, allumée dans la caverne de son crâne.

Élie était le héraut d'une aube intérieure.

Comme Noé et Énoch, Élie ne mourut pas de mort ordinaire. Comme Énoch, il se retira plus profondément dans les montagnes et fut enlevé aux cieux dans un char de feu tiré par des chevaux de feu. Seul Élisée en fut témoin, qu'Élie avait choisi comme successeur en jetant son manteau sur lui[4].

La Bible dit que, quelques années après la mort d'Élie, le roi reçut une lettre de lui, dans laquelle il lui adressait des reproches et prophétisait une grande plaie. Ce n'est pas une erreur d'impression, comme certains l'ont supposé, mais la confirmation du fait que la mort physique d'Élie n'a pas affecté – et n'affecte pas – sa capacité à agir dans le monde. Il est dit qu'en battant quatre fois des ailes, il peut traverser la surface du globe – car c'est un ange. La Torah dit qu'il ressemble parfois à un homme ordinaire et qu'il lui arrive de prendre l'apparence d'un Arabe, d'un cavalier, d'un homme de la cour, ou d'une prostituée.

Dans la tradition juive, il est apparu pour instruire de nombreux grands maîtres et certains disent que, dans les traditions arabes, il apparaît sous la forme déconcertante du vieil homme, Al-Khidr, le Vert, qui a entraîné Moïse dans un voyage terrifiant[5].

Nous aurons l'occasion de recroiser ce personnage.

*

* *

Les armées assyriennes semblaient souvent sur le point d'envahir Israël, mais leurs projets étaient constamment contrariés. Le roi assyrien avait l'impression que ses ennemis savaient toujours à l'avance où il déploierait ses forces, comme s'ils pouvaient entendre ce qui se disait dans l'intimité de sa chambre à coucher. Suspectant un genre d'intervention surnaturelle, il mandata l'un de ses espions à la recherche du célèbre Élisée. Puis il envoya une grande armée dans la ville, située au sommet d'une colline, où séjournait le prophète.

Ce fut ainsi qu'un matin, au réveil, Élisée et son jeune serviteur virent la ville et la colline encerclées par l'armée assyrienne.

Le serviteur était terrifié :

« Maître, qu'allons-nous faire ?

— N'aie pas peur, répondit Élisée. Ceux qui sont avec nous sont plus nombreux que ceux qui sont avec eux. »

Puis il pria, en disant :

« Seigneur, ouvre les yeux de mon servant pour qu'il voie clair. »

Le jeune homme regarda à nouveau. Il vit alors que des bataillons d'anges dans des chars de feu étaient alignés autour d'eux pour les protéger.

Ce matin-là, les soldats au pied de la colline furent frappés de cécité, et Élisée et son serviteur purent passer entre eux, sains et saufs.

Malgré tout, peu de temps après, Israël fut cerné de toutes parts. Tant qu'Élisée resta en vie, sa seule présence suffisait à maintenir à distance les armées ennemies. Mais le jour de ses funérailles, Israël fut envahi.

*

* *

(*Suite du texte page 253.*)

Gravure d'après *Tobie et l'Ange* d'Antonio del Pollaiuolo. Pendant la captivité des Assyriens, en 700 av. J.-C. environ, un vieil homme nommé Tobit fut rendu aveugle. Selon le livre de Tobit, il envoya son fils Tobie chercher de l'argent qu'il avait laissé aux bons soins d'un ami. Tobie fut accompagné par un homme nommé Azarias, qui était en réalité l'archange Raphaël déguisé. À leur retour chez Tobit et sa femme Anna, qui attendait anxieusement, Raphaël permit à Tobie de guérir la cécité de son père. Les anges sont l'expression du soin que nous porte le cosmos. Dans l'ancienne tradition juive, ce fut Raphaël qui enseigna l'art et la science des herbes médicinales à Noé.

Chœur angélique des trônes, peinture murale du XIIe siècle, à Athènes (dans *Annales archéologiques* d'Adolphe Napoléon Didron, ou « Didron aîné », 1844).

Le prophète Ésaïe (ou Isaïe) (gravure d'après les fresques de Michel-Ange dans la chapelle Sixtine). Traditionnellement, les séraphins sont décrits comme des anges à six ailes, tels qu'ils apparaissent dans Ésaïe, VI, 1-7 : « [J]e vis le Seigneur assis sur un trône haut et élevé, et sa traîne remplissait le temple. Au-dessus se tenaient les séraphins, chacun d'eux avait six ailes avec deux il couvrait sa face ; avec deux il couvrait ses pieds ; et avec deux il volait. [...] Puis l'un des séraphins vola vers moi, ayant dans sa main un charbon vif, qu'il avait pris avec des pincettes de dessus l'autel. Et il le mit sur ma bouche, et dit : Voici, ceci a touché tes lèvres ; et ton iniquité est ôtée, ton péché est purgé. »

Ézéchiel voit les chérubins. « Et je regardais, et voici, un tourbillon venait du nord, un grand nuage, et un feu s'entortillant [...] Et du milieu aussi sortait une ressemblance de quatre créatures vivantes. [...] Quant à la ressemblance de leurs visages, tous quatre avaient le visage d'un homme, et le visage d'un lion du côté droit, tous quatre avaient le visage d'un bœuf du côté gauche, tous quatre avaient aussi le visage d'un aigle. » (Ézéchiel, I, 4-10.) Les quatre chérubins sont les anges des constellations aux quatre points cardinaux – Verseau, Lion, Taureau, Scorpion – qui œuvrent ensemble pour fixer la matière. Ils marquent aussi les quatre grands tournants d'une année (Gravure extraite de la Bible de Merian de 1630).

Lorsque les juifs furent à nouveau faits prisonniers, cette fois à Babylone, en 597-538 av. J.-C., le prophète Daniel fut jeté dans une fosse aux lions, dont l'entrée fut bloquée pour la nuit. Au matin, Daniel était indemne car, dit-il, un ange avait fermé la gueule des lions. (Gravure extraite d'une Bible du XIXe siècle)[6].

L'histoire racontée dans l'Ancien Testament montre l'intervention des anges dans les affaires des hommes et des femmes, à la fois lors de grands événements publics comme l'Exode, mais aussi plus tard, au moment du peuplement et lors des périodes d'exil.

On voit les anges intervenir dans la vie des grands de ce monde, comme Élie, Jonas, Élisée et Daniel, mais aussi dans celle des humbles comme Tobit, Anna et Tobie.

Nous verrons plus tard que cela est toujours vrai aujourd'hui – dans les deux cas.

20
L'histoire du Bouddha

Jorge Luis Borges, le poète, essayiste et auteur de nouvelles argentin, aimait cette parabole, formulée par le Bouddha :

Un homme fut blessé au combat. Il était étendu sur le champ de bataille, agonisant, une flèche logée dans son flanc. Ses amis et frères d'armes le soignaient. Tous savaient que s'ils ne retiraient pas la flèche, il mourrait, mais c'était une procédure délicate et l'homme blessé était anxieux. Il souffrait de plus en plus et avait de plus en plus peur : il tenait à ce que les choses soient bien faites ou, plus précisément, il tenait à *s'assurer* qu'elles seraient bien faites. Il voulut donc savoir d'où provenait la flèche.

« De quoi est-elle faite ? » demanda-t-il.

Puis :

« Combien mesure-t-elle ? Qui était l'archer ? »

Et :

« De quelle caste est-il ? »

Mais, tandis qu'il posait ces questions et que ses amis tentaient d'y répondre, il perdit connaissance et la vie le quitta.

Le Bouddha raconta cette histoire à ses disciples.

« Je vais vous apprendre à retirer la flèche, leur dit-il.

— Mais qu'est-ce que la flèche ? lui demandèrent-ils.

— La flèche, c'est l'univers. »

Cette histoire, comme celle de *La Belle au bois dormant*, met le monde sens dessus dessous. On pense tous que le monde nous maintient, nous nourrit mais, d'après le Bouddha, en réalité, il nous tue. On peut en devenir prisonnier et penser qu'il n'existe rien de plus. On pose les mauvaises questions et on se perd dans un dédale de pensées qui nous engourdissent.

Or, dans le contexte de la réalité spirituelle, plus large et plus intense, ce monde physique n'est qu'une petite chose insignifiante. Quand on nous retirera la flèche, le monde sera mis sens dessus dessous et nous serons capables de voir la réalité spirituelle supérieure.

L'histoire du Bouddha lui-même est une autre version de celle de l'homme à la flèche.

Une nuit, la reine d'un petit royaume du nord de l'Inde rêva que le vent la soulevait dans les cieux pour un long voyage, la transportant vers un lac dans l'Himalaya. Là, un éléphant blanc à six défenses, sage et puissant, pénétra dans son flanc gauche. Elle se sentit « couverte d'une ombre[1] ».

Plus tard, la reine, enceinte, sentant que le moment était bientôt arrivé, se mit en route pour se rendre chez ses parents. Sa mère prendrait soin d'elle, se disait-elle. En mai, la nuit de la pleine lune, elle traversa des jardins et des vergers. Elle se rapprocha d'arbres en fleurs pour les admirer. Le moment était venu. Un figuier se pencha vers elle pour qu'elle puisse s'y agripper et se stabiliser. Elle baissa les yeux et vit que son fils était déjà né : il se tenait debout.

Siddhartha fit un pas en direction des quatre points cardinaux et annonça son arrivée en poussant le rugissement du lion :

« Je suis le premier, je suis le meilleur des êtres. Je regarderai au-dessus de tous les êtres ! »

Cette nuit-là, toutes les créatures dans les bois et les vergers alentour restèrent silencieuses, paisibles.

À la naissance, le bébé avait déjà la taille d'un enfant de six mois et il grandit à une vitesse incroyable. Rapidement, il devint un bel athlète : c'était un archer et un lutteur comme Râma et il était tout aussi adorable que Krishna. Il avait un sourire éblouissant, et des yeux qui captaient tous les regards. Alors qu'il n'était encore qu'un enfant, sa sagesse sidérait déjà les savants du temple. À seize ans, il épousa une belle princesse et, ensemble, ils eurent un fils.

Pendant tout ce temps, son père avait cherché à le préserver du monde. Il voulait protéger son fils des dures réalités de la vie, l'envelopper de coton. Siddhartha était vêtu des soieries les plus raffinées et les plus délicates et, partout où il allait, des serviteurs l'abritaient sous des ombrelles pour le protéger du soleil. Plus tard, il se rappellerait : « J'étais fragile… si fragile ! »

Si d'aventure il se risquait hors du palais, les routes et son chariot doré étaient nettoyés, décorés, ornés de fleurs, de banderoles et de drapeaux. Des gens beaux, heureux et rayonnants se frayaient un chemin pour le rencontrer. On faisait disparaître toute trace de la tristesse et de la laideur de la vie. Pourtant, en grandissant, quelque chose en lui se rebella contre cet excès d'attention et, un jour, il aperçut une chose horrible à travers les lattes d'un mur.

Ce qu'il vit l'emplit d'effroi – était-ce un démon ? Cette chose paraissait à demi-humaine, mais était très marquée, difforme, avec des yeux rouges, et elle se déplaçait difficilement, à petits pas saccadés, comme un insecte. Siddhartha exigea de savoir ce dont il s'agissait. Son aurige ne voulait pas désobéir aux ordres du roi, mais dut finir par admettre :

« C'est un être humain. Autrefois, c'était un bébé, puis un jeune homme comme toi, mais sa force et sa beauté s'en sont allées. Ne serait-ce que se déplacer lui est difficile aujourd'hui.

— Comment est-ce possible ? demanda Siddhartha. Comment le monde peut-il être ainsi fait – et engendrer de telles souffrances ? »

À partir de ce moment-là, Siddhartha se montra plus attentif et, bientôt, il remarqua une femme couverte de plaies de lèpre allongée dans un fossé. À nouveau, il fut horrifié que de telles choses puissent se produire dans le monde et son aurige dut lui expliquer que tout le monde pouvait tomber malade, à n'importe quel moment. Siddhartha se demanda comment les gens du quartier pouvaient bien rire, chanter, faire comme si de rien n'était, quand l'une d'entre eux souffrait le martyre juste au coin de la rue.

Puis il vit des hommes transporter un homme à la peau blanche et cireuse. L'aurige dut lui expliquer que cet homme était mort et qu'on l'emmenait au bûcher funéraire.

« *Mort* ? demanda Siddhartha, profondément inquiet. Est-ce le seul ? Y a-t-il d'autres personnes dans le monde qui sont "mortes" comme ça ? »

L'aurige dut lui expliquer que tout le monde mourait.

Siddhartha comprit que le monde que son père lui avait construit n'était pas réel et le sort des hommes, confrontés à de telles souffrances universelles, lui parut terriblement injuste. Il voulait comprendre – et, plus encore, il voulait y mettre un terme.

Plus tard, Siddhartha et son aurige rencontrèrent un moine itinérant, vêtu d'une simple bure, une sébile à la main. Il avait les yeux brillants, emplis d'une paix profonde.

« Qui est cet homme ? demanda Siddhartha. Pourquoi a-t-il l'air aussi paisible ?

— C'est un saint homme, répondit l'aurige. Il a renoncé à tout : famille, compagnie, richesse, situation, ambition – tout. Il mendie sa nourriture. Il vit seul et cherche à atteindre l'illumination. »

À ce moment précis, les inquiétudes de Siddhartha s'envolèrent, car il commençait à entrevoir ce qu'il devait faire.

Ce soir-là, le prince alla trouver le roi : il voulait quitter le royaume pour chercher une réponse aux problèmes de la souffrance et de la mort. Pour qu'il reste, le roi lui offrit son royaume, mais Siddhartha refusa. Le roi accepta donc qu'il parte – mais, en secret, donna l'ordre que toutes les portes de la ville soient fermées et qu'il y ait le double de gardes.

À la tombée de la nuit, Siddhartha alla voir son épouse et leur enfant. Il les trouva profondément endormis, la main de sa femme posée sur la tête de leur fils. Il avait envie de les prendre dans ses bras pour leur dire au revoir, mais savait que les réveiller ne ferait que retarder son départ. Il embrassa donc doucement sa femme sur le pied et s'éclipsa.

Dans son char, il fonça vers les portes de la ville. Celles-ci étaient fermées, mais les gardes étaient plongés dans un sommeil enchanté et les chevaux qui tiraient le char quittèrent miraculeusement le sol pour franchir la muraille en volant.

Ils filèrent à toute allure jusqu'à atteindre la forêt. Siddhartha posa alors pied à terre, se dépouilla de ses précieux vêtements, et dit à son aurige de couper sa longue chevelure avec son épée. Lorsqu'un ermite apparut entre les arbres, Siddhartha troqua ses beaux habits contre ceux du saint homme, simples et grossiers.

Siddhartha disparut entre les arbres à l'âge de vingt-neuf ans.

Pendant six ans, il vécut parmi les ermites, les ascètes aux cheveux emmêlés et les communautés de prêtres cachés dans les profondeurs de la forêt. Il pratiquait leurs méditations, prenait part à leurs rites et tentait de parvenir à l'illumination à travers l'abnégation. Il ne mangeait jamais plus d'un grain de riz par jour, et son corps maigrissait à vue d'œil. Sa peau perdit sa couleur et se mit à ressembler à celle d'une créature des grands fonds. Ses tendons, ses nerfs et ses veines commencèrent à saillir. Son sang desséché coulait dans ses veines comme de la vase. L'éclat dans ses yeux s'évanouit peu à peu, jusqu'à n'être plus qu'un vague reflet, tel le miroitement de l'eau au fond d'un puits.

Malgré tout, il n'avait toujours pas trouvé ce qu'il cherchait. Il réussit à se traîner jusqu'au bord d'une rivière et s'y allongea un moment, épuisé. Puis il remarqua une branche d'arbre qui se penchait vers lui. Il parvint à se relever et à se remettre en route.

La fille d'un paysan le trouva en train de se reposer sous un pommier. Elle lui apporta du riz au lait, fait avec le lait de vaches sacrées, dans un bol doré recouvert d'un linge d'un blanc immaculé.

Siddhartha mangea et recouvra ses forces. Il savait qu'il était sur le point d'arriver à la compréhension parfaite, de trouver une solution aux problèmes qui le tourmentaient depuis qu'il avait vu pour la première fois le vieil homme, la malade et le mort.

Il tomba sur un fermier en train de faucher un champ et lui demanda de lui donner une brassée de foin. Puis il étala le foin devant un figuier sacré, s'assit et attendit pour voir ce qui allait se passer. Avec son œil spirituel, il vit l'arbre derrière lui grandir pour devenir un grand arbre du monde, qui le reliait au monde entier, à tous ses niveaux et à toutes ses dimensions[2].

Un jeune et beau prince se réveilla dans son harem. Il regarda ses épouses, qui souriaient toutes dans leur sommeil. Pas étonnant qu'elles m'appellent le Seigneur du désir, pensa-t-il.

Même dans le recoin obscur du palais où il était allongé, il sentit l'air frais du petit matin venir lui mordre le nez. Il était temps de se lever et de se mettre au travail. Il décida de faire le tour de son domaine, pour voir si des clôtures ou des grilles nécessitaient des réparations. Il hurla de toutes ses forces pour prévenir ses serviteurs qu'il se mettait en route. Il entendait faire battre leurs cœurs comme des marteaux de forge, prêts à lui obéir, et faire aboyer d'excitation ses meutes de chiens de chasse.

Toutefois, à peine était-il sorti de sa chambre qu'il sentit que quelque chose ne tournait pas rond. Les cordes des instruments des musiciens, qui avaient joué si divinement la veille au soir, étaient cassées. Il sortit dans la cour. Les fontaines avaient été arrêtées : l'eau ne coulait plus. Qui en avait donné la permission ? Il commençait à bouillir de rage. Il se rendit au puits qui approvisionnait le palais. Il était presque à sec. Il ne put apercevoir qu'un tout petit miroitement au fond.

C'était un mauvais présage. Quelqu'un, quelque part, était venu le défier, pour tenter de mettre fin à son règne. Le beau et jeune prince, qui se nommait Mara, demanda qu'on lui apporte son éléphant en armure de fer, l'enfourcha, et poussa un hurlement énorme, qui fut entendu dans le monde entier. À son appel, une armée puissante commença à sortir des bois qui entouraient le palais. Elle comptait dans ses rangs des tigres, des lions, des insectes monstrueux, des serpents et d'autres reptiles qui s'étaient cachés dans les profondeurs de la forêt avant le Déluge. Et des démons aussi.

Pour autant, au moment où ils lancèrent leur attaque contre Siddhartha, toujours assis sous son arbre, leurs flèches se transformèrent en fleurs avant d'atteindre leur cible. Siddhartha refusa de céder à la peur, en dépit des rochers et des montagnes que Mara lui lançait. Tous flottaient devant lui avant de tomber au sol comme de la paille. Les éclairs se transformèrent en douces brises parfumées. Puis, le soir venu, sous une lune rouge sang, Mara envoya ses trois superbes filles pour tenter de séduire Siddhartha. Ce dernier ne fit que leur rire au nez.

Finalement, Mara en personne vint à l'encontre du prince assis. Depuis son éléphant, il le regarda et lui demanda de quel droit il était assis là. Siddhartha répondit qu'il avait vécu de nombreuses vies et que plusieurs millénaires l'avaient conduit jusqu'à ce moment. Mara rétorqua qu'il en allait de même pour lui et que ses armées, alignées derrière lui, pouvaient en attester. Qui en répondrait pour Siddhartha ?

Siddhartha tendit la main et toucha la Terre-Mère, qui se porta garante pour lui. À ce moment précis, il fut transfiguré : son corps physique se mit à briller et il devint le Bouddha.

Mara et son armée se dispersèrent dans la nuit. Une pluie de pétales tomba du ciel et la lune se mit à briller d'une vive lumière blanche.

Le Bouddha resta assis sous son arbre pendant quarante-neuf jours. Puis il se mit en route et prêcha quarante années durant. Il n'avait que quelques possessions : une robe de moine jaune, sa sébile, un filtre à eau, un rasoir et une aiguille. Aussi se déplaçait-il facilement et librement : il accomplissait parfois trente-cinq kilomètres par jour et séjournait dans des monastères ou des abris provisoires. Il se levait de bonne heure et, après ses purifications rituelles, méditait longuement, seul. À la fin de la matinée, il allait mendier sa nourriture à pied, puis consacrait le reste de sa journée à la méditation et à l'enseignement, ou reprenait la route.

Comme Krishna, le Bouddha préférait passer son temps parmi les humbles qui gardaient les troupeaux de moutons et de vaches, ou les artisans comme les forgerons[3].

L'enseignement du Bouddha était imprégné d'une merveilleuse clarté intellectuelle. Il était abstrait et conceptuel, non visionnaire. Il était dépourvu d'imageries, telle une petite église de campagne aux murs blanchis à la chaux[4].

Cet enseignement était le fruit d'un adolescent qui avait vécu comme un roi dans le palais de son père, mais qui savait pourtant que la vie devait avoir plus à offrir. Jeune homme, le Bouddha avait souhaité comprendre le sens de la vie. Il y était finalement parvenu.

C'est la condition humaine, disait-il. Nous sommes malheureux car nous ne pouvons pas toujours être avec ceux que nous aimons, car nous devons souvent être avec ceux que nous n'aimons pas. Nous ne pouvons pas constamment avoir ce que nous désirons, et nous sommes malheureux. C'est ce qu'on appelle l'expérience. Mais il existe une autre voie pour s'en sortir.

> Le moi est une erreur, une illusion, un rêve. Ouvrez les yeux et éveillez-vous. [...] Celui qui est éveillé n'a plus peur des cauchemars. Celui qui a reconnu la nature de la corde qui semblait être un serpent, cesse de trembler[5].
>
> Celui qui a reconnu que le moi n'existe pas se débarrasse de toutes les passions et des désirs de l'égoïsme.
>
> L'attachement aux choses, l'envie, et la sensualité, héritages des existences antérieures, sont les causes de la misère et de la vanité dans le monde.
>
> Répudiez la disposition avide de votre égoïsme et vous parviendrez à cet état d'esprit calme et sans péché qui procure la paix parfaite, la bonté et la sagesse.
>
> En donnant aux autres notre nourriture, nous obtenons plus de force ; en distribuant des vêtements à autrui, nous acquérons plus de beauté ; en fondant des asiles de pureté et de vérité, nous gagnons de grands trésors.
>
> Aimant et compatissant, il donne avec respect.
>
> C'est par des actes continuels de bonté que nous atteignons le chemin immortel, et c'est par

la compassion et la charité que nous perfectionnons notre âme.

Ayez pour les êtres vivants bonté et bienveillance[6].

Le Bouddha insiste énormément sur le fait d'avoir la bonne intention. De fait, l'intériorité que nous avons vue chez Élie évolue davantage ici. Étant donné que toutes les choses, y compris nos pensées les plus intimes, sont reliées, une même action, effectuée à deux reprises mais avec deux intentions différentes, aura des conséquences très distinctes. Un cadeau offert par convention et un cadeau offert de bon cœur changeront le cosmos de manières totalement différentes, même si, physiquement, le cadeau et le fait d'offrir sont exactement les mêmes. C'est la pensée, ou l'intention, qui compte. Dans l'idéalisme, la pensée est plus réelle que l'objet et le monde physique dépend du monde des idées. Une bonne intention se diffuse et a un fort impact dans le monde des idées – le nôtre et celui de tous les autres. Comme le dit le Bouddha dans le *Dhammapada* :

Par le moi seulement, le mal est fait, il est né du moi, causé par le moi.

Jamais la haine n'éteint les haines en ce monde. Par l'amour seul les haines sont éteintes.

Dompter la colère par la non-colère, dompter le mal par le bien.

Le Bouddha avait rejeté les méthodes extrêmes des ascètes. Il savait qu'il était possible d'obtenir de grands dons spirituels et surnaturels avec leurs méthodes mais, expliquait-il, ces dernières sont extrêmement dangereuses – pour les individus concernés, pour les autres et pour le monde – si on les développe sans développer en même temps un certain sens moral[7].

Plus tard dans sa vie, il réprimanda un disciple trop empressé de prendre sa suite. Cet homme essaya de le tuer en lâchant un éléphant fou sur lui. Toutefois, comme des années plus tard un loup gigantesque terrorisant la population se coucherait devant saint François pour lui obéir tel un animal de compagnie, l'éléphant s'agenouilla docilement devant le Bouddha. Il leva la main droite et caressa doucement l'animal au front.

Enfin, à l'âge de quatre-vingts ans, il sentit que sa fin était proche. La saison des pluies arriva et il tomba malade. Il s'allongea entre deux arbres en fleurs, la tête dirigée vers l'Himalaya. Il était silencieux et un grand silence se répandit sur la terre. Il s'adressa pour la dernière fois à ses disciples, déclarant que toutes les choses de la création devaient s'efforcer de se libérer, puis il sombra de plus en plus profondément en lui-même et atteignit le Nirvana.

Le Bouddha commença à montrer le chemin pour sortir des cycles naturels, du monde animal, végétal et minéral dans lequel était tombée l'humanité. Il portait en lui la promesse de la spiritualisation du monde – la promesse que nous pouvons tous nous en échapper, comme il le fit.

21

Socrate et son démon

L'empereur convoqua un sage à la cour. Il lui demanda :

« Quelle est la plus grande vérité ?

— Un vide insondable... et rien de sacré, répondit le sage.

— S'il n'y a rien de sacré, qui êtes-vous, où êtes-vous et qu'êtes-vous ?

— Je ne sais pas. »

Questionnez tout. Mesurez tout à l'aune de la raison. Examinez les postulats qui se cachent derrière toutes vos opinions, déconstruisez-les, puis interrogez aussi vos questions. La sagesse commence avec la conscience de l'ignorance.

En Occident, cette manière de penser a vu le jour avec Socrate. C'est grâce à lui que nous accordons une si grande valeur à la connaissance. Socrate est le père de la philosophie académique occidentale – et aussi, nous le verrons, de l'intégrité intellectuelle[1]. Pourtant, il avait son propre démon (ou bon génie), un mystérieux conseiller qui avait une connaissance surnaturelle du monde, était souvent plus avisé que lui et lui murmurait sans cesse ce qu'il devait faire à l'oreille. « Les débuts en remontent à mon enfance, disait-il. C'est une voix qui se fait entendre de moi. »

Socrate vit le jour vers 470-469 av. J.-C., pendant l'âge d'or d'Athènes, qui vit s'épanouir les arts et les sciences. Il était le fils d'un sculpteur indigent et d'une sage-femme.

L'histoire raconte qu'un jour, le jeune Socrate s'échinait à sculpter une statue des filles d'Apollon, les trois Grâces. Frustré, il jeta son burin et déclara qu'il préférait sculpter sa propre âme.

Un homme riche le remarqua et lui paya son éducation.

Âgé d'une vingtaine d'années, tandis qu'on apportait les dernières touches au Parthénon, Socrate s'entretenait déjà avec les grands penseurs de son époque. Soldat, il combattit pour Athènes avec beaucoup de courage – et se montra également héroïque quand il s'agissait de lever le coude. Il était fort physiquement, mais laid et camus. On disait que son visage ressemblait à celui des statues du centaure Chiron.

Mais ce qui le distinguait réellement, c'étaient ses voix – la voix de son démon intérieur et sa propre voix, qui questionnaient tout.

Ayant atteint un âge mûr, il était toujours indigent. Il se promenait pieds nus, un vieux manteau sale sur le dos. Il aurait pu gagner sa vie en enseignant, mais avait toujours refusé d'être payé pour ses enseignements. On disait aussi qu'au marché, il ne s'inquiétait pas du prix des choses ni de la façon dont il trouverait l'argent pour les payer, mais qu'il faisait la liste de toutes les choses dont il n'avait pas besoin ni envie. « Pour moi, je crois que la divinité n'a besoin de rien, disait-il. Que moins on a de besoins, plus on se rapproche d'elle. »

Quoi qu'il en soit, il ne subvenait pas aux besoins de sa famille. Sa femme le lui reprochait et lui faisait constamment des réflexions à ce sujet. Un jour, elle laissa exploser sa colère et sa frustration en lui vidant un pot de chambre sur la tête.

Aux yeux des Athéniens, il passait pour un « sacré personnage », comme on le dirait aujourd'hui.

La voix de son démon était intérieure : personne d'autre ne l'entendait. Elle se manifestait spontanément.

Un beau matin, lors d'une campagne militaire, Socrate se plongea dans ses réflexions au beau milieu du campement. Il resta planté là, sans bouger. À midi, les autres soldats furent surpris de le voir toujours au même endroit et, cette nuit-là, ils sortirent leur lit de leur tente pour pouvoir l'observer. Socrate ne reprit ses esprits que le lendemain matin : il sembla adresser une prière à Apollon, puis s'éloigna. Sa voix l'aurait alors prévenu de ne pas traverser une rivière avant d'avoir effectué un rite d'expiation.

De toute évidence, son démon prédisait l'avenir. Une autre fois, Socrate se promenait en ville avec des amis. Il s'arrêta subitement, car son démon lui avait dit de ne pas emprunter un chemin en particulier. Ses amis, qui n'avaient pas voulu l'écouter, partirent dans cette direction – et se firent écraser par un troupeau de cochons.

Silène et une panthère, sur un bijou datant de l'Antiquité, probablement romaine (dans *Antique Gems*, du révérend C. W. King, 1866). Une tradition veut que Socrate soit la réincarnation du satyre Silène, ce que reflètent les statues à leur effigie, qui ont le même visage. Il est difficile de ne pas voir l'influence du démon de Socrate sur la description des démons que fait Philip Pullman dans sa trilogie *À la croisée des mondes*.

Son démon l'informait également de choses plus importantes. Pendant la bataille de Délion, il conseilla à Socrate d'emprunter un chemin précis, ce qui lui permit de secourir Alcibiade et deux autres célèbres Athéniens. Ses compagnons d'armes qui refusèrent de le suivre se firent surprendre par l'ennemi et périrent.

Pendant la guerre du Péloponnèse, Socrate reçut un autre avertissement : Athènes devait renoncer à une expédition. Là encore, on ne l'écouta pas et, comme prévu, l'expédition tourna à la catastrophe.

Pourquoi Socrate jouissait-il de ce privilège ? Pourquoi cette voix venait-elle à lui ? D'après Platon, son disciple, nous recevons tous un démon à la naissance pour qu'il nous guide au cours de notre vie terrestre. Selon l'historien Plutarque, nous sommes en principe tous capables d'entendre ses conseils divins, mais Socrate les entendait mieux que le commun des mortels car il ne se laissait pas distraire aussi facilement que la plupart d'entre nous par les passions qui enflamment le corps et troublent l'esprit.

Quelqu'un alla trouver l'oracle de Delphes pour lui demander s'il existait sur terre un homme plus sage que Socrate.

La prêtresse répondit simplement : « Non. »

Quand on lui rapporta cet événement, Socrate demanda ce que l'oracle avait dit. Il voulait connaître les mots exacts.

« Comment pourrais-je être l'homme le plus sage du monde ? s'exclama-t-il. Je ne sais rien ! »

Il savait que les déclarations des dieux – d'Apollon dans ce cas – n'étaient jamais directes, mais souvent énigmatiques, ambiguës et susceptibles d'être mal interprétées. Selon lui, il fallait y réfléchir et les interroger.

Plus tard, Socrate décréta qu'Apollon lui avait confié une mission divine : *tout* questionner. Il pensait qu'il était *bon de savoir*. Selon lui, si une personne se trouvant face à un choix savait lequel était le meilleur, en connaissait toutes les implications et savait tout le bien qui en résulterait, elle serait naturellement incapable de faire le mauvais choix. De fait, pour lui, la connaissance était vertu.

Il entendait découvrir la bonne manière de vivre. Le bonheur, disait-il, ne tenait pas à la richesse, au pouvoir ni aux autres facteurs extérieurs, mais au fait de savoir ce qui était bon pour nous, pour notre âme. L'oracle de Delphes lui avait donné un conseil : « Connais-toi toi-même. » Socrate essaya de déterminer le sens de ces paroles en faisant appel à la raison et à la logique.

En la personne de Socrate, l'intellect humain commençait à comprendre ce dont il était capable – à bander ses muscles. Quand Socrate arpentait la ville, il parlait à tout le monde, aussi bien aux hommes d'État, aux généraux et aux philosophes qu'aux négociants, aux marchands et aux courtisanes. Tout comme Gilgamesh avait tenté de trouver un adversaire à sa mesure pour le combattre, Socrate recherchait quelqu'un capable de rivaliser intellectuellement avec lui.

Il testait donc tout le monde. Il faisait accoucher les gens de leurs opinions, démêlait les postulats qui les sous-tendaient, puis recherchait des contradictions pour en montrer l'absurdité. Il savait se montrer charmant, amusant et fascinant, mais, parfois, pouvait aussi être taquin et sarcastique. Peut-être ne connaissait-il pas sa force ? Quand il décelait l'ignorance chez quelqu'un, il la tournait en ridicule et, parfois, se moquait des autres devant les passants qui éclataient de rire.

« La philosophie est la plus haute des musiques », disait-il. Sa philosophie – la force de son raisonnement – avait souvent un effet étrange sur les autres. Elle les charmait – mais pas toujours de manière très agréable. Ceux qui se lançaient dans une conversation avec lui se rendaient parfois compte qu'ils ne savaient plus ce qu'ils savaient ou pensaient – au point de se retrouver en état de choc, comme s'ils s'étaient fait piquer par une raie torpille, ainsi que l'a rapporté un témoin. Évidemment, ils n'avaient pas l'habitude de l'argumentation logique, et cela leur embrouillait l'esprit.

Un des amis de Socrate lui dit un jour qu'il était sage de ne pas voyager, ajoutant que s'il se conduisait à l'étranger comme il le faisait à Athènes, on le prendrait pour un sorcier et l'arrêterait. La sorcellerie, ne manqua pas de lui rappeler cet ami, était bien sûr souvent passible de la peine de mort.

Cette remarque était prophétique : Socrate était bel et bien en train de se faire des ennemis. Certains ne le trouvaient pas amusant. Un groupe de jeunes hommes s'était formé autour de lui et certains membres de l'élite athénienne trouvaient cela sinistre. Les corrompait-il ? Par ailleurs, si Socrate disait ne rien savoir, que dire alors des hommes illustres et puissants qu'il étrillait si facilement sur la place publique ? Tout le monde n'appréciait pas de passer pour un idiot.

Nous avons vu qu'à l'époque des prophètes, les chefs politiques des juifs n'étaient plus leurs grands guides spirituels. Aux yeux de Socrate et de son disciple, le jeune Platon, les dirigeants politiques devraient toujours être « ceux qui savent » – ou, comme le dirait plus tard Platon, des « philosophes rois ». Socrate tournait en ridicule l'idée que les Athéniens se faisaient de la démocratie, déclarant qu'elle n'était qu'un divertissement amusant, et se moquait également des hommes politiques qui côtoyaient les femmes du chœur.

Athènes avait perdu un peu de sa confiance en elle. La cité avait essuyé des défaites pendant la guerre du Péloponnèse et se montrait injuste et cruelle envers certains de ses ennemis. Inquiètes, quelques personnes pensaient que tous les Athéniens devaient unir leurs efforts. Ce n'était pas le moment de « s'écarter de la ligne ».

Socrate fut convoqué devant deux officiels qui lui apprirent l'existence d'une nouvelle loi : il lui était interdit d'utiliser ces méthodes de questionnement et de raisonnement pour influencer la jeunesse de la ville.

« Puis-je vous poser une question – afin de m'assurer que je comprends bien vos ordres ? demanda-t-il.

— Fais.

— Bien sûr, je tiens à respecter cette loi… mais êtes-vous en train de me dire que je n'ai pas le droit d'enseigner les voies de la raison aux jeunes ? Cela implique-t-il que…

— Comme tu es un imbécile, Socrate, je vais te le redire en des termes que tu seras à même de comprendre, répondit l'officiel d'un ton furibond.

Il t'est défendu de t'adresser aux jeunes gens d'Athènes, de quelque manière que ce soit. »

Socrate s'était fait deux ennemis en particulier, qui devinrent ses principaux accusateurs : un poète qu'il avait humilié lors d'un débat public et un riche marchand qui n'aimait pas l'influence qu'il avait sur son fils. Il comparut devant cinq cents juges et fut accusé de corrompre la jeunesse d'Athènes et de ne pas reconnaître les dieux de la cité – préférant croire à son propre démon.

Quand on lui demanda pourquoi il enseignait aux jeunes gens et ne prenait pas part aux débats lors des grandes assemblées populaires, Socrate répondit – ce qui dut passer pour une insulte délibérée aux yeux des dirigeants et des officiels présents – que son démon lui avait conseillé de ne pas se mêler de politique car cela entacherait son âme et le rendrait moins à même de voir la vérité.

« Vous n'allez tout de même pas me punir pour dire la vérité ? » demanda-t-il.

Selon Socrate, un philosophe ne devait pas s'attarder sur les affaires des hommes, éphémères et insignifiantes. Il devait plutôt fixer son attention sur les réalités éternelles visibles dans les mouvements que décrivent les planètes et les étoiles dans le ciel. Il faisait référence aux grands esprits stellaires et planétaires qui œuvrent pour former le monde et le guider.

On questionna Socrate sur l'oracle de Delphes, selon lequel il était l'homme le plus sage au monde. Il répondit qu'Apollon avait sans doute plaisanté, et un grondement de désapprobation monta dans les rangs de l'assemblée.

Il en fut de même quand on l'interrogea au sujet de son démon. Socrate tint à faire remarquer que son démon ne le poussait jamais à *faire* quoi que ce soit. Habituellement, un démon cherche à prendre le contrôle d'une personne et à l'utiliser, mais le sien lui laissait le soin de faire ses propres choix[2].

Au cours de son procès, Socrate mentionna les nombreuses occasions où son démon avait prédit l'avenir avec exactitude. Mais tout ce qu'il disait semblait témoigner de son arrogance aux yeux des juges.

Quand on lui demanda s'il avait préparé sa défense, il répondit que l'exposé de sa vie parlait pour lui. Il déclara avoir toujours recherché la vérité et le bien : cela devait être sa défense.

Plus tard, on lui demanda pourquoi il ne s'était pas servi de son éloquence habituelle pour influencer les juges, et il répondit que son démon lui avait conseillé de ne pas le faire. Il poursuivit :

« Même si vous me disiez : "Socrate, nous n'écouterons pas Anytos, et nous t'acquittons, mais à une condition, c'est que tu ne passeras plus ton temps à examiner ainsi les gens et à philosopher ; et si l'on te prend à le faire, tu mourras", et si donc vous m'acquittiez à cette condition, je vous répondrais : "Athéniens, je vous sais gré et je vous aime, mais, tant que j'aurai un souffle de vie, tant que j'en serai capable, ne comptez pas que je cesse de philosopher, de vous exhorter et de vous faire la leçon. Soyez persuadés que, si vous me faites mourir, sans égard à l'homme que je prétends être, ce n'est pas à moi que vous ferez le plus de mal, c'est à vous-mêmes."[3] »

Il fut déclaré coupable.

La prison de Socrate (gravure du XIXe siècle d'après un dessin de E. Landron, dans *Voyage archéologique en Grèce et en Asie Mineure*, de Salomon Reinach et Philippe Le Bas, 1842-1844).

Quand on lui demanda s'il voulait suggérer une peine, il proposa aux juges de lui décerner la plus haute distinction pour sa conduite, ou de le condamner à la plus petite amende qui soit. Il ne semblait pas prendre ses accusateurs au sérieux, alors même qu'il risquait la peine de mort.

Un second vote eut lieu : il fut condamné à mort.

Il dit calmement :

« Cette inspiration prophétique qui n'a cessé de se faire entendre à moi dans tout le cours de ma vie, qui dans les moindres occasions n'a jamais manqué de me détourner de tout ce que j'allais faire de mal, aujourd'hui qu'il m'arrive ce que vous voyez, ce qu'on pourrait prendre, et ce qu'on prend en effet pour le plus grand de tous les maux, cette voix divine a gardé le silence ; elle ne m'a arrêté ni ce matin quand je suis sorti de ma maison, ni quand je suis venu devant ce tribunal. [C]'est que ce qui m'arrive est, selon toute vraisemblance, un bien ; et nous nous trompons sans aucun doute, si nous pensons que la mort soit un mal. Car enfin, si en arrivant aux enfers, échappés à ceux qui se prétendent ici-bas des juges, l'on y trouve les vrais juges, ceux qui passent pour y rendre la justice, mon plus grand plaisir serait d'employer ma vie, là comme ici, à interroger et à examiner tous ces personnages, pour distinguer ceux qui sont véritablement sages, et ceux qui croient l'être et ne le sont point. Là du moins on n'est pas condamné à mort pour cela. C'est pourquoi, mes juges, soyez pleins d'espérance dans la mort. [E]t je n'ai aucun ressentiment contre mes accusateurs, ni contre ceux qui m'ont condamné, quoique leur intention n'ait pas été de me faire du bien, et qu'ils n'aient cherché qu'à me nuire ; en quoi j'aurais bien quelque raison de me plaindre d'eux. »

Il fut condamné à boire la ciguë. La sentence devait être mise à exécution un mois plus tard.

Ses amis l'incitèrent à fuir, mais il s'y refusa.

Le jour dit, il déclara :

« C'est en effet à peu près l'heure pour moi d'aller au bain ; car je crois qu'il vaut mieux prendre le bain avant de boire le poison et épargner aux femmes la peine de laver un cadavre. »

Il vit sa femme et ses trois fils un court instant. Sa femme pleurait, mais il les congédia brusquement.

Le moment venu, son bourreau éclata lui aussi en sanglots. Socrate lui dit :

« Adieu à toi aussi ; je ferai ce que tu dis. »

Il porta la coupe à ses lèvres et but de bon cœur, devant ses disciples en larmes. Il les réprimanda, car on lui avait dit qu'un homme devait mourir en paix.

Ses jambes commencèrent à flancher et il s'allongea.

« Quand le poison atteindra mon cœur, ce sera la fin. »

Il se couvrit le visage. Peu après, ils entendirent un mouvement. Ils le découvrirent : ses yeux étaient fixes.

Socrate avait fini de sculpter son âme. Il avait tenté d'enseigner la bonne manière de vivre ; désormais, il entendait enseigner la bonne manière de mourir.

Notre époque est tellement ancrée dans le matérialisme qu'il nous est difficile d'imaginer que Socrate désirait réellement mourir. On ne peut s'empêcher de douter de sa sincérité. Mais le fait est qu'à ce moment-là, la majorité des gens croyait à la réalité spirituelle. Pour Socrate, le corps était le « tombeau de l'âme ». L'esprit était tombé dans la matière et, peu à peu, celle-ci avait durci autour de lui. Malgré tout, entre les vies terrestres, l'esprit était libre de s'élever vers les réalités spirituelles supérieures.

Il a été suggéré que Socrate avait été exécuté pour avoir introduit un ou plusieurs nouveaux dieux sous les traits de son démon. Or Athènes était un lieu où florissaient les idées nouvelles, les nouvelles croyances et les nouveaux dieux. La cité se targuait de débattre ouvertement de ces sujets et de tolérer tout un éventail de dieux différents. Non, ce qui offensa les Athéniens, ce qui était inacceptable à leurs yeux, était que ce nouveau dieu – le démon de Socrate – était personnel, intérieur. Nous l'avons vu, quelques centaines d'années auparavant seulement, les dieux d'Homère et le dieu et les anges de Moïse prenaient part à de grands événements publics, devant des milliers de témoins. Ces immenses puissances étaient à l'œuvre dans le monde. Dans l'histoire de Socrate, comme dans celles d'Élie et du Bouddha, on voit s'ouvrir une nouvelle arène pour l'intervention divine[4].

Socrate fut un martyr, mort pour la vie intérieure.

*

* *

Platon avait vingt-cinq ans à la mort de Socrate. Ses œuvres constituent le premier exposé systématique de l'idéalisme. Nous l'avons dit, l'idéalisme considère que l'esprit a précédé la matière, que la matière découle de l'esprit et dépend de lui, et que l'esprit est en un sens plus réel que la matière. Avant Platon, l'idéalisme n'avait jamais été érigé en système philosophique, mais, jusque-là, tout le monde ou presque y avait cru sans se poser de question.

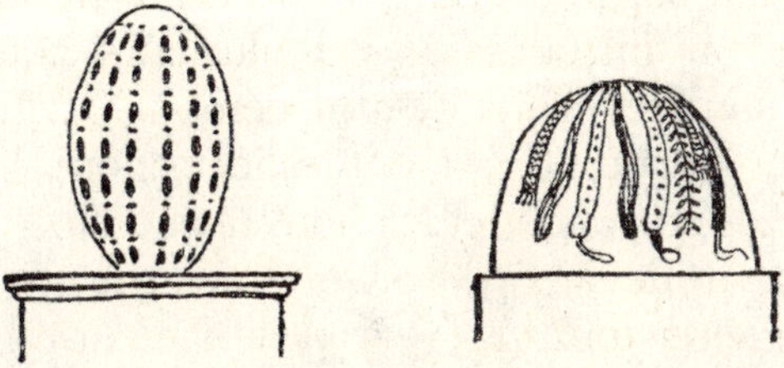

L'omphalos (dans *Architecture, Mysticism and Myth* de W. R. Lethaby, 1891). Dans la pensée grecque antique, Apollon était le Logos, ou Verbe, l'origine de l'harmonie du monde, celui qui tisse tout ce qui est et tout ce qui sera en un chant éternel. L'objet le plus sacré à Delphes était l'omphalos, qui désignait le centre sacré du monde, le lieu de rencontre de tous les mondes. Cette pierre était enveloppée d'un filet généré mathématiquement par les nombres correspondants aux noms des dieux. Ce filet représentait l'âme du monde. Il attrapait les pensées ou les idées du grand Esprit cosmique et les faisait entrer dans le monde matériel. Nous avons tous un centre sacré comme celui-ci dans notre corps[5].

Aujourd'hui, nous rencontrons le plus souvent l'idéalisme sous la forme d'une théorie universitaire dépassée, généralement une théorie de la connaissance : on oublie donc facilement que pendant la majeure partie de l'histoire, l'idéalisme était une philosophie de la vie. Les hommes faisaient l'expérience du monde d'une manière qui concordait avec cette philosophie. Pour eux, le monde physique répondait à leurs actes mentaux, dans la prière par exemple. Ils vivaient des expériences religieuses, spirituelles et mystiques et voyaient le monde fonctionner selon des schémas qui n'auraient tout bonnement pas existé si le monde n'avait été qu'un lieu où des atomes se heurtaient les uns aux autres.

Illustration du XIXe siècle de la caverne de Platon. Le monde matériel est fait des ombres que jette le monde spirituel.

Platon mit sa philosophie idéaliste par écrit au moment même où son opposé, le matérialisme – selon lequel la matière est apparue en premier, l'esprit dépend de la matière et la matière est plus réelle que l'esprit – était élaboré. Il plaida en faveur de l'idéalisme alors même que tout le monde n'y croyait plus spontanément[6].

Le plus grand élève de Platon fut Aristote, dont le raisonnement catégorique ouvrit la voie à la science moderne. Aristote fut chargé de l'éducation d'Alexandre le Grand. Pendant la dernière grande période de prospérité et de rayonnement de la civilisation grecque antique – que les historiens nomment l'époque hellénistique –, Alexandre fonda un empire puissant qui s'étendait jusqu'en Inde.

Tout comme l'Empire romain deviendrait plus tard le véhicule de la diffusion du christianisme, l'empire grandissant d'Alexandre exportait la philosophie de Socrate, de Platon et d'Aristote. C'était une époque formidable pour les échanges d'idées et de philosophies, une époque où un bouddhiste, un juif et un disciple de Platon, par exemple, pouvaient se rendre compte, à leur grande surprise, qu'ils avaient beaucoup en commun.

Ce fut au milieu de ce grand tourbillon d'idées que naquit un être exceptionnel, qui les rassemblerait toutes en lui-même.

22

Jésus met le monde sens dessus dessous

« Es-tu celui qui doit venir, ou devons-nous en attendre un autre ? »

Matthieu, XI, 3

Portrait du Christ (cimetière de Saint-Calixte, Rome).

Un jour, au début du Ier siècle, dans la ville de Tyane, dans la Turquie actuelle, un enfant était sur le point de naître. Sa mère s'allongea dans un champ et les cygnes sortirent de la rivière pour former un bouclier protecteur autour d'elle, en chantant et en battant des ailes.

Dès le départ, des rumeurs entourèrent ce garçon. Apollonius était-il un simple humain ? Était-ce le fils d'un dieu ? D'Apollon peut-être ?

L'adorable petit garçon grandit et devint un beau et grand jeune homme à l'abondante chevelure dorée. Les gens venaient de très loin seulement pour admirer sa grande beauté.

Il était issu d'une famille riche et puissante, l'une des familles qui avaient fondé la ville, mais était naturellement porté sur la spiritualité. Il avait les cheveux longs, était végétarien, marchait pieds nus et ne portait aucun vêtement fait à partir de matières animales, leur préférant de longues tuniques de lin blanc.

Un jour, ses parents emmenèrent Apollonius au temple, où les prêtres furent stupéfaits par sa sagesse. Quand il eut quatorze ans, son père l'envoya à Tarse pour parfaire son éducation. Épousant volontiers la philosophie de Pythagore, mathématicien et mystique, il décida de mener une vie de chasteté. Il rejoignit une école rattachée au temple d'Asclépios, le fils divin d'Apollon. Il y apprit que les grands dons spirituels s'acquéraient en menant une vie pure et vertueuse.

Un jour, un messager vint lui apprendre la mort inattendue de son père. Apollonius était dévasté. Il fit vœu de silence pendant quatre ans pour réfléchir aux grands mystères de la vie et de la mort. Mais plus il se retirait du monde,

Gravure d'après *L'École d'Athènes* de Raphaël. Pythagore est assis devant à gauche, en train d'écrire dans un livre. Né en 570 av. J.-C., Pythagore était un mystique, un philosophe, un mathématicien et un scientifique, qu'on tient pour avoir défini mathématiquement les harmonies musicales. Quand il était en vie, on le considérait comme un demi-dieu possédant des pouvoirs surnaturels. Après avoir été initiés, ses disciples étaient admis dans une confrérie retirée qui, d'après René Guénon, spécialiste français de l'ésotérisme, représente une authentique tradition ésotérique européenne, antérieure aux influences orientales.

plus sa notoriété grandissait. Les gens venaient de partout : ils partaient à sa recherche dans la nature, persuadés qu'il avait le pouvoir de les guérir simplement en les touchant, et il posait les mains sur eux.

Quand il rentra chez lui, il se rendit compte que son frère s'était approprié sa part de la fortune familiale. Il lui pardonna et lui donna la permission de la garder.

Il entreprit alors ses voyages, seul et à pied. Il visita Athènes, l'Assyrie, l'Abyssinie, Babylone et l'Égypte. Il voulait s'entretenir avec des sages illustres. Il disait : « La Terre entière m'appartient ; elle m'est donnée pour que je la parcoure. »

Après quelque temps, un jeune compagnon de voyage assyrien se joignit à lui. Damis consignerait ses actes et ses paroles. Apollonius, dit-il, demandait à rester seul à méditer pendant l'heure précédant l'aurore, moment où les êtres spirituels et les esprits des morts parlaient le plus clairement à ceux qui avaient libéré leur esprit et étaient prêts à les écouter. Damis rapporta que son maître n'entrait jamais dans un temple sans dire une simple prière au préalable : « Accordez-moi de posséder peu et de ne désirer rien. »

Damis pensait que son maître comprenait le langage des oiseaux, que c'était parce que ces derniers le guidaient qu'il réussissait à retrouver son chemin. Il proposa à son maître de lui servir d'interprète, mais il s'avéra qu'Apollonius parlait la langue de tous ceux qu'il croisait, dans tous les pays. Damis en vint à penser qu'il savait lire dans les pensées d'autrui.

À la frontière indienne, ils tombèrent sur un monument en cuivre dont l'épigramme disait qu'Alexandre le Grand avait emprunté ce chemin. Passé ce point, le paysage commença à subir une étrange mutation. Le sentier qu'ils suivaient semblait disparaître derrière eux et, tandis qu'ils progressaient, les montagnes de l'Himalaya à l'horizon paraissaient changer de position. Ils escaladaient le flanc d'une montagne quand

Apollonius demanda à Damis s'il pensait voir le ciel plus clairement : « Le ciel est-il plus bleu, les astres plus grands et plus brillants, et le soin que Dieu prend des hommes plus évident ? »

Damis avoua que, selon lui, ils l'étaient et Apollonius ajouta que ce qui les rendrait plus clairs encore serait de les contempler avec une âme pure.

Étaient-ils en train d'entrer dans une autre dimension ? Plus tard, Apollonius dirait des plus grands sages indiens : « J'ai vu des hommes vivant sur la surface de la Terre mais ne se tenant pas sur elle. »

Avant leur départ, les Brahmanes donnèrent sept anneaux à Apollonius, lui expliquant que chacun d'eux arborait la pierre d'une des sept planètes : il devrait les porter tour à tour, le jour de la semaine correspondant.

De retour chez lui, Apollonius rédigea un traité, *Sur les sacrifices* : il y arguait en faveur de l'abolition du sacrifice animal et préconisait plutôt de nous appliquer à purifier et sacrifier notre propre nature animale. Il s'élevait aussi contre les commerçants qui faisaient des profits excessifs et contre les combats sanguinaires de gladiateurs. Un jour, il pratiqua un exorcisme sur un homme possédé par un démon qui le poussait à agresser toutes les femmes qui croisaient son chemin.

Des traces écrites attestent qu'Apollonius aurait accompli une centaine de miracles de guérison. Un jour, il tomba sur un cortège funèbre : une jeune femme était morte le jour même, le jour de ses noces. Apollonius leur fit signe de s'arrêter et déclara qu'il allait sécher les larmes des proches de la défunte. Il posa les mains sur le corps immobile de la jeune fille et marmonna des paroles inaudibles. Quelques instants plus tard, la jeune fille se leva de sa bière. Il dit : « Rien ne naît, rien ne meurt en réalité : mais tout paraît d'abord pour devenir ensuite invisible ; ce premier effet est produit par la densité de la matière, le second par la subtilité de l'essence qui reste toujours la même, mais qui est tantôt en mouvement, tantôt au repos. »

Une autre fois, Apollonius dispensait un cours de philosophie dans un parc d'Éphèse, à midi. Il marqua une pause, puis poursuivit un instant avant de se taire à nouveau subitement et de regarder fixement le sol. Puis il fit brusquement trois pas en avant et s'écria :

« Frappe le tyran, frappe ! »

Il expliqua à la foule qu'il venait de voir l'empereur Domitien se faire assassiner à Rome, à l'instant même.

Quelques jours plus tard, des messagers vinrent leur annoncer que l'empereur s'était bien fait assassiner, au moment précis où Apollonius avait eu sa vision.

Apollonius constituait une menace aux yeux des autorités. Il se fit donc arrêter mais, d'une manière ou d'une autre, il réussit à effacer le document sur lequel figuraient les accusations qui pesaient contre lui.

En une autre occasion, accusé d'avoir comploté contre l'empereur Domitien, il sembla tout bonnement se libérer de ses chaînes, comme pour prouver qu'on ne pouvait le retenir de cette manière. Il déclara n'être présent que de son plein gré.

Quand il comparut devant un autre tribunal, il dit : « Vous ne pouvez pas me toucher », puis disparut devant des centaines de témoins.

Certains dirent qu'il était directement monté aux cieux, d'autres qu'il s'était retiré du monde et avait vécu en paix, dans la solitude, jusqu'à un âge très avancé. On dit aussi qu'il serait apparu devant ses disciples après sa mort.

La vie d'Apollonius évoque un peu celle de Jésus – si ce n'est que tout se passa à merveille pour lui. Il fut bien plus célèbre et prospère que Jésus en son temps. Ses miracles de guérison furent plus largement célébrés et mieux attestés. C'était une célébrité très populaire dans le monde antique, aimée du peuple et consultée par les rois et les empereurs. Il exerçait une influence politique, critiquant courageusement Néron et Domitien. C'était un penseur singulier, qui faisait autorité dans les écoles fondées par Pythagore, Socrate et Platon. Il prêchait une religion universelle progressiste pour son époque, ce pourquoi on a dit qu'il avait aidé à réformer la pensée des derniers empereurs romains – ce qui contribuerait plus tard à la survie du christianisme. L'empereur Hadrien collectionnait ses œuvres et le grand philosophe-empereur Marc Aurèle l'admirait. Sa philosophie pythagoricienne influença le néoplatonisme qui, à son tour, eut une grande influence sur le courant mystique de la théologie chrétienne. Justin le Martyr, le père de l'Église, se lamenta : « Si Dieu est le créateur et le maître de tout ce qui existe, comment laisse-t-il agir si puissamment sur ses ouvrages le pouvoir miraculeux d'Apollonius ? Car nous le voyons arrêter la fureur des flots, la violence des vents, l'incursion des animaux nuisibles et des bêtes féroces ! D'un autre côté, si les miracles opérés par le Sauveur n'ont existé que dans son histoire, et que ceux d'Apollonius soient réels, comment celui-ci, avec ses prodiges, ne trompera-t-il pas les personnes qui en seront témoins ? »

Marie et Jésus (détail du retable d'Issenheim de Matthias Grünewald).

Un jour, Lorna Byrne[1] eut une vision qui, en un sens, lui permit d'assister à la Nativité. Elle était en train d'accrocher les décorations de Noël et se rendit à la fenêtre pour attendre ses enfants, sur le point de rentrer de l'école. Elle avait les yeux ouverts, mais sentit le monde disparaître. Elle put discerner une petite colline dans laquelle était creusée une grotte : celle-ci faisait environ dix mètres de long et abritait une construction en pierres polies recouverte d'un auvent qui faisait saillie à l'avant. La mère était une jeune adolescente, jolie, au visage rond et enfantin, et aux longs cheveux noirs noués d'un foulard blanc. Le père était plus vieux, âgé d'une bonne vingtaine, peut-être même d'une trentaine d'années. Il était plus grand, avait un visage las, et une barbe brune grossièrement taillée. Le bébé était allongé sur ce qui évoquait une mangeoire en pierre recouverte de linges pour la rendre moelleuse et confortable. Il avait beaucoup de cheveux, châtain clair, et de longs cils. Ses yeux étaient sombres, saisissants. Une vingtaine d'anges entouraient la famille : ils étaient grands et leurs ailes battaient doucement tout en changeant constamment de couleurs et de tons. En petits groupes de quatre, ils chantaient à l'unisson puis s'arrêtaient et d'autres groupes se mettaient à chanter. Tous avaient de longues plumes blanches et délicates, dont le bout était strié de jaune et de doré, et ils portaient des cloches en or qu'ils sonnaient pour divertir l'enfant. Il est intéressant de comparer les détails de cette vision avec l'œuvre d'artistes visionnaires.

Pourtant, Jésus Christ changea la face du monde, pas Apollonius.

Élie, le Bouddha, Socrate et Apollonius apportèrent au monde la conscience et la connaissance spirituelles – le fait de savoir que nous sommes tous interconnectés, que nous devons faire preuve de compassion envers toutes les choses vivantes, et que nous devons contribuer à l'évolution du monde. À un certain niveau, tous savaient ce qui se passait et ce qui devait se passer, mais ce fut Jésus Christ qui réussit à en faire une réalité. C'est lui qui eut le pouvoir de changer le cours de l'histoire. Élie, le Bouddha et Pythagore apportèrent la foi et l'espoir, mais Jésus Christ, lui, apporta l'amour.

Quand Satan le tenta dans le désert, Jésus refusa de céder : ce faisant, il répudiait la magie, car la magie impliquait de collaborer avec les esprits inférieurs. Jésus, lui, collaborait avec les anges.

Nous l'avons dit, jusque-là, les anges apparaissaient aux moments-clés de l'histoire tels que les raconte l'Ancien Testament, mais, à l'époque de Jésus, ils sortirent véritablement de l'ombre. Dans le Nouveau Testament, les anges sont légion : ils annoncent à Zacharie que sa femme va avoir un fils, font l'Annonciation à Marie, disent à Joseph d'épouser Marie, annoncent la naissance de Jésus aux bergers, conseillent à Joseph de partir en Égypte avec femme et enfant, secourent Jésus après sa tentation dans le désert, communient avec Jésus dans le jardin de Gethsémani, donnent des forces à Jésus quand il est sur la croix, font rouler la pierre du tombeau de Jésus, et apparaissent à Marie Madeleine et aux disciples pour leur apprendre la résurrection. Plus tard, les anges chargent Philippe d'aller vers le sud, en Éthiopie, et le centurion Corneille d'aller chercher Pierre. Un ange apparaît à Paul de nuit, lui demandant d'emporter l'évangile en Europe.

Les premiers chapitres de ce livre ont raconté une histoire du cosmos commune à toutes les religions. La matière fut précipitée du grand Esprit cosmique, ce qui donna naissance à la vie végétale, puis la vie végétale forma un berceau pour accueillir la vie et la conscience animales.

Les peintures de la crucifixion montrent souvent un ange en train de recueillir le sang qui s'écoule de la blessure au flanc de Jésus, faite par la Sainte Lance. (Miniature extraite des Évangiles de Rabula.)

Le serpent s'enroulant autour de l'arbre est l'image la plus évidente des origines de la conscience animale qui, à son tour, rendit possible le développement de la conscience humaine. Puis, à mesure que l'histoire avançait, la matière se densifia et durcit autour de la conscience humaine. Les hommes se coupèrent de plus en plus de l'Esprit cosmique, eurent de moins en moins conscience de sa présence. Mais les guides spirituels comme Zarathoustra, Krishna, Moïse, Socrate et le Bouddha aidèrent l'humanité à surmonter cette perte de la conscience spirituelle.

Or, à l'époque de l'Empire romain, les hommes s'étaient presque totalement coupés non seulement de la dimension spirituelle, mais les uns des autres. Le système judiciaire, qui deviendrait la plus grande contribution des Romains à la civilisation, réussissait à peine à juguler une culture de la cruauté terrible et sanguinaire. La vision spirituelle déclinait tant qu'il devint possible de douter de sa réalité, ce qui donna naissance à l'atomisme et à l'athéisme de Démocrite et de Lucrèce[2].

À l'heure la plus sombre et obscure de la Chute, la crucifixion et la résurrection de Jésus Christ marquèrent le début de l'ascension[3]. Tout comme la conscience animale avait été clouée sur l'arbre du jardin d'Éden, la conscience divine était désormais clouée sur la croix de la matière. Tout comme la conscience animale avait été absorbée dans la vie végétale et enfermée dans la matière pour créer les êtres humains, la conscience divine serait elle aussi absorbée dans la matière[4].

La conscience divine entreprendrait alors le processus de dissolution de la matière, pour la spiritualiser[5].

*

* *

On peut voir dans l'histoire de Marie Madeleine que toute la structure du cosmos était en train de changer.

Quand Marie Madeleine apparaît pour la première fois dans la Bible, elle fait partie d'un groupe de femmes qui prennent soin de Jésus. Elle était sans doute riche. On la représente souvent vêtue d'une robe jaune, avec de longs cheveux roux. Elle semble rayonner d'une lumière intérieure mystique. Il émane d'elle une certaine tendresse, mais aussi une certaine tristesse.

Elle est souvent dépeinte avec un flacon d'albâtre car, dans la tradition catholique, on l'identifie à Marie de Béthanie, sœur de Marthe, dont l'histoire est racontée dans l'Évangile selon Luc.

Les deux sœurs accueillirent Jésus chez elles. Marthe se plaignit car, pendant qu'elle courait en tous sens pour tout organiser, sa sœur était assise aux pieds de leur invité, à l'écouter parler et à partager un moment d'intimité avec lui[6].

Jésus et les quatre éléments (illustration extraite du *Propriétaire des choses* de Barthélemy l'Anglais, 1490).

Plus tard, quand Marie prit une huile parfumée onéreuse dans un flacon d'albâtre pour oindre les pieds de Jésus, l'un de ses disciples s'indigna, au prétexte que c'était de l'argent gaspillé. Ils auraient pu donner cet argent aux pauvres à la place, mais Jésus répondit : « Laisse-la ; elle a gardé ceci pour le jour de mon ensevelissement. »

Cet épisode anticipe donc la mort de Jésus, moment où s'illustrerait Marie Madeleine[7].

Nous ne sommes pas certains que Marie Madeleine et la sœur de Marthe, Marie, sont la même personne, mais toutes deux prirent soin de Jésus et eurent une relation avec lui qui semblait très personnelle. En déclarant que Marie avait raison de l'oindre avec cette huile onéreuse, Jésus ne faisait pas preuve d'égoïsme. Il disait quelque chose du cosmos tel que le comprend le christianisme : le dieu du christianisme est un dieu personnel et nous vivons dans un cosmos personnel. Le cosmos a été créé pour nous donner les qualités qui nous rendent humains et, plus encore, pour donner à chacun d'entre nous l'expérience propre qu'il en fait, avec des épreuves, des dilemmes, des mystères, des conflits et des bienfaits qui correspondent à nos forces et faiblesses personnelles. Notre personnalité, avec toutes ses imperfections, est le sommet de la création et nous devons la chérir.

Marie Madeleine était l'une des femmes qui se tenaient au bas de la croix lors de la crucifixion. Elle assista également à l'inhumation du corps du Christ par Joseph d'Arimathie et fut la première personne à le voir ressuscité.

L'Évangile selon Jean raconte que Marie se rendit au sépulcre dès le matin, quand il faisait encore nuit. Elle vit que la pierre qui bloquait l'entrée avait été déplacée : elle partit donc prévenir Pierre et Jean en courant. Ils y retournèrent tous les trois et trouvèrent le linge dans lequel le corps avait été enveloppé – mais aucune trace du corps. Apparemment, il avait été volé.

Pierre et Jean partirent. Marie pleurait, debout devant le sépulcre, quand elle regarda à l'intérieur et, à travers ses larmes, vit deux anges vêtus de blanc, à la place où avait été couché le corps de Jésus, l'un à la tête, l'autre aux pieds.

« Femme, pourquoi pleures-tu ?

— Parce qu'ils ont enlevé mon Seigneur, et je ne sais où ils l'ont mis. »

Puis, dans le jardin entourant le sépulcre, elle vit une silhouette qu'elle prit pour le jardinier. Ce dernier lui demanda :

« Femme, pourquoi pleures-tu ? »

Elle lui demanda de lui montrer où il avait mis le corps – si c'était bien lui qui l'avait emporté. Mais quand elle l'entendit dire « Marie », elle le reconnut, car son cœur se remplit d'amour.

Elle se précipita vers lui pour l'étreindre, mais il l'arrêta :

« Ne me touche pas ; car je ne suis pas encore monté vers mon Père. »

Il lui demanda alors d'aller trouver ses disciples pour leur dire ce qu'elle avait vu.

Le « corps de résurrection » de Jésus, le premier des corps transformés qui spiritualiseront toute la dimension matérielle du cosmos, était différent de son corps précédent, charnel. On voit la même chose dans l'histoire de l'étranger qui accompagna deux des disciples sur la route d'Emmaüs. Eux aussi échouèrent à reconnaître le Christ ressuscité.

Jésus dit à Marie de ne pas le toucher car son corps de résurrection subissait un mystérieux processus de transition, qui s'achèverait au moment où Thomas serait invité à toucher ses plaies.

Comment réagirent les disciples quand Marie Madeleine leur apprit que leur maître était revenu d'entre les morts ? Des textes chrétiens écrits à peu près à la même époque que les quatre évangiles canoniques laissent soupçonner que certains jalousaient Marie Madeleine, lui reprochant l'intimité qu'elle partageait avec Jésus.

Dans l'Évangile selon Thomas, Pierre demande à Jésus de dire à Marie de sortir, car « les femmes ne sont pas dignes de la vie », mais Jésus refuse, déclarant qu'il va faire de Marie un « esprit vivant »[8].

Dans l'Évangile selon Philippe, il est dit que Jésus « aimait Marie plus que tous les disciples et l'embrassait souvent sur la bouche »[9]. Les disciples se plaignent qu'il l'aime plus qu'eux et il ne le nie pas. Ce passage a amené certaines personnes à supposer que Jésus et Marie Madeleine étaient mariés, mais, comme nous le verrons plus tard, il est ici fait allusion à une expérience de béatitude mystique intense, un « mariage mystique ».

Les fragments de l'Évangile selon Marie qui nous sont parvenus décrivent des événements survenus après la résurrection – sans doute peu de temps après que Jésus a dit à Marie d'aller trouver Pierre et les autres pour leur annoncer qu'elle venait de voir sa forme ressuscitée. Pierre demande à Marie de leur révéler les enseignements de Jésus. Marie décrit alors les étapes successives par lesquelles l'esprit doit se libérer de son attachement à la Terre avant de pouvoir s'élever à nouveau vers Dieu. Elle leur raconte une vision que Jésus lui a permis de voir, dans laquelle l'esprit s'élève à travers sept royaumes. Elle décrit la manière dont l'esprit est mis à l'épreuve par sept Puissances – la Ténèbre, le Désir, l'Ignorance, la Jalousie de la Mort, la Royauté de la Chair, la Folle Sagesse charnelle et la Sophia coléreuse. Elle présente une vision du monde dans laquelle l'esprit humain est enfermé dans la matière. Selon elle, l'esprit humain a besoin du pouvoir surnaturel que Jésus peut apporter pour se libérer et s'élever.

Isis aimait le dieu Soleil, Osiris. Elle l'aida à le faire entrer dans un autre monde, sur lequel il régnerait. Désormais, la sagesse d'Isis se manifestait en Marie Madeleine.

Il existe une tradition, qui se perpétue toujours aujourd'hui, selon laquelle Marie Madeleine se rendit dans le sud de la France en bateau, accompagnée de son frère Lazare, et y passa le restant de ses jours. Il est en outre significatif que cette région soit étroitement liée au Saint Graal, mais nous reviendrons plus tard sur la véritable signification de cette quête.

Comme le dit Marie elle-même dans son évangile : « Là où est l'intellect, là est le trésor. »

Jésus Christ porta la croix jusqu'au Golgotha. De l'autre côté du monde, un homme illustre et puissant était traîné hors de son sanctuaire. L'entrée de sa caverne, sculptée et peinte, formait la gueule d'un serpent. Jusque-là, les gens avaient eu peur de s'y aventurer, mais, désormais, des soldats en sortaient. Ils avaient fait le dieu-roi prisonnier.

Grâce au roi, le maïs avait atteint une telle taille qu'un seul épi était presque trop lourd à porter pour un seul homme. On disait que lorsqu'il parlait aux plantes, elles se mettaient immédiatement à pousser et à porter des fruits. Grâce à lui, la faim n'était plus qu'un lointain souvenir. Les animaux domestiques se reproduisaient et se multipliaient à une vitesse vertigineuse et, en sa présence, les animaux sauvages devenaient dociles et obéissants. Des myriades d'oiseaux merveilleux au doux chant – dont certaines espèces jamais vues auparavant – se rassemblaient dans les villes pour chanter la sérénade aux habitants.

Le roi avait-il réellement un pouvoir sur les forces de la croissance et de la reproduction ? Les plus belles femmes du royaume lui donnèrent de nombreux beaux bébés dorés, une nouvelle race peut-être – et cela inquiétait le peuple. Qu'adviendrait-il de leurs propres enfants ?

Puis des tempêtes s'abattirent sur le royaume et détruisirent les cultures. Les volées d'oiseaux s'enhardirent et se mirent à voler la nourriture, et même à attaquer les enfants. Des rumeurs circulaient : la nuit, des mutants sortaient de la caverne et galopaient dans la forêt. Un jour, un prophète arriva et dit au peuple que son roi avait fait usage de magie noire. Il montra du doigt la danse de Vénus et de Mercure, près du Soleil, tantôt cachées, tantôt apparaissant au grand jour. Le prophète savait être convaincant, comme le roi – et le peuple le crut quand il leur annonça qu'il devait crucifier son roi.

Le roi, son long corps évoquant celui d'un serpent recouvert de plumes vertes, fut donc traîné à travers les bosquets sacrés, où les racines sculptées des arbres ressemblaient à des serpents. On l'emmena sur la « colline du crâne ». Il fut cloué à une croix entre deux criminels qui, suspendus à ses côtés, l'insultèrent et l'injurièrent.

À cette époque, on tuait les gens en les accrochant à une croix et en leur décochant des flèches. Pour se moquer du roi, qui prétendait être l'émissaire du Soleil, on recouvrit son corps de peintures en forme de soleils.

Un petit groupe de femmes se tenait sur la colline jonchée de crânes et d'os pour assister à l'exécution. L'une d'elles était la Femme-Araignée, et elle exultait : désormais, ses propres enfants seraient sauvés et la grande déchirure dans le cosmos serait réparée[10].

*

* *

Avec la vie de Jésus, l'histoire entre dans un palais des glaces. Sa vie s'apparente à celle d'Apollonius, tout en étant son opposé – tout comme la crucifixion en Amérique. Le monde dans lequel nous vivons est un lieu paradoxal, mais, avec l'arrivée de Jésus, les paradoxes se mirent à proliférer au-delà de toute mesure.

Gravure d'un oiseau-serpent sur le bas-relief du Temple de la Croix feuillue à Palenque, désormais exposée au British Museum.

Dans le monde spirituel, les lois naturelles ne s'appliquent pas ou sont inversées : de fait, les paradoxes surviennent quand le monde spirituel pénètre dans le monde matériel. Le paradoxe était caractéristique de la façon de s'exprimer de Jésus. Le paradoxe était ce qui donnait leur force rhétorique à ses paroles :

Celui qui cherchera à sauver sa vie la perdra.
Les débonnaires hériteront la terre.
Celui qui est près de moi est près du feu[11].

Le monde est donc un lieu de paradoxes en mutation. Au moment même où l'on est sûr de soi, on se retrouve face au contraire de ce à quoi on s'attendait. Le sage chinois, Lie Tseu (ou Lie Zi), qui vécut peu après Jésus, a dit :

> C'est un fait d'expérience, que, peu avant de s'éteindre, la vue devient pour un temps plus perçante, ce qui achève de l'user. Entendre le vol des moucherons est signe qu'on va devenir sourd (même raison). Il en est de même, pour le goût et pour l'odorat. Un excès d'agitation précède et amène la paralysie. Une excessive pénétration précède et introduit la folie. Tout apogée appelle la ruine[12].

S'il n'y avait pas d'hommes pour l'observer, l'univers ne serait ni beau, ni riche, ni étrange. Ce ne serait pas dommage, ni triste, si l'univers s'effondrait, si sa vaste étendue, ses motifs changeants, ses complexités n'étaient plus, car ce sont là des expressions de valeur et, sans esprit, rien n'a de valeur et tout est vide de sens.

La vie de Jésus Christ illustre une grande convergence d'êtres et de forces spirituels. Sa vie fut si mystérieuse, si capitale, qu'il nous est encore aujourd'hui difficile de la saisir dans toutes ses dimensions cosmiques, mais l'un de ses aspects est le suivant : il existe une loi spéciale qui opère comme un principe de thermodynamique. Lorsqu'on essaye de faire quelque chose d'entièrement bon, l'influence saturnienne qui s'exerce dans le monde, une force malveillante, égale et contraire, s'élève et s'oppose à nous. Mais il existe une autre loi, une loi d'un ordre supérieur : lorsqu'on essaye de faire quelque chose par pur amour, le pouvoir de l'amour grandit en nous.

23

Le Soleil à minuit

« Au milieu de la nuit, j'ai vu le Soleil. »

Apulée, *L'Âne d'or*

« Nous avons vu le Soleil errer sur la Terre. »

Saint Jean CHRYSOSTOME

Les témoins déposèrent leurs vêtements aux pieds de Saul pour jeter leurs pierres avec plus d'ardeur. Saul regardait Étienne se faire lapider avec approbation. C'était une figure d'autorité, un Pharisien, et il avait officiellement ordonné la lapidation de ce disciple de Jésus.

À cette époque, les Pharisiens étaient les gardiens de la sagesse mystique juive, ce qui aida sans doute Saul à se préparer : quand le temps serait venu, il serait à même de comprendre les changements subtils et complexes survenant dans le cosmos. Saul connaissait bien les idées de Platon, mais aussi la pensée du philosophe juif avant-gardiste Philon d'Alexandrie, ainsi que le concept de conscience individuelle développé par les Stoïques. Ces sujets le passionnaient.

À la lecture des épîtres de Paul, on sent que le fait d'être juste lui tenait plus à cœur qu'au commun des mortels. Avant comme après sa conversion, il n'était pas de nature à laisser passer quoi que ce soit.

Étienne tomba à genoux et s'écria : « Seigneur, ne leur impute pas ce péché ! »

Et il s'écroula sur le sol, mort.

Saul se mit rapidement en route pour Damas, déterminé à éradiquer les idées subversives des chrétiens partout où il les débusquait. Avec un zèle infatigable, il fouillait les maisons une à une, traînant hommes et femmes hors de chez eux pour les jeter en prison, et en condamnant certains à mort.

Il approchait de Damas quand une lumière vive venant du ciel descendit sur lui et ses disciples. Il entendit une voix. Les autres semblaient avoir vu la lumière et entendu quelque chose, sans avoir compris ce qu'il se disait. Saul, lui, entendit ceci :

« Saul, Saul, pourquoi me persécutes-tu ? »

Il tomba par terre :

« Qui es-tu, Seigneur ?

— Je suis Jésus que tu persécutes. [...] Lève-toi, entre dans la ville, et on te dira ce que tu dois faire. »

Lorsque Saul se releva, il se rendit compte qu'il était aveugle. Ses disciples le prirent par la main et le conduisirent à Damas. Il resterait trois jours sans voir.

Entre-temps, un habitant de Damas, un disciple de Jésus nommé Ananias, eut également une révélation divine. On lui dit d'aller chercher Saul dans une maison de la rue qu'on appelle « la droite ». D'abord réticent, ayant eu vent de la réputation de Saul, Ananias finit par obéir. Quand il posa les mains sur Saul, celui-ci recouvra la vue – et fut converti.

Qu'avait-il vu dans sa cécité pour se convertir et devenir Paul ?

La seconde épître de Paul aux Corinthiens relate les expériences extraordinaires d'un « homme qu'il connaît » mais, d'après la plupart des commentateurs, Paul parle en réalité de lui-même. Il dit que son ami a été « ravi jusqu'au troisième ciel (si ce fut dans son corps je ne sais, si ce fut hors de son corps je ne sais, Dieu le sait). Et je sais que cet homme (si ce fut dans son corps ou sans son corps je ne sais, Dieu le sait) fut enlevé dans le paradis, et qu'il entendit des paroles ineffables qu'il n'est pas permis à un homme d'exprimer » (2 Corinthiens, XII, 2-4).

Paul a donc entendu des choses qu'il n'avait pas le droit de répéter : cette idée nous rappelle les cérémonies d'initiation du monde antique, au cours desquelles les candidats étaient maintenus en état de transe pendant trois jours. La mention du troisième ciel peut, elle, nous faire penser à Énoch, emmené au troisième ciel, où se trouve le Paradis et où marche Dieu.

Plus tard, à Athènes, Paul rencontra un homme nommé Denys et le convertit sur la « colline d'Arès », l'Aréopage, lieu où Socrate s'était défendu en vain[2]. Celui qui deviendrait Denys l'Aréopagite évoqua les cieux dans ses écrits, qui nous permettent de comprendre en partie ce que Paul voulait dire par « troisième ciel ».

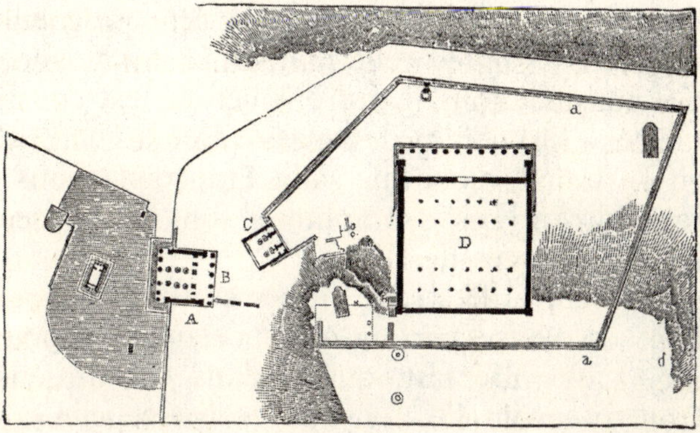

Plan de l'enceinte du temple d'Éleusis. À l'instar des loges maçonniques aujourd'hui, tout le monde connaissait l'existence des écoles de mystère, mais personne ne savait ce qui se passait à l'intérieur[1].

Quand Paul fait incidemment référence aux différents ordres d'anges, il s'attend manifestement à ce que ses lecteurs comprennent ce à quoi il fait allusion. Pour autant, dans *La Hiérarchie céleste*, Denys développe les remarques de Paul et décrit de manière systématique les neuf ordres d'anges. Au plus bas de la hiérarchie se trouvent les « anges » et, au-dessus d'eux, viennent les « archanges », dont Michel, Gabriel et Raphaël. Paul nomme le troisième ordre dans la hiérarchie les « principautés » : les êtres de cet ordre se soucient des nations. L'ordre suivant est appelé les « puissances » : ce sont les anges planétaires, qui jouent un rôle particulier dans la formation des formes biologiques et de la conscience humaine.

Ce sont les êtres spirituels auxquels la Genèse fait allusion sous le nom d'Elohim. Au-dessus des « puissances », on trouve les « vertus », les « dominations », les « trônes » – les « seigneurs du temps » – et les « chérubins », les douze anges des constellations. L'ordre supérieur est constitué des « séraphins », les anges à six ailes qu'Ésaïe vit en vision, ainsi que saint François – nous y reviendrons. Les « séraphins » sont les pensées les plus élevées de Dieu.

Ces neuf ordres sont divisés en trois groupes, dont on pense parfois qu'ils occupent chacun un « ciel ». De fait, quand dans Corinthiens, Paul dit avoir été ravi au « troisième ciel », il fait allusion au ciel occupé par les trônes, les chérubins et les séraphins, les ordres d'anges qui sont perpétuellement en présence de Dieu.

L'expérience que Paul vécut dans les Cieux lui fit prendre conscience qu'un événement très important et très mystérieux s'y déroulait. Une chose phénoménale était en train de se produire. « Voici, je vous dis un mystère : nous ne mourrons pas tous, mais tous nous serons changés, en un instant, en un clin d'œil [...]. [A]lors s'accomplira la parole qui est écrite : La mort a été engloutie dans la victoire. Ô mort, où est ta victoire ? Ô mort, où est ton aiguillon[3] ? »

Paul disait alors que le cosmos était en train de subir une transformation, un changement fondamental. Or, en surface, rien ne semblait avoir changé. Tout le monde continuait à vieillir, à tomber malade et à mourir. Il n'y avait même pas de révolution sur le plan politique.

Alors, qu'avait vu Paul lors de sa conversion, pendant ses trois jours de cécité ?

Dans une certaine mesure, il est possible de reconstituer ce qui se passait lors des procédures d'initiation dans les écoles de mystère de l'Antiquité d'après des textes comme *L'Âne d'or* (ou *Les Métamorphoses*) d'Apulée, écrivain afro-romain : celles-ci duraient trois jours et il semble qu'on montrait parfois aux candidats une vision des Enfers avant de les guider vers une vision glorieuse des Cieux. Paul a-t-il vécu pareille expérience ?

Les Saintes Écritures font plusieurs fois allusion à un grand événement qui s'est déroulé en Enfer. Dans Actes, il est dit : « Dieu l'a ressuscité, en le délivrant des liens de la mort, parce qu'il n'était pas possible qu'il fût retenu par elle. » Pierre écrit que Jésus « est allé prêcher aux esprits en prison ». Dans l'évangile apocryphe de Pierre, on demande à Jésus : « As-tu annoncé la nouvelle à ceux qui dorment ? » Dans le Symbole des Apôtres, les croyants affirment toujours comme l'une de leurs principales doctrines que Jésus Christ « est descendu aux enfers[4] ».

Pour trouver une description détaillée de ce qui s'est passé, il faut nous tourner vers un des premiers textes chrétiens, attribué à Nicodème.

Comme Saul, Nicodème était pharisien. Il était également initié des écoles de mystère et, une nuit, il avait rendu visite à Jésus pour entendre ses enseignements. Plus tard, il aida Joseph d'Arimathie à préparer le corps de Jésus pour son enterrement[5]. L'évangile qui porte son nom préserve une description de la descente aux Enfers. Le récit est fait par deux hommes revenus du royaume des morts, qui ont donc assisté à l'arrivée de Jésus Christ et sont à même de la relater :

> Lorsque nous étions avec tous nos pères, placés au fond des ténèbres, nous avons soudain été enveloppés d'une splendeur dorée comme celle du soleil et une lueur royale nous a illuminés. [...]
>
> [L]e Seigneur de majesté survint sous la forme d'un homme, et il éclaira les ténèbres éternelles, et il rompit les liens qui n'étaient point brisés, et le secours d'une vertu invincible nous visita, nous qui étions assis dans les profondeurs des ténèbres des fautes, et dans l'ombre de la mort des péchés. Alors le Roi de gloire, écrasant dans sa majesté la mort sous ses pieds et saisissant Satan, priva l'enfer de toute sa puissance [...].
>
> Et le Seigneur, étendant sa main, dit : « Venez à moi, tous mes Saints, qui avez mon image et ma ressemblance. Vous qui avez été condamnés par le bois, le diable et la mort. » [...]
>
> Et aussitôt tous les Saints furent réunis sous la main du Seigneur. [...] Et le Seigneur, détendant sa main, fit un signe de croix sur Adam et sur tous ses Saints, et, tenant la main droite d'Adam, il s'éleva des enfers. Et tous les Saints le suivirent. [...]
>
> Et le Seigneur, tenant Adam par la main, le remit à Michel Archange, et tous les Saints suivirent Michel. Il les introduisit tous dans la grâce glorieuse du Paradis, et deux hommes, anciens des jours, vinrent au-devant d'eux. Les Saints les interrogèrent, disant : « Qui êtes-vous, vous qui n'avez

pas encore été avec nous dans les enfers et qui avez été placés corporellement dans le Paradis ? »

L'un d'eux répondit : « Je suis Énoch qui a été transporté ici par la parole du Seigneur. Et celui qui est avec moi est Élie le Thesbite, qui a été enlevé par un char de feu[6]. »

Jésus faisait sortir les morts de la bouche de l'enfer et les élevait au ciel : ce fut sans doute ce qui amena Paul à annoncer la fin de la mort[7].

J'ai dit au début de cette histoire que je m'efforcerais de la raconter du point de vue des êtres spirituels – dans la mesure du possible. Nous voyons ici qu'à l'époque de Paul, les mondes spirituels avaient été complètement transformés, même si le monde physique, lui, n'avait pas beaucoup évolué.

Comme Moïse, Jésus faisait sortir son peuple de captivité. Comme Josué, il le conduisait vers un pays de lait et de miel, l'élevait vers la lumière[8]. Il avait une mission envers les vivants, mais aussi envers les morts : vus sous cet angle, les vivants et les morts étaient considérés comme appartenant à la même communauté.

Bien qu'à des époques antérieures l'humanité ait librement interagi avec les mondes spirituels, si bien que les hommes étaient persuadés qu'ils continueraient à vivre dans le monde des esprits après la mort, avec le temps, cette vision s'était estompée. Environ 1200 ans avant l'époque de Jésus, Ulysse s'était rendu aux Enfers et y avait rencontré le fantôme d'Héraclès. Les morts lui étaient alors apparus comme des ombres sans vie, toutes enchevêtrées, voletant comme des chauves-souris. De même, Achille avait déclaré : « J'aimerais mieux être l'esclave du plus indigent des laboureurs [...] que de régner sur le peuple entier des ombres. » Les Psaumes de David évoquent la mort comme une « fosse », un lieu morne, sombre et triste, un lieu de demi-existence. À l'époque de l'Empire romain, certaines personnes avaient même commencé à se demander si la vie après la mort existait vraiment.

Ce fut dans ces ténèbres que vint soudain le Christ ressuscité : il brillait avec une telle intensité et illuminait les mondes spirituels d'un tel éclat que Paul en tomba à la renverse. Devenu aveugle au monde matériel, Paul eut des visions extraordinaires, qui s'achevèrent sur la mort, la descente aux Enfers et la résurrection du Christ, ce qui rendit la résurrection de tous possible[9]. Et, comme nous l'ont appris ses épîtres, il passa le restant de ses jours à se servir des meilleurs outils intellectuels et cadres philosophiques de son époque pour saisir la signification de ce qu'il avait vu.

Un ange secourant saint Pierre en prison (gravure extraite d'une Bible du XVIIIe siècle). Agrippa Ier persécutait les chrétiens. Il fit tuer Jacques, le frère de Jésus, et arrêter Pierre, qu'il jeta en prison. La nuit qui précéda son jugement, Pierre se mit à prier. Il était enchaîné à deux soldats et des gardes surveillaient la porte. Soudain, il sentit qu'on le frappait au côté et il se rendit compte qu'il s'était endormi. Il entendit une voix lui dire : « Lève-toi promptement ! », et les chaînes semblèrent tomber de ses mains. Il remarqua que les gardes dormaient. L'archange Michel lui dit : « Mets ta ceinture et tes sandales », tel un père pressant tendrement son fils de se rendre à l'école. « Enveloppe-toi de ton manteau et suis-moi. » Pierre quitta sa cellule, passa devant les gardes endormis et sortit dans la rue, sombre et vide. En arrivant à une porte de fer, il vit que Michel avait disparu. Il se dirigea à la hâte vers une maison où vivaient des chrétiens. (Actes, XII, 1-19.)

Pour comprendre la grandeur de ces événements cosmiques, il est important de se rappeler la trajectoire de l'histoire selon l'idéalisme. Les événements décrits ne sont pas seulement psychologiques. En réalité, ils ne concernent pas seulement les individus, ni même l'humanité entière : ils traitent de la transformation de toute la matière, rien de moins. À ce stade, qui fut aussi le plus sombre, le minuit de l'histoire du monde, Jésus Christ avait pénétré le centre de la Terre et y avait semé le germe de sa nature solaire. La préparation avait été longue, elle avait duré plusieurs ères, mais, au beau milieu de la nuit, la graine du Soleil fut finalement plantée. Cette graine germerait afin que la Terre puisse devenir un soleil.

Telle est la grande vision cosmique du christianisme – rarement exposée clairement en ces temps matérialistes. Au commencement, la matière fut précipitée du grand Esprit cosmique. Elle se densifia, se refroidit et durcit jusqu'à ce que l'âme humaine soit enfermée à l'intérieur, isolée et coupée du grand Esprit cosmique. Mais, au milieu de l'histoire, l'Esprit cosmique envoya un émissaire contenant son essence créatrice, qui commencerait à desserrer la matière de façon à ce que, enfin, les corps humains, tous les corps, l'entièreté du cosmos matériel, se dissolvent et soient spiritualisés.

Les écoles de mystère de l'Antiquité avaient beau ne pas connaître le nom de Jésus de Nazareth, elles partageaient la même vision de l'histoire du monde et du rôle qu'y jouait le Verbe – le dieu Soleil.

L'Évangile selon Matthieu raconte que cette nuit-là, on vit les morts marcher dans les rues de Jérusalem. Les grands événements se déroulant dans les royaumes spirituels sont toujours suivis par de grands événements dans le monde physique, mais ils entraînaient désormais une explosion d'événements surnaturels à la surface de la Terre. Cinquante jours après la résurrection du Christ, les apôtres étaient assis dans une chambre à l'étage d'une maison quand, soudain, ils entendirent un bruit comme celui d'un vent impétueux, qui sembla emplir la maison entière. Puis ils virent des langues de feu, qui se posèrent sur chacun d'eux comme des couronnes, et ils se mirent à parler parfaitement des langues qu'ils n'avaient jamais apprises. Aux yeux de Pierre, une prophétie de Joël se réalisait : « Après cela, je répandrai mon esprit sur toute chair ; vos fils et vos filles prophétiseront, vos vieillards auront des songes, et vos jeunes gens des visions. » Les disciples se rendirent compte qu'ils pouvaient accomplir des miracles, guérir, prédire l'avenir, voir les êtres spirituels et lire dans les pensées.

À cet instant, à minuit, lorsque Jésus fit la lumière à l'intérieur de la Terre, il illumina également l'intérieur du crâne humain. Grâce à lui, une idée qu'on tient tous pour acquise aujourd'hui vit le jour : chacun de nous a un « espace » mental propre qui est aussi riche, infini et varié que le cosmos matériel. « Le royaume de Dieu est au-dedans de vous », dit-il – tout un royaume ! On incita les hommes à chercher un royaume intérieur en eux : ils le trouvèrent et se convertirent au christianisme.

L'humanité subissait un changement profond et soudain. Les hommes et les femmes faisaient l'expérience d'illuminations et d'inspirations. La conscience vivait une véritable révolution.

*
* *

En Perse, en 216, Mani revêtit un « corps terrestre », comme il le dirait lui-même plus tard. Sa famille faisait partie d'une secte juive-chrétienne. Enfant, il voyait les anges. Jeune homme, il accomplissait des miracles de guérison. Aux yeux de ses amis, il semblait capable d'apparaître subitement à n'importe quel moment, partout où on avait besoin de lui, et il entendait aussi la voix des plantes. Il vit Jésus souffrir dans toute l'humanité et dans toute la nature – les plantes comme les animaux. Il comprit que la matière était une enveloppe difficile à supporter pour l'esprit – ce qui était sans doute littéralement vrai pour lui, handicapé de naissance.

Mani avait de formidables visions de l'histoire du cosmos. Né dans le pays de Zarathoustra, il essayait de comprendre la dynamique entre la lumière et les ténèbres, l'esprit et la matière. Il disait que le combat entre la lumière et les ténèbres prendrait fin quand les étincelles de lumière auraient réussi à transformer la matière.

Comme Pythagore et Apollonius, Mani se rendit en Inde pour apprendre. Il comprit les rôles qu'avaient joués Krishna et Zarathoustra dans l'évolution de l'humanité – qu'ils avaient été envoyés pour préparer l'arrivée de Jésus. Il dit : « La sagesse et les bonnes œuvres ont toujours été apportées au monde, périodiquement, par ceux que Dieu a envoyés ; ainsi elles vinrent à une époque donnée dans l'Inde par le prophète dit le Bouddha, à une autre époque en Perse par Zoroastre, à une autre encore en Occident par Jésus ; après cela descendit cette révélation présente, en ces derniers temps, par moi, Mani, l'envoyé du Dieu de vérité dans le pays de Babel[10]. »

Ses écrits montrent aussi qu'il était versé en mysticisme égyptien. À l'âge de vingt-cinq ans, après des années de réflexion, de méditation et d'efforts spirituels, Mani eut une vision de son jumeau céleste.

Ce jumeau lui dit : « Salutation, Mani, de ma part et de celle du Seigneur, qui m'a envoyé vers toi et t'a choisi pour sa mission. Tu iras trouver le peuple pour lui annoncer la bonne nouvelle de la Vérité. »

Plus tard, Mani dirait de ce jumeau céleste : « Je le reconnus et compris qu'il était mon être véritable, dont je fus jadis séparé. »

Son jumeau lui dit de quitter la communauté dans laquelle il avait été élevé pour fonder sa propre communauté.

Mani apprit à ses disciples à être purs en toute chose, en renonçant à la viande, à l'alcool et au sexe. Il prêchait un évangile de résistance non-violente au mal. Il apprit également à ses disciples à respecter la lumière contenue dans toute chose vivante, y compris les plantes. Ils ne devaient ni planter de semences ni produire de cultures, seulement manger ce qu'ils trouvaient. Mani voulait retrouver le Paradis d'avant la Chute. Il disait : « Chaque élément du monde végétal chante quelque chose et recèle un secret du mystère divin. »

Son jumeau lui fit aussi mieux comprendre le combat entre la lumière et les ténèbres. Seul le Bien pouvait combattre le Mal, mais les hommes ne seraient assez forts pour mener ce combat que s'ils étaient capables de donner naissance à leur être supérieur. Mani travailla son être intérieur telle une statue : il redressa ce qui était de travers et se purifia de façon à ce que la lumière divine en son sein rayonne.

La nature intransigeante de Mani et son refus de tenir compte des mises en garde l'incitant à rester à l'écart de la cour du roi de Perse lui valurent d'être crucifié.

Après sa mort, le manichéisme, comme on en vint à désigner son mode de pensée, se répandit rapidement pour devenir une religion à part entière. Saint Augustin lui-même, le plus grand théologien de l'Église primitive après saint Paul, embrassa le manichéisme pendant neuf ans.

L'un des enseignements du courant dominant du christianisme primitif ressemblait de près à cette idée de jumeau céleste, ou ange gardien. *Le Pasteur d'Hermas*, l'un des tout premiers textes chrétiens, contient des instructions pour apprendre à distinguer le bon ange qui garde chaque individu du mauvais ange, qui n'est jamais bien loin :

L'ange de justice est délicat, modeste, doux, calme. Quand c'est lui qui monte à ton cœur, d'emblée, il te parle de justice, de chasteté, de sainteté, de tempérance, de tout acte juste, de toute vertu noble. [...] Vois maintenant les œuvres de l'ange du mal. Et tout d'abord, il est colérique, amer, insensé ; et ses œuvres mauvaises corrompent les serviteurs de Dieu. Quand donc il monte à ton cœur, connais-le d'après ses œuvres. [...] Quand la colère s'empare de toi, ou l'aigreur, sache qu'il est en toi ; de même les désirs d'activité dispersée, les folles dépenses en festins nombreux, en boissons enivrantes, en orgies incessantes, en raffinements variés et superflus, la passion des femmes, de la grande richesse, l'orgueil exagéré, la jactance et tout ce qui y ressemble : si cela te monte au cœur, sache que l'ange du mal est en toi. Puisque donc tu connais ses œuvres, éloigne-toi de lui [...]. Car si quelqu'un est très fidèle et que le désir de cet ange monte à son cœur, il est inévitable que celui-là, homme ou femme, commette le péché. Qu'un homme ou une femme, au contraire, soit tout à fait dépravé et que les œuvres de l'ange de justice montent à son cœur, il est inévitable qu'il fasse le bien.

Origène, le père de l'Église, et saint Grégoire de Nysse ont également écrit au sujet de l'ange gardien et du mauvais ange qui accompagnent chaque être humain.

Il existe plusieurs degrés de certitude dans l'enseignement de l'Église. L'existence des anges est une doctrine définie : c'est le niveau de certitude le plus élevé. Le fait que les bons anges sont envoyés par Dieu pour servir d'anges gardiens aux hommes est *De Fide ex Jugi Magisterio* :

il est certain sur le plan théologique que tous les croyants ont un ange gardien. En revanche, il n'est pas certain que tout le monde ait un mauvais ange[11]. Jakob Böhme, le mystique du XVIIe siècle, propose une explication à la faiblesse relative de ces mauvais anges dans le *Mysterium Magnum* : « La vision des démons est une vaine obscurité de la colère divine. » Martin Israel, théologien et exorciste, abonde en ce sens et explique que l'ange des ténèbres a une vision restreinte et une mauvaise compréhension de « sa place dans le cosmos » et de l'histoire cosmique. Les anges des ténèbres sont presque aveugles et ont une intelligence limitée. C'est seulement à cause de ces limites qu'ils sont capables d'exercer une mauvaise influence. S'ils pouvaient voir clairement toutes les implications du mal auquel ils incitent, ils en seraient incapables.

Les anges de lumière, au contraire, comprennent parfaitement la marche du cosmos et le rôle qu'ils y jouent, ce qui les rend plus puissants.

*

*   *

Pour les premiers chrétiens, le cosmos était un champ de bataille où les forces du bien s'opposaient aux forces du mal. Tout un chacun avait un bon et un mauvais ange qui essayaient de le rallier à sa cause. De fait, la bataille entre les forces du bien et du mal se livrait dans plusieurs dimensions – dans les cieux, sur terre, dans les royaumes des morts et dans les royaumes à l'intérieur de chaque être humain.

L'ange gardien (de Jacopo de Barbari, XVe siècle).

À ce stade, nous commençons à mieux appréhender l'objet du cosmos matériel. Au commencement, les êtres humains étaient naturellement submergés par la présence de Dieu et n'avaient d'autre choix que de faire ce qu'Il leur demandait. La matière fut en partie créée pour que les hommes aient la capacité de développer leur libre arbitre. À mesure que la matière se formait, durcissait et enfermait l'esprit humain dans le corps matériel, elle formait une barrière pour que la présence de Dieu ne submerge plus les hommes. Du point de vue de l'idéalisme, c'est la *fonction* de la matière.

Au cours de l'histoire du cosmos, une machine métaphysique complexe, réglée avec précision et à l'équilibre fragile, s'assembla. Elle permettrait aux hommes de discerner suffisamment de la réalité spirituelle pour pouvoir faire leur propre choix, sans pour autant les accabler de preuves.

Cet agencement se reflète aujourd'hui dans l'expérience humaine universelle. Il est souvent difficile de déterminer comment bien agir. Le bon choix et le mauvais choix peuvent être très ressemblants. La vie peut être trompeuse. Elle nous pousse souvent à mal agir et à nous illusionner, à prendre le faux pour le vrai mais, comme le mathématicien mystique Blaise Pascal l'a fait remarquer : « Il y a assez de lumière pour ceux qui ne désirent que de voir et assez d'obscurité pour ceux qui ont une disposition contraire. » L'histoire du monde telle que la raconte l'idéalisme décrit la manière dont la condition humaine en est venue à développer cette extraordinaire faculté.

24

L'âge des miracles

Les siècles ayant suivi la mort du Christ semblent avoir été le grand âge des miracles. De nombreux cas d'apparitions, de guérisons et de transformations miraculeuses, du type de ceux rassemblés dans *La Légende dorée* de Jacques de Voragine ou représentés en peinture, nous sont parvenus.

Nous tendons naturellement à envisager ces phénomènes en termes chrétiens, mais les dieux païens sont apparus devant des foules et devant d'éminents individus jusque tard dans l'Antiquité : il en existe des traces écrites. Dans *Vie de Marcellus*, Plutarque consigna que le temple d'Enguinum, en Sicile, était révéré parce que la déesse-mère y apparaissait parfois. Philostrate, lui, rapporta qu'Asclépios, le dieu de la guérison, se manifestait fréquemment dans un temple de Tarse. Pline raconta les apparitions des dieux sur un trône en pierre sacré dans le temple d'Hercule à Tyr. Dans son traité *De la nature des dieux*, Cicéron, le plus raisonnable des Romains, relata les apparitions fréquentes des dieux à sa propre époque : on vit les jumeaux divins Castor et Pollux venir à l'aide des troupes en bataille, on entendait fréquemment les faunes dans les forêts, et les dieux apparaissaient sous de nombreuses formes.

Un contemporain de saint Paul, un célèbre médecin venu de Rome nommé Thessalos de Tralles, laissa le récit de son voyage le long du Nil, vers les grands temples d'Égypte. Lorsqu'il atteignit Thèbes, un vieux prêtre lui promit de lui obtenir un entretien avec un dieu ou un fantôme. Après trois jours de jeûne, le prêtre enferma Thessalos dans une cellule préparée pour l'occasion, où se trouvait un siège pour le dieu. Le dieu, une apparition d'une beauté indicible, répondit aux questions du médecin sur les plantes médicinales.

Il subsiste également de nombreuses traces écrites de guérisons miraculeuses. L'un des miracles de guérison les plus intrigants de la fin de l'Antiquité concerna un homme nommé Phormion. Il vivait dans la ville de Crotone. Il fut blessé au combat et sa blessure ne guérissait pas. Un oracle lui dit alors de se rendre à Sparte, pour visiter le sanctuaire de Castor et Pollux. Suivant ses instructions, Phormion s'empara de la poignée de la porte et, subitement, se rendit compte qu'il tenait la poignée de la porte de sa propre maison, à Crotone. Il était chez lui, guéri. Nous aborderons plus tard d'autres cas de translation miraculeuse impliquant une transformation personnelle.

Dans le temple d'Asclépios à Épidaure, comme dans le sanctuaire des jumeaux divins, se trouvaient des serpents guérisseurs. Parmi les cas d'apparitions et de guérisons miraculeuses s'y étant produits, on trouve l'histoire d'un homme qui, un jour, s'endormit à l'extérieur du temple. Les passants virent l'un des serpents apprivoisés du temple s'approcher de lui et lui lécher l'orteil blessé. L'homme se réveilla guéri et dit avoir fait un rêve dans lequel un beau jeune homme lui bandait l'orteil.

Dessin sur une pièce du temple d'Asclépios, à Épidaure.

Ces deux histoires montrent qu'il faut entrer dans un autre royaume, ou une autre dimension, pour guérir. Nous reviendrons sur ce thème.

Le miracle n'est donc pas un phénomène exclusivement chrétien, mais le concept de miracle semble être devenu plus courant à la fin de l'Antiquité. Nous l'avons vu, les événements extraordinaires décrits par les anciens mythes, comme l'histoire de Persée, n'étaient pas présentés comme miraculeux au moment de la diffusion du christianisme, car il était admis qu'ils s'étaient produits dans un monde où les lois naturelles n'étaient pas encore figées. À l'époque du Christ, la curiosité des hommes pour le monde matériel grandit. Ils recueillaient des informations – géographiques, biologiques et historiques – et les catégorisaient à la manière aristotélicienne, y décelant des schémas et commençant à noter les lois naturelles, ou ce que certains philosophes arabes appelaient les « habitudes[1] ». Un miracle était donc un événement qui paraissait transgresser ces lois naturelles. (Nous reviendrons sur ce thème quand nous aborderons le siècle des Lumières et les attaques du philosophe écossais Hume à l'encontre des miracles.)

Or, bien que le concept de miracle soit apparu au moment où le matérialisme était formulé, l'idéalisme était toujours vif : c'était toujours la philosophie dominante. L'idéalisme expliquait la précipitation de la matière comme une vague d'émanations successives de l'Esprit cosmique. Les nombreuses religions et philosophies de cette époque, pourtant très différentes, partageaient toutes cette vision, même si la culture dans laquelle elles apparaissaient venait la modifier. Par exemple, l'idéalisme du néoplatonisme est teinté de culture grecque ; celui de la Kabbale, de culture juive ; et celui qu'on appela plus tard hermétisme, de culture égyptienne. Certains spécialistes ont même détecté l'influence d'un idéalisme teinté de cultures perse et indienne sur le néoplatonisme de Plotin – et, à cette époque, des moines bouddhistes s'étaient déjà rendus en Grèce.

Quelle que soit la forme d'idéalisme que les hommes embrassaient, leur expérience du monde était en accord avec leurs croyances. Plotin évoqua ce qu'il appelait « l'âme universelle » dans l'acte de création du monde physique : « Si quelqu'un demandait à la Nature pourquoi elle produit, elle lui répondrait, si elle voulait bien l'écouter et parler : "Il ne fallait pas m'interroger, mais comprendre, en gardant le silence comme je le garde : car je n'ai pas l'habitude de parler. Que devais-tu comprendre ? Le voici. D'abord, ce qui est produit est l'œuvre de ma spéculation silencieuse, est une contemplation produite par ma nature : car, étant née moi-même de la contemplation, j'ai une nature contemplative. Ensuite, ce qui contemple en moi produit une œuvre de contemplation, comme les géomètres décrivent des figures en contemplant : mais, ce n'est pas en décrivant des figures, c'est en contemplant que je laisse tomber de mon sein les lignes qui dessinent les formes des corps."[2] »

Faire l'expérience d'un monde qui répond à nos pensées et prières les plus intimes, comme ce fut le cas pour les apôtres, et participer à l'acte de création avec l'Esprit cosmique, comme le décrivit Plotin, sont les expériences idéalistes par excellence et le fondement de toutes les philosophies religieuses et spirituelles.

Regardez le monde à travers le prisme de l'idéalisme et vous verrez que les miracles ne sont pas impossibles, ni même improbables. En réalité, ils sont attendus.

Une histoire du monde idéaliste devrait pouvoir exposer les grandes lignes du plan qui se déroule derrière ces manifestations apparentes du divin, même si celles-ci apparaissent de manière éparse dans les différentes cultures. Si un autre monde s'immisce dans le monde matériel pour l'influencer, nous devrions être capables de trouver au moins quelques indices d'une coordination, d'un plan unifié.

*

* *

Au IVe siècle, deux factions se disputaient le contrôle de l'Empire romain. Ce furent des rêves qui poussèrent les deux camps au combat. Maxence vit en rêve que, s'il emmenait son armée combattre à l'extérieur des remparts de la ville, le plus grand ennemi de Rome serait vaincu. Ses hommes étaient retranchés dans Rome, bien en sécurité, mais, poussé par ce rêve, il les fit sortir de la cité pour aller à la rencontre de Constantin – ne se rendant pas compte que le plus grand ennemi de Rome, c'était lui.

Le pont enjambant le Tibre avait été rendu infranchissable pour stopper la progression de Constantin. Le 28 octobre 312, on construisit donc un pont flottant à la hâte pour permettre à Maxence et son armée de traverser le fleuve. Ce pont s'effondra, et des milliers d'hommes, dont Maxence, se noyèrent.

Entre-temps, Constantin avait été en proie à des incertitudes théologiques. De nombreuses religions et philosophies étaient proposées et Constantin voulait savoir qui était le vrai dieu, le plus grand dieu. Il pria pour que ce dieu se dévoile et lui tende la main en cette heure difficile.

Ce jour-là, alors que le soleil se couchait, il eut une vision. Il vit une croix flamboyante rayonner juste au-dessus de l'astre et, dans le ciel, une inscription : « Par ce signe, tu vaincras. »

Cette vision l'émerveilla, mais il ne savait pas comment l'interpréter. Cette nuit-là, il fit un rêve : Jésus Christ lui apparut, portant la croix qu'il avait vue dans le ciel. Jésus lui dit de faire une copie de cette croix et de l'apporter sur le champ de bataille : elle lui apporterait la victoire.

Le matin venu, Constantin fit appel à ses ouvriers les plus qualifiés, leur décrivit en détail la croix qu'il avait vue et leur dit d'en faire une réplique.

Avec cette croix à la tête de son armée, Constantin fut à même de vaincre son ennemi et d'unifier l'Empire romain. Il avait été victorieux grâce à l'aide du Dieu des chrétiens : il promulgua donc un édit mettant fin à leur persécution et entreprit de christianiser l'Empire.

Le christianisme avait jadis été une secte locale, fermée ; désormais, il devenait la religion officielle de Rome.

Nos rêves sont pour la plupart des perceptions décousues des mondes spirituels, difficiles à comprendre. Mais parfois, quand les êtres spirituels ont quelque chose d'important à nous communiquer, ils sont leur véhicule et deviennent alors beaucoup plus clairs. Dans l'histoire de Maxence et de Constantin, on voit les influences spirituelles s'exercer à travers les rêves de différents individus, pour entraîner un grand tournant dans l'histoire.

Certains historiens doutent de la sincérité de Constantin, bien que le fait qu'il ait siégé au premier concile de Nicée, qui a établi la doctrine de l'Église, et qu'il ait même orienté les discussions, joue clairement en sa faveur. Plus tard, il eut des visions de saint Michel et fit construire l'Église du Saint-Sépulcre et la Basilique de la Nativité en Terre sainte, ainsi que la Basilique Saint-Pierre de Rome. Il entreprit également la construction de Sainte-Sophie, à Constantinople. Sa mère, Hélène, qui partageait son enthousiasme, se rendit en Terre promise et exhuma la Sainte Lance, qui avait percé le flanc de Jésus sur la croix.

Il ne fait aucun doute que Constantin désirait ardemment comprendre la réalité spirituelle, à tous ses niveaux. Le christianisme qu'il défendait n'était ni fermé ni dogmatique et ne niait pas la réalité spirituelle des autres traditions religieuses. Constantin avait lu dans la IVe Églogue de Virgile qu'un sauveur solaire naîtrait et ramènerait l'âge d'or, ce qui l'avait aidé à se convertir au christianisme. Avant de mourir, suite à une prophétie sibylline qui prédisait la chute de Rome, il déplaça la capitale de l'Empire à Byzance – renommé Constantinople en son honneur. Pour entériner ce choix, il fit enterrer une relique sacrée, le Palladium, une petite statue en bois sculptée par Athéna, sous une colonne en plein cœur de la nouvelle capitale. Dans le monde antique, on croyait que la ville qui abritait le Palladium bénéficiait d'une protection spéciale, divine.

*
* *

Une jeune fille âgée de quinze ans gardait un troupeau de moutons appartenant à sa belle-mère. Ses parents naturels lui avaient demandé de quitter la maison familiale, à Antioche, car ils ne toléraient pas sa foi chrétienne. Elle se construisait donc une nouvelle vie à la campagne et était heureuse.

Un jour, le gouverneur d'Antioche se promenait dans les champs et la remarqua, assise près d'un puits. Voyant combien elle était belle, il brûla de désir pour elle. Il se dit à lui-même : « J'en ferai ma maîtresse. »

Il attendit d'être de retour en ville, entouré de tous les attributs du pouvoir, puis demanda à ses serviteurs de l'amener devant lui. Mais elle refusa. Les servants rapportèrent ses dires :

« Elle dit qu'elle ne donnerait même pas une baie d'aubépine pour tout votre pouvoir ! »

Il leur ordonna d'aller la chercher, de force si nécessaire :

« Je la ferai vite changer d'avis ! »

Quand on la traîna dans ses quartiers, il exigea de savoir qui elle était. Elle dit s'appeler Marguerite, qu'elle était de noble origine et chrétienne.

Le gouverneur se jura à lui-même qu'elle finirait par l'aimer. Il lui offrit de l'or et lui demanda sa main. Mais c'était lui qui tombait amoureux...

Quand il vit qu'elle se refusait toujours à lui, il entra dans une colère noire et dit à ses hommes de lui attacher les pieds et les mains. Elle fut ensuite suspendue à un mur et battue jusqu'à ce que le sang jaillisse de son corps, telle l'eau d'une fontaine.

« Vierge Marguerite, dit le gouverneur. Cette douleur est-elle bonne ? »

Mais elle ne cédait toujours pas. Le gouverneur finit par se couvrir le visage de son manteau : il ne supportait pas la vue d'une telle effusion de sang. Il ordonna à ses hommes de la détacher et de la jeter en prison.

Cette nuit-là, fébrilement allongée sur la paille trempée de sang, elle vit un grand serpent à cornes, aussi vert qu'une pelouse d'été, glisser vers elle, sa bouche répugnante grande ouverte, comme pour l'avaler tout entière.

« Ne m'approche pas, esprit malin ! »

Elle lança une volée de coups dans sa direction, l'obligeant à s'éloigner d'elle. Puis elle se leva péniblement et posa un pied sur lui pour le clouer au sol.

L'initiation d'un poète romain (du peintre initié français, Nicolas Poussin).

Elle dit : « Sois écrasé, superbe démon, sous les pieds d'une femme. »

Le lendemain matin, on la trouva, le pied sur le corps inconscient d'un de ses geôliers. Le gouverneur sut alors que son amour était sans espoir et la condamna à mort.

*

* *

En 380, un mystique espagnol du nom de Priscillien fut excommunié, accusé de faire la messe nu et d'avoir mis enceinte une jeune femme de sa paroisse. En 386, il fut torturé et exécuté. Il fut le premier chrétien martyrisé par d'autres chrétiens, avec l'approbation des pères de l'Église[3].

*

* *

Geneviève naquit en 419. C'était une jeune et simple bergère. Elle s'installa à Paris pour entrer au couvent. Elle avait tendance à avoir des convulsions et des visions. Elle évoqua les différents ordres d'anges décrits par Denys l'Aréopagite et mit en garde contre les anges des ténèbres – ce pourquoi on la dépeint souvent avec un démon sur l'épaule.

Elle rendait les autres nerveux. Certains se demandaient si elle n'était pas possédée et complotèrent de la jeter dans la Seine.

Une nuit, elle traversait la ville avec un groupe de religieuses, leur chemin éclairé par une simple bougie. C'était une nuit calme, sans une once de vent, mais la bougie s'éteignit subitement. Effrayées, les autres sœurs dirent que c'était l'œuvre du démon : c'était le signe que Paris tomberait aux mains d'Attila le Hun. Geneviève s'empara de la bougie, qui se ralluma sur-le-champ.

Attila était bel et bien en approche. Quand son armée apparut à l'horizon, les Parisiens furent pris de panique. Ils furent nombreux à partir, abandonnant leur cité aux envahisseurs. Mais Geneviève eut une vision. Elle parcourut les rues en criant : « Je le vois ! Je le sais ! Ils ne viendront pas ! Que les hommes fuient, s'ils veulent, s'ils ne sont plus capables de se battre. Nous les femmes, nous prierons Dieu tant et tant qu'Il entendra nos supplications. »

Elle calma la population et la persuada de ne pas déserter sa ville.

Sa vision s'avéra exacte : Attila partit immédiatement en direction du sud.

Geneviève deviendrait, avec saint Denis, la sainte patronne de Paris.

*

* *

En 438, la ville de Constantinople fut détruite par un tremblement de terre. La population se rassembla dans les champs alentour, priant pour que les secousses cessent.

Soudain, au milieu de la foule, une force invisible éleva un enfant dans les airs, jusqu'à ce que les gens ne puissent plus le voir.

Au bout d'un moment, il redescendit en flottant et dit à l'assemblée et à l'empereur en personne qu'il avait assisté à un grand concert donné par les anges dans le ciel, pour louer le Seigneur.

L'évêque de Constantinople écrivit plus tard que toute la population de la ville avait assisté à l'événement.

*

* *

Dans les pages suivantes, nous entrerons dans l'époque moderne. Nous verrons s'il est toujours possible de faire l'expérience du monde tel que Socrate, saint Paul, Plotin et Mani en ont fait l'expérience, en interagissant avec des intelligences désincarnées, et nous nous demanderons si nous pouvons toujours voir les mêmes desseins surnaturels à l'œuvre autour de nous.

Les hommes d'aujourd'hui ont-ils les mêmes pouvoirs surnaturels que les apôtres ?

Grégoire Ier envoyant des missionnaires convertir les Anglais (miniature du Xe siècle attribuée à saint Dunstan). Grégoire vit des anges à plusieurs reprises et recueillit par ailleurs les récits d'autres personnes ayant vécu la même expérience. Il s'intéressait aux états mentaux qui permettaient d'accéder aux perceptions spirituelles, et distinguait entre les « ténèbres mêlées de lumière », quand le pouvoir de l'imagination se mariait à la raison, et les grandes visions, qui ne pouvaient être atteintes que par les formes les plus élevées de contemplation. (Carol Zaleski, *Otherworld Journeys*, Oxford University Press, 1987, 89-90.)

La tentation de saint Antoine (d'après une peinture murale dans la basilique du Saint-Sépulcre de Barletta). « Les halos dorés entourant la tête des dieux païens et des saints chrétiens font référence à la fois au fait qu'ils sont baignés de la gloire du soleil et au fait que de leur propre nature émane un soleil spirituel qui irradie et les entoure de splendeur céleste. Quand l'auréole est composée de rayons droits, sa signification est solaire ; quand des lignes courbes sont utilisées pour les rayons, cela dénote une nature lunaire ; quand les deux sont réunis, cela symbolise le mariage harmonieux des deux principes. » W. et G. Audsley, *Handbook of Christian Symbolism*, 1865.

25

La montagne vient à Mahomet

« Les gens sont endormis, ils ne se réveillent qu'une fois morts. »

Adage cité par Mahomet

La présente histoire du monde inclut les parties que les historiens conventionnels rejettent – récits qui occupent malgré tout une place importante dans notre imaginaire collectif.

L'expression « croire à la magie » peut vouloir dire deux choses : croire que l'utilisation de la magie est justifiée, ou croire que la magie opère. Si vous n'avez pas cédé à l'idée matérialiste selon laquelle l'esprit n'est qu'un produit dérivé de la matière, vous pourriez bien l'utiliser dans cette seconde acception.

C'est ainsi que Mahomet croyait à la magie, c'est certain. « Le mauvais œil est une vérité », disait-il, et sa mission consistait en grande partie à l'éliminer[1].

Nous avons vu que la descente aux Enfers avait engendré un déferlement d'activités démoniaques et d'apparitions d'esprits des morts. La frontière entre le monde physique et le monde spirituel semblait alors très mince, et les religions, les philosophies et les sectes continuèrent à proliférer. Les écoles de mystère dans des lieux tels que Louxor, Karnak, Delphes, Corinthe et Éleusis, où l'entrée dans les mondes spirituels s'effectuait dans des conditions contrôlées, fermaient. Les prêtres, les mages qui savaient pratiquer ces techniques, étaient contraints à la clandestinité. Nombre d'entre eux s'enfuirent vers le sud, en Arabie, ce qui explique peut-être en partie pourquoi cette région est souvent associée à une terre d'enchantements dans l'imaginaire collectif.

Nous avons retracé le développement de la faculté de libre arbitre, propre à l'homme. Dorénavant, les individus étaient capables d'exercer cette faculté pour essayer de contraindre les êtres spirituels à se soumettre à leur volonté[2].

Un disciple d'Apollonius nommé Alexandre d'Abonoteichos avait un très grand serpent apprivoisé qu'il avait appelé Glycon. Il lui mettait un masque en lin représentant un visage humain, et les gens venaient lui rendre visite, à la recherche de guérisons miraculeuses ou de divinations.

On rapportait que des flasques de cuivre, scellées avec du plomb, se faisaient attraper dans les filets des pêcheurs et s'échouaient sur les côtes africaines. Si on cassait le bouchon de plomb, disait-on, une fumée bleuâtre s'échappait de la flasque et prenait l'espace d'un instant une forme humaine – c'était dans ces flasques que Salomon avait emprisonné les *djinns*.

Simon le Magicien fut l'élève d'un mage arabe. Il voyagea beaucoup, accompagné d'une très belle femme nommée Hélène. Il affirmait qu'elle était la réincarnation d'Hélène de Troie. On disait que son pouvoir de magicien lui venait en partie de la magie sexuelle qu'il pratiquait avec elle.

Ses exploits étaient de notoriété publique : il savait guérir les malades et ressusciter les morts, animer et faire parler les statues, voler, et se rendre invisible. On disait qu'il pouvait commander des légions de démons.

Il enseignait que chaque être humain avait l'origine de l'univers, source d'un pouvoir infini, au plus profond de lui.

Plus tard, quand ses propres pouvoirs et sa notoriété commencèrent à décliner, il permit qu'on l'enterre vivant pendant trois jours, promettant de ressusciter. Mais lorsque la population se rassembla pour assister à l'événement, elle entendit ses cris retentirent depuis l'Enfer. Le pape Paul Ier fit construire une église sur sa tombe, par mesure de sécurité.

*

* *

Mahomet naquit en 570. Il grandit dans un pays où les gens avaient jadis cru en un créateur suprême, mais avaient depuis revu leurs attentes à la baisse et vénéraient désormais des idoles sculptées dans du bois, du granite ou de l'agate.

Leur principal lieu saint était la Kaaba, à La Mecque. Des centaines d'idoles en bois et en pierre étaient disposées à l'extérieur comme à l'intérieur, dont de nombreuses étaient parées de bijoux. Certaines avaient la forme d'animaux – à l'instar de Nasr, le dieu des vautours. D'autres représentaient les divinités stellaires et planétaires, y compris trois déesses de la lune. Le sanctuaire abritait des statues de Moïse et de Jésus Christ, ainsi qu'une peinture de la vierge Marie. On y faisait des sacrifices – parfois des centaines de chameaux en même temps. La Mecque était par ailleurs un grand nœud commercial, d'immenses caravanes y entrant pour vendre des chameaux, des esclaves et des femmes. Les médecins et les magiciens y côtoyaient les voleurs, les joueurs et les prostituées.

Quand Mahomet avait six ans, sa mère mourut et on l'envoya vivre avec son grand-père. Il travailla comme berger, comme chamelier pour des marchands puis, à l'âge de vingt-cinq ans, commença à gérer les biens d'une riche veuve, Khadija.

Mahomet aimait parcourir la campagne seul, plantant parfois sa tente sur le mont Hira, qui offrait une vue imprenable sur la ville et les plaines. Quelque chose le perturbait – une soif d'infini. Les cultes de la Kaaba ne suffiraient pas. Il n'adressa la parole à personne pendant plusieurs mois. Il commença à se négliger et avait un air ébahi. Il entendait des voix, dont il savait qu'elles n'étaient pas humaines.

Un jour, il entendit une nouvelle voix dans le vent :

« Tu es l'élu. Proclame le nom du Seigneur. »

Il alla se réfugier dans une grotte, mais vit la silhouette d'un personnage gigantesque à ses côtés. Était-ce un *djinn* ? Il sentait le regard de cet être posé sur lui et l'entendit dire d'une voix aussi claire et distincte que n'importe quelle autre voix :

« Récite !

— Je ne peux pas... »

Il n'avait jamais pu réciter, car il n'avait jamais appris à lire.

« Récite ! »

Des lignes de texte apparurent dans l'air devant lui, en lettres de feu. Ces lignes allaient devenir les premiers versets du Coran, et Mahomet se rendit compte qu'il *savait* lire.

Mahomet quitta sa grotte pour monter au sommet de la montagne. La voix lui parla à nouveau, plus près, à l'oreille :

« Tu es le messager de Dieu et je suis Gabriel, son archange. »

Gabriel continua d'apparaître à Mahomet. Quand il se promenait dans les rues, il sentait souvent les yeux de l'archange sur lui. Il arrivait que Gabriel lui apparaisse chez lui, souvent la nuit, parfois sous la forme d'une simple voix, parfois sous une forme humaine. Peu à peu, il enseigna les vérités du Coran à Mahomet. Ce fut ainsi qu'un homme simple, illettré, qui ne s'exprimait pas particulièrement bien, créa la plus grande œuvre en langue arabe, l'œuvre la plus complexe, la plus joliment tournée, la plus sublime : l'œuvre ultime.

Gabriel finit par lui dire :

« Fais-toi connaître et prêche la nouvelle foi dans le monde. »

La femme de Mahomet fut la première à accepter son message, puis un petit groupe de disciples se forma vite autour de lui.

« L'homme bon est celui qui croit en Dieu [...]. Celui qui, pour l'amour de Dieu, donne de son bien à ses proches, aux orphelins, aux pauvres, au voyageur, aux mendiants et pour le rachat des captifs. Celui qui s'acquitte de la prière, celui qui fait l'aumône. [...] Ô les croyants ! Observez strictement la justice et soyez des témoins (véridiques) comme Allah l'ordonne, fût-ce contre vous-mêmes, contre vos père et mère ou proches parents. Qu'il s'agisse d'un riche ou d'un besogneux. »

Mahomet enseignait aussi qu'à chaque fois que des fidèles se rassembleraient pour se souvenir de Dieu, ils seraient entourés d'anges.

Il commença à prêcher en public. La foule lui demandait d'accomplir des miracles mais il s'y refusait. Il faisait remarquer que Jésus avait accompli des miracles et que, malgré tout, peu l'avaient cru. « Je ne suis qu'un homme comme les autres », disait-il.

Plus tard, il se rendit à la Kaaba et, se tenant à côté des statues des déesses de la lune, dit :

« Elles ne sont rien ; ce ne sont que des créations de vos pères. »

On entendit des cris de colère.

« Il n'y a de dieu qu'Allah et Mahomet est son prophète. »

Des hommes dans la foule dirent qu'il était fou dangereux.

Les jours suivants, les enfants et les esclaves se mirent à lui jeter des pierres dans la rue. Une fois, il dut supplier pour qu'on le laisse traverser la ville : arrivé chez lui, il avait le visage en sang.

Il était allongé dans son lit, en proie au désespoir, quand il vit une silhouette pénétrer dans la pièce. Il sursauta, renversant un verre d'eau.

Gabriel, vêtu de robes dorées, était accompagné d'une créature qui avait le corps d'un cheval mais la tête d'un homme. C'était le Bouraq, l'étalon céleste.

« Viens avec moi, lui dit Gabriel. Je vais te montrer des choses fantastiques. »

Ils survolèrent les déserts jusqu'à Jérusalem, où ils aperçurent l'échelle que Jacob avait vue. Ils l'escaladèrent et, quand ils frappèrent aux portes argentées du premier ciel, Adam les laissa entrer.

De là, ils s'élevèrent à travers les sept cieux et rencontrèrent Moïse et Abraham. Ils virent un ange qui avait un corps fait de feu et de glace et un autre qui avait soixante-dix mille têtes. Chacune de ses têtes avait soixante-dix mille bouches, et chacune de ses bouches avait soixante-dix mille langues, et chacune de ses langues parlait soixante-dix mille idiomes – et toutes louaient Dieu.

Au septième ciel se trouvait la maison peuplée. Gabriel dit à Mahomet que soixante-dix mille anges la visitaient chaque jour. Mahomet se joignit aux anges pour en faire sept fois le tour.

Dieu était assis sur son trône au-dessus du septième ciel, soixante-dix voiles couvrant son visage. Il posa les mains sur Mahomet et lui enseigna la signification profonde de la prière. Il ordonna ensuite qu'on montre à Mahomet les habitants de l'Enfer, puis le Bouraq le ramena à La Mecque, dans son lit.

Le verre d'eau qu'il avait renversé n'avait pas encore touché le sol.

Comme Énoch et Paul, Mahomet avait été embarqué dans un voyage céleste qui changerait le cours de l'histoire. Toutefois, quand il essaya d'en parler aux habitants de La Mecque pour la première fois, leur hostilité à son égard grandit.

La réalité, c'était que le message de justice de Mahomet menaçait les privilèges de l'élite dirigeante et que ses attaques contre les cultes entourant la Kaaba mettaient aussi en péril ses intérêts commerciaux. Mahomet fut chassé dans le désert.

Là, parmi les tribus bédouines, il reçut un soutien massif. Le monde moderne était en train de naître dans ce désert, non seulement à travers le message de liberté et d'égalité de Mahomet, mais aussi car il refusait toujours d'approuver les miracles. À ses yeux, le monde matériel, le monde sensible, était suffisamment miraculeux. Pour le reste, il persuada les gens de le suivre car ses vérités universelles étaient sensées. En mettant l'accent sur la logique et sur les choses dont la véracité était évidente ou démontrable, l'islam jetait les bases de la science moderne.

Mahomet aida à construire une humble maison de prière en briques de terre séchée au soleil. Devant elle se trouvait une cour pour accueillir les sans-abri.

Il raconta une fable :

Lorsque Dieu créa la Terre, sa forme n'était pas fixée et elle tremblait : Dieu prit donc les montagnes et les installa afin que la Terre ne bouge plus. Les anges lui demandèrent :

« Allah, existe-t-il dans la création quelque chose de plus fort qu'une montagne ?

— Le fer peut briser les montagnes.

— Le fer est-il la chose la plus forte de la création ?

— Le feu fait fondre le fer.

— Existe-t-il quelque chose de plus puissant que le feu ?

— L'eau éteint le feu.

— Y a-t-il quelque chose de plus puissant que l'eau ?

— Le vent peut vaincre le feu.

— Ô Dieu miséricordieux, quelle est la chose la plus puissante sur Terre ? »

Et Allah répondit :

« La plus belle chose de la création est une personne charitable qui donne l'aumône. Si elle donne de sa main droite sans que sa main gauche ne le remarque, elle est plus forte et plus puissante que toute chose. »

Mahomet avait cinquante-deux ans. Il sentait que le monde entier devait entendre son message, mais que les hommes étaient corrompus, idolâtres et avaient une vie misérable. Salomon avait parlé avec une grande sagesse et Jésus s'était montré clément et avait accompli des miracles, mais Mahomet voyait que ni l'un ni l'autre n'avaient été capables d'amener tous les peuples du monde à croire au Dieu unique.

Mahomet proclama que tous ceux qui souhaitaient servir Allah et son messager devaient se réunir devant un puits près de Médine. Trois cents hommes s'y rendirent. Ils n'avaient que deux chevaux et soixante-dix chameaux.

Les ennemis de Mahomet, eux, avaient levé une armée de deux mille hommes. Les deux camps se firent face. Mahomet brandit le drapeau noir de la guerre, puis ramassa une poignée de sable qu'il jeta en direction de ses ennemis avec ces mots : « Que leurs visages soient couverts de honte et de confusion. » Le vent emporta le sable et fit apparaître des anges à l'horizon, jetant l'effroi dans le cœur des incroyants.

Ils trouvèrent également une étrange épée dans le sable. Mahomet s'en saisit. Elle faisait plus de six mètres de long et avait deux lames. L'ennemi déserta devant Mahomet et ses hommes. Plus tard, il dit : « Les anges de Dieu nous ont apporté la victoire aujourd'hui[3]. »

Quand Mahomet entra triomphalement dans La Mecque, il traversa les rues désertes et se dirigea droit sur la Kaaba. Il en fit sept fois le tour. Puis il saisit son bâton et brisa toutes les idoles jusqu'à ce qu'elles gisent, en pièces, sur le sol poussiéreux – même la statue d'Abraham.

Quand les habitants se rendirent compte que Mahomet ne leur voulait aucun mal, ils commencèrent à sortir de leurs cachettes. Ils restèrent à regarder fixement les montagnes d'idoles brisées. Puis ils entendirent un bruit et tous levèrent les yeux.

« Levez-vous pour la prière. La prière est meilleure que le sommeil. »

C'était un homme à la peau noire, un esclave affranchi auquel Mahomet avait fait l'honneur de devenir le premier *muezzin*.

Mahomet mourut en 632. On rapporta la présence d'un vieil homme étrange avec une barbe blanche à ses funérailles. On le vit d'abord debout à l'arrière la foule, puis il sembla se déplacer d'un bond jusqu'à se retrouver à côté du corps. Il présenta alors ses condoléances aux plus proches compagnons de Mahomet.

Quand il eut disparu, ses compagnons expliquèrent qu'ils s'étaient entretenus avec Al-Khidr.

Nous avons déjà rencontré ce vieil homme. Il constitue le « fil vert » de cet ouvrage.

26
Charlemagne et les paladins de la peine

L'islam se répandit vers le nord, jusqu'en Europe, jusqu'à ce que l'empereur Charlemagne, à la tête du Saint-Empire romain germanique, mette un terme à cette progression. Plus grand héros militaire de l'histoire chrétienne, Charlemagne se battit pour défendre ce que Constantin avait fondé.

Charlemagne mesusait plus de deux mètres et avait des yeux bleus perçants. Douze paladins (des seigneurs de sa suite) l'accompagnaient, mais l'un d'eux était un traître.

Au bout de sept années de combat, Charlemagne chassa les musulmans hors d'Espagne, dont il prit le contrôle, à l'exception d'une petite enclave près de Saragosse.

Obligé de solliciter la paix, le roi des musulmans envoya des émissaires à Charlemagne. Ces derniers le trouvèrent assis sur un trône d'or dans un verger : il avait une barbe blanche mais était toujours beau, et fier de son allure virile. Ils lui délivrèrent le message suivant : « Si vous mettez un terme à cette guerre regrettable et rentrez en France, notre roi vous donnera quatre cents mulets chargés d'or, cinquante charretées d'argent, ainsi que des ours, des lions, sept cents chameaux et mille faucons. Et il se fera baptiser à Aix-la-Chapelle. »

Après avoir consulté ses paladins, Charlemagne décida d'accepter.

Mais le roi des Sarrasins avait aussi entamé des tractations secrètes avec Ganelon, le Judas parmi les paladins.

« Que penses-tu de Charlemagne ? lui demanda le roi musulman. Dans combien de pays a-t-il déjà traîné sa vieille carcasse ? C'est très étrange, il ne semble jamais las de se battre. »

Ganelon répondit que Charlemagne n'arrêterait pas de faire la guerre tant que son chevalier préféré – son neveu et bras droit – serait à ses côtés.

« C'est Roland, dit-il, qui donne le goût de la guerre au vieil homme. »

Les deux hommes échafaudèrent donc un plan. Ganelon conseilla à Charlemagne de mettre Roland aux commandes d'une arrière-garde qui serait détachée à l'entrée des Pyrénées, dans la vallée de Roncevaux. Ce détachement y resterait posté pour protéger l'arrière de l'armée franque pendant que celle-ci se faufilerait jusqu'en France à travers les étroits cols de montagne.

Ce fut ainsi que Roland se retrouva sur un gros rocher, à faire au revoir de la main à l'armée franque qui s'éloignait. Cette dernière était sur le point de disparaître à sa vue. Charlemagne lui répondit par un signe de la main, puis se retourna, et son armée reprit son avancée. Le sol tremblait sous les pas lourds des chevaux en cotte de mailles et l'empereur pleurait en silence. La nuit précédente, il avait fait un rêve : il chassait dans les forêts des Ardennes et se faisait attaquer par un sanglier et un léopard. Désormais, il s'inquiétait pour son neveu.

Au bout de quarante-cinq kilomètres, les soldats francs surent qu'ils avaient bientôt franchi les Pyrénées : en apercevant au loin les champs de France, baignés de soleil, ils poussèrent un cri de joie.

Entre-temps, Roland était descendu de son rocher pour rejoindre ses troupes. La vallée était sombre, mais le ciel était bleu et les boucliers de ses soldats étincelaient dans les rayons du soleil.

Soudain, ils entendirent retentir des centaines de trompettes. Olivier, l'un des frères chevaliers de Roland, grimpa en haut d'un pin pour scruter la vallée derrière eux. Des milliers et des milliers de soldats sarrasins étaient en approche. Ils étaient tombés dans une embuscade.

« Roland, mon compagnon, je vous en prie, sonnez donc votre cor ! Charlemagne l'entendra et viendra à notre secours. »

« Je n'ai besoin que du secours de Durandal », répondit Roland.

Durandal était une épée merveilleuse qui avait appartenu à Hector de Troie.

« Quand je serai au fort de la bataille et que je frapperai des coups par milliers, de Durandal vous verrez l'acier sanglant. Vous en verrez la lame tout ensanglantée.

— Mais j'ai vu la taille de leur armée, répondit Olivier. Nous ne nous sommes jamais battus dans des conditions aussi défavorables. Mon compagnon, sonnez votre cor, je vous en conjure.

— Ne dis pas un mot de plus. L'empereur lui-même nous a confié cette mission.

— Roland, pour l'amour de Dieu, sonnez votre cor ! »

Mais Roland brandit Durandal au ciel et s'écria :

« Aujourd'hui, la douce France ne perdra pas sa gloire ! »

Des milliers d'épées jaillirent de leur fourreau, tandis que des milliers de Sarrasins franchissaient les rochers pour rejoindre les Francs au combat. Ils les cernèrent de toute part et, bientôt, seuls soixante d'entre eux furent encore en vie.

Enfin, Roland mit son cor à ses lèvres et souffla fort. Le son porta loin entre les gorges étroites : on l'entendit à quarante-cinq kilomètres à la ronde.

« J'entends le cor de Roland, dit Charlemagne. Il a des ennuis !

— Vous êtes vieux et votre tête est blanche ; par de tels propos vous ressemblez à un enfant, dit Ganelon en chevauchant à ses côtés. Vous êtes trop indulgent. Roland aime sonner son cor. Il le fait à longueur de journée. »

Le cor se fit à nouveau entendre.

« Ne vous inquiétez pas, il ne fait que chasser. »

Roland sonna à nouveau du cor. Il souffla si fort que le sang jaillit de sa bouche et de ses oreilles et que les vaisseaux sanguins dans ses tempes éclatèrent.

Charlemagne entendit l'hésitation de Ganelon et comprit qu'il s'était fait piéger. Il donna l'ordre de le mettre aux fers – il lui réglerait son sort plus tard – et fit faire demi-tour à sa grande armée pour voler au secours de son neveu préféré.

Au bout d'un moment, il vit au loin que seuls deux Francs étaient encore debout. Ils étaient encerclés. Il donna l'ordre à ses trompettistes de sonner. Quand les Sarrasins les entendirent et virent l'armée qui approchait, ils firent un dernier effort désespéré pour tuer Roland. Ils savaient que, s'il survivait, la guerre opposant les musulmans aux chrétiens ne prendrait jamais fin.

Roland gisait au sol, à l'agonie, mais il était fier car, pour chaque Franc tué, Charlemagne trouverait quarante Sarrasins morts. Il tendit son gant droit vers les cieux : une main invisible descendit et l'emporta.

En arrivant dans la vallée, Charlemagne ne trouva que des monceaux de cadavres. Puis il aperçut au loin un nuage de poussière et ordonna à ses hommes de se lancer à la poursuite des Sarrasins.

La chasse prit fin après que les Sarrasins eurent été rejoints par une flotte sous le commandement d'un émir. Les deux grandes armées se retrouvèrent sur une plaine près de la mer.

Parmi les Sarrasins se trouvaient désormais des géants à l'épine dorsale hérissée de longs poils, comme les sangliers, et des hommes à la peau si épaisse qu'ils n'avaient pas besoin d'armure.

Roland à Roncevaux (dessin d'après un vitrail de la cathédrale de Chartres).

La bataille fit rage tout le jour. Le soir venu, au milieu des boucliers froissés, des cottes de mailles entrelacées et des hauberts grinçants, Charlemagne cria : « Monjoie ! » L'émir, lui, poussa le cri de guerre des musulmans : « Précieuse ! » Les deux hommes se reconnurent à la voix, haute et claire, au-dessus du tumulte. Ils se ruèrent l'un sur l'autre pour en finir.

Les lances des deux guerriers se brisèrent sur leurs boucliers respectifs et tous deux tombèrent de cheval. Ils se remirent vite debout, dégainant leur épée. L'émir porta un tel coup à la tête de l'empereur que son casque se fendit. L'acier pénétra dans les cheveux et arracha la peau du cuir chevelu sur une largeur de main. Charlemagne recula en chancelant, prêt à tomber, mais il entendit Gabriel lui demander : « Grand roi, que fais-tu ? »

La vision de Charlemagne (d'après une miniature des *Chroniques de Saint-Denis*, XIIIe siècle).

Se sentant remis en question, Charlemagne trouva la force de lever une dernière fois son épée, Joyeuse, et de l'abattre sur le casque étincelant de pierreries de l'émir. Il lui coupa la tête en deux jusqu'à la naissance de la barbe : la cervelle jaillit, recouvrant l'épée.

La bataille était gagnée.

De retour chez lui, allongé dans son lit, Charlemagne reçut une autre visite de l'archange : « Charlemagne, rassemble les armées de ton empire pour aller secourir un autre roi chrétien… »

« Dieu, ma vie est tellement pénible ! » répondit Charlemagne.

Et il pleura jusqu'à ce que sa barbe soit baignée de larmes[1].

*

* *

Nous avons déjà fait remarquer que le temple de Salomon était d'une taille bien plus modeste qu'on ne se l'imagine généralement. Les batailles pendant le siège de Troie étaient à n'en pas douter de bien moindre ampleur que celles représentées par Hollywood, et l'histoire nous apprend qu'en réalité, la bataille de Roncevaux était à peine plus qu'une escarmouche. Les visions formidables que nous avons de ces événements sont puissantes et significatives – sans doute plus que si nous avions été présents et les avions observés de nos deux yeux –, car elles montrent l'intrusion des mondes spirituels dans le monde matériel, la disparition de la frontière entre les deux et l'intervention des dieux et des anges dans les affaires des hommes.

Nous l'avons vu, la branche florissante de l'évolution spirituelle de l'humanité est passée d'une civilisation à l'autre, du Tibet à l'Inde et à la Perse, à Sumer et à l'Égypte, aux Juifs et aux Grecs, à Rome, à Jérusalem et à l'Arabie. Si le siège de Troie avait marqué le début de l'hégémonie de la civilisation grecque, la bataille de Roncevaux marqua, elle, le commencement de l'ascension de la civilisation européenne, comme l'avancée de l'islam était enfin freinée.

Pourtant, paradoxalement, ce fut l'islam qui sema les germes sur lesquels s'épanouit la culture européenne. Il est de notoriété publique que Charlemagne échangea des cadeaux avec Haroun al-Rachid, le calife des *Mille et Une nuits*, qui lui envoya des objets mécaniques remarquables, d'un type totalement inédit en Europe. La manière dont les intellectuels arabes préservèrent et développèrent les idées et les techniques scientifiques qui devinrent par la suite capitales pour la révolution scientifique en Europe a déjà fait couler beaucoup d'encre[2]. L'influence arabe sur l'évolution spirituelle de l'Europe, sur l'art, la littérature, la philosophie et, bien sûr, toute la nature humaine telle qu'elle évoluait alors fut plus évanescente mais, comme nous allons le voir, n'en fut pas moins éclairante et transformatrice.

*

* *

Mahomet a listé les sept signes grâce auxquels on reconnaît un « ami de Dieu ». Ils sont similaires aux dons du Saint-Esprit. Les amis de Dieu détiennent le pouvoir de vérité, si bien que personne ne peut s'opposer à eux. Ils ont le don de clairvoyance et d'inspiration. Quiconque leur fait du mal est rapidement puni. Tout le monde les loue – excepté les envieux. Leurs prières sont toujours exaucées. Des choses miraculeuses se produisent autour d'eux. On les voit parfois disparaître subitement dans le sol, marcher sur l'eau – ou s'entretenir avec Al-Khidr.

Al-Khidr accomplit de grands miracles, mais aussi des miracles plus intimes : il inspire les poètes et aide les gens à se confronter à leurs plus grandes peurs. Nous avons déjà croisé son chemin au confluent des deux mers, quand Moïse a rencontré le vieil homme mystérieux et irascible.

Un mystique soufi, Ibrahim ibn Adham, a raconté sa vie dans le désert[3]. Affamé et assoiffé, Ibrahim fut d'abord heureux de rencontrer un autre être humain. Mais il se rendit vite compte que cet ermite, très vieux et indigent, n'avait rien à lui offrir.

Les deux hommes restèrent pourtant ensemble et, le soir venu, le vieil homme accomplit la prière du soir et prononça des paroles qu'Ibrahim n'arrivait pas à comprendre. Puis Ibrahim regarda et vit qu'il avait de la nourriture dans son bol et de l'eau dans sa gourde.

Le vieil homme resta plusieurs jours avec lui, au cours desquels il lui apprit le Nom Suprême de Dieu. Peu après, il partit.

Un peu plus tard, de nouveau affamé et assoiffé, en colère contre le monde et la place qu'il y occupait, Ibrahim appela à l'aide en prononçant le Nom Suprême. Il sentit immédiatement quelqu'un lui empoigner la taille et entendit un murmure pressant :

« Demande et cela te sera donné ! »

Il trembla de peur. Puis il reconnut la voix du vieil homme.

« N'aie pas peur, dit ce dernier. Je ne te veux aucun mal. Je suis ton frère, Al-Khidr. Mais n'utilise jamais le Nom Suprême quand tu es en colère, car cela causera une grande destruction dans ce monde et dans le suivant... »

Sur ce, le vieil homme disparut à nouveau.

Al-Khidr, qu'on identifie parfois à Élie, est le maître invisible du soufisme. Le soufisme est un courant mystique de l'islam, bien que ses racines soient plus anciennes et appartiennent à des traditions spirituelles antérieures que l'islam a assimilées. Les soufis des montagnes du Caucase, en Turquie, font remonter l'origine de leurs traditions à la rencontre entre Melchizedek et Abraham.

Les histoires sur Al-Khidr contiennent en général des éléments surnaturels. Il se change en bûche et descend le courant. Il permet à un écolier d'apprendre la totalité du Coran en un instant. Il demande à un homme de manger une pomme et, quand ce dernier regarde la pomme, il voit un océan couler du trône de Dieu jusque sur terre et briller comme un soleil. Un roi malveillant essaie sans cesse de le faire exécuter, mais Al-Khidr réapparaît à chaque fois – et ce personnage extraordinaire et magique réapparaîtra aussi sans cesse dans ce livre[4].

Dean Stanley, un théologien de l'époque victorienne célèbre en son temps, trouva une chapelle musulmane dédiée à Al-Khidr sur la côte près de Sarafand, au nord de Tyr. Fasciné, il s'aventura à l'intérieur, où il trouva un tombeau vide. Lorsqu'il demanda à des paysans de la région pourquoi il était vide, ils lui répondirent qu'Al-Khidr n'était pas encore mort : il faisait le tour du monde en volant, apparaissant là où on avait besoin de lui.

*

* *

Le vert est la couleur de la régénération. Le Chevalier vert qui se présenta à la cour du roi Arthur fut décapité, mais « se releva d'un bond, les laissant tous incrédules[5] ». En alchimie, le vert est la couleur des forces vitales qui œuvrent à la frontière subtile entre l'esprit et la matière. C'est la couleur de l'imagination qui pénètre la vie intérieure des choses et qui, ce faisant, les transforme.

« Moi, ardente lumière de sagesse divine, j'enflamme la beauté des plaines, je fais scintiller les eaux. Je consume le soleil, la lune et les étoiles, je régente tout avec sagesse. J'orne la terre. Je suis la brise qui nourrit toute chose verte. Je suis la pluie qui naît de la rosée Et emplit les herbes de joie de vivre et les fait rire. » Ici, dans les écrits d'Hildegarde de Bingen, une religieuse chrétienne du XIIe siècle, on s'approche au plus près de l'esprit de Al-Khidr[6].

C'est un signe qui annonce ce qui va suivre.

27

Perceval se couvre de ridicule

« On ne voit bien qu'avec le cœur. L'essentiel est invisible pour les yeux. »

Antoine de SAINT-EXUPÉRY

Suite à la menace musulmane qui émergea au VIIe siècle et qui finit par conduire aux croisades, la profession de chevalier se christianisa sous la forme de la chevalerie. On accédait à ce titre par la cérémonie de l'adoubement, au cours de laquelle on posait une épée sur l'épaule du chevalier – réminiscence des cérémonies initiatiques du monde antique.

La mère de Perceval prit la décision de ne jamais dire à son fils que son père était l'un des paladins de Charlemagne[1]. Son mari avait combattu et était mort aux côtés de Roland, et elle entendait protéger son enfant du prestige de la chevalerie et des obligations de la vie à la cour.

Mère et fils vivaient repliés sur eux-mêmes, au fond des bois, où personne ne pouvait les trouver. La mère habillait son petit garçon d'un manteau en peau de lapin, avec une capuche pointue semblable au bonnet du bouffon du roi. Ils se lavaient dans un ruisseau et se nourrirent de fruits, de baies, de racines et de lait de chèvre jusqu'à ce que le petit garçon soit suffisamment âgé pour aller chercher des œufs d'oiseaux et se fabriquer un arc et tuer des chevreuils. Sa mère remarqua qu'il devenait beau et fort. Il était également bon coureur.

Un jour de printemps, il était seul dans une clairière au milieu des bois quand il entendit un drôle de bruit de ferraille. Trois chevaliers en armure firent leur apparition. Perceval n'avait jamais vu d'homme auparavant. Quand il les vit dans leur armure tout étincelante d'or et d'argent, éblouissants dans les rayons du soleil qui pénétraient entre les arbres, il pensa voir les anges dont sa mère lui avait parlé.

Les chevaliers rirent de lui avec bonhomie, et Perceval sut qu'il voulait leur ressembler.

Il finit par dire à sa mère qu'il voulait partir pour trouver sa juste place au sein du monde. Elle eut le cœur brisé, mais elle savait qu'elle devait le laisser partir. Elle lui conseilla de respecter et de servir toutes les femmes, de se montrer courtois envers tous les hommes, d'éviter les chemins inexplorés, et d'entrer dans toutes les églises qu'il verrait.

Quand Perceval quitta leur maison dans la forêt, sa mère aimante l'embrassa pour lui dire au revoir et sourit, sachant qu'elle n'avait plus rien au monde.

Au cours de ses pérégrinations, le garçon tomba sur la grotte d'un ermite, qui lui dit qu'il n'était pas très viril de mentionner sans cesse sa mère de la sorte. Puis il lui donna un cheval et une lance, avec ces mots : « La vie est une épreuve. »

Perceval voulait devenir un homme, un chevalier, mais il était maladroit. On se moquait de lui, en particulier les femmes. Un chevalier en armure rouge rit de lui derrière son dos, le traitant de jeune péquenaud avec un bonnet de bouffon. Il voulut jouter avec un chevalier nain qui évoquait un singe sur un lévrier, mais le nain désarçonna notre aspirant héros. Une nuit, une belle jeune femme se glissa dans son lit, mais il ne sut quoi faire.

Il était tourmenté. Aussi décida-t-il de rendre visite à sa mère, ignorant qu'elle était morte de chagrin. Mais il se perdit, incapable de retrouver le chemin des bois de son enfance.

Un soir, il longeait un lac gris et brumeux sur sa monture quand il tomba sur un vieil homme dans un bateau de pêche. Ce dernier avait l'air pâle et triste : il était aussi gris que les brumes. Perceval lui demanda s'il connaissait un endroit dans les environs où on lui offrirait le gîte et le couvert pour la nuit. Le pêcheur lui répondit que, s'il continuait à suivre la rive, il atteindrait un château où il serait bien accueilli.

Le roi pêcheur.

Perceval partit dans la direction que lui avait indiquée le pêcheur. Le château se trouvait loin de là. Il faisait nuit à son arrivée, mais les servants semblaient l'attendre. Ils emmenèrent son cheval pour le nourrir et l'abreuver et conduisirent Perceval dans une grande salle très éclairée.

Quatre cents chevaliers étaient déjà attablés. Ils portaient tous une barbe et un haubert blanc arborant l'emblème de la croix rouge. Ils regardèrent en silence, l'air grave, les servants guider Perceval jusqu'à la table d'honneur, près du feu. Un homme y était assis sur un trône de bois, enveloppé d'un manteau en zibeline.

Une fois près de lui, Perceval fut surpris de voir que le seigneur de ce château n'était autre que le pêcheur qu'il avait croisé plus tôt. Désormais, ce dernier tremblait, manifestement transi de froid alors même qu'il était assis juste à côté de la cheminée. Il semblait souffrir d'une maladie débilitante.

« Vous êtes attendu depuis longtemps », dit-il en faisant signe au jeune Perceval de s'asseoir à ses côtés.

Perceval se rendit alors compte qu'il régnait dans le hall une odeur nauséabonde, un relent de maladie.

À ce moment-là, un domestique entra à l'autre bout de la salle, une lance à la main. Tout le monde le regarda traverser en silence. Lorsqu'il s'approcha de la table d'honneur, Perceval vit qu'une goutte de sang perlait à la pointe de la lance.

Il s'apprêtait à demander à son hôte le sens de cette cérémonie quand, alors que le serviteur tenant la lance quittait la salle, une procession y fit son entrée, le laissant bouche bée, sidéré. Deux femmes majestueusement vêtues firent le tour de la salle, chacune ayant à la main un candélabre d'or à sept bougies. Puis une troisième femme, elle aussi majestueusement vêtue, fit son apparition, portant un bol en or. Elle aussi fit le tour de la salle.

Perceval était impressionné par la solennité de cet événement, mais aussi un peu inquiet. Tous les autres semblaient en connaître la signification et il commençait à se demander s'il n'était pas censé la connaître lui aussi. Tous les regards se tournèrent alors vers lui, dans l'expectative, mais il ne savait pas ce qu'on attendait de lui.

Il voulait poser la question mais était intimidé. Peut-être valait-il mieux rester silencieux, comme les quatre cents chevaliers ?

Une fois le bol hors de la pièce, le dîner fut servi et on mangea, à nouveau dans un silence feutré.

À la fin du repas, l'hôte de Perceval se tourna vers lui et le regarda avec empressement, mais Perceval ne savait toujours pas quoi dire. Son hôte, déçu, se tourna et, aidé de deux serviteurs, se mit péniblement debout avant de quitter la salle.

Deux autres domestiques arrivèrent pour conduire Perceval à sa chambre. Avant de quitter la grande salle, ils ouvrirent une porte et lui montrèrent une pièce sur le côté. Dedans, un homme extrêmement âgé était allongé sur un canapé, devant une grande tapisserie représentant une scène de bataille. Son visage toujours beau était ceint de cheveux blancs. Il paraissait à demi conscient, ses lèvres tremblaient, articulant des mots que Perceval n'arrivait pas à distinguer.

Cette nuit-là, Perceval fit des rêves inquiétants, démoniaques même. Des becs et des serres l'attaquaient. Il se réveilla les yeux tout chassieux.

À sa grande surprise, le matin venu, aucun servant ne vint l'aider à se préparer. Quand il sortit de sa chambre, il ne trouva plus aucun signe de vie dans le château. Il appela. Aucune réponse. L'endroit semblait totalement désert.

Il essaya plusieurs portes : toutes étaient fermées.

Au bout d'un certain temps, il finit par en trouver une ouverte. Elle donnait sur une autre pièce, dans laquelle, à nouveau, toutes les portes étaient fermées, sauf une. Perceval se retrouva dans la cour principale, où l'attendait son cheval, sellé.

Il traversa le pont-levis, qui se releva immédiatement derrière lui, et entendit une voix : « Maudit soit celui qui a été choisi pour accomplir une grande mission mais n'a pas réussi. Pars et ne reviens pas. »

Il regarda en l'air et vit deux yeux verts briller à travers les remparts.

Tandis qu'il s'éloignait sur sa monture, il se mit à neiger. Il poursuivit sa route, déçu, avec le terrible sentiment d'avoir échoué.

Cinq ans plus tard, après une série d'aventures peu glorieuses, il se lia enfin à un chevalier qui l'invita à rejoindre sa confrérie. Perceval attendait cela depuis le jour où, enfant, vêtu de peau de lapin, il avait vu les trois chevaliers dans les bois. Mais, alors que les hérauts sonnaient leurs trompettes pour annoncer l'initiation de Perceval dans la confrérie, une silhouette voilée se présenta à la cour, à dos d'âne.

Elle releva son voile. Son nez était crochu comme un bec, sa peau brune comme une feuille fanée en hiver, et ses yeux d'un vert monstrueux. Elle dit :

« Perceval n'est pas digne de l'honneur que vous vous apprêtez à lui faire. Il a été choisi pour la plus grande quête qu'un chevalier puisse poursuivre et a échoué. »

Elle révéla également à l'assemblée que, alors qu'il n'était encore qu'un enfant sans barbe, il avait durement abandonné sa mère à son sort, et qu'elle était morte en le maudissant.

Perceval baissa la tête et les dames de la cour ricanèrent de cette nouvelle humiliation.

Le jeune fou se remit donc en route, à nouveau seul. Il souhaitait par-dessus tout retourner au château du Graal, mais n'arrivait pas à en retrouver le chemin. Il avait l'impression de jouer une partie d'échecs contre un esprit infiniment supérieur au sien.

En ce temps-là, les hivers se faisaient plus rigoureux et plus longs. Ils finirent par sembler durer toute l'année. Les récoltes se perdaient et la population était affamée, désespérée.

Au crépuscule, errant sur les terres en friche froides et grises, Perceval rencontra un groupe de pèlerins aux pieds nus, qui priaient pour leur pardon et la fin de ces moments difficiles. Ils lui reprochèrent de porter des armes un jour saint. Il leur dit être réellement désolé, qu'il avait perdu la notion du temps et ne s'était pas rendu compte de la date. Voyant combien il était fébrile, ils lui sourirent gentiment et lui pardonnèrent.

Il se souvint alors de ce que sa mère lui avait dit : il devait entrer dans toutes les églises qu'il voyait. Il leur demanda le chemin de l'ermitage. Il voulait prier.

Merlin, l'enchanteur enchanté (fragment d'un livre relié du Moyen Âge trouvé à Limoges).

Il découvrit un petit bâtiment blanc au toit de chaume dans un bosquet d'arbres épineux, dont les baies brillaient comme des guirlandes lumineuses dans le couchant.

Glacé, épuisé, Perceval se traîna jusqu'à la porte et frappa. Elle était ouverte. Il se pencha pour entrer et fut surpris de voir un ermite, grand et d'allure noble, à l'intérieur. L'ermite l'aida à se rendre jusqu'à un lit de mousse et Perceval s'y allongea avec gratitude. Il était si las qu'il s'endormit immédiatement.

Au matin, il remarqua une épée avec une garde en or très travaillée accrochée au mur et demanda à qui elle appartenait. L'ermite lui expliqua que jadis il avait été chevalier et qu'il avait mené une vie extravagante : toujours à la recherche du plaisir, il se battait pour la célébrité et la richesse, et pour gagner les faveurs des femmes. Il dit être le frère d'un homme nommé Amfortas : ils avaient été complices jusqu'à ce que son frère soit blessé aux parties génitales par une lance empoisonnée. Amfortas, poursuivit-il, souffrait tant désormais qu'il ne souhaitait plus que mourir mais ne le pouvait pas. Il était trop malade pour vivre, mais pas assez pour mourir.

Ils étaient les petits-fils d'un roi nommé Titurel, expliqua l'ermite. Puis il se mit à raconter l'histoire de son grand-père…

Un matin de printemps, Titurel, tout juste rentré d'une bataille contre les Sarrasins, se promenait dans les bois. Il avait l'impression que Dieu lui parlait à travers le chant des oiseaux, le bruissement des feuillages et le murmure du ruisseau. Il remarqua qu'il y avait un seul nuage floconneux dans le ciel d'un bleu limpide – et fut surpris de voir qu'il se rapprochait de lui à une vitesse prodigieuse.

Soudain, la voix d'un ange sortit du nuage : Titurel avait été choisi pour construire un château à Montsalvage et protéger le Saint Graal…

Ce fut ainsi que Titurel et sa famille devinrent les gardiens du Graal. Mais ils adoptèrent de mauvaises manières et le petit-fils de Titurel, Amfortas, et la terre elle-même, se mirent à dépérir, en proie à la maladie.

Titurel priait continuellement. On lui avait parlé d'une prophétie selon laquelle un élu, un fou au cœur pur, viendrait. Il viendrait avec compassion et un esprit curieux – et s'il posait la bonne question avant la tombée de la nuit, la malédiction affligeant la famille et le pays serait brisée. Amfortas serait guéri de sa blessure, le sang infecté serait purifié, et le printemps reviendrait sur la terre stérile.

L'ermite expliqua à Perceval qu'il était impossible de trouver le château du Graal en en ayant l'intention. C'était le château qui devait nous trouver.

Perceval ne comprit sans doute pas tout mais, au plus profond de son cœur, il sut.

« Le Très miséricordieux ne parle qu'à ceux qui l'ont reçu dans leur cœur », poursuivit l'ermite, avant d'apprendre à Perceval que sa mère était morte peu après son départ de leur maison dans les bois et qu'elle était morte en le bénissant.

Perceval pleura[2].

En un rien de temps, il se retrouva aux portes du château. À nouveau, il était attendu. Amfortas et les quatre cents chevaliers étaient aux mêmes places qu'auparavant. L'écuyer revint avec la lance, puis les jeunes filles avec les candélabres et, enfin, la reine avec le Graal[3].

Perceval pria : « Père miséricordieux, notre bon Seigneur et Sauveur, dis-moi ce que je dois faire ! » Et il lui sembla que les anges lui parlèrent à l'oreille, ne disant qu'un seul mot : « Demande ! »

Se tournant vers Amfortas, il demanda :

« Quel mal vous afflige, grand roi ? »

Sur-le-champ, le Graal se mit à briller d'un éclat qui relégua tout le reste de la salle dans l'ombre. Perceval vit soudain que Titurel était debout à côté de lui, tenant une couronne au-dessus de sa tête. Un rayon de soleil passa par un trou dans le toit et vint frapper la couronne, qui s'illumina et sembla s'ouvrir comme une fleur.

Le nom « Perceval » signifie « qui vient par le vallon ». Perceval a su dépasser sa peine et l'humiliation pour trouver la part royale en lui.

Dans l'histoire de Perceval, on sent la sagesse islamique frémir dans l'âme de l'Europe. Les idées soufies sur la vie intérieure se répandaient et transformaient la culture et la conscience européennes. D'après Ibn 'Arabî, le grand maître soufi, il est possible de connaître l'évolution constante de l'Absolu et l'évolution du monde en sondant notre propre cœur. Si on voit avec notre œil intérieur la façon dont notre cœur, dans tous ses états et toutes ses dimensions, mute, se transforme et évolue à tout instant, on peut aussi commencer à appréhender les opérations du divin.

La grande quête de Perceval est aussi un voyage intérieur : en trouvant le Graal, Perceval arrive à comprendre l'évolution de sa propre conscience. Il apprend une nouvelle spiritualité, qui repose sur le questionnement et la compassion. Il découvre une nouvelle voie du cœur, qui est aussi une voie pour l'humanité.

28

Les contes des Mille et Une Nuits

> *Je sais le nombre des grains de sable et les dimensions de la mer.*
>
> *Je comprends le sourd-muet, j'entends celui qui ne parle pas.*
>
> Oracle d'Apollon donné à Crésus

Dans les contes des *Mille et Une Nuits*, la pensée magique se mêle à de magnifiques descriptions du monde matériel. L'histoire de la cité d'airain est une image en miroir de la quête du Graal de Perceval.

Trois explorateurs – un émir, un vizir et un cheik – et leurs servants traversèrent un territoire inconnu à la recherche de la légendaire cité d'airain.

Au bout de deux ans environ, ils parvinrent à une colline sur laquelle se dressait la statue en airain d'un cavalier. Celui-ci brandissait une lance qui semblait embrasée et dont le fer portait une inscription : « Vous qui avez pu arriver jusqu'à moi, si le chemin de la cité d'airain vous est inconnu, faites-moi mouvoir en frottant ma main, puis dirigez-vous du côté où, en m'arrêtant, je resterai le visage tourné. »

L'émir Musa frotta la main du cavalier. Aussitôt, l'automate tourna sur lui-même puis s'arrêta, leur indiquant la direction de sa lance.

Les explorateurs poursuivirent leur chemin jusqu'à ce que, au milieu d'une vaste plaine désolée, ils arrivent devant une colonne de pierre, de laquelle sortaient deux ailes de pierre et quatre pattes de pierre semblables aux pattes d'un lion. Tout en haut de la colonne, deux yeux flambaient tels des charbons. Au milieu se trouvait un troisième œil, vert comme les yeux d'un lynx. Une voix sembla alors s'adresser à eux : c'était un *djinn*, que Salomon avait enfermé dans la colonne. Ils lui demandèrent la direction de la cité d'airain, il la leur indiqua, et ils se remirent en route.

Puis un soir, entre deux collines, ils aperçurent un objet noir à l'horizon, qui semblait encadré par deux grands feux. L'un d'eux se souvint qu'une description de la cité d'airain figurait dans *Le Livre des secrets cachés* : ses murailles étaient noires, ceintes par deux grands piliers d'airain. Les piliers qu'ils fixaient du regard semblaient embrasés dans les lueurs du couchant. Ils avaient trouvé la cité d'airain !

Ils s'approchèrent, la ville se dressait haut dans les cieux. Les murailles, belles et lisses, faisaient quelque quatre-vingts coudées de haut. Dans leurs souvenirs, *Le Livre des secrets cachés* prétendait que la cité avait vingt-cinq portes, mais ils n'en trouvèrent aucune. Ils appelèrent, mais ne reçurent aucune réponse.

Ils escaladèrent une colline voisine pour regarder la ville en contrebas. Ils virent des dômes, des pavillons, des palais et des cimes d'arbres étincelants. Ils tendirent l'oreille, mais n'entendirent rien, excepté le battement des tentes dans le vent et le bruit de l'eau qui coule, tel le murmure d'une rivière.

Le vizir proposa de construire une échelle. Les serviteurs se mirent au travail et construisirent une échelle robuste en bois et en fer, qu'ils placèrent contre la muraille.

L'un des servants se porta volontaire. Il grimpa en haut de l'échelle et resta sur la muraille, à fixer la ville en contrebas. Il frappa dans ses mains, s'écriant : « Comme vous êtes belles ! » et se précipita dans le vide, vers une mort certaine.

Un deuxième servant se porta volontaire. Il se produisit exactement la même chose.

Le cheik insista pour essayer lui-même, « au nom de Dieu, le charitable, le miséricordieux ». Il escalada l'échelle et, en atteignant son sommet, lui aussi frappa dans ses mains.

L'émir l'interpella :

« Ne fais pas ça, ne fais pas ça ! »

Le cheik rit et déclara :

« Dieu m'a sauvé des artifices du Diable parce que j'ai récité : "Au nom de Dieu, le charitable, le miséricordieux."

— Que vois-tu, cheik ?

— En atteignant le haut de la muraille, j'ai vu dix demoiselles, belles comme la lune, qui me faisaient signe d'approcher, comme pour me dire : “Rejoins-nous !” J'ai regardé et j'ai cru voir une rivière dans laquelle plonger pour les rejoindre mais, comme je continuais de réciter, la rivière a disparu, et j'ai vu les corps écrasés de nos servants. »

Le cheik longeait maintenant la muraille. Il arriva devant l'une des tours d'airain. Il se retrouva face à deux portes dorées creusées dans la tour, mais il ne semblait y avoir ni bouton ni verrou. En regardant de plus près, il vit que, sur la porte, était gravée l'image en relief d'un cavalier qui avait la main ouverte. Sa paume portait une inscription : « Tourne douze fois le clou au milieu de mon corps et les portes s'ouvriront. »

Le cheik ne vit pas tout de suite le clou, mais continua à chercher. Il finit par le trouver, solidement fixé. Il le tourna douze fois et les deux battants de porte s'ouvrirent en grinçant dans un grondement de tonnerre.

Le cheik entra et se retrouva dans un long couloir au bout duquel se trouvait un escalier.

En bas, il pénétra dans une salle où des hommes étaient allongés sur des bancs, la tête recouverte de leur bouclier. Ils étaient habillés comme des gardes et armés d'épées, d'arcs et de flèches. Ils s'avérèrent être froids comme la pierre – morts.

Était-il possible qu'ils aient les clefs de la ville sur eux ? Le cheik trouva l'homme le plus âgé, souleva ses vêtements et, oui, un trousseau de clés était bel et bien suspendu à sa ceinture.

D'un pas bondissant, il se dirigea vers une porte au pied de la tour d'airain. Il inséra la plus grosse clé d'airain dans le minuscule mécanisme, délicat et très sophistiqué. Il y eut un ronronnement, un clic et, subitement, silencieusement, les grandes portes d'airain s'ouvrirent en coulissant.

L'émir, le vizir et les autres qui l'attendaient dehors l'accueillirent avec des cris de joie. Ils entrèrent dans la ville, passant devant des chambellans et des lieutenants allongés, morts, sur des lits de soie, puis se rendirent au souk. Il y avait des boutiques de tous les côtés et sur plusieurs étages, dont certaines faisaient saillie sur les allées. Toutes les boutiques étaient ouvertes, avec des rangées d'ustensiles en cuivre alignés par ordre de taille. Les marchands étaient eux aussi dans leur boutique, affaissés comme s'ils dormaient, mais tous étaient morts.

Lorsqu'ils eurent traversé le souk, ils débouchèrent sur un magnifique palais couleur bleu outremer. S'aventurant à l'intérieur, ils virent une grande salle décorée d'or et d'argent. Au centre de la salle se trouvait une grande fontaine d'albâtre, entourée de plus petites fontaines, au-dessus desquelles se déployait un dais de brocart. L'eau suivait des canaux tracés dans le sol – quatre ruisseaux, comme les quatre rivières du Paradis, qui se rejoignaient dans un grand bassin recouvert de marbre.

Ils remarquèrent une porte ouvragée de marqueteries d'ivoire et d'ébène et ornée de plaques d'or. Un rideau de soie la recouvrait. Elle était fermée par un délicat verrou d'argent blanc.

Le cheik en fit rapidement son affaire et ils se retrouvèrent dans un couloir pavé de marbre et tendu d'étoffes des deux côtés, sur lesquelles étaient brodés en fils d'or et d'argent des bêtes sauvages et des oiseaux.

Au bout du couloir, ils découvrirent une salle creusée dans un marbre si poli que le sol évoquait un miroir d'eau. Au milieu du plafond se trouvait un gigantesque dôme en or. Ils entrèrent et découvrirent un pavillon. Il était soutenu par des pilastres d'or rouge et, à l'intérieur, des oiseaux d'or et d'émeraude étaient disposés autour d'une fontaine. À côté de la fontaine se trouvait un canapé sur lequel était allongée une jeune fille belle comme le jour. Elle avait les cheveux bruns, les joues roses et la lumière dansait dans ses yeux. Elle portait une robe de perles étincelantes et une couronne d'or rouge. Sur son front luisaient deux gemmes jaunes.

L'émir et ses compagnons n'avaient jamais vu pareille beauté. Ils se regardèrent. La même question leur brûlait le cœur : était-ce la seule personne vivante dans la cité d'airain ?

Ou y en avait-il d'autres ? De chaque côté du canapé se tenaient deux esclaves figés, l'un blanc et l'autre noir, armés respectivement d'une lance d'acier et d'une épée parée de bijoux. Leurs armes étaient levées, mais ils étaient aussi immobiles que des statues…

« Paix à toi, ô demoiselle ! » s'exclama l'émir.

Mais le vizir lui dit :

« Tu devrais savoir que cette demoiselle est morte ! La vie l'a quittée.

Illustration extraite d'une édition des *Mille et Une Nuits* datant de 1870.

— Elle m'a regardé avec amour ! Ses yeux étincelaient de joie ! Je n'ai jamais vu une personne si pleine de vie !

— Elle a été embaumée avec habileté, répliqua le vizir. Ses yeux ont été retirés puis remis en place avec du vif-argent dessous, pour les faire luire. »

Le cheik s'avança pour lire une inscription gravée sur une tablette d'or au pied de la jeune fille :

> Toutes les choses du monde sont empruntées et ce que vous lui empruntez, le monde le reprendra. Le monde est semblable aux visions confuses du dormeur et aux rêves du rêveur. Où est Adam, le père de l'humanité ? Où sont Noé et ses descendants ? Où sont les rois d'Inde et d'Irak ? Où sont les César ?
>
> Je suis Tadmor, fille du roi des Amalécites. J'ai gouverné avec justice et agi avec impartialité envers tous mes sujets, pour que leur vie soit belle et facile. J'ai construit une cité d'airain imprenable pour assurer notre sécurité et ai amassé d'innombrables richesses de façon à ce que nous n'en manquions jamais.
>
> Puis se sont posés parmi nous l'Anéantisseur des délices, le Séparateur de compagnons, le Désolateur de demeures, le Destructeur de toutes créatures, petites et grandes.
>
> Fils d'Adam, ne laisse pas l'espoir faire de toi une proie.

L'émir tenta de l'en empêcher, mais le vizir monta les marches jusqu'à l'endroit où reposait la princesse et tendit le bras pour s'emparer d'un des joyaux ornant son front. Les esclaves se révélèrent alors être des automates, non des statues : l'un plongea sa lance dans le dos de l'émir, l'autre le décapita d'un prompt coup d'épée.

L'histoire de Perceval nous dit qu'au centre du cosmos, on peut trouver son être véritable, le Soi, le principe créateur du cosmos. Celle de la cité d'airain nous dit que ce qui se trouve au centre de tout, c'est la mort[1].

La graine de moutarde et la graine de la mort.

*
* *

Omar était un riche marchand du Caire. À sa mort, il s'avéra qu'il avait divisé sa fortune en quatre – entre ses trois fils et sa femme. Mais les deux aînés gaspillèrent vite leur part et essayèrent de mettre la main sur celle de leur frère, Judar, portant l'affaire devant les tribunaux à plusieurs reprises jusqu'à ce que tous se retrouvent sans un sou. Judar installa alors sa mère chez lui. Tous les jours, il allait pêcher sur les rives du Nil pour essayer de gagner quelques pièces. Rapidement, ses frères se retrouvèrent dans une misère noire, obligés de faire la mendicité. Judar les accueillit donc eux aussi. Ils ne faisaient rien pour l'aider mais, malgré tout, n'appréciaient pas de vivre aux crochets de leur cadet.

Puis Judar traversa une période de vache maigre. Plusieurs jours de suite, il n'attrapa rien, pas même un seul sprat. Il décida de s'éloigner davantage pour pêcher dans le lac Karoun, où un riche marchand nommé Abdoul vint à sa rencontre.

Abdoul lui expliqua que son propre père avait étudié la magie et que son bien le plus cher était un livre intitulé *Les Fables des anciens*. Cet ouvrage contenait des détails sur tous les grands trésors cachés dans le monde – et sur la manière de les trouver. Le plus grand des trésors appartenait à un enchanteur nommé al-Shamardal. Il consistait en un planisphère céleste, une bague apposée d'un sceau, et une fiole d'onguent. Appliquer cet onguent sur les yeux permettait de découvrir la cachette de tous les autres trésors du monde ! Son père avait essayé de trouver ce trésor, mais le *djinn* rouge qui le contrôlait en avait eu vent et s'était caché au fond du lac Karoun. Avant de mourir, son père avait consulté un astrologue qui lui avait révélé qu'il ne pourrait s'emparer du trésor d'al-Shamardal qu'avec l'aide d'un jeune pêcheur du Caire nommé Judar, fils d'Omar.

Judar lui expliqua qu'il ne pouvait pas laisser sa mère se débrouiller seule. Abdoul lui donna donc une coquette somme d'argent à son intention.

Au retour de Judar, Abdoul dit :

« Monte derrière moi. »

Ils chevauchèrent jusqu'à la prière du milieu de l'après-midi, moment où ils firent halte pour manger.

Ils chevauchèrent de la sorte pendant quatre jours et Judar remarqua que leurs sacoches de selle semblaient toujours pleines d'eau et de nourriture, bien qu'il ne voie jamais Abdoul les remplir.

Puis, un matin, Abdoul dit :

« Judar, le jour est venu. D'après les instructions de l'astrologue, c'est aujourd'hui que nous devons aller chercher le trésor. »

Ils chevauchèrent à nouveau jusqu'à midi et atteignirent une rivière. Abdoul sortit de sa sacoche une baguette creuse et trois tablettes de cornaline rouge, qu'il disposa sur la baguette. Puis il sortit un plat, quelques charbons de bois et de l'encens et dit à Judar :

« Je m'apprête à commencer les conjurations et les fumigations nécessaires mais, une fois que j'aurai commencé, je ne pourrai plus parler ou le charme sera rompu. Sois donc très attentif à ce que je vais te dire.

— Apprends-moi », répondit Judar.

Abdoul lui communiqua les instructions contenues dans *Les Fables des anciens* :

« Quand j'aurai récité le sortilège et jeté l'encens dans le feu, le lit de la rivière s'asséchera et tu verras une porte d'or ornée de deux anneaux en métal. Frappe trois petits coups rapides et tu entendras une voix te demander : “Qui frappe à la porte du trésor, ignorant comment percer ses secrets ?” Tu devras répondre : “Je suis Judar, fils d'Omar.” La porte s'ouvrira et un personnage s'avancera vers toi, une épée embrasée à la main. Il te dira : “Si tu es cet homme, tends ton cou que je t'ôte la tête.” Tends ton cou et n'aie pas peur car, quand il lèvera la main pour te frapper avec son épée, il s'effondrera devant toi et tu verras en lui un corps sans âme. Mais si tu le contredis, il te tuera.

« Quand ce sera fait, longe le tunnel jusqu'à ce que tu vois une autre porte. Cette porte s'ouvrira brusquement et tu verras deux dragons, qui voleront vers toi la gueule grande ouverte. Mets tes deux mains devant toi : ils te mordront chacun une main et tomberont raides morts, mais, si tu leur résistes, ils te tueront.

« Rends-toi ensuite à la porte suivante, où ta mère s'avancera et te dira : "Bienvenu, ô mon fils ! Viens ici que je t'embrasse !" Mais tu devras répondre : "Ne t'approche pas de moi et enlève ta robe." Elle te répondra : "Ô fils, je suis ta mère… Pourquoi voudrais-tu que je me dénude ?" Tu devras alors sortir ton épée et la brandir en disant : "Déshabille-toi !" Sur quoi elle essaiera de t'amadouer en se rabaissant, mais ne te laisse pas tromper et continue de la menacer de mort jusqu'à ce qu'elle retire tout ce qu'elle a sur elle et s'écroule. Sur quoi l'enchantement s'évanouira, le sort sera rompu et tu auras la vie sauve.

« Puis, entre dans la salle du trésor, où tu découvriras des piles et des piles d'or. N'y prête pas attention et cherche un rideau au fond de la salle. Tire le rideau et tu verras l'enchanteur al-Shamardal.

— Comment vais-je pouvoir résister à toutes ces horreurs ?

— N'aie pas peur, car ce ne sont que des illusions sans vie. »

Judar fit ce qu'on lui avait dit et tout se déroula comme l'avait dit Abdoul, jusqu'à ce qu'il arrive à la dernière porte et à sa mère.

« Je suis heureuse de te voir, mon garçon.

— Qu'es-tu ?

— Ô mon fils, je suis ta mère, je t'ai porté pendant neuf mois, je t'ai allaité et élevé.

— Retire tes vêtements.

— Tu es mon fils. Pourquoi voudrais-tu que je me dénude ?

— Déshabille-toi, ou je te décapite avec cette épée. »

Comme il réitérait ses menaces, elle retira certains de ses vêtements.

« Enlève le reste ! »

Elle ôta chacun de ses vêtements très lentement, tout en le suppliant, jusqu'à n'avoir plus qu'un unique sous-vêtement sur elle.

« Vas-tu porter atteinte à mon honneur et me couvrir de honte ? C'est amoral, mon garçon. »

À ce stade, il ne put aller plus loin.

« Ce que tu dis est vrai. Garde ce dernier vêtement.

— Il a échoué ! s'écria-t-elle. Ce n'est pas un homme. Frappez-le ! »

Des démons se ruèrent alors sur lui. Ils le rouèrent de coups et le repoussèrent dans les couloirs, porte après porte, jusqu'à ce qu'il soit propulsé dehors, dans la lumière du jour, et que les eaux de la rivière se referment sur son lit et la porte.

« Ne t'avais-je pas dit de suivre mes instructions à la lettre ? lui demanda Abdoul. Maintenant, tu dois rester avec moi jusqu'à l'année prochaine, à la même date. »

Il expliqua à Judar que, même s'il avait échappé à la mort cette fois-ci, s'il échouait à nouveau, il se ferait certainement tuer.

Un an plus tard, Judar repassa par les mêmes étapes jusqu'à ce que sa mère apparaisse devant lui, disant :

« Bienvenu, ô mon garçon ! »

Mais cette fois-ci, cela se passa différemment.

« Comment pourrais-je être ton fils, esprit maudit ? » répondit Judar.

Et il lui fit enlever tous ses vêtements, après quoi elle tomba raide morte.

Judar entra alors dans la salle du trésor. L'enchanteur al-Shamardal était allongé sur un canapé d'or avec l'anneau à son doigt, le planisphère céleste suspendu au-dessus de la tête et la fiole posée sur la poitrine. Judar les prit sur la forme endormie et fut élevé au-dessus du sol.

Abdoul l'étreignit.

« Demande-moi ce que tu veux et n'aie pas honte, car tu l'as mérité.

— Je demande d'abord à Allah, puis à toi, de me donner ces sacoches, là-bas. »

Abdoul lui donna ses sacoches de bon cœur, ainsi que deux autres remplies d'or et de bijoux. Puis il congédia Judar, en lui donnant une mule et un esclave pour le guider.

Judar voyagea nuit et jour, puis entra dans Le Caire par la porte de la Victoire. Là, il vit sa mère assise par terre, en train de mendier. Il manqua perdre la raison. Ses explications le rendirent fou de douleur : ses frères l'avaient dépouillée de toutes ses possessions et l'avaient envoyée faire la mendicité.

Judar la ramena chez elle, sortit de la nourriture des sacoches et lui prépara un repas. Et quel repas ! Ils avaient du poulet rôti et du riz pimenté, des saucisses, des concombres farcis, de l'agneau farci, des côtes de mouton farcies, du vermicelle aux amandes coupées, aux noisettes, au miel et au sucre, et aussi des beignets et des gâteaux aux amandes.

Plus tard, il fit construire un beau palais et demanda à sa mère :

« Dis-moi, voudrais-tu venir vivre avec moi dans ce palais ? »

Encore plus tard, il vit la fille du roi. Il la regarda fixement et poussa une exclamation : « Ah ! » Ses membres se relâchèrent, car l'amour, le désir et la passion avaient pris possession de lui. Bientôt, il l'épousa.

Judar, sa femme et sa mère vécurent tous ensemble dans le palais. Un eunuque, assis sur un trône d'or à l'entrée, était chargé de repousser les frères de Judar ou toute personne animée de mauvaises intentions à leur égard.

*

* *

Dans son ouvrage *The Arabian Nights : A Companion*, le spécialiste et romancier Robert Irwin explique que des divertissements comme l'histoire de Judar et de ses frères avaient des équivalents dans des récits d'aventures réelles.

La chasse aux trésors était un moyen populaire de gagner sa vie dans l'Égypte du Moyen Âge – c'est d'ailleurs toujours le cas aujourd'hui. Des manuels détaillaient les précautions minutieuses prises pour protéger les trésors cachés dans les pyramides. Un traité du XIIIe siècle sur la chasse aux trésors décrivait des couloirs bordés de statues brandissant des épées. On conseillait aux chasseurs de trésors de frapper le sol devant eux avec un long bâton pour actionner les dispositifs pièges, de façon à ce que les épées tombent devant eux sans leur faire de mal. Il y avait des trappes, des portes dérobées, des escaliers escamotables, et des pluies de feu subites. Le traité prévenait également que des conjurations étaient nécessaires pour parer les attaques de démons.

Au XVe siècle, un sultan reçut la visite d'un saint soufi nommé Cheik al-Dashuti. Ils se disputèrent au sujet de Mahomet : s'était-il réellement élevé à travers les cieux ? Le sultan était un peu sceptique. Le cheik lui dit que, s'il plongeait sa tête dans une bassine d'eau un court instant, il comprendrait. Quand le cheik releva la tête, il dit avoir vécu plusieurs vies en un instant.

Dès l'enfance, l'essayiste du XIXe siècle Thomas de Quincey vécut des expériences qu'il ressentait comme de l'omniscience. Plus tard, la prise de drogues intensifia ces expériences. Étaient-ce des hallucinations ?

L'interconnexion entre toutes choses est palpable dans les écrits de De Quincey. Il écrivit qu'en parcourant inlassablement les rues de Londres, il avait le sentiment que tout avait été disposé à son intention, comme dans un jeu. En marchant, il avait l'impression que, quelque part dans la ville, une araignée envoyait des fils invisibles à travers le globe.

Borges était intrigué par un autre passage de De Quincey avec un thème similaire. Dans ses *Esquisses autobiographiques*, De Quincey écrivit qu'une page mystérieuse, insondable et sublime des *Mille et Une Nuits* l'avait fasciné toute sa vie. Sa magnificence, disait-il, n'avait cessé de le hanter[2].

> Vers six ans, une page des *Mille et Une Nuits* lui causa une autre secousse intellectuelle. Il [De Quincey] lisait *Aladdin ou la lampe merveilleuse*. Au début du conte, le magicien africain découvre qu'il ne pourra s'emparer de la lampe que par les mains d'un enfant innocent, et cela ne suffit pas encore :
>
> « Il faut que cet enfant ait un horoscope spécial écrit dans les étoiles, ou, en d'autres termes, une destinée spéciale écrite dans sa constitution, qui lui donne droit à s'emparer de la lampe. Où trouver cet enfant ? comment le chercher ?
>
> « Le magicien sait : il applique son oreille à terre ; il écoute les innombrables bruits de pas qui fatiguent à cet instant la surface du globe ; et parmi tous ces bruits, à une distance de six mille milles, il distingue les pas particuliers du jeune Aladdin, qui joue dans les rues de Bagdad. À travers cet inextricable labyrinthe de sons [...], les pieds d'un enfant isolé marchant sur les bords du Tigre sont reconnus distinctement, à une distance qu'une armée ou une caravane mettrait quatre cent quarante jours à franchir. Ces pieds,

ces pas, le magicien les reconnaît, il les salue en son cœur comme les pieds, comme les pas de cet enfant innocent par les mains duquel seulement il a chance de saisir la lampe.

« Après avoir laissé de côté comme inutiles des milliards de sons terrestres, après avoir concentré son attention sur un certain bruit de pas, il a le pouvoir encore plus incompréhensible de déchiffrer dans ce mouvement précipité un alphabet infini de symboles inconnus. En effet, pour que le bruit des pas de l'enfant ait une signification intelligible, il faut que leur musique corresponde à une gamme d'une étendue infinie ; il faut que les pulsations du cœur, les mouvements de la volonté, les visions du cerveau se traduisent, comme en hiéroglyphes secrets, dans le son de ces pas fugitifs. Tous les sons articulés et tous les bruits qui se produisent sur ce globe doivent être autant de langages et de systèmes de chiffres, ayant quelque part leur clef, leur grammaire et leur syntaxe. Ainsi, les moindres choses de cet univers sont mystérieusement les miroirs des plus grandes[3]. »

Borges était intrigué, en partie parce que cet épisode n'apparaissait dans aucune version connue des *Mille et Une Nuits* mais relatait pourtant fidèlement les croyances mystiques de l'époque qui avait vu naître ces contes.

Le sentiment de l'imbrication de toutes choses, aussi éloignées soient-elles dans le temps et l'espace, fait partie intégrante de l'idéalisme et de sa vision du cosmos, dans laquelle l'esprit précède la matière. D'après ce point de vue mystique, la totalité de l'univers matériel est maintenue ensemble par une force unificatrice : le grand Esprit cosmique. Selon la tradition juive, c'est par la parole que Dieu a fait exister le cosmos : c'est pour cette raison qu'on retrouve les liens qui unissent le langage – le sens et l'intention – entre toutes les choses de la création. La série de lettres par laquelle Dieu a donné naissance au cosmos correspond à la série de lettres hébraïques qui compose la Torah.

Les idées mystiques portant sur la manière d'accéder aux puissances créatrices du cosmos ont été préservées dans les sociétés secrètes et leurs membres y font parfois allusion dans leurs publications. Honoré de Balzac, le romancier français du XIXe siècle, avait l'une des imaginations les plus créatives et les plus prolifiques de l'histoire humaine. Dans son œuvre titanesque, *La Comédie humaine*, il essaya de créer un cosmos si vaste et si varié qu'il puisse rivaliser avec le cosmos matériel. Il écrivit en outre sur une qualité qu'il nommait « Spécialité ». Selon lui, le don de Spécialité « peut seul expliquer Dieu ». Dans *Louis Lambert*, il le décrit comme « un des chemins de l'Infini », connu des plus grands génies. Bien sûr, il pensait en premier lieu à lui-même :

> La Spécialité consiste à voir les choses du monde matériel aussi bien que celles du monde spirituel dans leurs ramifications originelles et conséquentielles. [...] Jésus était Spécialiste, il voyait le fait dans ses racines et dans ses productions, dans le passé qui l'avait engendré, dans le présent où il se manifestait, dans l'avenir où il se développait ; sa

vue pénétrait l'entendement d'autrui. La perfection de la vue intérieure enfante le don de Spécialité.

*

* *

De nos jours, nous sommes tellement éloignés de l'idéalisme et de sa façon de penser le monde que l'impression que nous avons de lui et de ses affirmations risque de devenir caricaturale – en particulier en ce qui concerne le statut ontologique du monde matériel. L'idéalisme suggère-t-il *vraiment* que le monde est totalement irréel ? Une pomme ou une table cesse-t-elle *vraiment* d'exister à l'instant où on cesse de la regarder ? Cette proposition extrême, invraisemblable, semble être l'une des implications de l'idéalisme, dont il ne peut pas se défaire.

Je ne nie pas que, dans l'histoire de la religion, il a existé des tendances à nier le monde, et même à le haïr, mais l'idéalisme englobe des réflexions extrêmement sophistiquées sur les différents niveaux de réalités et sur le statut ontologique des objets et des contenus des différents types d'expérience – surtout dans le mysticisme islamique.

D'après le poète et philosophe du Moyen Âge Afdal al-Din Kashânî (ou Baba Afdal), tout ce qui est intelligible, tout ce qui entre dans le monde de l'expérience sensible depuis le monde de l'invisible, est un message de Dieu. Tout dans le monde extérieur est une création de l'esprit de Dieu, de son imagination. En d'autres termes, le monde physique n'est pas une illusion subjective – vous et moi ne sommes pas en train d'avoir une hallucination subjective à son sujet. C'est plutôt une illusion objective.

De fait, le monde matériel n'est pas que *pure* illusion. Il ne s'agit pas de dire qu'il n'a pas d'existence ni de statut ontologique. Il a un certain niveau de réalité, car tout ce qui existe sur le plan matériel a une existence correspondante dans les plans supérieurs, plus spirituels. En ce sens, le monde entier est une forêt de symboles, bien que la signification de ces symboles puisse ne pas apparaître à l'intelligence humaine de tous les jours.

Les *connaissants* sont les mystiques et les visionnaires qui ont des capacités d'imagination dépassant l'ordinaire. Ils font ce que les soufis appellent des « rêves véridiques », qui sont des visions d'une réalité supérieure, plus réelle. Ces rêves peuvent ensuite être interprétés avec la raison, si bien que la raison et l'imagination travaillent main dans la main, en parfaite harmonie.

Les *connaissants* font aussi des rêves véridiques éveillés, dans lesquels la structure et le sens symboliques du monde matériel – ce que Dieu veut communiquer à travers lui – leur apparaissent clairement.

Nous avons tous déjà éprouvé la différence entre des rêves banals, ordinaires, et des rêves significatifs dont on sent qu'ils nous disent quelque chose d'important. De même, dans notre vie éveillée, nous avons tous – ou la plupart d'entre nous – déjà eu l'impression que la vie

Le jardin arabe comme Paradis (dans *The Pictorial Gallery of Fine Arts*, 1847).

essayait de nous dire quelque chose à travers certaines expériences. Les mystiques soufis accordent beaucoup d'attention et de réflexion à ces expériences et aux capacités de discernement qu'elles nous confèrent.

*

* *

Les idéaux et les idées arabes sur l'interconnexion du cosmos finiraient par donner naissance à leur pendant matérialiste. Le matérialisme scientifique en viendrait à considérer l'entièreté du cosmos comme interconnectée, chaque partie étant liée à chaque partie, peu importe la distance les séparant – non par les intentions d'un Esprit cosmique, mais par des forces impersonnelles comme la gravité.

Nous verrons plus tard qu'il est possible d'influer sur le comportement des particules subatomiques par le pouvoir de la pensée – et que la science peut nous en fournir les preuves expérimentales. Nous verrons aussi qu'aujourd'hui, la science nous montre que le mouvement d'un électron peut modifier le mouvement d'un autre électron à l'autre bout du cosmos.

Se pourrait-il que les contes des *Mille et Une Nuits* soient plus qu'un simple divertissement et que les connaissances ésotériques qui les sous-tendent décrivent fidèlement le cosmos ?

29

Saint François prend l'Évangile au pied de la lettre

Jusqu'ici, cette histoire du monde, racontée du point de vue de l'idéalisme, s'est principalement intéressée au grand plan cosmique : aider l'homme à développer une conscience de la tête, c'est-à-dire des capacités de réflexion et d'abstraction, dont les autres créatures sont privées.

Dans les chapitres précédents, nous avons assisté aux prémices d'une nouvelle évolution et vu germer une nouvelle conscience : la conscience du cœur.

*
* *

François vit le jour à Assise en 1182. Son père était un riche marchand de tissus. Sa mère, originaire de Provence, lui racontait les histoires d'Arthur et de Lancelot, de Charlemagne et de Roland, qui enflammaient l'imagination du jeune garçon. Les troubadours du pays natal de sa mère parcouraient l'Italie à cette époque-là, introduisant de nouveaux chants d'amour dans le pays.

François était un garçon enjoué, très joyeux, qui faisait constamment le clown. Jeune homme, il s'habillait de manière extravagante, souvent en vaillant chevalier, comme le superbe Roland. Ils étaient nombreux à le taquiner, mais il était bon et tout le monde lui pardonnait son excentricité. Pourtant, il suspectait que certains riaient de lui plus qu'ils ne riaient avec lui. « Vous verrez, disait-il. Un jour, le monde entier m'adorera. »

Un jour, alors qu'il s'éloignait d'Assise à cheval, il eut une vision. On ne sait pas ce qu'il vit, mais cela le transforma. Il retourna à Assise et passa les jours suivants à vagabonder dans la campagne. Il finit par se rendre dans une grotte cachée au milieu des oliviers. Il en ressortit tout pâle, à l'évidence bouleversé.

Au bout d'un chemin rocailleux aux abords d'Assise, au milieu des lavandes et des buissons de romarins, se trouvait une petite chapelle en ruines appelée San Damiano (ou Saint-Damien). Un jour, François y pria pendant une heure entière puis leva les yeux et vit un simple crucifix en bois au-dessus de l'autel. Dessus se trouvait une peinture de Jésus Christ, entouré d'anges et des deux Marie, et il l'entendit clairement lui dire : « François va, et répare ma maison qui, tu le vois, tombe en ruine. »

Un troubadour (ou « trouveur »), poète qui interprétait des œuvres d'amour courtois (sculpture sur le portique de la basilique de Saint-Denis, XIIe siècle).

La petite église dans laquelle François s'était agenouillé nécessitait des réparations : il se mit au travail sur-le-champ. Pourtant, au bout d'un moment, de nouvelles perspectives s'ouvrirent à lui : il comprit que depuis son établissement un millier d'années plus tôt environ, l'Église avait elle aussi fait des compromis avec le monde. La campagne italienne était belle, mais principalement habitée par des serfs, qui se démenaient pour gagner maigrement leur vie, à la merci des conditions météorologiques et de leurs propriétaires. Les évêques, en qualité d'administrateurs locaux, prélevaient la dîme même aux miséreux. Les personnes âgées, les handicapés, les fous, les lépreux et ceux qui ne pouvaient pas travailler étaient négligés et traités avec cruauté.

La papauté était dogmatique et intolérante : elle persécutait les groupes dont les idées menaçaient son autorité. Des mouvements comme les Vaudois en Allemagne, les Cathares en France et les Bogomiles en Bosnie renoncèrent à la propriété et au mariage et essayèrent de mener des vies totalement pures, mais furent accusés d'indécence et de promiscuité.

Les rumeurs extravagantes allaient bon train : on prophétisait de grands changements à venir. Un ermite de Calabre, Joachim de Flore, se retira loin dans les montagnes pour élaborer sa théorie mystique de l'histoire du monde. Selon lui, le temps était proche où l'humanité vivrait en se consumant d'amour. En Allemagne, son ange gardien dit à Élisabeth de Schönau : « Bergers de mon Église, vous dormez, mais je vous réveillerai. » Et Hildegarde de Bingen déclara quant à elle : « Une nation de prophètes apparaîtra, illuminée depuis les cieux, vivant dans la pauvreté et la solitude… et les anges reviendront vivre parmi eux en toute confiance. »

Lors d'un autre voyage hors d'Assise, François rencontra un lépreux. Il ne put contenir une réaction de dégoût, mais s'en voulut immédiatement. Il sauta de cheval, donna tout l'argent qu'il avait sur lui au malade et lui embrassa la main. Il eut l'impression d'embrasser un cadavre. Il se rendit compte plus tard qu'en la personne du lépreux, il avait rencontré le Christ.

On commença à voir François dans les rues, en haillons, le visage blême et l'air préoccupé. Les enfants de la ville le singeaient, l'assaillaient. C'était un *pazzo* – un fou. Pour autant, François ne fuyait pas les foules : il les recherchait même. Il était plein d'amour, il le chantait allégrement, et il était aussi plein de joie, car il avait eu une idée amusante. *Pourquoi ne pas prendre le message des évangiles au pied de la lettre ?* Pourquoi ne pas considérer comment croissent les lis ? Pourquoi ne pas faire don de ses biens matériels et vouer sa vie à l'amour de son prochain ?

L'Église voyait ce mode de pensée sens dessus dessous comme une grande menace. C'était un pied de nez à l'autorité.

Le père de François était furieux lui aussi et décida de l'assigner en justice pour le déshériter. Cette procédure juridique devait se dérouler sur la place du village lors d'une audience formelle devant l'évêque. Lors du procès solennel, François disparut dans le palais de l'évêque et revint nu comme un ver. Il fit un paquet avec ses vêtements, qu'il déposa aux pieds de l'évêque avec le reste de son argent, puis déclara : « Dieu est mon père désormais. »

Puis il quitta la ville et erra dans la campagne, un vieux manteau en loques que lui avait donné le jardinier de l'évêque sur le dos. Il séjourna dans une ladrerie : il essuyait et lavait les plaies des lépreux et les couvrait d'amour.

Bientôt, il reparut en ville : il chantait des hymnes sur les places et quémandait de la nourriture de porte en porte. Mais il se rendit vite compte que prendre les évangiles au pied de la lettre revenait à passer pour un fou aux yeux d'autrui. C'est d'ailleurs pour cela qu'on donna le nom de *jongleurs* – les bouffons de Dieu – à ses disciples.

François aimait se comparer à l'alouette dans le ciel : il n'était heureux que libre comme l'air. Quelques compagnons quittèrent leur maison pour construire des abris de branches ouverts aux quatre vents. Ils vivaient dans le même dénuement que les habitants des campagnes et prêchaient dans la langue vernaculaire. François demandait de semer l'amour où il y avait la haine, l'unité où régnait la discorde. Pour autant, à chaque fois qu'il faisait de tels prêches, cela ne faisait qu'irriter davantage la population.

François avait un côté joueur, presque surréaliste. Une fois, après une chute de neige abondante, il se précipita dehors, fit une rangée de bonshommes de neige et dit : « Voilà ma femme et, derrière elle, mes deux fils et mes deux filles, avec le domestique et la bonne qui portent les bagages. » Regrettait-il de ne pas avoir choisi une autre vie ?

Des femmes rejoignirent également François. Elles étaient guidées par Claire, son âme sœur, sur laquelle il se reposait souvent, aussi bien pour son soutien que ses conseils.

François disait « ne rien avoir et pourtant posséder toutes choses ». D'après lui, en ne possédant rien, en ne désirant rien, ses compagnons et lui étaient vraiment libres. Ce qui leur importait dans la vie, c'était *l'expérience de la vie elle-même*.

Cela marqua un tournant majeur dans l'histoire – nous y reviendrons. François représentait un affront à l'autorité et au dogmatisme, mais personnifiait aussi la naissance de l'individualisme et de l'inspiration divine.

Saint François prêchant aux oiseaux (miniature extraite d'un psautier du XIIIe siècle).

François avait une qualité inhabituelle que Paul Sabatier, l'un de ses biographes, décrivit comme un « tact du cœur qui sait deviner les autres et devance leurs désirs ». En lui, les pauvres avaient trouvé quelqu'un qui se souciait d'eux, qui veillerait sur eux.

Cette empathie dépassait l'humanité pour s'étendre à toutes les choses vivantes. Un autre de ses biographes dit de lui qu'il « discernait les choses cachées de la nature avec son cœur sensible ».

Un jour, il quitta la route pour s'approcher d'une volée d'oiseaux. Au lieu de prendre la fuite, les volatiles se rassemblèrent autour de lui. Il dit : « Mes frères les oiseaux, vous avez bien sujet de louer votre créateur et de l'aimer toujours ; il vous a donné des plumes pour vous vêtir, des ailes pour voler et tout ce dont vous avez besoin pour vivre. De toutes les créatures de Dieu, c'est vous qui avez meilleure grâce ; il vous a dévolu pour champ l'espace et sa simplicité ; vous n'avez ni à semer, ni à moissonner ; il vous donne le vivre et le couvert sans que vous ayez à vous en inquiéter. » Et il les caressa.

Un autre jour, tandis qu'il prêchait devant une foule et ne pouvait être entendu à cause du vacarme des hirondelles, il leur adressa ces paroles : « Hirondelles mes sœurs, vous avez assez parlé ; il est bien temps que je parle à mon tour. »

François se réjouissait de la fécondité de la nature : il construisait des nids pour les colombes et leur disait de se reproduire et de se multiplier. Il avait un corbeau de compagnie, qui mangeait avec les frères et l'accompagnait quand il visitait les malades.

À cette époque, un loup gigantesque terrorisait la campagne autour de la ville voisine de Gubbio. Un jour, François croisa l'animal sur la route. Il alla à sa rencontre et le loup s'approcha, prêt à bondir, la gueule grande ouverte. Mais François fit le signe de la croix et lui parla ainsi : « Frère loup, je te commande de la part du Christ de ne faire de mal ni à moi, ni à personne. » Sur ce, le loup se coucha docilement à ses pieds et se mit à accompagner François tel un chien domestiqué[1].

Le loup de Gubbio.

Le célèbre « Cantique de frère Soleil » de François offre une vision flamboyante du cosmos tel que le conçoit l'idéalisme. Les corps célestes et le monde naturel y expriment le soin que l'Esprit cosmique prend de l'humanité :

Très haut, tout puissant et bon Seigneur,
à toi louange, gloire, honneur,
et toute bénédiction ; [...].

Loué sois-tu, mon Seigneur, avec toutes tes créatures,
spécialement messire frère Soleil
par qui tu nous donnes le jour, la lumière :
Il est beau, rayonnant d'une grande splendeur […].
Loué sois-tu, mon Seigneur, pour sœur Lune et les étoiles :
dans le ciel tu les as formées, claires, précieuses et belles[2].

François apporta au christianisme la compassion pour toutes les choses vivantes que nous avons déjà rencontrée dans les enseignements du Bouddha et, d'après Paul Sabatier, les « miracles éclataient sous ses pas », comme cela avait été le cas pour le Bouddha. Il pratiquait un idéalisme qu'on pourrait qualifier de « transcendantal ». En unissant son esprit au divin dans la prière, il se transformait, ce qui lui permettait d'accomplir des miracles. Une évidence ressort de l'histoire de François : *Enétant bon, en étant spirituel, on peut faire plier les lois de la nature*.

François pratiquait également des exorcismes. Un témoin oculaire décrivit un frère possédé qui « se roulait par terre, se tapait contre tout ce qui croisait son chemin, se contorsionnait, devenait tout rigide, sautait en l'air. François vint le voir et le guérit ».

François disait avoir combattu le Diable à plusieurs reprises. La nuit, il entendait des voix étranges, troublantes, et, une fois, il rapporta que les démons l'avaient violemment frappé, le laissant tout tremblant.

Il sentait aussi qu'un douloureux processus de transformation s'enclenchait pour l'humanité.

Guidé par ses rêves, il se rendit dans le Valdarno supérieur. Avec ses compagnons, ils cheminèrent au-dessus des champs de blé, passèrent les châtaigniers et les chênes pour trouver les pins, les sapins et la roche nue sur les hauteurs.

François se faisait vieux désormais. Il était trop faible pour aller plus loin, aussi les frères se mirent-ils à la recherche d'un âne. François se reposa sur un rocher lisse et un vieux paysan bourru s'approcha pour lui demander s'il était bien François d'Assise. François acquiesça et le paysan, fronçant les sourcils, lui dit sévèrement :

« Eh bien, si j'ai un conseil à vous donner, c'est de vous appliquer à être vraiment aussi bon que les gens le disent, afin qu'ils ne soient pas déçus en vous rencontrant. »

François rit et le remercia chaleureusement.

François et les frères poursuivirent leur chemin. Quand ils furent près du sommet du mont Alverne, ils firent une halte sous un grand chêne. Des volées d'oiseaux se rassemblèrent autour d'eux en chantant et vinrent se poser sur les bras et les épaules de François.

« Je crois, mes très chers frères, qu'il plaît au Seigneur que nous habitions sur cette montagne solitaire, puisque nos sœurs et nos frères les oiseaux témoignent tant d'allégresse de notre venue. »

Ce soir-là, tandis qu'ils construisaient un abri de fortune fait de branches et de feuillages, François annonça à ses compagnons qu'il lui restait peu de temps à vivre.

Quelques jours plus tard, le 13 septembre, il passa la nuit seul, à prier. Au moment où les premiers rayons du soleil commençaient à réchauffer son corps, il vit quelque chose dans le ciel, à l'horizon. Un ange, l'un des séraphins, volait vers lui. Au centre de la vision se trouvait une croix, sur laquelle le séraphin, ses six ailes embrasées, était cloué. François fut plongé dans la béatitude de l'extase.

La vision s'évanouit subitement et il ressentit de vives douleurs. Essayant de comprendre la signification de tout cela, il baissa les yeux et vit sur ses mains et ses pieds des marques de la forme et de la couleur des blessures que Jésus avait reçues sur la croix – et il avait aussi une plaie dans son flanc. De temps à autre, un peu de sang s'en écoulait et tachait sa tunique.

Comme l'événement du Christ, ce que nous pouvons appeler « l'événement de François » fut capital et, de la même manière, nous n'en avons peut-être pas encore saisi toute la signification...

Comme le petit groupe de frères quittait le mont Alverne, François se retourna pour parler : « Adieu ! adieu ! mont Alverne. Nous ne nous reverrons plus. »

Le lendemain, ils arrivèrent au couvent de Monte Casale, où François guérit un moine possédé.

Dans l'un des villages que traversa François, des habitants ramassèrent une bride que le saint homme avait touchée et l'apportèrent à une femme dont l'accouchement était difficile. Elle donna immédiatement la vie, et sans la moindre douleur.

Les gens se disputaient déjà les vêtements de François, ses mèches de cheveux – même ses rognures d'ongles.

Quand François arriva à Assise et à sa chapelle adorée de San Damiano, il dit à ses frères :

« N'abandonnez jamais ce lieu ; car ce lieu est saint, c'est la maison de Dieu. »

François perdit la vue pendant deux semaines. Ses nuits étaient douloureuses. Une nuit, les anges chantèrent pour lui, ce qui apaisa ses souffrances. Quand un médecin lui apprit que sa maladie était incurable, il s'écria, fou de joie : « Ma sœur la mort, sois la bienvenue ! » Et il se mit à chanter.

Il s'éteignit le 3 octobre 1226, à la tombée de la nuit, au moment où des alouettes venaient se poser sur le toit de chaume de sa cellule.

Après sa mort, François apparut à ses compagnons. Il leur dit que Jésus Christ lui avait donné les stigmates afin qu'il puisse poursuivre une mission divine envers les défunts, en les conduisant à Dieu. Les morts avaient trouvé quelqu'un pour les aider[3].

30

La nouvelle façon d'aimer venue d'Arabie

« Je suis son ouïe par laquelle il entend, sa vue par laquelle il voit, sa main par laquelle il attrape, son pied par lequel il marche. »

Dieu décrivant sa relation avec quelqu'un qu'il aime dans un hadîth[1].

« L'œil par lequel je vois Dieu est le même œil par lequel Dieu me voit. »

Maître ECKHART

Tôt au tard, les humains devaient découvrir l'amour sexuel.

Ibn 'Arabî était un Andalou musulman dont on dirait qu'il fut le plus grand cheikh – ou maître – du soufisme, le principal courant mystique de l'islam.

Quand il avait sept ans, sa famille déménagea de Murcie à Séville. En grandissant, il devint un haut fonctionnaire compétent et prospère. Il se maria et fonda un foyer. Puis il tomba malade et commença à avoir des visions. Il cessa de travailler, donna tous ses biens matériels, et partit vivre dans la solitude, pour prier et méditer. Puis il entreprit une série de pèlerinages.

Il rencontra Al-Khidr à plusieurs reprises. Une de ces rencontres se déroula de nuit dans le port de Tunis. Ibn 'Arabî se trouvait dans un bateau quand il fut surpris de voir un homme venir vers lui à la surface de l'eau : ce dernier marchait de manière extravagante, levant tour à tour chacun de ses pieds, très haut, comme pour montrer que ses semelles n'étaient pas mouillées. Il s'approcha suffisamment pour qu'Ibn 'Arabî puisse lui parler. Ensuite, il se tourna et partit en direction d'un phare, semblant couvrir une distance d'environ trois kilomètres en seulement trois pas.

Une autre fois, Ibn 'Arabî vit Al-Khidr faire ses prières sur un tapis volant.

Un peu comme Élie avait donné son manteau à Élisée, Ibn 'Arabî se choisit un disciple et lui passa le manteau, ou *khirqa,* qu'il avait reçu d'Al-Khidr – symbole de la « chaîne de transmission » par laquelle un maître a la capacité de transmettre le don d'expérience spirituelle intense. La méthode de transmission peut sembler magique : le maître touche le front de son disciple du doigt pour éveiller l'œil intérieur spirituel par exemple. Elle peut aussi comprendre des exercices spirituels, dits *travail,* comme des reconstitutions en imagination des expériences d'Énoch et d'Élie, du type de celles évoquées plus haut dans ce livre[2].

Le soufisme privilégie l'expérience personnelle à la doctrine. Les soufis disent voir une réalité supérieure, refusée à ceux qui tentent de tout comprendre par la seule réflexion rationnelle. Le « dévoilement » de cette réalité peut survenir suite à une vision mystique.

*
* *

En 1202, à l'âge de trente ans, Ibn 'Arabî se rendit à La Mecque, où il fut chaleureusement accueilli au domicile d'un éminent cheikh, de sa sœur et de sa nièce, la belle Nizam. Il passa bon nombre de soirées agréables chez eux, à discuter avec érudition des grandes questions de la vie et de la mort. Un soir, il accomplissait la promenade rituelle autour de la Kaaba quand quelques versets lui vinrent en tête et il se mit à les réciter, suffisamment fort pour être entendu. Soudain, il sentit une main lui toucher l'épaule. Ce contact était plus doux que la soie. Il se retourna et se retrouva face à Nizam. Il plongea son regard dans le sien – et resta ébahi devant ses yeux étincelants et sa beauté chaude et flamboyante. Quand elle lui sourit, il eut l'impression de voir un lever de soleil. Plus tard, il écrirait au sujet de sa chevelure noire et de sa langue au goût de miel : « Elle est parmi les femmes bien formées, celles qui, de voiles, sont protégées. Des femmes pleines de grâce, vierges préservées et d'une grande beauté ! Pleines lunes parfaites au-dessus des branches. Elles se trouvent protégées de toute imperfection. Dans le jardin de la demeure de mon corps, se trouve une colombe, perchée sur une branche de bân, mourant de désir, se consumant d'amour[3]. »

Il était sous le charme de la présence érotique torride de Nizam, mais aussi de son *altérité* secrète et mystérieuse. Vous connaissez cet émerveillement ressenti quand on est *avec* quelqu'un d'une extraordinaire beauté, n'est-ce pas ? On a du mal à croire que cet être merveilleux, cet autre, est à nos côtés. À partir de ce moment-là, les nuits d'Ibn 'Arabî seraient illuminées par le visage de Nizam : « Mon jour s'obscurcit caché sous sa chevelure. » Il était tombé amoureux : il désirait ardemment Nizam, se languissait d'elle. « De cet attachement mon cœur est tout malade, écrivit-il. Ton jardin est humide de rosée, et tes roses, épanouies. Souriantes sont tes fleurs, et gracieuses tes branches. »

Mais le regard de Nizam contenait aussi un élément de défi : ses « coups d'œil fascinants se dégagent comme des lames au tranchant bien affilé ». Ibn 'Arabî se sentit mis au défi de « franchir le désert », tout comme les chevaliers chrétiens avaient été poussés à accomplir de nobles actions par l'amour romantique qu'ils portaient aux dames de la cour[4]. Toutefois, l'amour d'Ibn 'Arabî pour Nizam le remplit également d'une énergie prodigieuse qui l'aiderait à relever ce défi.

La vie est énigmatique et paradoxale. Elle est mystérieuse – et plus encore lorsqu'on est amoureux. Tomber amoureux nous permet d'atteindre un état de conscience supérieur. Quand on est amoureux, on a un sens accru des forces directrices du monde qui nous ont amené jusque-là. On sent que de grands secrets et mystères, de nouvelles dimensions du monde, s'ouvrent à nous – des mystères qui transcendent l'ordinaire et le quotidien.

Tomber amoureux peut aussi représenter un défi pour l'intellect. En effet, d'où vient cet amour ? Pour Ibn 'Arabî, l'amour qui meut la totalité de l'univers se meut aussi en lui, si bien que, lorsqu'il est amoureux, il fait directement l'expérience de cet amour universel : il y *goûte*.

*

* *

Depuis l'époque d'Abraham, l'humanité avait développé les capacités de pensée conceptuelle et de raisonnement intellectuel. Au Moyen Âge, ces facultés se développèrent à un niveau exceptionnel au sein des premières universités européennes. Une recherche monacale visant à définir et développer le dogme, nommée scolastique, s'effectuait à une échelle industrielle, dirait-on aujourd'hui. Mais au XIIIe siècle, de nouvelles idées venues d'Islam se répandaient en Europe et donnaient naissance à de nouvelles manières de se sentir vivant dans le monde.

Nous avons vu que Mahomet refusait d'accomplir des miracles car, disait-il, le monde matériel, le monde perçu par les sens, était suffisamment miraculeux. Il existe un hadîth, une parole traditionnellement attribuée à Mahomet, dans lequel Dieu parle de quelqu'un qu'il aime : « Je suis son ouïe par laquelle il entend, sa vue par laquelle il voit, sa main par laquelle il attrape, son pied par lequel il marche. » On voit que le corps humain dans son entier était considéré comme un organe de perception. Il est dit que les différentes façons de percevoir sont centrées dans les différents organes du corps. Cet élan, ces idées furent développés par les écrivains, les philosophes et les poètes soufis.

Le contemporain d'Ibn 'Arabî, le poète Rûmî, évoqua l'intensité de l'expérience sexuelle en termes éclatants. Il consacra des poèmes aux joies du sexe et de l'ivresse. Cette sensualité envoûtante, cette célébration des plaisirs de l'alcool et de l'amour libre par Rûmî, Omar Khayyâm et d'autres, peut sembler scandaleuse, mais cette délectation du monde matériel inspira les troubadours et sema les germes qui permirent à la Renaissance de s'épanouir dans toute sa spendeur, ses lumières, ses couleurs. On peut voir de nouvelles formes de conscience s'ouvrir dès le XIIIe siècle avec l'invention de l'harmonie en musique et de la perspective en peinture, et avec les illuminations intérieures non seulement de saint François mais aussi de son ami Giotto, du prophète Joachim, de Thomas d'Aquin, de Bernard de Clairvaux et de Dante[5].

Étant idéalistes, les soufis comme Ibn 'Arabî pensaient naturellement que le cosmos était né d'un acte mental. La nouveauté, c'était la rapidité à laquelle ils appréhendaient la variété, la richesse et la beauté des différents types d'actes mentaux et de leurs multiples dimensions.

Et mieux il comprenait ces actes mentaux, mieux ils comprenaient Dieu.

La tradition islamique attribua un autre hadîth à Dieu : « J'étais un trésor caché et j'ai *aimé* à être connu. » Pour les mystiques soufis, l'amour était l'acte mental fondamental qui animait le grand Esprit cosmique pendant l'acte de création. L'amour fut le grand événement primitif et il attendait que ceux capables d'amour le cherchent et répondent à son amour par un amour à eux. La spiritualité froide et intellectuelle qui s'était développée se réchauffait et devenait plus intime.

Pour les soufis, le cœur est l'organe de perception des valeurs de la vie. En tant qu'organe de perception, il nous montre des choses que le cerveau ne peut pas nous montrer : l'amour, le bonheur et la beauté. C'est avant tout l'amour, disent les soufis, qui nous éveille à la fois à l'existence de Dieu et à l'existence de notre être supérieur. D'après Rûmî, on aime quand on reconnaît notre nature la plus profonde en l'être aimé. Quand on est amoureux, on voit une bonté nouvelle en la personne aimée, mais aussi en nous-même. On est par ailleurs animé d'une volonté inédite de faire le bien. À tous ces égards, l'amour est une expérience transformatrice. Il s'empare de nous et transforme tous les autres sentiments. On sent alors la douceur nous submerger.

Les soufis élevèrent l'intensité de l'expérience au rang d'idéal, et leur influence fut quasi universelle. Il peut nous arriver à tous de faire l'amour avec une telle intensité qu'après, on a l'impression que le tissu même de l'univers a été changé, comme si les atomes à l'intérieur de notre corps avaient dansé avant de se remettre en meilleure place. Comme si nous étions nés à nouveau. « Divise ta pierre en quatre éléments [...], dit Hermès Trismégiste. Réunis-les en unité [...] et tu auras le magistère entier. »

Dans son célèbre sermon sur le Cantique des Cantiques, qui eut une influence considérable, saint Bernard de Clairvaux adopta lui aussi le langage de l'amour érotique, en parlant du désir de la mariée pour son époux. Il évoqua les baisers de la contemplation, le baiser mystique, de douces étreintes et des plaisirs intenses : « C'est qu'il est vivant et actif. À peine était-il en moi qu'il tira du sommeil mon âme assoupie. Mon cœur était dur comme la pierre et malade, il l'a secoué, amolli et blessé » – des écrits dignes de Rûmî ou d'Ibn 'Arabî.

La brutalité, la cruauté, la pauvreté, la peste, le servage, l'ignorance, la peur – les aspects extérieurs sordides du Moyen Âge nous sont familiers, mais les vies des sages, comme Hildegarde de Bingen, Ibn 'Arabî, saint François et saint Bernard, n'étaient pas dirigées vers l'extérieur. Un nouvel amour les illuminait de l'intérieur[6].

*

* *

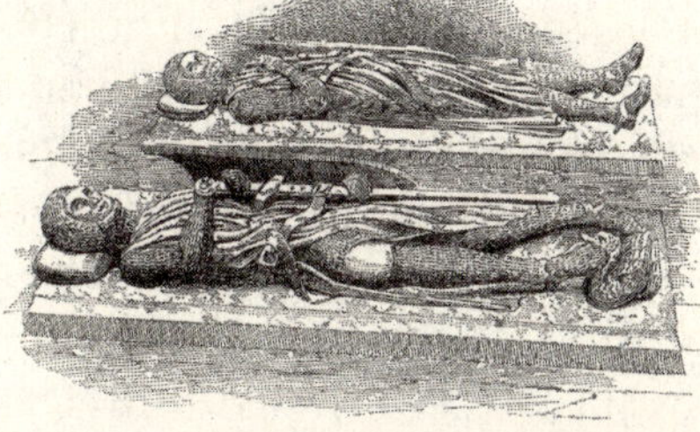

Tombeaux dans l'église du Temple, à Londres. Saint Bernard a rédigé la règle des templiers, qui étaient eux aussi influencés par le mysticisme islamique. Leurs niveaux d'initiation s'inspiraient des sociétés secrètes initiatiques islamiques. (Pour approfondir ce sujet, voir *L'Histoire secrète du monde*.)

Un évêque assiste au forgeage d'une cloche pour la consacrer (extrait d'un manuscrit français du XIVe siècle). Depuis les temps anciens, on utilisait des cloches en cuivre lors des rites sacrés, des éclipses lunaires et des décès, car on pensait que la sonorité retentissante, pénétrante et stridente du cuivre était la meilleure pour expier les souillures – et empêcher les sortilèges d'atteindre la Lune, où les démons attendaient de telles convocations.

Nous avons vu que les gens se disputaient les cheveux et les ongles de saint François même avant sa mort. En Europe, au Moyen Âge, les personnages illustres n'étaient pas les seuls à avoir un sens aigu des manifestations spirituelles au quotidien – la plupart des gens les ressentaient.

L'Église exerçait son pouvoir à travers les cloches, les livres et les cierges. On sonnait les cloches des églises pour éloigner les démons. On les sonnait également lors de l'édification d'une église, moment où on aspergeait aussi de l'eau bénite et récitait des prières pour demander à un saint ou un ange de la protéger.

Des infirmes espérant être guéris par l'influence salutaire des reliques. (Dessin attribué à Matthieu Paris, début du XIIIe siècle.)

L'Église publiait des livres qui présentaient les rituels pour bénir le bétail, les bateaux et les armures, guérir l'infertilité et les maladies chez l'homme et les animaux, et garantir la victoire dans la bataille, la protection en voyage et la récupération de biens perdus. Un patient pouvait par exemple écrire : « Jésus Christ, par pitié, fais partir ce mal de dents[7] », réciter cette formule, puis brûler le papier sur laquelle elle était inscrite. On faisait des amulettes, appelées *Agnus Dei*, avec la cire des cierges. Elles étaient populaires et servaient à éloigner les démons, les incendies, les tempêtes et les maladies. Un patient pouvait passer la nuit à prier pour sa guérison dans une église, tout comme dans la Grèce antique les malades restaient dans le temple d'Asclépios pour être guéri par le « sommeil du temple ». Aujourd'hui, on organise toujours des manifestations qui marchent sur les traces des grandes processions organisées par l'Église au Moyen Âge. Ces dernières aidaient à éloigner la peste ou la famine, et le bâton des pèlerins avait un pouvoir similaire à celui d'une baguette magique pour repousser les démons[8].

Mais c'était pendant la messe que le pouvoir du surnaturel se manifestait le plus. Le pain consacré était un remède universel, une protection contre la peste, qui guérissait de la cécité et d'autres maladies. On pouvait en répandre dans le jardin pour éradiquer les nuisibles, ou sur les champs pour les rendre fertiles et encourager les abeilles à produire plus de miel. Il était au cœur de la vie chrétienne.

Le contemporain d'Ibn 'Arabî, Thomas d'Aquin, un religieux de l'ordre dominicain surnommé le « docteur angélique », fut le grand théologien chrétien des anges. Ses œuvres complètes représentèrent le grand chef-d'œuvre de la scolastique. Sa *Somme théologique* développa la description des hiérarchies célestes faite par Denys l'Aréopagite et décrivit avec minutie la manière dont les anges influent sur la physiologie humaine : ils agissent sur les nerfs pour qu'une personne puisse avoir une vision, puis stimulent l'intellect afin qu'elle la comprenne par exemple. Thomas d'Aquin œuvra pour concilier le spirituel et l'intellectuel. Au milieu du XIIIe siècle, il élabora la doctrine de la messe en décrivant ce qui se passait au cours de l'eucharistie par le dogme de la Transsubstantiation.

Des anges cultivant la terre (extrait du Cotton MS, Nero, C IV).

Moine effectuant des calculs astrologiques (de Jacquemin Grigonneur).

Au Moyen Âge, la plupart des alchimistes en activité étaient des ecclésiastiques. D'Aquin lui-même s'intéressait de près à l'alchimie et plusieurs textes alchimiques lui sont attribués. Dans la description qu'il fait de la messe, les substances au cœur de l'œuvre – le pain et le vin – sont transformées en leur essence propre, et les personnes qui *accomplissent l'œuvre* – qui célèbrent la messe – sont elles aussi transformées. Il écrit : « L'Eucharistie est le sacrement de l'Amour, parce que c'est l'Amour qui l'a établi, c'est l'Amour qui s'y donne, c'est l'Amour qui produit l'amour dont il veut être aimé. » Il envisage ici l'amour tel que le décrivent les soufis : un amour qui ne transforme pas seulement notre esprit, mais a également le pouvoir de transformer notre corps, si bien qu'un changement physiologique s'opère réellement.

Le culte du Saint Graal se répandit en Europe au moment où Thomas d'Aquin formulait sa doctrine de la transsubstantiation. Tous deux se développèrent à partir d'une tradition de pensée alchimique. Tous deux s'intéressaient à la spiritualisation de la matière par l'esprit.

Nous avons dressé un tableau de la manière dont, d'après l'idéalisme ésotérique et mystique, l'esprit humain joue un rôle crucial dans la transformation et la spiritualisation de tout l'univers matériel. D'après ce récit, l'esprit humain entame le travail de transformation en travaillant d'abord sur le matériau qui lui est le plus proche – le corps humain.

Pendant la messe, les principales forces créatrices de l'univers étaient mises à contribution, pour stimuler et orienter ce changement. Pour les idéalistes du Moyen Âge, le déchaînement de pouvoir cosmique qui se produisait pendant la messe était aussi puissant et dangereux que le sont pour nous les secrets de la fission nucléaire aujourd'hui. Ce fut en partie pour cette raison que l'Église insista pour que cet exercice spirituel prenne toujours place sous son égide.

Mais, indépendamment de l'Église, une nouvelle science de l'amour, une sagesse qui venait de l'expérience personnelle directe du divin et de la transformation corporelle, s'était répandue en Europe en passant par l'Espagne et le sud de la France.

Le *djinn* était sorti de sa bouteille.

*

* *

La deuxième croisade de l'Église ne fut pas dirigée contre les musulmans, mais contre les chrétiens.

Comme saint François, les cathares prenaient les enseignements de Jésus sur la manière de vivre au pied de la lettre. Dans le sud de la France, les communautés cathares avaient renoncé à la propriété et vivaient simplement. Elles recherchaient aussi les expériences mystiques en dehors du contrôle de l'Église. L'accès aux royaumes spirituels, strictement régi et à certains égards limité par l'Église, était de la petite bière comparé à la conscience cosmique des cathares, qui voyaient constamment les grands anges à l'œuvre dans le monde.

L'Église se servit de l'Inquisition pour fermer ces perspectives. Après avoir massacré plusieurs centaines de milliers d'hérétiques à Béziers, Bram, Lavaur et Minerve dans le sud de la

France, les soldats de l'Inquisition encerclèrent et assiégèrent les derniers cathares au château de Montségur, niché tout en haut d'une montagne. Onze mois plus tard, en 1244, deux cents cathares descendirent la montagne en chantant pour périr sur le bûcher que les croisés avaient préparé à leur intention.

Ils chantaient parce que, en dépit des apparences, ils pensaient avoir mené à bien leur mission. Peu de temps avant la prise du château, quatre initiés s'étaient laissé glisser le long des parois rocheuses quasi verticales pour dissimuler un secret – que les cathares considéraient comme crucial pour l'avenir de l'humanité.

On a beaucoup spéculé au sujet de ce qu'ils avaient fait sortir clandestinement. Étaient-ce des parchemins secrets ? Était-ce la coupe de la Cène ? Un trésor qui fit subitement la fortune d'un prêtre de Rennes-le-Château, comme suggéré dans *L'Énigme sacrée*[9] ?

En réalité, ils faisaient sortir quelque chose de bien plus précieux…

Un bébé.

Les quatre cathares emmenèrent leur précieux chargement dans un monastère cistercien, où douze sages s'occupèrent de lui. Ensemble, ces hommes furent capables d'extraire son âme de son corps pour y imprimer l'ancienne sagesse primitive. Ils travaillèrent son âme, comme les hiérophantes avaient travaillé celle des candidats à l'initiation dans la chambre du roi de la grande pyramide d'Égypte.

L'incarnation des grands esprits est souvent problématique. Généralement, un tel esprit est attaché au corps d'une manière qui sort de l'ordinaire : il peut y être attaché plus lâchement pour lui permettre de flotter librement en dehors du corps et de communiquer plus facilement avec les mondes spirituels. La configuration corps-âme-esprit est subtile chez ces individus rares qui, la plupart du temps, sont maladifs et passent leur vie à frôler la mort.

L'enfant dans le monastère était bel et bien maladif, parfois à un point tel que sa peau semblait transparente. D'autres fois, sa peau semblait rayonner d'un profond amour intérieur. Il mourut jeune[10].

*

* *

Lors de l'écriture de ce livre, Lorna Byrne m'a raconté qu'elle voyait ce qu'elle appelait des « bébés rayonnants ». Elle était la seule à voir leur rayonnement, mais tout le monde était attiré vers eux à cause de leurs émanations spirituelles remarquables. Les passants s'arrêtaient souvent pour les prendre dans leurs bras, par exemple. Je suis certain que Lorna ignorait tout de l'histoire du bébé rayonnant né à Montségur au XIIIe siècle, que les recherches de Rudolf Steiner ont portée à notre connaissance.

Les forces du bien et du mal, dit Lorna, se rassemblent pour une grande bataille et ces bébés rayonnants sont du côté du bien. Ils sont souvent maladifs et souffrent parfois d'un retard du développement physique. La plupart du temps, ils meurent jeunes. Mais ils annoncent une nouvelle étape de l'évolution humaine.

Nous reviendrons plus tard sur ces bébés rayonnants et ce rassemblement des forces du bien et du mal.

31

Dante, les templiers et le chemin le moins fréquenté

En 1260, âgé d'une quarantaine d'années, Brunetto Latini regagnait Florence depuis l'Espagne. En traversant la vallée de Roncevaux, il rencontra un étudiant italien qui arrivait à dos de mule de la direction opposée. Brunetto lui demanda des nouvelles de Florence. La réponse de cet étudiant était très inquiétante : la faction des Guelfes, à laquelle appartenait Latini, avait été expulsée.

Poursuivant son chemin à pied, seul, et remâchant cette nouvelle, Brunetto quitta par mégarde la route principale pour emprunter le chemin le moins fréquenté. Il se retrouva perdu au beau milieu d'une forêt qui ne lui était pas familière. Il poursuivit sa route et finit par apercevoir une montagne se dessiner à la cime des arbres.

Une chose étrange se produisit alors. Les lapins, les souris, les lièvres, les biches, les renards, les loups, les ours, les oiseaux et d'autres créatures qu'il ne connaissait pas vinrent à sa rencontre. Ils restaient tous ensemble, sans prêter attention les uns aux autres. Puis, encore plus étrange, Brunetto vit pourquoi : ils faisaient tous partie d'une longue procession qui accompagnait une géante.

Cette dernière lui dit en souriant : « Je suis la Nature et le Créateur souverain m'a créée. Je fais tout ce qu'il demande. »

Était-ce l'inspiration divine qu'il avait cherchée pendant si longtemps ? Avait-il enfin percé le voile matériel ? Était-il passé de l'autre côté ?

Brunetto s'agenouilla devant cette grande créature visionnaire et la supplia de lui raconter son histoire.

Elle lui répondit qu'elle allait lui expliquer le génie et le pouvoir subtils de l'esprit humain. Elle lui dit que Dieu avait d'abord créé le monde d'après sa propre nature, mais que le monde avait connu la Chute « à cause de la fierté de l'ange fou ».

Elle poursuivit en lui racontant une histoire du monde toute miltonienne. En vision, elle lui fit voir la création des planètes et des quatre fleuves de l'Éden, constitués de l'eau la plus pure et coulant sur les pierres les plus précieuses et les plus brillantes. Il vit la création des animaux – tigres, lions, chameaux, panthères, hyènes, griffons et certains dont il n'avait jamais entendu parler, y compris des insectes éthiopiens de la taille de chiens qui déterraient de l'or avec leurs pattes. Cette histoire du monde incluait la tentation d'Ève par le serpent, le meurtre d'Abel, la tour de Babel et le siège de Troie.

Dame Philosophie (illustration extraite du *Livre du Trésor* de Brunetto Latini, manuscrit du XVe siècle).

La déesse lui expliqua que l'humanité surpassait toutes les choses de la création, que, rassemblant en elle ses meilleurs aspects, elle était le couronnement de l'œuvre de Dieu, et que la capacité à distinguer le bien du mal parachevait l'esprit humain.

Elle lui demanda ensuite de se plonger profondément en lui-même.

En termes modernes, matérialistes, on pourrait décrire cette expérience comme une plongée dans l'inconscient mais, d'après l'idéalisme de l'époque, cet acte mental n'était pas coupé de la réalité matérielle. D'après la philosophie mystique embrassée par Brunetto Latini, c'est parce que l'homme est le sommet de la création qu'il peut tout savoir de la création en s'examinant lui-même. Nous sommes un livre : si nous apprenons à lire ce livre, nous sommes capables de tout lire.

Brunetto put observer l'action des puissances divines sur ses fonctions vitales. Il plongea parmi les forces de l'âme, à même de voir les différents fonctionnements des quatre tempéraments – les principes cholérique, mélancolique, flegmatique et sanguin. Il comprit également la manière dont ces quatre principes fonctionnaient hors du corps humain, dans le monde extérieur, sous la forme du feu, de l'air, de l'eau et de la terre.

Il rencontra les quatre vertus – Prudence, Tempérance, Force et Justice – non pas comme des idées abstraites, mais comme des principes spirituels vivants.

Il glissa à travers les portails des sens, s'enfonçant dans son propre corps pour voir de quelle manière les mouvements des planètes agissaient en nous – comment Vénus nous invite au désir, Mars à la colère et la Lune à la réflexion.

Il s'éleva à travers les hiérarchies célestes et finit par nager dans un océan vaste et paisible.

Puis il se réveilla, toujours face à la déesse. Il lui embrassa les pieds et elle disparut.

Brunetto se remit en route « sur le chemin étroit cherchant à voir, toucher, savoir tout ce qui est prédestiné ».

Cette rencontre lui avait aussi enseigné une leçon importante : l'expérience spirituelle permettait de connaître les rouages du monde physique – leçon qui n'échapperait pas à Isaac Newton et aux autres chefs de file de la révolution scientifique.

Le goût de Brunetto pour l'expérience spirituelle directe avait également été affiné. Plus tard, il eut la vision d'un petit enfant qui se tenait debout, tout nu, un arc et une flèche à la main, ailé mais aveugle. Ce garçonnet s'appelait Piacere – plaisir sensuel. Il était accompagné de quatre aides : Peur et Désir, Amour et Espoir.

Brunetto vit comment ces quatre sentiments agissaient sur les gens, pourquoi, quand on tombe amoureux, on désire, on a peur, on espère et on aime. Bien qu'ils agissent de différentes manières, tous quatre œuvrent pour atteindre un but commun.

Puis Ovide, le grand poète latin initié des écoles de mystère, apparut à Brunetto. Il lui dit de sonder son propre cœur pour trouver la bonté et la joie qui naissent de l'amour, mais aussi le mal et l'erreur qu'il engendre.

Ici aussi, les visions de Brunetto insistent sur l'expérience personnelle et l'importance d'y être attentif.

*

* *

Suite à sa rencontre avec l'étudiant italien, Brunetto savait que rentrer à Florence serait dangereux pour lui : il fit donc demi-tour et s'exila à Paris.

Il y rencontra Thomas d'Aquin – peut-être parce qu'il essayait de trouver un sens à ces visions et de les replacer dans un contexte intellectuel plus large – et fut initié dans une confrérie laïque affiliée aux templiers. Pour les initiés, il était désormais un *FraterTemplarius*, un membre d'un ordre secret dédié à la poursuite de Sapientia, la déesse ou l'ange de la sagesse.

Nous ne savons pas exactement en quoi consista l'initiation de Brunetto ni la cérémonie qu'il endura, mais des indices nous mettent sur la voie…

Au moment où Brunetto Latini entra en contact avec les templiers à Paris, ces derniers étaient une organisation immensément riche, puissante et influente, le cœur de la finance européenne. Le temple de Paris était une ville dans la ville, autorégulée et en grande partie fermée, un peu comme le Vatican à Rome aujourd'hui.

L'ordre du Temple avait été fondé en 1118, en partie pour protéger les pèlerins chrétiens qui se rendaient à Jérusalem des attaques musulmanes. En 1128, Bernard de Clairvaux avait rédigé leur règle, reconnaissant cette élite combattante comme un ordre monastique. Nous avons vu que Bernard de Clairvaux était influencé par la philosophie soufie et on a beaucoup écrit sur l'influence de l'islam, et du soufisme en particulier, sur les templiers. À cette époque, la civilisation islamique était bien plus avancée que la civilisation européenne en matière de science, de technologie, de philosophie et de spiritualité : aux yeux des musulmans, les Européens passaient sans doute pour des barbares. À ceux des templiers, les musulmans se trouvaient à l'origine de tout ce qui était nouveau et avant-gardiste.

Portrait de Brunetto Latini, Corso Donati et Dante par Giotto (dans la chapelle du palais du podestat à Florence, aujourd'hui palais du Bargello).

Les templiers fonctionnaient un peu à la manière des services de renseignements aujourd'hui et devaient en avoir appris de belles pour devenir aussi riches et puissants. Alors qu'ils étaient en charge du dôme du Rocher à Jérusalem, ils étudièrent les traditions islamiques et signèrent un traité avec la société secrète tant redoutée des Assassins, disciples du Vieux de la montagne. Ils respectèrent les traditions et les pratiques islamiques tant qu'ils réussirent à garder le contrôle de Jérusalem, autorisant les musulmans sous leur garde à prier vers La Mecque. Plus tard, l'architecture templière emprunterait beaucoup au style islamique. Le pagne en laine blanche des templiers pourrait avoir été influencé par les vêtements en laine blanche des soufis – le mot « soufi » venant d'un mot arabe signifiant « laine » à cause des robes de cérémonie qu'ils portaient, symboles de leur pureté. Les templiers portaient une cordelette similaire à celle portée par les initiés assassins – et par les disciples derviches de Rûmî. L'une des accusations qui seraient portées à leur encontre était que cette cordelette avait été consacrée dans une grande grotte artificielle devant une idole nommée Baphomet – nom qu'on interpréta comme une déformation du nom Mahomet.

En 1266, Florence connut un autre soulèvement politique qui permit à Latini de rentrer chez lui. Il était désormais l'un des érudits les plus en vue d'Europe, une autorité reconnue en matière de propriétés occultes des pierres, entre autres. Il se lia d'amitié avec la famille de Dante et prit le jeune homme sous son aile.

Comme François d'Assise, Dante venait d'une famille de marchands, mais ses aspirations intellectuelles et spirituelles le mèneraient sur une autre voie. Brunetto l'initia à la confrérie des templiers et lui apprit à avoir des visions mystiques comme celle dont il avait lui-même fait l'expérience dans la vallée de Roncevaux.

Charon, le nocher des Enfers (sur un vase attique).

En 1301, Florence fut le théâtre d'un nouveau revirement politique. Ses biens confisqués et sous la menace d'une exécution, Dante s'exila lui aussi un moment à Paris. En 1307, le roi français, Philippe le Bel, fit subitement arrêter les templiers. Dante assista probablement à l'exécution sur le bûcher de Jacques de Molay, le grand maître de l'ordre du Temple. De fait, quand il entreprit l'écriture de la *Divine Comédie*, il connaissait bien les dangers de l'hérésie et avait appris à ne pas montrer trop ouvertement son soutien aux templiers. L'ancienne sagesse du mystère, l'astrologie, la mystique kabbalistique des nombres et la philosophie soufie de l'amour extatique apparaissent dans ses poèmes – mais de manière cryptée. Dans la *Divine Comédie*, un Philippe le Bel à la beauté luciférienne souffre dans le dernier cercle de l'Enfer pour le crime qu'il a commis contre les templiers.

*

* *

Au début de son grand poème visionnaire, le guide de Dante, celui qui le conduit aux Enfers, n'est pas Brunetto Latini mais un précédent initié, Virgile. *L'Énéide*, l'épopée du poète romain, relate la descente aux Enfers de son héros, Énée. Le personnage de Virgile doit quérir un rameau d'or qui pousse et fleurit sur un arbrisseau ressemblant au gui. Cette « baguette du destin » lui permettra de faire face aux épreuves et aux dangers qui l'attendent sous terre.

Plus tard, Énée rencontre le nocher, Charon, qui lui fait traverser le fleuve souterrain, le Styx, puis Cerbère, le chien à trois têtes, avant d'arriver à la séparation des deux chemins (l'un conduisant aux champs élyséens, l'autre aux tourments de l'Enfer).

Le sentier pour descendre décrit neuf spirales. Énée assiste aux châtiments terribles infligés à de célèbres malfaiteurs et finit par pénétrer dans un lieu baigné d'une lumière éclatante, où tous les esprits brillent et sont pleins de joie. On lui donne à voir l'Esprit divin qui nourrit l'univers, à l'œuvre dans toute chose, et il comprend la place du destin des individus au sein de la plus vaste destinée du cosmos. Tout ceci est décrit avec un réalisme étonnant, tout comme le récit de la vision de Dante, dans lequel le poète s'efforce d'exprimer que les rochers sur lesquels il glisse et trébuche dans la pénombre sont bien réels. Les deux poètes tiennent à ce que le lecteur sache que ce qu'il lit n'est pas que le produit de leur imagination. Tous deux décrivent un voyage réel, effectué dans un état de transe.

Virgile était initié des anciennes écoles. Des reconstitutions à partir de *L'Énéide* et d'autres références littéraires éparses montrent qu'après une longue période de préparation – qui pouvait inclure des phases prolongées de jeûne, de privation sensorielle, de méditation, de solitude, et des bains dans des eaux très parfumées contenant parfois de la drogue (les « eaux de l'oubli » et les « eaux du souvenir ») –, le candidat à l'initiation, désorienté, était conduit par des prêtres masqués dans les entrailles mêmes de la Terre. Il assistait à un sacrifice, était traîné à travers des petits trous dans un mur, poussé dans des fosses et, enfin, emmené dans un saint des saints où il vivait une expérience en partie physique et en partie visionnaire – expérience qui s'apparente un peu à une séance de spiritisme moderne, mais bien plus élaborée et à une échelle bien plus importante. Le candidat pouvait passer plusieurs jours sous terre, en général trois, mais on rapporte qu'Apollonius y a passé sept jours avant d'être reconduit vers la surface et les Cieux.

Les grands initiés de l'Antiquité décrivent une expérience profondément bouleversante, qui a fondamentalement modifié leur compréhension du monde.

Le site de l'initiation de Virgile a été redécouvert à la fin des années 1950 par un ingénieur anglais du nom de Robert Paget. Mes amis Robert et Olivia Temple ont récemment fouillé le site à Baia, dans le sud de l'Italie. Ils ont trouvé un réseau de longs passages étroits emplis d'émanations volcaniques, un fleuve souterrain, l'endroit où Cerbère était attaché et une séparation des chemins. Il y avait de fausses portes, des trappes (pour pousser les candidats dans une fosse aux serpents par exemple), et un saint des saints, où le candidat à l'initiation rencontrait les esprits de ses ancêtres et les dieux. L'endroit correspondait en tout point à la description qu'en avait donnée Virgile.

*
* *

Certaines personnes naissent avec une conscience visionnaire. D'autres peuvent y être initiées par les cérémonies des sociétés secrètes. Les techniques pour induire des états de conscience supérieurs et entrer en contact avec les intelligences supérieures comptent parmi les secrets les mieux gardés des sociétés secrètes.

Illustration extraite de la *Divine Comédie* de Dante (de l'artiste initié John Flaxman, que William Blake décrivait comme son « ami le plus cher »).

Brunetto Latini était un grand maître, qui avait un grand élève. Il apprit à Dante à emprunter le chemin le moins fréquenté. Il le guida à travers les couloirs sombres d'un centre initiatique non encore découvert, quelque part sous les rues de Florence, afin de l'amener vers des états de conscience supérieurs. Une fois atteints, Dante y ferait l'expérience de visions telles que celles dont il avait lui-même fait l'expérience dans la vallée de Roncevaux et y rencontrerait la même déesse. Plus tard, dans *Le Convivio* (*Le Banquet*), Dante écrirait : « Bienheureux ces quelques élus qui siègent à la table où on mange le pain des anges[1]. »

*

*   *

Après la destruction des templiers, le temple de Paris fut dévalisé. Des rumeurs épouvantables avaient conduit les gens à s'attendre à trouver des idoles démoniaques et d'autres instruments de perversion sexuelle et de blasphème dans les salles souterraines. En l'occurrence, ils ne trouvèrent qu'un reliquaire en forme de tête de femme.

L'Enfer de Dante est une vision de l'amour qui nourrit la totalité de l'univers, de l'amour à l'œuvre dans chacune de ses parties, aussi petites et complexes soient-elles. Sa vision des anges au Paradis qui forment une rose blanche préfigure les techniques de méditation enseignées par les Rose-Croix (illustration de Gustave Doré).

Une lumière intérieure émane des personnages de Fra Angelico. D'après le peintre, c'était la volonté de Dieu qui guidait ses coups de pinceau (gravure d'un détail du *Jugement dernier*).

Le spécialiste juif des manuscrits de la mer Morte, Hugh Schonfield, appliqua le code Atbash – méthode qui substitue la première lettre de l'alphabet à la dernière (et ainsi de suite, inversant l'alphabet) – au nom « Baphomet » que, sous la torture, les templiers avaient donné comme le nom de l'idole qu'ils vénéraient. Il découvrit que Baphomet était le nom codé de « sagesse ».

Les soufis, les cathares, les templiers, Brunetto Latini et Dante vouaient un culte à l'ange-déesse Sapientia, la sagesse de l'intelligence supérieure et visionnaire. Ils atteignirent un lieu où la vue a une autre vue, l'ouïe une autre ouïe, et la voix une autre voix.

*

* *

Si la vision de Dante est supérieure à celle de Latini, c'est en partie parce qu'il a une conception plus élevée de l'amour…

Nous vivons dans deux univers – l'un maintenu par la gravité et l'autre, celui que décrit Dante, par « l'Amour qui meut et le Soleil et les autres étoiles ». À la fin du Moyen Âge, un chœur entonnait de nouveaux chants : il y célébrait les joies de l'amour, chantant qu'aucun mortel ne pouvait souhaiter ni espérer plus grand bonheur. Plusieurs voix exprimaient un message commun : c'est le cœur qui fait tourner le monde.

32
Christian Rosenkreutz et la naissance du yoga

Nous verrons plus tard que, à la fin du XIXe siècle, un petit groupe de francs-maçons anglais effectua un voyage pour rencontrer ses frères allemands. Ils recherchaient les preuves d'une authentique tradition rosicrucienne et découvrirent que Christian Rosenkreutz n'était pas, comme le supposaient de nombreuses personnes, le héros d'une fiction allégorique, mais bien un personnage historique.

Né en Allemagne en 1378 dans une famille pauvre, Christian Rosenkreutz fut orphelin à l'âge de cinq ans et placé dans un couvent, où il reçut une bonne éducation. À seize ans, il entreprit de parcourir le monde, en quête de sagesse.

Il savait que la sagesse était là, quelque part, prête à être découverte, car elle avait été imprimée dans son âme lors de sa précédente incarnation. Bébé, on l'avait fait sortir en cachette du château de Montségur et, plus tard, il avait été initié par douze hommes, les représentants des grands élans spirituels qui orientent l'histoire du monde.

Christian Rosenkreutz parcourait donc le globe pour éveiller cette sagesse qu'il sentait en lui. Il savait qu'il la reconnaîtrait, que son âme y répondrait, s'il parvenait à mettre le doigt dessus.

Il passa cinq ans en Arabie. On disait que, durant cette période, il avait été initié dans une confrérie soufie secrète et que, sur le chemin de Damas, il avait été élevé aux cieux, comme Saul.

La mission intellectuelle de Christian Rosenkreutz se concentrait sur les dons du Saint-Esprit, tels que la prophétie et la guérison. Toute personne, de n'importe quelle religion, qui se livre à la prière part du principe que l'esprit est en un sens antérieur à la matière et qu'il est capable de la déplacer. Les dons du Saint-Esprit énumérés dans le Nouveau Testament semblent promettre que, dans certaines circonstances, la prière peut s'avérer plus efficace. Christian Rosenkreutz se demanda quelles étaient ces circonstances. Si l'esprit était capable de déplacer la matière, alors, comment, et dans quelles conditions ? Cela marqua le début de ce qu'on pourrait nommer une « science de l'esprit ».

Christian Rosenkreutz développa une forme de méditation qui impliquait de visualiser une couronne de sept roses posée sur la croix. Au cours de la méditation, ces roses blanches devenaient rouges, signe que l'esprit du Christ ne transformait pas seulement l'esprit, mais aussi l'âme et le corps. L'esprit déplaçait la matière en animant et en activant les sept chakras.

Dans la sagesse et la pratique spirituelles de Christian Rosenkreutz, la vie, l'œuvre et la crucifixion du Christ étaient considérés comme centraux et uniques, mais il accordait également de l'importance aux enseignements d'autres grandes religions mondiales. Christian soutenait que les enseignements sur la réincarnation, l'astrologie et les chakras avaient toujours fait partie du judaïsme et du christianisme et qu'on pouvait les trouver, cryptés ou non, dans leurs textes sacrés.

Toutefois, quand Christian rentra en Europe et essaya de sensibiliser les chrétiens à ces idées, il se heurta à l'incompréhension et à l'incrédulité. De fait, avec sept amis allemands, il fonda un mouvement clandestin nommé la « confrérie de la Rose-Croix », qu'on appellerait plus tard la Rose-Croix.

La mission secrète des frères était de réformer le monde. Ils juraient qu'en semant les germes de leurs enseignements secrets, ils guériraient aussi les malades.

Afin que leur organisation reste secrète, ils adoptaient les vêtements et les coutumes des pays qu'ils visitaient, mais leur réputation de guérisseurs et de faiseurs de miracles les précédait, leur faisant constamment courir le risque d'être découverts. Dans un monde obsédé par l'éradication de l'hérésie, enseigner la réincarnation, par exemple, aurait été vu comme une incitation aux conflits et à la persécution. Les frères décidèrent donc de se rencontrer une fois par an en secret, et que chacun d'entre eux se désignerait un successeur juste avant de mourir.

*
* *

Matsyendranath fut l'un des grands gourous de l'hindouisme au Moyen Âge. On disait qu'il avait entendu les secrets des dieux. Fondateur du Hatha-yoga, il enseignait de nouvelles manières de purifier le corps afin d'atteindre de nouveaux sommets spirituels[1].

Parfois, il s'asseyait seul dans la forêt et, d'autres fois, il errait de village en village et mendiait en faisant du porte-à-porte.

Un jour, il se trouva devant la maison d'un marchand et appela. La femme du marchand vint à la porte.

« Si tu as quelque chose à me donner, donne-le-moi sur-le-champ », lui dit Matsyendranath.

Elle voyait devant elle une forme semblable à un dieu, parfaite par le yoga, avec des boucles d'oreilles qui avaient l'éclat des constellations. Matsyendranath avait frotté son corps de cendres sacrées, il portait un beau cordon à la taille et ses yeux étincelaient.

Reconnaissant en cet homme un être hors du commun, elle lui confia sa tristesse. Son mari et elle jouissaient de toutes les richesses possibles, mais ils n'avaient pas d'enfant et leur maison semblait vide – vide comme un jardin sans eau, comme la sagesse sans la chance.

Matsyendranath prit un peu de ses cendres sacrées, les consacra et les lui donna : si elle les mangeait, elle aurait certainement un garçon, lui dit-il. Il n'y avait qu'une seule condition : « N'en parle à personne. »

Mais à l'instant même où le saint homme partit, la femme du marchand appela toutes ses amies pour les inviter chez elle et, bien sûr, leur raconta tout.

L'une d'elles lui conseilla de ne pas faire confiance aux saints hommes, l'avertissant qu'ils utilisaient les cendres magiques pour séduire les femmes : si elle les avalait, elle ne pourrait s'empêcher de le poursuivre de ses ardeurs la nuit. La femme du marchand jeta donc les cendres dans le feu.

Douze ans plus tard, Matsyendranath se représenta chez la femme du marchand. Il lui demanda s'il pouvait voir son fils.

À l'instant où elle le vit, elle se rappela ce qu'il s'était passé. Elle avait peur de dire quoi que ce soit. *Si je lui dis la vérité, il me maudira*, pensa-t-elle.

Matsyendranath poursuivit :

« Dis-moi tout de suite si tu as mangé les cendres, ou si tu les as jetées. »

Elle lui avoua avoir eu des doutes et jeté les cendres dans le feu.

« Dis-moi vite où tu as mis les cendres de ta cheminée. »

Elle lui expliqua qu'ils les jetaient toujours sur le tas de fumier.

Le yogi se dirigea vers le monticule et appela. Ils entendirent un cri étouffé à l'intérieur. Il ordonna à la femme de faire ouvrir le tas de fumier par ses domestiques, ce qu'ils firent – et un beau garçon de douze ans en sortit.

C'était Gorakhnath : il deviendrait le plus célèbre disciple de Matsyendranath.

Les tentations pour un saint homme sont nombreuses et puissantes. Des années plus tard, Matsyendranath, en visite à Ceylan, tomba sous le charme d'une reine. Installé dans son palais, entouré de mille six cents femmes magnifiques, il oublia son ancienne vie et qui il était.

Gorakhnath craignait que son maître ne soit condamné et entreprit de le secourir. Une femme de l'île lui révéla où il était retenu, mais le mit en garde : les yogis n'étaient pas autorisés à entrer dans le palais, sous peine de se faire tuer. Elle ajouta que seules les danseuses avaient le droit d'approcher Matsyendranath.

Gorakhnath se déguisa donc en danseuse et réussit à entrer dans le palais, puis à trouver son chemin jusqu'à l'aile où vivait son maître. Il commença à jouer du tambour, d'abord doucement. Il dansa devant lui et entonna de beaux chants sur leur ancienne vie tous les deux, sur les choses qu'ils avaient vues et faites ensemble, jusqu'à ce que, peu à peu, quelque chose commence à s'animer au plus profond de Matsyendranath.

Ce dernier regarda alors son élève dans les yeux et se souvint de qui il était.

Quand la reine et ses dames de compagnie essayèrent de les empêcher de s'enfuir, Matsyendranath transforma ces sirènes, qui l'avaient ensorcelé, en chauves-souris[2].

*

* *

À l'âge de quatre-vingts ans, Christian Rosenkreutz eut une vision. C'était le samedi de Pâques de l'année 1458. Christian était assis à une table dans sa petite maison au sommet d'une colline quand une grande tempête se leva. Elle était si violente qu'il craignait que les vents n'emportent sa chaumière dans les cieux. Soudain, il sentit quelqu'un tirer sur son manteau. Derrière lui se trouvait une femme magnifique avec des ailes couvertes d'yeux. Elle portait une robe bleue décorée d'étoiles et tenait une trompette d'or martelé à la main.

Elle lui tendit une invitation à un mariage royal, sur laquelle était inscrit un message en vers affirmant que les impurs ne survivraient pas à la cérémonie !

Cette idée faisait froid dans le dos : Christian en eut des sueurs froides. Avant de se coucher, il invoqua donc son ange gardien : devait-il accepter cette invitation ?

Cette nuit-là, il rêva qu'il s'échappait d'un donjon. Il y vit un signe encourageant et, le matin venu, se mit donc en route. Il portait un manteau de lin blanc décoré d'une croix rouge en forme de ruban et un chapeau orné de quatre roses[3].

Il traversait une forêt à pied, en chantant, quand il se retrouva face à un choix : deux chemins se présentaient à lui. Il se demandait lequel prendre lorsqu'il aperçut au loin la porte menant à un château situé au sommet d'une colline. Il se hâta de suivre le chemin qui allait dans cette direction, espérant atteindre le château avant la tombée de la nuit.

À son arrivée, il fut accueilli par un homme qui se présenta comme le « gardien du portail ». À la vue de l'invitation de Christian, le gardien l'invita à entrer et lui donna un jeton dont il aurait besoin pour franchir la porte intérieure du château.

Les choses prirent alors une étrange tournure. Christian dut se débrouiller pour passer devant un lion enchaîné qui lui barrait la route et qui se leva d'un bond, en rugissant, lorsqu'il le vit.

Puis il dut se dépêcher d'atteindre la porte intérieure du château avant qu'elle ne se referme. Quand il l'eut passée, on lui donna de nouvelles chaussures pour lui permettre de marcher sur le sol en marbre étincelant et très glissant.

Enfin, deux pages arrivèrent et lui firent monter un escalier en colimaçon menant dans une grande salle très éclairée, où il vit des rangées d'hommes assis à de longues tables. Un grand banquet se préparait.

La magnifique femme ailée qui lui était apparue dans sa chaumière fit alors son entrée : elle pénétra dans la salle en glissant sur un trône d'or. Elle souhaita la bienvenue à tous les convives de la part du marié et de la mariée et leur annonça qu'ils seraient tous testés le lendemain pour voir s'ils étaient dignes d'assister aux noces.

Au matin, la Vierge, nom sous lequel Christian connaissait désormais la femme ailée, apparut avec une balance dorée à la main, semblable à celle dont saint Michel se sert pour peser l'âme des morts. Les hommes du banquet y furent pesés un à un. On fit boire la « gorgée de l'oubli » à ceux qui ne faisaient pas le poids requis : ils retourneraient à leur quotidien sans aucun souvenir de ce qu'ils avaient vu.

La Vierge fut ravie de voir les quatre roses que Christian portait sur lui et il compta parmi les rares à avoir été jugés dignes d'assister au mariage. Pour en témoigner, il fut fait Chevalier de la Toison d'or.

Dans la pensée des Rose-Croix et d'autres mouvements ésotériques, la Toison d'or symbolise la partie végétative ou « éthérique » de la nature humaine une fois qu'elle a été transformée par la pratique spirituelle. Quand on a travaillé en profondeur notre côté animal, qu'on l'a apprivoisé, on commence à travailler notre côté végétal, en l'imprégnant de l'esprit doré du dieu Soleil. Ce travail apporte de grands dons spirituels, notamment des rêves moins confus que les rêves ordinaires qui transmettent des messages du monde spirituel – le genre de messages que Christian Rosenkreutz délivre ici.

Des choses extraordinaires furent révélées à ceux qui avaient été choisis pour assister à la noce, les nouveaux Chevaliers de la Toison d'or. La Vierge convoqua un lion armé d'une épée et une licorne d'un blanc immaculé qui portait un collier en or[4]. Ceux qui s'attendaient à un combat furent déçus. En signe de paix, la Vierge cassa sa baguette et le lion, son épée. On montra également aux chevaliers un phénix et un astrolabe gigantesque dans lequel ils purent monter pour observer les mouvements des planètes.

L'alchimiste (d'après une gravure de Hans Vredeman de Vries). Dans la pratique alchimique, l'athanor (ou fourneau cosmique) est délimité par deux tubes subtils, nommés *nadi* dans le Hatha-yoga : l'un d'eux véhicule l'énergie spirituelle du soleil, l'autre celle de la lune. Quand on y travaille par le biais d'exercices de respiration, le feu de l'athanor s'allume et le troisième œil s'ouvre.

Le lendemain, on leur dit de se baigner dans une fontaine de guérison appartenant à Mercure[5]. Puis ils gravirent trois cent soixante-cinq marches pour atteindre une grande salle où, semblait-il, le mariage se déroulerait. Ils trouvèrent un autel, au-dessus duquel était posé un globe tournant, un crâne d'où entrait et sortait en ondulant un serpent blanc, et une fontaine en cristal d'où jaillissait de l'eau rouge. Un cupidon, qui ne cessait de rire et de jacasser, faisait le pitre en tourmentant les oiseaux dans le ciel. La vision de Christian est festive – avec un certain relent sinistre.

On montra alors six trônes aux chevaliers. Trois rois et trois reines s'y installèrent. Puis la Vierge apporta six foulards noirs pour leur couvrir les yeux et on plaça des cercueils devant eux. Un Maure noir comme le charbon arriva et leur coupa la tête en un instant. Puis on le décapita lui aussi et on mit sa tête dans un petit coffre.

Ce mariage semble bien sanglant, pensa Christian.

Cette nuit-là, Christian ne trouva pas le sommeil. Quittant son lit, il regarda par la fenêtre et vit sept navires prendre la mer, une flamme flottant au-dessus de chacun d'eux : il comprit qu'il s'agissait des esprits des sept décapités.

Au matin, la Vierge invita les chevaliers à l'accompagner en bateau sur une île : ils devaient préparer des baumes pour ramener les décapités à la vie.

Pendant la traversée, une sirène s'approcha du navire à la nage et tendit aux passagers une perle magnifique qui avait été perdue[6] : c'était le cadeau de mariage des déesses de la mer.

Sur l'île se trouvait une tour qui s'avéra être en partie un laboratoire et en partie un sanctuaire. Les chevaliers prirent part à une procédure complexe au cours de laquelle un globe doré, suspendu au plafond, fut coupé en deux pour révéler un œuf blanc à l'intérieur. Cet œuf fut alors lentement réchauffé dans un récipient en cuivre jusqu'à ce qu'il se fende et qu'un oiseau noir en sorte. À l'instant où cet oiseau perdit ses plumes noires, de nouvelles plumes blanches lui poussèrent, qui prirent ensuite toutes les couleurs de l'arc-en-ciel. On baigna ensuite le volatile dans du lait : il en sortit comme un nouveau-né. Une horloge sonna et l'un des chevaliers coupa la tête de l'oiseau : son sang fut recueilli dans un bol d'or et son corps brûlé.

On poussa alors les chevaliers dans les escaliers, vers les salles les plus hautes de la tour. Lorsqu'ils atteignirent le septième étage, des musiciens apparurent et leur dirent gaiement de monter sur le toit. Ils y furent accueillis par l'un des rois décapités, revenu d'entre les morts, qui rit aux éclats devant l'effroi des invités à la noce. Il dit :

« Mes garçons, sachez à présent que les humains ne comprennent pas l'étendue de la Providence de Dieu. »

Enfin, la Vierge alla chercher les cendres de l'oiseau. On les transforma en une pâte dont on tapit deux moules. En sortirent deux formes de bébé, d'environ dix centimètres de long, brillantes, lumineuses, presque transparentes. On les installa sur des coussins de satin, puis on les nourrit du sang recueilli dans le bol doré, goutte après goutte dans leur minuscule bouche. Les formes semblèrent grandir peu à peu, jusqu'à paraître avoir une taille normale. Elles étaient d'un tel réalisme que Christian les imaginait presque en train de respirer. Pour finir, on les allongea sur un lit. Elles arboraient désormais une abondante chevelure de boucles dorées.

Le roi s'apprête à avaler son fils. Ce dessin dans la veine Dada (de Tabitha Booth) emprunte des éléments à John Tenniel et à *La Pierre philosophale* de Lambsprinck et montre une continuité intéressante dans la sensibilité des deux artistes.

On prit alors une grande trompette : on plaça son extrémité supérieure dans un trou au plafond, et l'autre extrémité dans la bouche des deux formes moulées, l'une après l'autre. Christian vit, ébahi, deux âmes descendre à la vitesse de l'éclair dans la trompette jusque dans les deux formes. Il crut voir une lueur dans leurs yeux. En effet, elles semblaient maintenant se réchauffer, s'agiter et se réveiller. Christian comprit qu'il s'agissait du couple royal qui devait se marier : ils étaient ici, dans un lit, ensemble, le jour de leurs noces. On tira pudiquement un rideau devant le lit.

Le lendemain matin, Christian devait reprendre la mer pour rentrer au château. Le roi qu'il avait rencontré au sommet de la tour l'étreignit et lui dit qu'il ne le reverrait jamais sous cette forme.

Christian retourna au monde réel, mais ramena avec lui la connaissance directe du processus de génération à l'intérieur du corps qui reste normalement bien au-dessous du seuil de la conscience. Il avait également vu à quoi ressemblait le processus d'incarnation et de réincarnation pour les êtres qui vivent dans les mondes spirituels, l'âme descendant dans le corps physique à travers la trompette. On lui avait aussi révélé des choses sur les chakras et les secrets de l'alchimie.

*
* *

En Occident, les enseignements sur la réincarnation et les chakras avaient été réprimés depuis Mani. L'autorité de l'Église était de plus en plus mise en question et de nombreuses personnes commençaient à sentir qu'elle échouait à satisfaire les besoins de la population. Aussi un nouveau courant spirituel vit-il le jour, qui ne niait pas la grande vérité au cœur du christianisme, mais embrassait également les vérités d'autres religions mondiales.

Il se dégage une certaine austérité moyenâgeuse des visions de Latini et de Dante. La vision de Christian Rosenkreutz, elle, a une richesse, une couleur et une magnificence qui préfigurent la haute Renaissance. Une dimension s'ouvre pour en révéler une autre, puis une autre, et toutes se transforment constamment. Le récit se déploie à différents niveaux – par exemple, les sept jours de la semaine sont aussi les sept jours de la création – et dans des dimensions différentes : la dimension matérielle, la dimension que l'on rencontre en rêve, et la dimension spirituelle dans laquelle on entre entre nos vies terrestres. *Les Noces Chymiques* évoquent les changements physiologiques qui accompagnent les changements spirituels, la place qu'occupent ces changements physiologiques dans l'histoire du monde, et leur développement dans l'histoire d'un individu sur plusieurs incarnations[7].

Une description alchimique de la putréfaction et de la renaissance (illustration extraite de *Practica*, de Basile Valentin, pseudonyme d'un alchimiste du XVe siècle).

Christian Rosenkreutz mourut à l'âge de cent sept ans et fut enterré dans un mausolée qui serait découvert plus d'une centaine d'années plus tard, en 1604. Son corps intact reposait à l'intérieur[8].

Comme Énoch, Élie et l'imam caché, Christian Rosenkreutz serait à même de s'incarner à son gré.

33

Jeanne et la clé de la petite porte

« Celui qui est près de moi est près du feu. »

Évangile selon Thomas, logion 82

« Je suis né sous une telle étoile, que nul au monde n'a jamais fait et ne pourra jamais faire ce que j'ai fait moi-même. »

Gille de RAIS

Jeanne vivait avec ses parents, ses frères et sa sœur dans un petit bourg nommé Domrémy.

Les filles du village aimaient se rendre à l'arbre des fées. On racontait que des fées apparaissaient près de ce hêtre, très grand et très vieux, et la marraine de Jeanne elle-même disait en avoir vu une. Au mois de mai, Jeanne s'y rendait avec les autres fillettes pour accrocher des guirlandes de fleurs et d'herbes sur l'arbre, et danser autour. À côté se trouvait une fontaine à laquelle les villageois attribuaient des pouvoirs de guérison.

En grandissant, Jeanne ne jouait plus aussi souvent avec les autres filles. « J'avais treize ans quand j'eus une voix de Dieu pour m'aider à me bien conduire. La première fois j'eus grand-peur. Cette voix vint sur l'heure de midi, pendant l'été, dans le jardin de mon père. »

Suite à ça, les voix vinrent à elle deux à trois fois par semaine. Elle les entendait parfois dans le carillonnement des cloches de l'église. D'autres fois, une voix sortait d'un nuage de brume et, au bout d'un moment, elle reconnaissait la forme de l'archange Michel dans cette brume. Il dit à Jeanne qu'elle devrait quitter sa famille, qu'elle avait une mission.

Il lui apprit également que sainte Catherine et sainte Marguerite la guideraient. Bientôt, ces deux saintes commencèrent à lui apparaître elles aussi près de l'arbre aux fées. Jeanne dirait plus tard qu'elle les voyait aussi nettement que si elles avaient été de chair et d'os.

Jeanne promit de garder sa virginité – du moins, jusqu'à ce qu'elle ait accompli sa mission –, mais son père la poussait à épouser un homme de la région.

Il y avait jadis une jeune fille que son père voulait marier à un gentilhomme. Ce dernier était riche et portait de somptueux vêtements brodés d'or, mais il avait une barbe noire broussailleuse et bestiale – si noire qu'elle semblait bleue. La jeune fille avait peur de celui qu'on appelait Barbe-Bleue et, quand elle le voyait dans les bois, elle s'enfuyait et se cachait.

Quand Michel, Catherine et Marguerite apprirent à Jeanne qu'elle devait aller se battre pour le dauphin et l'aider à reprendre possession de son royaume, la jeune fille résista. Elle ne savait pas monter à cheval, encore moins mener une guerre. Mais ses guides célestes insistèrent et lui donnèrent des instructions précises. Elle devait se rendre dans le village voisin de Vaucouleurs pour y rencontrer le capitaine de la ville, le seigneur de Baudricourt, qui lui donnerait l'aide et les conseils nécessaires pour atteindre le dauphin. À l'âge de seize ans, Jeanne quitta donc sa famille, laissant derrière elle le jeune prétendant qui avait les faveurs de son père.

Or, quand l'un des soldats du capitaine Baudricourt amena Jeanne devant lui, ce dernier dit : « Ramène-la à son père, qu'il lui administre une bonne fessée ! »

Tous les soldats éclatèrent de rire, mais Jeanne campa sur ses positions et lui rappela une prophétie de Merlin : une vierge de leur région viendrait « faire tomber des citadelles » et confondre les Anglais.

Le capitaine changea d'avis et, peu après, Jeanne se présenta au château de Chinon. Le Dauphin s'y terrait, indécis et impuissant.

Tandis qu'on faisait traverser une cour à Jeanne, un cavalier s'arrêta à côté d'elle et s'exclama : « Alors c'est elle, la vierge ! Laissez-moi passer une nuit seul avec elle, elle ne restera pas vierge longtemps ! »

Puis, dans la grande salle du château, le Dauphin essaya de lui jouer un tour. Il habilla l'un des courtisans en roi, espérant que Jeanne se laisserait duper, mais, suivant la lumière de ses guides célestes, elle se dirigea droit sur le Dauphin et s'agenouilla devant lui.

Jeanne d'Arc devant le Dauphin, à Chinon (dans un manuscrit flamand de la fin du XVe siècle, MS.Roy.20D.VIII).

Derrière le Dauphin se tenait Gilles de Rais, son bras droit, l'homme le plus riche du royaume et maréchal de France, aux commandes de la force militaire du pays. Il avait huit ans de plus que Jeanne et était étonnamment beau, avec la peau mate, des yeux noirs étincelants et une barbe brune broussailleuse. Il avait aussi une inextinguible soif de connaissances. Il voulait découvrir le secret de la vie et était prêt à tout pour y parvenir.

Jeanne expliqua au Dauphin que Dieu lui avait commandé d'assiéger le bastion des Anglais à Orléans, puis de conduire le Dauphin à Reims, où il serait couronné roi. Elle réussit à le convaincre qu'elle recevait une inspiration divine en lui révélant des choses qu'il n'avait dites qu'en prière silencieuse – le laissant bouche bée. Puis elle le rassura au sujet de son secret le plus intime et le plus sombre, qu'il n'avait jamais confié à personne : il était un enfant illégitime.

Le Dauphin fit donc préparer une armure et une bannière pour Jeanne et lui fit don d'un cheval blanc.

Entre-temps, les voix de Jeanne lui parlèrent d'une vieille épée : l'épée du grand Charles Martel, qui avait défendu la France contre l'invasion musulmane. Les voix lui dirent que cinq croix étaient gravées dessus et qu'elle était cachée sous l'autel de l'église voisine de Sainte-Catherine. Le dauphin y envoya ses armuriers. Ils déplacèrent les dalles et trouvèrent l'épée à cinq croix à l'endroit que Jeanne avait indiqué. Tandis qu'il la sortait de sa sombre cachette, la rouille dont elle était recouverte sembla fondre comme neige au soleil.

N'étant pas lui-même un homme de combat, le Dauphin confia Jeanne à la protection de Gilles de Rais. Elle partit à cheval avec Gilles à ses côtés.

Barbe-Bleue se révéla être bien plus riche qu'on ne l'imaginait. Il était très généreux, charmant et, bientôt, la jeune fille se laissa persuader de l'épouser.

Jeanne et Gilles étaient à la tête d'une petite armée française. Guidés par les voix de Jeanne, ils repoussèrent les Anglais à Orléans et Les Tourelles. Près de mille deux cents Anglais périrent à Jargeau, là où l'armée française ne perdit que vingt soldats. Contre toute attente, la bannière et l'épée de Jeanne furent les plus fortes.

Les Anglais pensaient que l'invincibilité de Jeanne ne pouvait relever que de la sorcellerie. Gilles de Rais, lui, était dans la meilleure position possible pour observer de première main la manière dont le pouvoir spirituel peut miraculeusement changer le cours de l'histoire.

Deux fois, Jeanne fut blessée au combat et, deux fois, Gilles fit preuve d'héroïsme pour la protéger.

Gilles était là quand le connétable de Richemont, rencontrant Jeanne pour la première fois, dit : « Viens-tu de par Dieu, ou de par le diable ? » avant de faire le signe de la croix.

« À chaque fois que je suis triste, quand les gens ne croient pas que c'est Dieu qui me dicte mes paroles, je m'isole pour prier, répondit Jeanne. Et il me dit : "Enfant de Dieu, vas-y ! Je serai là pour t'aider !" Quand j'entends Messire me parler, je suis heureuse. »

Jeanne continua d'inciter le Dauphin hésitant à se rendre à Reims pour son couronnement.

Représentation du secours divin pendant le combat (illustration datant probablement du XVIe siècle, extraite du *Livre des Prodiges*, 1557, de Conrad Lycosthenes).

La mission que saint Michel avait confiée à Jeanne seulement dix-huit mois auparavant finit par se réaliser : Gilles de Rais, en magnifique uniforme d'or paré de bijoux, mena la procession jusqu'à la cathédrale. Il portait un reliquaire en forme de colombe d'or, qui contenait l'huile bénite utilisée pour oindre les rois de France depuis la nuit des temps.

Jeanne se tenait près de l'autel, sa bannière à la main. « Enfin, dit-elle, la volonté de Messire est accomplie. »

Elle vit un ange poser une couronne sur la tête du nouveau roi.

Elle avait accompli sa mission, mais était déterminée à continuer sur sa lancée et à bouter les Anglais hors de France.

Mais elle se rendit compte que ses voix ne lui donnaient plus d'instructions aussi précises sur la manière de mener ses troupes.

La jeune fille épousa Barbe-bleue plutôt de bon cœur. Elle s'habitua à sa barbe broussailleuse, qui l'effrayait un peu moins. Mais son mari n'était pas toujours présent. Il s'absentait souvent sans explication.

Un jour, il lui annonça qu'il partait plusieurs jours et il lui tendit les clés de la maison. C'était un énorme trousseau de clés, car ils vivaient dans une très grande demeure, qui s'apparentait plus à un château. En réalité, elle était si vaste que la jeune fille n'avait même jamais mis le pied dans certaines de ses parties. Barbe-bleue lui montra à quelle pièce, quel placard, quelle armoire (qui contenaient tous des accessoires, des vêtements et des bijoux) correspondait chaque clé. Il lui dit qu'elle avait le droit de tout explorer. Mais, ajouta-t-il très sévèrement, une petite clé ouvrait une porte en bas d'un escalier qui menait au sous-sol depuis le rez-de-chaussée. Il lui était strictement interdit d'ouvrir cette porte. Si elle le faisait, il le saurait.

Sur ce, il la laissa seule.

Combattant désormais sans les conseils de ses voix et sans la protection de Gilles de Rais, Jeanne fut encerclée par des alliés français des Anglais. Un géant venant de Picardie la força à descendre de cheval : elle fut remise aux Anglais, puis emprisonnée et mise aux fers à Rouen. Elle fut agressée sexuellement et, une fois, échappa au viol grâce à l'intervention du comte de Warwick.

Ses interrogateurs tentèrent de découvrir l'origine de sa magie. Ils lui demandèrent si ses voix l'avaient prévenue que son pouvoir de conquérante invincible la quitterait si elle perdait sa virginité. Elle répondit ne pas avoir eu de révélation à ce sujet.

Ses voix revinrent lui apprendre qu'elle serait sauvée. Malgré tout, quand les inquisiteurs lui montrèrent leurs instruments de torture – le chevalet, les tenailles, les aiguilles – elle commença à perdre courage.

Lors de son procès, le juge lui dit : « Abjure, ou tu brûleras. »

« Abjure ! Abjure ! Abjure ! » scanda la foule, jusqu'à ce qu'on entende Jeanne consentir. Mais il s'avéra que le juge avait menti : elle serait brûlée, quoi qu'il en soit.

On lui rasa la tête et frère Martin entendit sa dernière confession. Elle lui confia avoir été battue, agressée sexuellement, et même violée par un lord anglais.

La Barbe-bleue (illustration de Gustave Doré, extraite des *Contes de Perrault*).

Au matin de son exécution, le père Pierre la visita dans sa cellule. Il lui dit que ses voix étaient des esprits malveillants : de bons esprits ne lui auraient pas menti en lui faisant croire qu'elle serait libérée.

On l'habilla d'une bure et d'une mitre sur lesquelles étaient peints les mots : « Hérétique, apostate, idolâtre. »

Une centaine de soldats armés d'épées et de haches escortèrent le chariot qui emmena Jeanne à la place du marché. De part et d'autre du bûcher se trouvaient deux estrades surélevées pour les courtisans et les dignitaires de l'Église et, derrière, se tenait le bourreau vêtu d'un uniforme rouge.

Tandis que les flammes commençaient à s'élever du bûcher, Jeanne invoqua Catherine, Marguerite et Michel. Puis elle poussa un long cri d'agonie. Sa bure se consuma et, quand la fumée se dissipa, les spectateurs purent la voir nue. Les bourreaux réalimentèrent le feu, jusqu'à ce qu'elle finisse par être réduite en cendres.

On entendit un soldat anglais s'exclamer : « Nous avons brûlé une sainte. »

Gilles de Rais n'était pas présent ce jour-là, mais on lui raconta en détail ce qu'il s'était passé. Il quitta le service du roi et se retira sur la terre de ses ancêtres. De là, il envoyait ses gens chercher des reliques sacrées et les livres les plus rares, des alchimistes et les savants les plus érudits.

Essayait-il de trouver un sens à ce qu'il avait vu ? Jeanne avait indubitablement exercé des pouvoirs miraculeux – mais ces pouvoirs avaient-ils fini par se retourner contre elle ?

Gilles se fit coudre un éclat de la Sainte-Croix dans le bras. Il finança une école et une église dédiées aux Innocents. Il était connu pour faire don de véritables trésors aussi bien à ses serviteurs qu'à de parfaits étrangers. Mais des enfants de la région commencèrent à disparaître – et certains d'entre eux avaient été vus pour la dernière fois en compagnie d'employés de Gilles de Rais.

Un jour, il séjourna dans un hôtel du petit village de Rochebernat. Dans une maison située de l'autre côté de la rue vivait une famille avec un petit garçon de dix ans. L'un des servants de Gilles, nommé Poitu, demanda à la mère de famille si elle accepterait qu'ils engagent son fils en qualité de page : elle serait bien payée, on s'occuperait bien de son garçon et il recevrait une bonne éducation, lui promettant une vie meilleure. La mère consentit. Quand on emmena le garçon devant Gilles, le seigneur aurait dit qu'il était beau comme un ange. La dernière fois que la mère vit son fils, il était sur un poney que Poitu lui avait acheté, s'éloignant avec le seigneur. Deux ou trois semaines plus tard, elle se rendit à Nantes, où elle vit le même poney, transportant un autre garçonnet.

Bien sûr, il aurait été impossible pour un roturier de porter plainte contre un grand seigneur tel que Gilles de Rais, ni même de demander à ouvrir une enquête. Quand des parents inquiets posaient des questions, on leur répondait simplement que leur enfant « allait bien ».

La jeune épouse de Barbe-bleue parcourut le château de long en large, ouvrant chaque pièce les unes après les autres, s'émerveillant devant toutes les somptueuses richesses qu'elle y trouvait. Elle essaya certains des vêtements et s'inventa des jeux, auxquels elle aurait voulu jouer avec quelqu'un. Mais la petite clé et la pièce dont l'entrée lui était interdite lui trottaient dans la tête.

Elle partit soudain dans sa direction. En atteignant les escaliers qui menaient au sous-sol, elle allait si vite qu'elle manqua trébucher. Elle attrapa la clé dans le trousseau et ouvrit la petite porte. De l'autre côté régnait l'obscurité la plus totale.

Elle pénétra à l'intérieur. Le sol en pierres était froid et poisseux sous ses pantoufles de soie. Au bout d'un moment, alors que ses yeux s'habituaient à la lumière tamisée qui filtrait à travers la porte derrière elle, elle distingua des corps morts et mutilés – les corps d'enfants de son âge. Ils étaient accrochés aux murs. Prise de panique, elle laissa tomber la clé, puis la ramassa avant de se ruer hors de la pièce. En refermant la porte, elle remarqua que la clé était couverte de sang.

À l'étage, elle essaya de faire partir le sang, mais c'était impossible. C'était à l'évidence une clé magique : elle comprenait maintenant pourquoi Barbe-bleue lui avait dit que, si elle lui désobéissait, il le découvrirait.

À cet instant précis, elle entendit sa monture passer la porte principale.

Elle pensa à ses frères. Elle les imaginait apparaître à l'horizon, volant à son secours.

Gilles de Rais avait été l'homme le plus riche de France, mais sa prodigalité lui valut presque de faire faillite et un différend d'ordre pécuniaire causa sa ruine. Il pensait qu'un homme l'avait escroqué : celui-ci avait demandé refuge dans une église, mais Gilles exigea qu'il en sorte et encercla le bâtiment avec une troupe d'hommes en armes. S'il ne sortait pas, disait-il, il le tuerait.

Quand l'homme sortit, il fut violemment battu, puis jeté en prison. Ce fut ainsi que Gilles devint un ennemi de l'Église. On l'arrêta et on inspecta ses demeures. On découvrit d'abord une chemise d'enfant tachée de sang, puis les restes calcinés de ce qui ressemblait à des os humains.

> Au final, les restes d'environ cent quarante enfants furent découverts. Jugé par l'Inquisition, tout comme Jeanne, Gilles fut accusé de pratiquer la sorcellerie et la sodomie, d'invoquer des esprits malveillants, et d'assassiner des enfants. Les alchimistes auxquels il avait fait appel, ainsi que ses servants, témoignèrent contre lui. Il avait apparemment suspendu des enfants à des crochets de fer, où il les laissait s'accrocher à la vie tandis qu'il abusait d'eux. Poitu jura qu'après avoir coupé la tête d'un enfant, Gilles de Rais s'asseyait sur son ventre et prenait plaisir à regarder les derniers signes de vie le quitter. Il utilisait également les différentes parties du corps de ses victimes au cours de cérémonies magiques.

Gilles essayait-il de reproduire le pouvoir qu'il avait vu chez son amie Jeanne, qui était capable de soumettre le monde à sa volonté ?

Ou exprimait-il sa rage contre le cosmos ou contre Dieu, qui l'avait trahie ?

C'était en octobre 1440. Sur la potence, le nœud coulant autour du cou, Gilles de Rais implora la foule de spectateurs de prier Dieu pour son pardon, tel qu'ils voudraient eux-mêmes être pardonnés. Ils se mirent à prier – ce qui rappela étrangement le pouvoir qu'avait Jeanne de pousser les gens à bien agir. Au moment où on retira le tabouret sous ses pieds, Gilles invoqua saint Michel…

Laocoon (gravure de Marco Dente). Les artistes de la Renaissance italienne croyaient qu'en travaillant avec les grands esprits, les anges et les dieux stellaires et planétaires, ils pouvaient eux-mêmes devenir des co-créateurs. Les textes hermétiques récemment traduits les encourageaient en ce sens : « ... quand un démon pénètre dans une âme humaine, il y sème les germes de ses propres idées ; car une telle âme, ayant été ensemencée, prise de fureur, donne naissance à des choses merveilleuses. » Cette gravure montre que ce procédé n'était pas sans danger. (Il faut ici établir une comparaison et relever une différence avec l'art sacré hindou. L'artiste hindou s'élève à un état de conscience supérieur et contemple les archétypes divins, puis les reproduit aussi fidèlement que possible. L'originalité n'est pas prisée.)

Le point de mire de cette gravure du XIXe siècle est un symbole courant dans certaines confréries francs-maçonnes très secrètes qui préservent les traditions rosicruciennes. Cette variante du symbole maçonnique du compas symbolise Lucie, la lumière divine, et indique un niveau d'initiation élevé, comprenant des qualités quasi christiques. La peinture dont est tirée cette gravure fut attribuée à Léonard de Vinci au XIXe siècle et occupait une place de choix à la National Gallery de Londres. Aujourd'hui, elle est attribuée à Luini et n'est plus exposée. On dit qu'elle représente Jésus en train de se disputer avec les médecins dans le Temple mais, bien sûr, Jésus était enfant quand cet événement se produisit.

34
Les fées veulent notre essence

> *« [I]l existe toujours une sorte de contrat tacite entre l'auteur d'un livre et son lecteur […] [l]e contrat subliminal de la non-fiction est très différent de celui de la fiction. »*
>
> David Foster WALLACE

L'extrême ouest de la Cornouaille est un lieu brumeux, en grande partie recouvert de terres sauvages qui résistent toujours aux tentatives de culture. On y trouve des îles aux berges rocheuses, envahies par les ajoncs et les ronciers, grouillantes de vipères, et entourées de kilomètres de marécages percés de sources, de ruisseaux et d'étangs profonds et dangereux. Avant l'invention du bitume, l'endroit était pratiquement impraticable, à l'exception de quelques chemins de passage grossièrement pavés.

Un après-midi, William Noy, un paysan, se trouvait dans une ferme voisine pour aider à rentrer les récoltes. On avait besoin de mains supplémentaires le lendemain, jour du souper des moissons : aussi M. Noy se rendit-il à cheval au village voisin, Churchtown, pour recruter des travailleurs et convier le pasteur et le sacristain au souper. Ce dernier, excellent violoniste, serait particulièrement bienvenu.

Peu après la tombée du jour, M. Noy quitta le pub de Churchtown suivi de ses chiens, pour retourner à la ferme de ses voisins. Mais personne ne le vit cette nuit-là. Certains pensèrent qu'il s'était sans doute un peu trop amusé au pub et qu'il était rentré chez lui. Or, le lendemain, on commença à s'enquérir de lui, mais personne ne l'avait vu, personne n'avait eu de ses nouvelles, et tous commencèrent à s'inquiéter.

Le blé ayant été rentré sous un toit de chaume avant l'heure du souper, les ouvriers agricoles oublièrent M. Noy un moment. Ils se délectèrent de bœuf rôti et bouilli, de mouton, de tartes au lapin et au lièvre, le tout suivi de pudding. Puis ils burent, chantèrent et dansèrent toute la nuit. Au lever du jour néanmoins, ils furent nombreux à se porter volontaires pour partir à la recherche de leur voisin. Ils se dispersèrent, certains à cheval, d'autres à pied – mais ne trouvèrent aucune trace de lui.

Les petits groupes rentrèrent à la nuit tombée. Le lendemain matin, on dépêcha des cavaliers dans les communes voisines, où tout le monde se joignit aux recherches.

Le troisième jour, dans la grisaille du petit matin, on entendit un cheval hennir et des chiens aboyer au milieu des fourrés sur un îlot de terre sèche en lisière de la lande de Selena. Un groupe d'hommes trouva un passage en bois praticable conduisant sur l'île : ils y trouvèrent le cheval et les chiens de M. Noy. Les chiens les guidèrent à travers les arbres épineux, les ajoncs et les roncières et ils finirent par atteindre les ruines de ce qui ressemblait à un vieux cottage sans toit ou à un genre de remise. À l'intérieur, ils trouvèrent M. Noy allongé par terre, profondément endormi. Lorsqu'ils le réveillèrent, il paraissait vaseux, désorienté, mais était très heureux qu'ils soient venus le chercher car il ne voulait surtout pas manquer le souper de la moisson. Quand ils lui apprirent que tout le blé avait été rentré trois jours auparavant, il crut qu'ils plaisantaient. En réalité, il refusa de les croire jusqu'à ce que, plus tard dans la journée, il voie de ses propres yeux tout le foin fauché, attaché avec de la corde et rangé sous le chaume.

Un peu plus tard, assis sur un tabouret près d'un feu ardent, il raconta à ses voisins ce qu'il s'était passé.

Il faisait clair cette nuit-là, aussi décida-t-il d'emprunter un raccourci à travers la lande au lieu de suivre la piste cavalière rocailleuse. Mais, au bout d'un moment, il se retrouva perdu dans une partie de la lande qui ne lui était pas familière, alors même qu'il pensait en connaître les moindres recoins.

Après avoir erré pendant des kilomètres, il entendit les accords d'une musique entraînante et aperçut les lumières d'une grande maison luire faiblement à travers les arbres. Des gens allaient et venaient et il espéra avoir trouvé une ferme.

Ses chiens décampèrent et son cheval refusa d'avancer davantage : il l'attacha donc à un arbre et suivit un chemin à travers un verger, en direction des lumières. Il atteignit une prairie où il vit plusieurs vingtaines de personnes. Certaines étaient attablées, à manger et à boire dans une ambiance de fête. D'autres dansaient un quadrille écossais au rythme d'un tambourin, dont jouait une jeune fille vêtue de blanc, qui se tenait debout, à seulement quelques pas de lui.

Les noceurs étaient élégamment vêtus, mais semblaient, du moins pour la plupart, être très petits, de la taille d'enfants ou peut-être moins. Les tables et les gobelets étaient d'une taille proportionnelle à la leur. Les danseurs se mouvaient avec une telle rapidité qu'il n'arrivait pas à les compter, et les regarder virevolter, avec leurs mouvements rapides et complexes tandis qu'ils exécutaient des quadrilles et des gigues, lui donna le tournis.

Il remarqua que la jeune fille au tambourin avait une stature plus normale que les autres. Il pensa l'avoir vue lui jeter un coup d'œil en coin et, la musique était si charmante, si entraînante, qu'il décida d'aller la prendre par la main pour se joindre aux danseurs.

Mais quand il s'approcha d'elle, elle fronça les sourcils et, l'air inquiet, lui fit signe d'aller se cacher derrière la maison. Elle se dirigea ensuite en direction du verger qu'il venait tout juste de traverser et l'invita à la suivre d'un geste.

Elle l'attendit au clair de lune, dans une flaque de lumière. Il s'approcha et, à sa grande surprise, vit qu'il s'agissait de la fille d'un fermier, Grace Hutchens, qui avait été sa fiancée autrefois. Elle était morte trois ou quatre ans auparavant et avait été enterrée dans le cimetière de Buryan.

« Je remercie les étoiles, mon cher William, d'être restée sur le qui-vive pour pouvoir t'arrêter à temps, murmura-t-elle. Sinon, à cette heure-ci, tu aurais été transformé, comme moi. »

Il s'avança pour l'embrasser.

« Oh, attention, dit-elle. Ne me touche pas, et ne touche aucune fleur, ni aucun fruit. Manger une prune de ce verger a causé ma perte. C'est un faux corps qu'on a enterré dans le cimetière. Mon vrai corps est toujours le même. Je suis toujours la même que lorsque j'étais ta fiancée et que tu étais toute ma vie. »

Au moment où elle prononçait ces paroles, des petites voix piaillèrent dans la nuit : « Grace, Grace, apporte-nous de la bière et du cidre ! Et fais vite ! »

Elle parut effrayée.

« Reste derrière la maison. Assure-toi d'être bien caché et, si tu tiens à la vie, ne touche à aucun fruit ni à aucune fleur. »

À nouveau, il essaya de l'embrasser.

« Non, mon amour, pour rien au monde, murmura-t-elle. Attends-moi ici, je serai vite de retour. J'ai été volée aux vivants pour servir d'esclave : voilà mon triste sort. »

Elle le laissa dans le jardin. Elle revint quelques minutes plus tard, l'éloignant davantage de la maison et de la fête, l'entraînant vers une promenade sous une tonnelle où la musique et le bruit des festivités s'évanouirent. Elle dit :

« Tu sais que je t'aimais, mon cher Willy, mais tu ne sauras jamais à quel point. Assieds-toi », ajouta-t-elle en lui indiquant un rocher.

M. Noy s'assit et Grace lui raconta qu'un soir, au crépuscule, elle était sortie dans la lande de Selena à la recherche d'un mouton égaré. Elle avait raté son chemin au milieu de fougères plus hautes qu'elle et avait erré pendant des heures, complètement perdue. Après avoir parcouru ce qui lui sembla être des kilomètres, elle avait péniblement traversé un ruisseau et était entrée dans un verger où elle avait entendu de la musique. Se dirigeant dans sa direction, elle était entrée dans un beau jardin aux allées bordées de roses. Des pommes et d'autres fruits, bien mûrs, prêts à éclater, pendaient bas, tout près de sa tête.

Épuisée et assoiffée, elle avait attrapé une prune qui brillait comme de l'or à la lumière des étoiles. Mais à peine ses lèvres s'étaient-elles refermées sur le fruit que celui-ci s'était dissous en un liquide amer qui l'avait rendue malade : soudain très faible, elle s'était écroulée au sol, prise de convulsions. Elle était incapable de dire combien de temps elle était restée allongée là, mais, à son réveil, elle était entourée de dizaines de personnes de petite taille qui semblaient ravies de la voir. Ils lui dirent qu'ils avaient grand besoin d'une fille ordonnée qui savait cuisiner et brasser la bière, qui garderait leur habitation propre et s'occuperait des enfants qu'ils volaient.

Dans un premier temps, Grace, aveuglée, fut enchantée et elle s'habitua peu à peu à la vie à leurs côtés. D'après elle, ils n'avaient pas de cœur et n'avaient que peu de raison et de sentiments. Elle pensait qu'ils étaient très vieux et qu'ils vivaient là depuis la nuit des temps. Ce qui ressemblait à des prunes et des pommes dans leurs jardins n'étaient en réalité autres que les baies sauvages qui poussaient naturellement dans la lande. Au départ, leur nourriture, composée de baies et de miellat, l'avait rendue malade et, bien qu'elle s'y soit habituée, elle brûlait souvent d'envie de manger un bon morceau de poisson séché.

Elle lui raconta qu'un des vieux messieurs s'était attaché à elle et se montrait particulièrement gentil avec elle. Voyant que M. Noy lui lançait un regard noir, elle ajouta :

« Oh, mon cher Willy, ne fais pas l'enfant ! Tu n'as pas à être jaloux ! Il n'est que vapeur et ce qu'il aime appeler amour est aussi immatériel qu'un simple fantasme. »

M. Noy lui demanda s'il y avait des enfants parmi eux, outre ceux qu'ils volaient.

« Très peu, répondit-elle. Pourtant, ils aiment beaucoup les bébés. Chaque naissance leur procure une grande joie. Mais ils n'ont pas la même religion que nous : ils vénèrent les étoiles. Ils ne vivent pas en couple, comme les chrétiens et les tourterelles : cela serait sans doute lassant pour eux, puisqu'ils vivent très longtemps. Et les vieux messieurs tout flétris... eh bien, on peut presque voir à travers eux, comme des nuages de fumée. Bien sûr, la plupart attendent avec impatience le moment où leur misérable existence prendra fin, quand ils seront totalement dissous dans l'air. »

Grace assura M. Noy de son amour éternel, mais lui dit préférer le voir en chair et en os que dans le même état qu'elle. Elle ajouta que, s'il voulait la rejoindre au moment de sa mort, ils pourraient être réunis et vivre ensemble dans le royaume des fées caché dans la lande.

M. Noy voulait en savoir plus sur ces êtres étranges et s'apprêtait à poser des questions à Grace quand ils entendirent :

« Grace, Grace, où es-tu passée depuis aussi longtemps ? Apporte-nous vite à boire. »

La musique s'arrêta et M. Noy entendit des petits pas qui venaient dans leur direction. Il se souvint de ce qu'on lui avait dit enfant : jeter un vêtement mis à l'envers sur les « pixies » – comme on appelle ces personnes de petite taille en Cornouailles – leur faisait prendre la fuite. Il mit la main dans la poche de son manteau et y sentit les gants qu'il portait pour lier le foin. En un rien de temps, il en retourna un et mit un caillou à l'intérieur. Au moment où un petit groupe de pixies apparut au coin de la maison, il le leur jeta dessus.

Ils disparurent sur-le-champ, ainsi que la maison, le verger et Grace. Il eut tout juste le temps de jeter un œil autour de lui, ne voyant rien d'autre que des fourrés et un vieux cottage sans toit, avant de recevoir un coup sur le front et de s'évanouir.

Après cette nuit-là, M. Noy ne fut plus jamais le même homme. Il ne parlait plus que de ce qu'il avait vu et entendu ce soir-là, ou presque. Souvent, au crépuscule, les nuits de pleine lune, il errait dans la lande dans l'espoir de rencontrer Grace. Il céda à la mélancolie, négligea sa ferme, se lassa de la chasse et quitta cette vie avant la moisson suivante. Mais personne ne sait s'il est vraiment mort, ou s'il a rejoint le royaume des fées[1].

*

* *

Une femme vivait dans une chaumière devant laquelle se trouvait un jardin. Deux rosiers y poussaient : l'un avait des fleurs blanches, l'autre des rouges. Quand elle eut deux filles, elle les nomma Blanche-Neige et Rose-Rouge. Les fillettes étaient gentilles et joyeuses, débordantes de vie et enjouées, mais Blanche-Neige était plus calme et plus douce que Rose-Rouge. Rose-Rouge aimait gambader dans les prairies et les champs, ramasser des fleurs et attraper des papillons, tandis que Blanche-Neige aimait rester à la maison auprès de sa mère pour aider aux tâches ménagères.

C'était l'hiver. Blanche-Neige alluma la cheminée et accrocha la bouilloire en cuivre à côté : celle-ci était si lustrée qu'elle semblait d'or. Cet hiver-là, le soir, un agneau s'allongeait sur le sol à côté des fillettes et une colombe blanche se juchait sur un perchoir derrière elles, la tête cachée entre ses ailes.

« Pixies » (dessin croqué sur le vif, de Tabby Booth).

Alors que tous étaient confortablement installés près du feu, on frappa à la porte. La mère dit :

« Va vite ouvrir la porte, Rose-Rouge. C'est sûrement un voyageur qui cherche un abri. »

Rose-Rouge se leva et déverrouilla la porte. Un ours passa sa grosse tête noire à l'intérieur.

La petite fille poussa un hurlement et recula d'un bond. L'agneau bêla, la colombe battit des ailes, et Blanche-Neige se cacha derrière le fauteuil de sa mère.

Mais l'ours se mit à parler d'une voix douce et profonde. Il leur dit :

« N'ayez pas peur, je ne vous veux aucun mal ! Je suis à moitié gelé et je ne veux que me réchauffer un moment.

— Pauvre ours, allonge-toi près du feu – et prends garde à ne pas brûler ta fourrure, dit la mère avant d'ajouter : Blanche-Neige, Rose-Rouge, sortez de votre cachette, l'ours ne nous fera aucun mal, j'en suis sûre. »

Les fillettes sortirent et, peu à peu, l'agneau et la colombe s'approchèrent eux aussi : ils ne craignaient pas l'ours.

L'ours dit :

« Les enfants, enlevez-moi un peu cette neige de ma fourrure. »

Elles apportèrent donc le balai et tapotèrent la peau de l'ours pour la nettoyer. Puis il s'étira et s'installa confortablement près du feu en poussant un grognement de contentement.

Les filles finirent par se détendre complètement et se mirent à jouer des tours à leur pataud d'invité. Elles lui tiraient les poils, lui mettaient les pieds sur le dos et le faisaient rouler. Elles prirent même un bâtonnet de noisetier et lui donnèrent des petits coups. Quand il grognait, elles éclataient de rire mais, quand elles devinrent un peu trop brusques, il protesta :

« Épargnez-moi, s'il vous plaît ! »

Quand ce fut l'heure de se coucher et que les autres se mirent au lit, la mère dit à l'ours :

« Tu peux t'allonger près du foyer, tu seras à l'abri du froid et du mauvais temps. »

Dès le lever du jour, les deux enfants firent sortir leur nouvel ami, qui partit en trottinant dans la neige, en direction de la forêt.

Les quatre mois suivants, l'ours vint tous les soirs : il s'allongeait près du feu et laissait les fillettes jouer avec lui autant qu'elles le désiraient. Elles s'habituèrent tant à sa présence qu'elles ne fermaient jamais la porte avant qu'il ne soit rentré.

Or un matin, quand le printemps arriva et que la nature se mit à verdoyer, l'ours dit à Blanche-Neige :

« Je dois m'en aller maintenant et je ne pourrai pas revenir de tout l'été.

— Où vas-tu, mon cher ours ? lui demanda la petite fille.

— Je dois aller dans la forêt, pour protéger mes trésors des méchants nains. L'hiver, quand le sol est gelé, ils ne peuvent pas remonter à la surface et sont obligés de rester sous terre. Mais maintenant que le soleil réchauffe la terre, ils sortent pour fouiner et voler. Tout ce qui tombe entre leurs mains, ils le descendent dans leur grotte, et cela revoit difficilement la lumière du jour. »

Blanche-Neige ouvrit la porte à son ami avec une immense tristesse.

Comme il se dépêchait de sortir, il s'accrocha dans le verrou, s'arrachant un morceau de son épaisse fourrure. Blanche-Neige eut l'impression de voir de l'or briller à travers, mais n'en était pas sûre.

L'ours partit en courant et disparut vite entre les arbres.

Peu de temps après, la mère envoya ses filles dans la forêt pour ramasser du bois. Elles y trouvèrent un grand arbre abattu, gisant au sol. Quelque chose sautait d'avant en arrière dans l'herbe près du tronc. Elles ne parvinrent pas immédiatement à distinguer ce que c'était, mais, en s'approchant, elles virent un nain avec un vieux visage tout flétri et une barbe d'un blanc immaculé, d'un bon mètre de long. Le bout de sa barbe s'était accroché dans une fissure dans l'arbre et ce petit bonhomme sautait dans tous les sens, tel un chien attaché à une corde, ne sachant à l'évidence pas comment se libérer.

Il lança un regard noir aux deux sœurs :

« Pourquoi restez-vous plantées là ? demanda-t-il d'un ton furibond. Venez ici immédiatement et aidez-moi !

— Qu'est-ce que tu mijotes, petit homme ? demanda Rose-Rouge.

— Espèce de petite dinde indiscrète ! répondit le nain. Je m'apprêtais à couper l'arbre et à ramasser un peu de bois pour cuisiner. Je venais d'enfoncer le coin à l'intérieur sans problème, tout se passait comme je l'espérais, quand le coin est ressorti d'un coup : l'arbre s'est refermé si rapidement que je n'ai pas eu le temps d'en sortir ma belle barbe blanche. Maintenant, elle est coincée et vous, espèces de petites choses stupides au teint laiteux et soigné, vous restez plantées là à rigoler ! »

C'était vrai : les fillettes avaient une crise de fou rire. Elles se ressaisirent et essayèrent d'extraire la barbe de toutes leurs forces, mais n'y parvinrent pas. Elle était bien accrochée et le petit homme hurlait de rage et de douleur.

« Je vais aller chercher quelqu'un, dit Rose-Rouge.

— Ne fais pas ça, stupide fille ! lança le nain sur-le-champ, d'une voix rageuse.

— Mais non, ne t'inquiète pas, dit Blanche-Neige. Je vais t'aider. »

Elle sortit une paire de ciseaux de sa poche et, en un instant, avait coupé le bout de la barbe.

« Méchante fille ! Pourquoi as-tu fait ça ? Tu as abîmé ma belle barbe blanche ! » cria le nain.

Puis il attrapa un sac posé au milieu des racines de l'arbre : elles virent qu'il était rempli d'or. Tout en continuant à pester contre les fillettes, il jeta le sac sur son dos et, sans regarder une seule fois en arrière, s'éloigna d'un pas lourd.

À deux autres reprises, les fillettes sauvèrent le nain et, à deux autres reprises, il se montra ingrat et se mit en colère.

Puis un soir, tandis qu'elle traversait la lande après une journée de courses, elles tombèrent à nouveau sur lui. Il avait vidé le contenu de son sac sur le sol nu et des pierres précieuses étincelaient dans les rayons du soleil du soir. Les gemmes scintillaient de mille feux : elles brillaient tant que les fillettes ne purent en détacher leur regard.

Quand il les vit, le nain changea d'expression :

« Pourquoi restez-vous là, à regarder bouche bée ? » hurla-t-il, le visage rouge de rage.

Il continuait à les insulter quand ils entendirent un grondement assourdissant. Un ours noir s'approcha d'eux en trottinant.

Pris d'effroi, le nain bondit en direction de son trou, mais il ne réussit pas à l'atteindre à temps et s'écria :

« Cher Monsieur ours, épargne-moi, je te donnerai tous mes trésors. Regarde les beaux bijoux éparpillés sur le sol ! Laisse-moi la vie sauve. Que ferais-tu d'un petit bonhomme tout fluet comme moi ? Tu ne me sentirais même pas entre tes dents, ni même en m'avalant. Allez, prends plutôt ces deux vilaines filles à la place.

Ce sont de tendres morceaux pour toi, grasses comme de jeunes cailles ! »

L'ours ne prêta pas attention à ses balivernes et lui donna un seul coup de patte.

Les fillettes se tournèrent pour s'enfuir, mais l'ours leur dit :

« Blanche-Neige, Rose-Rouge, n'ayez pas peur. »

Elles jetèrent un œil en arrière et virent le nain allongé, immobile, par terre.

« Attendez, je vais vous accompagner », poursuivit-il.

Elles reconnurent la gentillesse dans sa voix. Quand il arriva à leur hauteur, sa peau d'ours tomba. Devant elle se tenait désormais un beau jeune homme, entièrement vêtu d'or.

« Je suis le fils d'un roi, dit-il. Ce nain malfaisant m'a jeté un sort et m'a volé mon trésor. J'ai dû errer dans la forêt sous la forme d'un ours jusqu'à ce que sa mort me libère. »

Blanche-Neige épousa le prince, et Rose-Rouge son frère. Les deux couples se partagèrent le grand trésor que le nain avait amassé dans sa grotte souterraine.

Deux rosiers poussaient toujours devant la fenêtre de leur mère et, tous les ans, se paraient des plus belles roses, blanches et rouges.

*

* *

L'histoire de Rose-Rouge et de Blanche-Neige n'est-elle qu'un produit de l'imagination ? Nous avons abordé les enseignements soufis à propos du degré de réalité des représentations imaginaires – son statut ontologique – et nous avons également évoqué la signification mystique des roses dans la vie visionnaire de Christian Rosenkreutz.

L'histoire de Rose-Rouge et de Blanche-Neige traite du mystère du sang purifié. Rose-Rouge court dans les bois, elle est joyeuse, active et impatiente : elle représente le sang et la vie des sentiments, l'esprit animal qu'il véhicule. Blanche-Neige, elle, représente la vie des pensées. Elle est plus calme, plus réfléchie. Les fillettes jouent ensemble et les élans du cœur sont transportés vers l'esprit, donnant vie aux réalités spirituelles supérieures qui y sont réfléchies, bien qu'exsangues et anémiées dans un premier temps.

Monsieur ours.

Le conte populaire de Rose-Rouge et de Blanche-Neige est également historique au sens où il rend compte d'une forme de méditation alchimique développée par un personnage historique, Christian Rosenkreutz, qui a adapté les formes de méditation pratiquées en Orient pour les Occidentaux.

La transformation physiologique est provoquée par des exercices spirituels, des exercices de pensée sacrée, appelés « Mercure » dans les textes alchimiques. Ces exercices visent à entraîner des rencontres avec des êtres spirituels vivants : ici, bien évidemment, l'ours est le Christ. Le sang, qui transporte l'esprit, notre conscience animale, est nommé « Soufre » en alchimie. Un mariage sacré avec le Christ peut purifier notre sang, qui est alors prêt à transporter l'esprit du Christ.

Et qu'en est-il des expériences de Monsieur Noy ? Peut-on ne serait-ce que commencer à les envisager à la lumière de la science ?

35

Paracelse et les mystères de la guérison spirituelle

Il y a quelques années, j'ai eu le plaisir de travailler sur un livre avec David Bellamy, botaniste de renom. Il m'a expliqué l'une des manières dont les grandes compagnies pharmaceutiques s'y prenaient pour prospérer : elles déterminaient quels remèdes traditionnels étaient efficaces et se vendaient bien dans les magasins bio, effectuaient des recherches pour affiner le dosage et les faisaient breveter pour qu'ils ne soient plus disponibles librement. Il a prédit que, d'ici quelques années, le remède traditionnel surnommé « herbe de la Saint-Jean » (ou millepertuis perforé) subirait le même sort.

Une question se pose : comment ces remèdes de grand-mère ont-ils été découverts à l'origine ? Est-il plausible que ce soit par tâtonnements ? Ou existe-t-il d'autres moyens de savoir ?

*

* *

Nekumonta, un guerrier iroquois, épousa Shanewis. C'était un grand chasseur et un grand guerrier, et elle était belle. Ils étaient très amoureux l'un de l'autre, mais, peu après leur mariage, la neige arriva et ne cessa plus de tomber. L'hiver était particulièrement rigoureux, la nourriture vint à manquer et les membres de la tribu commencèrent à tomber malades les uns après les autres. Nekumonta vit son père, sa mère, ses frères et ses sœurs, et toute la grande famille des villageois tomber tour à tour malades, puis mourir. La tribu serait-elle entièrement décimée ?

Puis Shanewis commença à se sentir mal à son tour. Nekumonta interpella les cieux, fou de douleur. Il pria le Grand Esprit pour qu'il l'aide. Où pouvait-il trouver les herbes qui sauveraient sa magnifique femme, qu'il aimait tant ?

Il la recouvrit de toutes les couches de fourrure qu'il put trouver et lui laissa de l'eau à portée de main avant de se mettre en route dans la neige. Il escalada d'immenses congères et essaya de trouver des endroits où la neige était moins épaisse pour pouvoir chercher d'éventuelles herbes enfouies dessous. En vain.

Cette nuit-là, il s'endormit épuisé. À son réveil, un lapin l'observait.

Nekumonta lui dit :

« Dis-moi où trouver les herbes plantées par le Grand Esprit qui guériront ma femme. »

Mais le lapin se contenta de remuer le bout de son nez, avant de se retourner et de disparaître en sautillant au milieu des arbres.

Nekumonta s'enfonça davantage dans les profondeurs de la forêt et pria à nouveau le Grand Esprit.

Le deuxième jour, il trouva la grotte d'un ours. Il posa la même question à l'ours, mais ce dernier lui tourna le dos et reprit son hibernation.

Le troisième jour, Nekumonta ne vit aucun animal. *Je ne sais peut-être pas prier*, pensa-t-il tristement. Il continua à marcher et à creuser, jusqu'à s'écrouler au pied d'un grand rocher.

Puis il fit un rêve. Les animaux, les oiseaux, les arbres et les plantes se rassemblaient autour de lui. Tous se souvenaient que Nekumonta les avait toujours traités avec respect. Il ne tuait que pour se nourrir et se vêtir. En outre, il ne tuait jamais un animal, un cerf par exemple, sans demander la permission au Grand Esprit du cerf au préalable. Il voyait et aimait la vie sacrée qui coule dans les arbres et les plantes. Désormais, tous priaient avec lui, et pour lui, tous l'aidaient à élever ses prières jusqu'au Grand Esprit.

Son rêve changea. Il vit sa femme malade : elle était toujours alitée, mais murmurait quelque chose. Puis elle entonna un beau chant. Le son ondoya hors de la hutte et Nekumonta se rendit compte que c'était le bruit d'une source. Il écouta plus attentivement et réussit à entendre les paroles de la chanson. L'esprit de l'eau disait : « Trouve-moi, et la belle Shanewis vivra. »

Nekumonta se réveilla. Il se leva et regarda autour de lui. Pas de source.

Il retourna à l'endroit où il s'était endormi et se mit à creuser. C'était difficile car le sol était gelé et il devait aussi extraire des pierres et des vieilles racines. Il s'apprêtait à abandonner quand il aperçut un reflet au fond d'un trou. Un petit filet d'eau en jaillit.

Le jet devint plus puissant et, bientôt, le trou fut rempli. Nekumonta sauta de joie et but quelques gorgées. Il sentit immédiatement ses forces revenir. Il rentra au village en courant, ramenant prudemment un peu de cette précieuse eau de source.

Il trouva sa femme toujours allongée, les yeux clos. Il fit tomber quelques gouttes entre ses lèvres. Elle ouvrit les yeux. Ils étaient aussi beaux que dans son souvenir.

*
* *

« Je suis un homme brutal, né dans un pays brutal, disait Paracelse. Je ne désire ni vivre confortablement, ni devenir riche. Le bonheur est bien mieux que la richesse et heureux celui qui vagabonde, ne possédant rien qui exige qu'il n'y accorde du soin. Celui qui veut étudier le livre de la nature doit promener ses pieds sur ses feuilles. »

Né dans la campagne zurichoise en 1493, Paracelse partit étudier auprès de Jean Trithème, abbé de Sponheim, célèbre mystique et ésotériste, pendant son adolescence. Mais il ne passa pas beaucoup de temps dans la bibliothèque de l'abbaye : il voulait apprendre à l'école de la vie. Comme saint François, il s'intéressait plus à l'expérience personnelle qu'au dogme[1].

Entre 1517 et 1523, Paracelse voyagea en Irlande, au Portugal, en Espagne, en Égypte, en Lituanie, en Pologne, en Hongrie et en Croatie. On disait qu'il avait été initié au chamanisme chez les Tartares. Au cours de ses voyages, il étudiait le folklore et les remèdes populaires locaux. Il était guérisseur et savait écouter : aussi apprenait-il des gens ordinaires tout en les soignant.

On peut difficilement trouver monde plus miraculeux que celui de Paracelse. Il était persuadé que notre monde était le produit d'un grand esprit universel : quand il regardait les étoiles, il y voyait les grandes pensées de Dieu, au mouvement lent. Sous ces grandes pensées, il voyait une hiérarchie de pensées inférieures, qui se déplaçaient plus rapidement et étaient plus étroitement liées aux détails de la vie quotidienne. Ces pensées, disait-il, étaient les anges et les esprits.

Nous l'avons vu, on trouve des idées similaires dans les enseignements de l'Antiquité – et dans les enseignements des mystiques toutes époques confondues. Mais Paracelse en donne une description saisissante et surprenante, car, chez lui, ces enseignements ne relèvent pas de la simple doctrine, mais du vécu. Ce visionnaire ne nous a pas simplement laissé des descriptions des Cieux : il nous montre l'intervention des créatures célestes et spirituelles dans de nombreux champs de l'expérience humaine et dans le monde naturel.

Paracelse voyait la manière dont les étoiles agissaient sur les êtres humains : elles exerçaient une influence à distance sur les « constellations d'étoiles » à l'intérieur du corps humain.

En d'autres termes, les différentes parties du corps humain entretiennent un lien particulier avec certaines étoiles et planètes, qui influent directement sur elles. Mars a, par exemple, un lien avec le sang, le Soleil avec le cœur.

Comme Brunetto Latini, Paracelse comprenait que les essences et les principes intelligents qui constituent un être humain constituent également l'univers. L'humanité est la quintessence du cosmos. Pour lui, comme pour un initié soufi, cela signifiait qu'on peut découvrir tout ce qu'il y a à savoir sur l'univers en s'examinant soi-même. En réalité, cela lui semblait totalement naturel. Il écrivit : « Si l'homme ne sait rien de ces choses quand il est éveillé, son ignorance a une cause : il ne sait pas comment chercher en lui-même les pouvoirs que Dieu lui a conférés. »

Le monde de Paracelse contient des régions assurément étranges. Il fut le grand biologiste du monde spirituel, ayant décrit, nommé et répertorié sa faune et sa flore. Il écrivit : « Dans certaines régions, un grand nombre d'élémentaux vivent ensemble et, occasionnellement, un homme est admis à vivre un temps parmi eux : ils deviennent alors visibles et tangibles à ses yeux. » Sachant où chercher ces régions, il put trouver et décrire les différents types d'élémentaux (ou « êtres élémentaires »). D'après lui, leur comportement n'est pas différent de celui des humains. En réalité, ils aiment imiter les hommes, et même s'habiller comme eux, mais ils n'ont qu'une intelligence animale et, comme les animaux, sont incapables de développement spirituel.

Différents groupes d'élémentaux sont responsables des différentes dimensions du monde naturel. Les « acthnici » comme les appelait Paracelse, une classe de « salamandres », sont les esprits élémentaires du feu : ils apparaissent parfois sous la forme de globes brillants ou de langues de feu. Les « cobalo » (ou « gnomes ») sont de petits hommes qui travaillent sous terre. Ils mesurent environ soixante centimètres de haut et aiment rire et faire les idiots[2]. Paracelse les décrit vêtus de tabliers de cuir, comme les mineurs de l'époque. Les « gigantes » (ou « géants ») sont un autre type d'êtres élémentaires avec une forme humaine : ils vivent dans la terre mais sont de grande taille. Les « pygmées » sont la classe des êtres élémentaires qui appartiennent à la Terre : ces minuscules créatures sont perpétuellement en guerre contre les nains. Les « durdales » sont les êtres invisibles qui vivent dans les arbres – que les Grecs nommaient « dryades ». Paracelse appelle les élémentaux de l'air « lémures », ceux de l'eau « melinosinae » (ou « ondine »), ceux des plantes aquatiques « nymphes », ceux du feu « salamandres[3] ». Les sylphes sont les êtres élémentaires qui vivent dans les régions montagneuses.

Paracelse évoque aussi un autre ordre d'êtres : les « aquasters », des êtres créés par le seul pouvoir de l'imagination humaine. Les aquasters peuvent avoir une vie propre et prendre forme : ils deviennent alors visibles, et même tangibles. Les succubes, les incubes et les vampires appartiennent à cette catégorie.

Les écrits de Paraclese contiennent même des instructions pour fabriquer un « homoncule », un être humain créé artificellement !

Ces descriptions des élémentaux peuvent nous rappeler Puck, Ariel, Titania et toutes les variétés de vie spirituelle qui peuplent les bois de Shakespeare :

Je sers la reine des fées...
Il faut maintenant que j'aille chercher des gouttes de rosée,
pour en suspendre une perle à l'oreille de chaque coucou[4].
Je suce la fleur que suce l'abeille...
Monté sur le dos de la chauve-souris, je vole[5].

On pourrait penser que les visions que Paracelse avait des élémentaux étaient imaginaires, et il aurait pu être d'accord – tout en précisant, bien sûr, que Paracelse avait une vision exaltée de l'imagination. Pour lui, l'imagination représentait le plus haut pouvoir créateur de l'homme : « Qu'est-ce donc que l'imagination, sinon un soleil intérieur agissant dans sa sphère propre ? » Dans le même ordre d'idées, il écrivit : « De même que le soleil brille sur nous du haut des cieux, de même les talents dont les germes existent dans le cœur humain doivent être développés aux rayons du soleil de la divine Sagesse[6]. » Le vaste monde est le produit de l'imagination de l'esprit universel. Un être humain est un petit monde en lui-même, qui créé aussi par un pouvoir similaire de l'imagination. Si notre imagination est suffisamment puissante pour pénétrer chaque recoin de notre monde intérieur, elle sera capable de créer dans ces recoins[7].

L'imagination est une force mentale qui a le pouvoir de créer la matière et de la déplacer, tel un aimant. C'est en imaginant que Dieu a créé le monde et, à travers notre imagination, nous devenons ses co-créateurs. Bien sûr, l'imagination d'un individu n'est pas aussi puissante que celle de Dieu, mais l'imagination d'un individu joue un rôle crucial pour façonner le monde qui l'entoure. Elle exerce une pression sur le tissu de l'espace-temps, en le froissant et en l'étirant, si bien que des rides se forment localement avant de se propager dans tout l'univers.

Avec ses doctrines, Paracelse fut le précurseur de ce qu'on appellerait plus tard « l'inconscient » et son pouvoir à provoquer et guérir les maladies. Il évoqua des maladies qui se développaient car les enfants ressassaient des histoires qu'ils avaient entendues – des « maladies psychosomatiques », dirait-on aujourd'hui.

L'imagination d'un individu a donc le pouvoir d'agir sur le monde matériel et de générer de la matière. Prenons un exemple évident : le sperme naît de l'imagination. Moins évident, Paracelse écrit que si, pendant le coït, le désir ou la passion de la femelle est plus fort que celui du mâle, des enfants mâles seront produits – et vice versa. Quand le pouvoir de l'imagination sort d'un corps et se propage, il envahit d'abord l'esprit, puis le corps de la personne la plus proche.

Paracelse écrit : « Toute imagination humaine provient du cœur, le cœur étant le soleil du microcosme. [...] L'imagination est confirmée et achevée par la foi que tout s'accomplit réellement ; car le moindre doute vient briser l'œuvre. La foi doit confirmer l'imagination, car la foi détermine la volonté. » Les images nées de l'imagination peuvent éveiller des élans de la volonté, et la volonté peut à son tour être utilisée pour diriger l'imagination. Le pouvoir créateur de l'imagination perfectionnée se trouve au cœur de la pratique alchimique de Paracelse[8].

La pensée de Paracelse comporte une forte dimension hermétique : elle se rapporte donc à une sagesse qui provient à l'origine de l'Égypte antique. Cette tête sculptée montre la capacité du troisième œil à se tendre et à mordre pour transformer ce qu'il voit. (Sculpture murale d'Aménardis, femme de Chabaka, deuxième pharaon nubien d'Égypte, 721-707 av. J.-C.)

Paracelse avait également un sens aigu du pouvoir de l'œil à changer ce qu'il regardait. Depuis la révolution quantique, des scientifiques de premier plan, parmi lesquels John Wheeler et Roger Penrose, ont supposé que quelque chose s'apparentant à l'effet quantique – qui explique que l'observation d'une chose la modifie –, connu pour être une particularité du monde microscopique, devait aussi caractéristiser le monde sensible, à échelle humaine. Selon Paracelse, nous avons tous le pouvoir d'influer sur les choses de cette manière. En réalité, nous le faisons tous à travers notre imagination, même si la plupart d'entre nous le font à leur insu. Toutefois, si nous sommes prêts à travailler notre imagination, nous pouvons y arriver de façon plus ciblée et plus efficace[9]. De même que l'entraînement d'un athlète peut comporter des exercices de visualisations pour stimuler la volonté de gagner, les images alchimiques dans l'œuvre de Paracelse visent à aider et entraîner l'imagination pour qu'elle puisse déplacer et transformer efficacement des objets du monde matériel.

En 1527, Paracelse s'installa comme médecin à Bâle. Quelle que soit la manière dont il parvenait à ses remèdes, ceux-ci étaient si efficaces qu'ils rendirent ses confrères de la région furieux et il fut obligé de reprendre la route. Toute sa vie, il vécut à droite et à gauche : il jouissait d'un certain succès local, réussissait trop bien, se faisait des ennemis et était obligé de fuir. Il avait naturellement tendance à se vanter de ses découvertes et le mot anglais « bombast »

Portrait de Paracelse en train d'éveiller le troisième œil en le frottant (dans *Opuscules astronomiques et astrologiques*, 1576).

(« grandiloquence ») est dérivé de son nom complet : Philippus Theophrastus Aureolus Bombastus von Hohenheim. Il mourut seul, méconnu, dans un logement qu'il louait. Il avait toutefois atteint l'un de ses objectifs – ne pas être riche.

Cette gravure sur bois datant des années 1530 illustre le monde de Paracelse et montre la manière dont un initié avec un faible degré d'initiation peut apparaître à une personne ayant « des yeux de feu ».

*

* *

L'influence posthume de Paracelse sur la civilisation fut immense, et ce dans de nombreux domaines. Il serait déterminant pour la médecine, traditionnelle comme alternative, et pour le développement de la méthode scientifique. On lui attribue la découverte des principes à l'origine de l'homéopathie et de l'importance de l'hygiène en médecine. On a dit qu'il était à la fois le père de la toxicologie et de la médecine expérimentale. L'intérêt qu'il portait aux composants chimiques des remèdes le conduisit à identifier et à nommer le zinc. Ses livres furent étudiés aussi bien par Francis Bacon que par Isaac Newton.

L'arbre du Soleil et l'arbre de la Lune (dans le *Livre des Merveilles*, manuscrit du XIVe siècle). Paracelse nommait les plantes « eau qui pousse » et décrivit la manière dont les mouvements des étoiles et des planètes affectaient les plantes comme les hommes – des colonnes d'eau. L'eau contenue dans une plante ou un corps réagit surtout aux petits résidus de sel qui ont une affinité avec un corps céleste en particulier. Par exemple, le fer dans notre sang réagit à Mars, et les traces de cuivre et de mercure réagissent à Vénus et à Mercure. Paracelse pensait que les maladies provenaient d'un manque d'harmonie entre le cosmos et le microcosme du corps humain.

Comment les remèdes populaires répertoriés par Paracelse – dont la plupart servent de base aux médicaments industrialisés aujourd'hui – furent-ils découverts ? Fut-ce vraiment par tâtonnements, ou par pur hasard ? Ou fut-ce, comme le croyaient les Iroquois et Paracelse, parce que les esprits et les anges guidaient les guérisseurs[10] ?

Selon l'idéalisme, nous sommes tous reliés au grand Esprit cosmique par le biais de notre esprit individuel. De fait, si on souscrit à l'idéalisme, il est très probable que l'on accorde plus d'importance au rôle de l'imagination – que l'on pense qu'elle a quelque chose de « magique » – que si l'on est matérialiste et que l'on considère que l'esprit de chaque individu est clos. Nous le verrons d'ici peu, de nombreuses découvertes scientifiques majeures ont été faites par des personnes qui développaient des états de conscience dans lesquels elles étaient réceptives aux pensées du grand Esprit cosmique.

36

Le cordonnier et son autre mode de connaissance

Vous et moi pourrions nous asseoir côte à côte et, en pratiquant une série d'exercices spirituels, atteindre un état de conscience modifié, peut-être même une conscience visionnaire dans lequel le monde semblerait être un lieu mystérieux, un lieu où se déploient différentes dimensions, contrôlé par des intelligences invisibles, où tout ce qui se produit est né d'une intention.

Certaines personnes font souvent l'expérience du monde dans ces états alternatifs et, si vous y tenez, vous le pouvez aussi. Mais la question à se poser est la suivante : quand on est dans cet état de conscience modifié, que l'on voit des choses que l'on ne voit pas habituellement et que l'on comprend le fonctionnement du monde comme on ne le perçoit ou ne l'appréhende pas d'ordinaire, ce que l'on voit existe-t-il vraiment ? Ce que l'on perçoit relève-t-il de la clairvoyance, ces visions peuvent-elles nous aider à mieux vivre dans le monde, ou sommes-nous bercés par l'illusion ? Fait-on l'expérience de vraies réalités que l'on ne pouvait pas voir auparavant, comme si l'on avait subitement hérité d'une vision à rayons X, ou est-on en train de faire volontairement preuve de naïveté, comme lorsque l'on assiste à un bon spectacle de magie ?

*

* *

Chez les Zoulous, on dit qu'après la mort l'âme revêt une forme mi-bestiale, mi-humaine. Selon eux, en un sens, c'est là notre véritable forme, car, durant notre séjour terrestre, nous avons une nature bestiale. Mais, peu de temps après la mort, on se débarrasse de cette forme animale et notre part humaine s'élève dans les cieux pour regagner sa place d'origine.

Dans les tribus aborigènes, tous les garçons passent des rites d'initiation pour entrer à l'âge adulte, mais, pour quelques rares élus, l'initiation va plus loin. Dans le bush australien, c'est après cette initiation plus poussée qu'un homme devient un *karadji*, un chaman, choisi par le « Père de toutes choses » et les ancêtres de la tribu pour voyager entre ce monde et le Rêve.

Le garçon choisi est réveillé au milieu de la nuit par les anciens, affublés de masques d'animaux. Il ne lui est pas permis d'émettre le moindre son, ni de lever les yeux. Son corps est peint, puis placé dans une tombe peu profonde. Il est mort au monde symboliquement, mais il craint également de mourir réellement.

La première nuit, son voyage est encore plus terrifiant et extrêmement douloureux. On peut le conduire dans une fosse aux serpents et le forcer à communier avec un serpent gigantesque. Il peut se faire attaquer par des animaux à tête d'homme : ce sont des esprits malins. Il peut voir les morts s'approcher de lui et entendre leurs os s'entrechoquer. Comme Énoch et Daniel, il peut voir des tempêtes furieuses et fracassantes déchirer le monde entier.

Puis les anciens l'emmènent dans un autre lieu sombre et commencent à lui faire des incisions dans la peau. Ils introduisent alors des cristaux de roche dans son corps et les font remonter progressivement, difficilement, le long des jambes et de l'abdomen, jusqu'au sternum. Puis ils percent un trou dans l'index de sa main droite pour y insérer un cristal. Ils frottent également plusieurs cristaux sur son cuir chevelu et l'obligent à manger de la nourriture qui contient des cristaux. Ils répètent cette opération trois jours de suite, puis lui creusent un énorme trou dans la langue, signe que le pouvoir des cristaux est en lui.

Dans les doctrines ésotériques qui voient la Terre comme un être vivant, les cristaux sont les yeux de la planète. Avec des cristaux à l'intérieur de lui, le *karadji* commencera à voir tout ce qui vit dans les mondes spirituels et sera capable de raconter ses visions aux autres.

S'ensuit une longue période de solitude dans le désert. Les anciens viendront le voir de temps à autre pour lui enseigner des techniques de respiration et des postures qui l'aideront à voir les royaumes spirituels à son gré, qu'il soit éveillé ou endormi. On lui enseigne la télépathie, à voir les esprits, à voir à l'intérieur du corps humain pour diagnostiquer et guérir les maladies, à exorciser, à identifier les meurtriers, et l'art du voyage astral qui lui permet de voir ce qui se passe sur de grandes distances. Il peut se mettre à développer des protéburances osseuses, signes que des plumes commencent à lui pousser en haut des bras.

Il sera alors peut-être capable d'inventer de nouvelles histoires, de nouveaux chants et de nouvelles danses.

Le pays fut un jour dévasté par la sécheresse et un peuple demanda à son *karadji* d'intercéder en sa faveur.

Pendant quatre jours, il escalada les marches creusées dans la roche de la montagne Ooobi-Oobi. Il finit par atteindre une source. Il y but et se sentit merveilleusement revigoré.

Puis il vit un cercle fait de colonnes de pierre. À l'intérieur du cercle, il entendit un rugissement terrible et sut que le grand dieu n'était pas loin. Il pria pour que la sécheresse prenne fin et, soudain, fut élevé et emmené devant le « Père de toutes choses », assis sur un trône fait de quartz. Ce dernier lui dit de cueillir autant de fleurs d'arbre que possible et de les ramener à sa tribu en bas de la montagne Ooobi-Oobi.

Des voyageurs qui se rendirent en Laponie à la fin du XVIIe siècle rencontrèrent des tribus qui vénéraient toujours Thor. Olof Rudbeck le Jeune fut délégué par le roi de Suède pour s'y rendre et rédiger une histoire naturelle de ces peuples. Au cœur de ce que Rudbeck appela « l'art magique » des Lapons se trouvait un tambour fait à partir d'un tronc d'arbre creusé – du pin, du sapin ou du bouleau – mais qui devait provenir d'un arbre « qui se tourne en suivant directement le circuit du Soleil » de façon à ce que l'orientation des fibres du bois « prenant dès le bas monte et s'élève jusqu'au plus haut, en telle sorte que de la droite elle se penche vers la gauche ». Les Lapons recouvraient l'arceau de bois d'une peau de renne sur laquelle ils peignaient des motifs avec de la couleur rouge faite d'écorce de bois d'aulne. Ils suspendaient également quelques anneaux de cuivre au tambour. Le marteau dont il se servait pour le battre était fait de bois de rennes et était appelé « marteau de Thor ».

En battant le tambour avec le « marteau de Thor », les anneaux de cuivre se déplaçaient sur les dessins, indiquant aux Lapons ce qu'ils voulaient savoir : par exemple, si un anneau s'arrêtait sur le dessin d'un loup, ils devaient chasser les loups le jour même. Le batteur s'agenouillait à côté du tambour et battait d'abord doucement, puis plus vite et plus fort, et se mettait à tourner et à danser autour, en cercle, jusqu'à l'évanouissement. Il restait inconscient pendant plusieurs heures, parfois jusqu'à vingt-quatre heures. Entre-temps, les personnes assistant à la cérémonie continuaient à chanter et faisaient leur possible pour éloigner les mouches de son corps.

Tandis que le batteur était inconscient, son esprit était libre de voyager soit dans le royaume des morts – pour consulter les ancêtres –, soit sur de longues distances à la surface de la Terre. Il pouvait voir le passé ou le futur, ou aller à la rencontre des dieux. Parfois, pour demander conseil aux dieux, il prenait une pomme dorée dans une main et le marteau de Thor dans l'autre – et parfois également un serpent en cuivre. Il arrivait aussi que les chamans transportent des besaces contenant des mouches bleues, qu'ils libéraient pour exécuter leur volonté.

Rudbeck nota qu'à l'époque de son voyage, en 1695, les Lapons oubliaient déjà les usages magiques du tambour.

La quête de remèdes des chamans lapons nous ramène à celle de remèdes populaires de Paracelse en Suisse et en Allemagne, et à sa propre initiation chamanique chez les Tartares et soulève à nouveau la même question : comment ces remèdes ont-ils été découverts ?

Il ne fait aucun doute que, de tout temps, partout, les hommes sont entrés dans des états de conscience modifiés dans l'espoir de découvrir des choses qui leur sont inaccessibles au quotidien, dans un état de conscience normal.

Alors, existe-t-il d'autres moyens de savoir ?

*
* *

Jakob Böhme[1] vit le jour dans un petit village en 1575. Ses parents, des paysans luthériens, étaient pieux mais illettrés. Jakob était un enfant doux et rêveur qui ne mettait jamais en question les histoires de miracles qu'il entendait à l'église, ni les contes de fées que lui racontaient ses parents. Ces derniers le placèrent comme berger, mais il était trop fragile et trop sensible pour le travail de la ferme. Plus tard, ils l'envoyèrent travailler comme apprenti chez un cordonnier dans la ville voisine de Görlitz.

Un jour, son patron le laissa un moment seul dans la boutique et un inconnu y entra. Il semblait pauvre et ses yeux brillaient d'un éclat surnaturel. Il dit à Jakob vouloir acheter une paire de souliers. Le jeune homme n'était pas vraiment sûr d'être autorisé à en vendre : il proposa donc un prix excessivement élevé. L'homme acheta tout de même les chaussures et quitta le magasin. Puis, s'étant éloigné dans la rue, il cria à Jakob de sortir lui parler.

« Jakob, tu es encore petit, mais un jour, tu seras grand, et alors tu seras un tout autre homme, tel que le monde s'en étonnera. Sois donc pieux, crains Dieu, honore sa parole. Lis toujours les Saintes Écritures. Tu y trouveras réconfort et instruction, car il faut que tu souffres grandement de besoin, de pauvreté et de persécution. Mais console-toi et demeure constant, car tu es aimé de Dieu et il t'est favorable. »

Puis l'inconnu prit la main de Jakob, le regarda intensément dans les yeux et s'éloigna.

Suite à ça, Jakob commença à avoir des visions. Au départ, cela lui causa problème. Il n'avait jamais vraiment trouvé sa place à la boutique et, étant de plus en plus distrait, fut renvoyé. Il devint cordonnier itinérant, mais était anxieux et déprimé.

En 1599, il revint à Görlitz, s'acheta un établi de cordonnier et fut reçu membre de cette corporation. Il épousa la fille du boucher de la ville. Ce fut un mariage heureux et le couple eut six enfants.

Jakob était petit, maigre et quelconque, avec un nez légèrement aquilin, des yeux gris et le front dégarni. Il portait une fine barbe et avait une petite voix basse. Il était aimable, modeste, humble et docile quand il parlait – mais, malgré tout, était destiné à se faire un ennemi mortel.

En 1600, son regard fut attiré par le reflet du soleil sur un vase d'étain poli. En observant le phénomène, il eut l'impression d'être « admis dans un monde transformé ». Cette vision était d'un autre ordre : son esprit intérieur se mit à battre et à rayonner et, à ses yeux, devint divin.

Décontenancé, il essaya de sortir de cette transe en quittant le bâtiment et en allant au grand air, mais il lui sembla alors voir le cœur et l'essence de la nature. Il percevait directement les forces harmonieuses dans les plantes et dans l'herbe des champs. Ébahi, il crut voir et ressentir la création à l'œuvre.

Il commença à consigner ses expériences mystiques dans un journal. Il y écrivit : « La porte [du mystère divin] s'était ouverte devant moi, si bien qu'en un quart d'heure, j'ai vu et j'ai su plus que si j'avais fréquenté l'université pendant de nombreuses années. »

Un jour, il eut une vision de la création dans laquelle il semblait être présent au commencement :

> De même que l'âme se répand dans toutes les facultés de l'homme, ainsi l'Âme éternelle se retrouve de la plus haute lumière à la plus profonde ténèbre ; ce monde entier n'est qu'une image du monde éternel. Les chœurs des Esprits, les étoiles, les plantes, tout ce qui existe jusqu'aux armées éternelles a la même constitution.
>
> En effet, je vis et je connus l'être de tous les êtres, le fonds et le sans-fonds, également la naissance de la Sainte Trinité, l'origine et l'état originel de ce monde et de toutes les créatures par la Sagesse divine. Je connus et je vis en moi-même les trois mondes : le monde divin, angélique et paradisiaque ; ensuite le monde ténébreux, l'état originel de la nature, fondement du feu ; et ce monde extérieur et visible, qui est une créature et une extra-génération, un être exprimé, issu des deux mondes spirituels intérieurs[2].

Böhme nous livre une description des plus idéalistes : on voit ici on ne peut plus clairement la manière dont l'Esprit cosmique créé par la pensée.

Jakob Böhme écrivit un commentaire de la Genèse qu'il intitula *Mysterium Magnum* en clin d'œil à Paracelse :

> Ils [Les anges] constituent l'instrument de Dieu, dans lequel l'esprit de Dieu joue dans son empire des délices. [...] Ceux qui sont dans le monde sacré gouvernent dans les forces du monde triomphant qu'est le grand et saint royaume des délices [...] ; et ceux du monde extérieur règnent sur les forces des étoiles et des quatre éléments et ils ont aussi un gouvernement princier du monde et leurs royaumes et leurs principautés [...]. Tout pays a son ange protecteur princier.
>
> Ce *salnitter* (éclatement, explosion) céleste, ou ces propriétés combinées les unes dans les autres, engendrent dans le ciel d'agréables fruits et d'agréables couleurs, toute espèce d'arbres et d'arbustes, d'où naît le magnifique et délicieux fruit de la vie. De ces mêmes propriétés sortent aussi toute espèce de belles fleurs, ayant des couleurs et des parfums célestes[3].

Böhme décrivit en détail la manière dont les pouvoirs spirituels agissent dans la nature :

> Voyez un arbre dont l'écorce extérieure est dure et grossière, comme morte et éteinte, et cependant n'est pas entièrement dans la mort, mais sans vigueur. Or, il y a une différence entre cette écorce et le corps qui croît sous l'écorce. Car le corps a sa force vivante et perce au travers de l'écorce desséchée, et s'engendre quantité de beaux jeunes bourgeons, qui cependant tiennent à l'ancien corps. [...] Il en est de même de la maison entière de cet Univers ; les ténèbres les

plus extérieures sont la maison de la colère de Dieu dans laquelle demeurent les démons ; et c'est vraiment la maison de la mort, car la sainte lumière de Dieu y est morte. [...] Or, l'amour perce sans cesse au travers de la maison de la mort, et engendre dans le grand arbre des branches saintes et célestes qui existent dans la lumière[4].

Dans *De la signature des choses*, écrit en 1622, il proposa aussi une description unique de la manière dont les anges, qu'il appelait ailleurs les « esprits des corps célestes », donnèrent leur forme, leur couleur et leur goût à différents types de plantes : « Le soleil élève la vertu de la racine, par la force du Mercure joyeux ; et les sept formes de la Nature montent en se combattant [...]. »

Il comprenait que l'information nécessaire pour permettre à la plante de grandir et de prendre sa forme propre n'était pas seulement contenue dans la plante elle-même, mais dans l'univers entier – et en particulier dans la relation de la plante au soleil et aux planètes avec lesquelles elle interagissait pendant le processus :

Toute l'essence se trouve donc dans le corps sulfureux [...]. Car le soufre se transforme en un sel, c'est-à-dire en une saveur dans laquelle une huile secrète du soufre sort du libre plaisir éternel, et se manifeste temporairement par une essence extérieure. Cette huile émet un désir dans l'essence temporelle qui se cherche lui-même comme un soleil, puis se donne au centre du fruit et transforme en douceur son austérité primitive : c'est la maturation.

Il proposa par ailleurs un compte rendu très détaillé de la manière dont la Lune et les planètes exerçaient leur influence :

> Il y a communément quatre couleurs : le blanc, le jaune, le rouge et le vert. La couleur d'un fruit correspond à la saveur de son sel ; si elle est blanche, subtile et un peu terne, sa saveur est douce selon la propriété de Vénus. Si le goût quoique doux est vigoureux, Jupiter est puissant, et la Lune s'il est faible. S'il est dur, et la couleur un peu brune, Mars domine ; c'est Saturne si la couleur est vert-brun. Vénus donne le blanc, Mars le rouge et l'amer ; il clarifie la couleur de Vénus. Mercure est bigarré, il donne le vert à Mars ; Jupiter penche vers le bleu, Saturne vers le noir presque gris ; le Soleil vers le jaune ; il donne au sel la vraie douceur odorante issue du soufre ; Saturne est âpre et aigre. Ainsi chaque propriété s'affirme au-dehors selon son régime intérieur.

Böhme se servit des « signatures » planétaires des plantes pour s'orienter vers leurs propriétés médicinales : « Une herbe possédant la propriété que je viens de décrire ne croît point très haut ; elle est un peu rude au toucher, d'autant plus que Mars y est puissant ; elle doit être appliquée à l'extérieur, sur des ulcères, par exemple, plutôt qu'à l'intérieur. »

Bien qu'elle puisse être renfermée et cachée, l'intelligence qui vient du grand soleil spirituel est dans tout : « Il faut reconnaître que tout le monde était un pur soleil, et que le lieu du soleil serait partout si Dieu voulait l'enflammer et le manifester. »

Böhme avait un sens si aigu de ce monde intérieur ensoleillé qu'il décrivait le monde matériel comme le « monde extérieur ».

Un jour, un noble de la région lut *L'Aurore naissante*, le recueil des premiers écrits de Böhme, et fut immédiatement fasciné. Il en fit des copies pour le faire circuler parmi ses amis influents.

Le pasteur de la région, le pasteur Richter, fut dans un premier temps inquiet de compter un mystique visionnaire dans son troupeau, puis, quand Jakob fut invité à la cour et dans les universités, il céda à la jalousie et à la haine farouche. Il se mit à dénoncer les « faux prophètes » depuis sa chaire. Lorsqu'une copie de *L'Aurore naissante* lui tomba entre les mains, il la brandit comme un « instrument de Satan ». Il demanda à la ville de bannir Jakob : on le chassa donc et le laissa vagabonder dans les champs, seul.

Quand Jakob revint, les fenêtres de sa maison furent brisées et sa famille fut menacée de représailles violentes. On lui fit promettre de ne plus jamais écrire de livre.

Il se remit pourtant à écrire. On faisait sortir ses manuscrits de la ville en cachette, dans des sacs de grains, et les germes de sa pensée furent esséminés dans le monde extérieur.

À l'âge de cinquante ans, il était allongé dans son lit. C'était un dimanche soir et il lui sembla entendre une douce mélodie. Il demanda à son fils Tobias s'il l'entendait aussi. Ce n'était pas le cas. Jakob lui demanda alors d'ouvrir la porte, de façon à mieux entendre cette musique.

À six heures du matin, il demanda qu'on lui tourne le visage. Il ne voulait pas voir sa famille : leur amour retenait son esprit sur Terre. Il dit : « Il est temps d'aller au Paradis. »

Comme *L'Aurore naissante,* les manuscrits ultérieurs de Böhme ayant été sortis clandestinement de Görlitz furent copiés et partagés avec enthousiasme. Ses idées provoqueraient une révolution dans l'histoire de la pensée humaine. Le retour de l'idéalisme chez les philosophes allemands, la révolte romantique contre le matérialisme et l'essor du non-conformisme prennent tous racine chez lui. Les visions cosmiques de Milton, tout comme celle de Swedenborg et de Blake, furent inspirées par celles de Böhme. Novalis et Coleridge se disaient ses disciples. Rubens dit de lui qu'il était « un instrument béni dans les mains de l'esprit de Dieu ». Hegel trouva dans ses écrits l'inspiration qui façonna sa vision du monde et l'appelait le « père de la philosophie allemande ».

Contrairement à saint François ou à Paracelse, Böhme n'accomplissait pas de miracle et ne fit aucune découverte scientifique. Personne ne pouvait voir ses visions. Mais il avait une vision imaginative, détaillée et globale, du cosmos, tel que le conçoit l'idéalisme. Il montra la manière

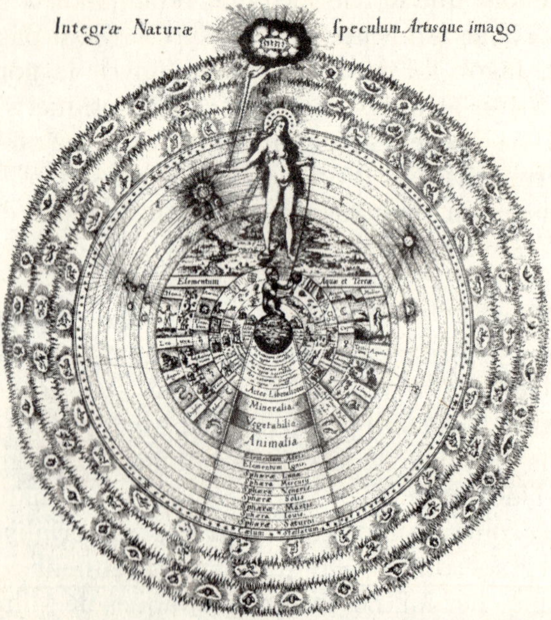

Illustration extraite de *Histoire du macrocosme et du microcosme* (1617) de Robert Fludd, un défenseur des Rose-Croix qui entretenait des liens étroits avec eux. Cette illustration montre l'intégration des corps célestes dans les processus naturels. La théorie des signatures fut esquissée par Bolos de Mendès en 200 av. J.-C. environ. Il en donna de nombreux exemples. Mais Böhme en fit le premier exposé pratique et philosophique. Ses idées et celles de Paracelse seraient à l'origine du célèbre *Herbier* de Nicholas Culpeper. On trouve un écho de ces idées dans la théorie de la résonance morphique de Rupert Sheldrake, au moins sur un point. Sheldrake y affirme que le code génétique des êtres vivants ne fournit pas toutes les informations nécessaires pour qu'ils puissent se générer totalement eux-mêmes, comme l'ont dans un premier temps supposé ceux qui l'ont découvert, mais seulement un petit pourcentage. Le reste doit être « quelque part » dans le cosmos, et la plante ou l'animal doit naître de l'interaction entre l'information décrite par le code et ces forces extérieures – peut-être l'influence des étoiles et des planètes telle que Böhme l'a décrite.

dont fonctionnait l'idéalisme dans la pratique, la manière dont les pensées de Dieu se déployèrent pour créer les espèces de plantes et d'arbres et nos êtres individuels – et il le montra avec force détails extrêmement convaincants. Sa vision était harmonieuse et sonnait vraie. Nombre d'hommes et de femmes illustres y virent une description des origines et des rouages du monde en accord avec leur propre expérience.

Au début de ce livre, j'ai dit qu'on pourrait raisonnablement s'attendre à ce que notre expérience d'un monde émanant d'un Esprit cosmique soit très différente de celle d'un monde créé par le seul hasard. Lire les récits des expériences d'autres personnes peut bien sûr nous aider à attirer notre attention sur des éléments de notre propre expérience, dont on pourrait ne pas avoir conscience autrement. On peut reconnaître dans l'œuvre de certains auteurs quelque chose qui n'a jamais été décrit auparavant et se dire : « Oui, c'est bien ce genre d'expérience que je vis ! »

D'après moi, il existe bien plus de différences entre les tempéraments humains que ce qu'on suppose habituellement[5]. En réalité, j'irais même plus loin : je crois que l'idée selon laquelle nous partageons tous la même forme de conscience est un mythe socialement acceptable et qu'en réalité, il existe tout un éventail de consciences allant, disons, de Jakob Böhme ou Rudolf Steiner d'un côté à Richard Dawkins de l'autre. Certains d'entre nous font l'expérience du monde d'une manière qui concorde avec l'idéalisme, tandis que d'autres en font l'expérience d'une manière plus proche du matérialisme. Ceux qui sont plus introspectifs, intuitifs et imaginatifs sont plus susceptibles de remarquer ce que l'on envisage comme des coïncidences significatives ou des récurrences mystiques, de ressentir des influences surnaturelles, de sentir parfois que ce qui leur arrive devait arriver, et peut-être même de vivre des expériences visionnaires[6].

Ceux qui font ainsi l'expérience de la vie, qui sont plus proches de cette extrémité du spectre, sont plus susceptibles, comme Hegel, de lire Jakob Böhme et de se dire : « Oui, c'est une description fidèle et éclairée du fonctionnement du monde, dans tous ses aspects mystérieux. »

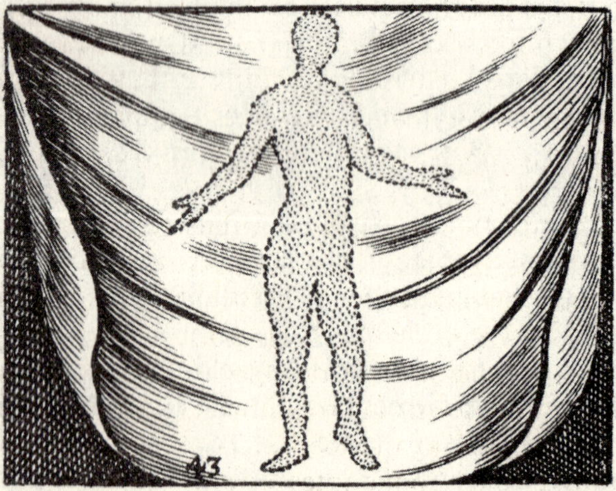

Illustration représentant l'âme humaine, extraite de *Orbis Sensualium Pictus*, manuel de Comenius, rosicrucien tchèque et pionnier de l'éducation.

*

* *

Quand j'étais étudiant de premier cycle en philosophie, j'ai découvert que l'idéalisme n'était pas un point de vue que les universitaires sérieux souhaitaient défendre. Ce sont les vainqueurs qui écrivent l'histoire et on considérait que l'idéalisme n'avait qu'un intérêt historique : aussi n'était-il évoqué que pour mieux le démolir[7].

Pourtant, les œuvres d'idéalistes tels que Paracelse et Böhme ne sont pas de simples élucubrations. Elles ont eu des applications concrètes, détaillées et démontrables. Nous avons déjà évoqué les innovations de Paracelse dans les domaines de la science et de la médecine et, au XXe siècle, Rudolf Steiner a repris et développé le travail des deux hommes sur l'influence des étoiles et des planètes. Dans son ouvrage *Harmony : A New Way of Looking at our World*, le prince Charles recommandait un système agricole adapté à « l'ingéniosité miraculeuse de la nature », en rapprochant l'agriculture des cycles de la Terre. L'agriculture biodynamique pratiquée dans ses fermes de Cornouailles ne s'intéresse pas seulement aux cycles du Soleil et des saisons, mais également à ceux de la Lune, des planètes et des étoiles. On se sert de leur influence sur la croissance des plantes, telle que Böhme l'avait décrite, pour produire des cultures plus abondantes et plus saines.

Le prince Charles évoque également « les profondeurs de la conscience humaine, où la nature humaine s'enracine dans la Nature elle-même ».

L'idéalisme est parfaitement conscient de l'intelligence à l'origine de tout être et sait que l'on peut engager un dialogue intelligent avec cette entité.

37

Shakespeare et les Rose-Croix

En 1614, un pamphlet intitulé la *Fama Fraternitatis* (un « appel de la fraternité »), annonçant l'existence d'une fraternité secrète nommée la Rose-Croix, fut publié anonymement à Cassel, en Allemagne. La *Fama* affirmait que la sépulture à sept côtés du fondateur de la fraternité, Christian Rosenkreutz, avait récemment été découverte, que son corps était parfaitement conservé et que, à côté de lui, se trouvaient un exemplaire de la Bible et des œuvres de Paracelse. Un an plus tard, un autre pamphlet, intitulé la *Confessio Fraternitatis*, parut tout aussi mystérieusement. Un an plus tard sortaient *Les Noces chymiques de Christian Rosenkreutz* et, en 1623, des affiches fleurirent dans les rues de Paris, mettant la ville en effervescence et faisant l'objet de spéculation.

En science, la matière est réduite à ce qu'elle est. Si vous consultez des définitions en ligne, vous trouverez des listes de ses composants, ce qui revient à définir une maison en disant qu'elle est faite de briques, de ciment, de verre, etc.

Dans l'idéalisme au contraire, la définition de la matière est d'un ordre supérieur. C'est ce « qui forme une barrière autour de l'esprit ». Elle entoure l'esprit d'un individu de façon à ce qu'il soit coupé de Dieu, des anges et des autres esprits, par exemple. C'est sa *fonction*.

Quand les hommes vivaient continuellement dans l'amour de Dieu, quand ils « marchaient avec Dieu », quand il n'y avait pas de barrière entre eux et lui et qu'ils étaient baignés de son amour, ils étaient accablés. Emplis des pensées sublimes et toutes-puissantes de Dieu, ils étaient incapables de penser par eux-mêmes. Plus tard, suite au durcissement de la matière, ils durent se forger une nouvelle forme de conscience. Ils développèrent une nouvelle façon de penser, qui se concentrait sur les choses matérielles.

Nous avons assisté à un changement de conscience, comme l'humanité passait d'une forme de conscience basée sur les idées à une autre basée sur les objets. Au XVIIe siècle, ce changement est devenu une démarche volontaire, qui culmina avec la méthode scientifique de Francis Bacon et le rationalisme de Descartes. L'humanité devait se familiariser avec les objets, réussir à les comprendre parfaitement et apprendre à les manipuler.

À l'origine de ces écoles de pensée, on trouve le développement de ce qu'on pourrait appeler la pensée binaire – principe selon lequel toute chose est soit vraie, soit fausse. Une chose ne peut pas à la fois être et ne pas être. C'est ce que les logiciens nomment parfois le « principe du tiers exclu ». Si l'on souhaite découvrir la vérité sur le monde, il est certainement essentiel de savoir si une chose est vraie ou non – et déterminer si cette chose est vraie ou non est sans doute de la plus haute importance, n'est-ce pas ?

Une chose est soit vraie soit fausse : c'est une vérité indéniable, pourrait-on penser. Et c'est bel et bien vrai dans le sens où cela nous aide au cours de notre vie… jusqu'à un certain point.

Au moment même où Francis Bacon forgeait la méthode scientifique, un homme qu'il côtoyait et avec lequel il partageait de nombreuses sources d'inspiration faisait naître l'élan contraire dans le monde[1].

Du sang de fée coulait dans les veines de Shakespeare. Ses pièces reposent sur le surnaturel et l'élément surnaturel dans ses œuvres nous fait toujours autant d'effet. Il exprime l'expérience du surnaturel avec tant d'éloquence et décrit la manière dont elle façonne nos vies de manière si convaincante qu'il a illuminé le monde aux heures les plus sombres du matérialisme. Dans *Le Songe d'une nuit d'été*, *Le Conte d'hiver* et *La Tempête*, il dévoila au grand jour les visions secrètes de Paracelse, de Christian Rosenkreutz, de Jakob Böhme et des populations rurales qui se racontaient des contes de fées pendant les longues soirées d'hiver. À travers le personnage d'Ariel, c'est un sylphe paracelsien qui s'adresse à nous. *Macbeth* a lui un pouvoir occulte qui effraie toujours les comédiens aujourd'hui.

Francis Bacon, vicomte de Saint-Alban (de William Marshall, d'après Simon de Passe, 1640).

Dans *Le Songe d'une nuit d'été*, Tatiana dit à Bottom :

> « Dors, et je vais t'enlacer de mes bras. [...]
> Ainsi le chèvrefeuille, le chèvrefeuille embaumé s'enlace doucement, ainsi le lierre femelle s'enroule aux doigts rugueux de l'orme. »

On décèle les indices d'une philosophie secrète et sacrée ici. Dans les temps anciens, l'orme était l'arbre sacré de la Lune et, dans le récit que Virgile fait de l'initiation, un orme pousse au seuil du royaume spirituel. Le lierre était associé à Bacchus/Dionysos. C'est l'emblème de la passion dévorante : « [D]ès qu'une affection prédomine dans l'âme humaine, elle s'entortille comme le lierre autour de toutes ses actions et de toutes ses résolutions, et il n'est alors presque rien de pur à quoi elle n'attache ses filaments[2]. »

Bottom est initié selon des rites décrits au IIe siècle par Apulée. Son sommeil – « plus profond qu'un sommeil ordinaire » – correspond à l'état de transe du candidat à l'initiation, induit pendant que son corps matériel est affiné, purifié de ses appétits bestiaux, et qu'il se départit de la bêtise asinienne du non-initié. Tatiana dit à Bottom : « Et je te purgerai si bien de ta grossièreté mortelle que tu iras comme un esprit aérien. » Son esprit, tel celui d'un initié, est alors libéré et s'élève à travers les sphères.

Ensuite, quand Tatiana pose des roses sur la tête de Bottom, il renaît et revient à la conscience éveillée. Lors des bacchanales, on portait des couronnes de roses et, dans *L'Âne d'or* d'Apulée, ce sont des roses qui redonnent à l'âne sa forme humaine. La pratique spirituelle rosicrucienne symbolise le travail sur les chakras par l'image d'une guirlande de sept roses rouges sur une croix. Et, bien sûr, la tombe de William Shakespeare est ornée de sept roses.

L'histoire humaine telle que la raconte Shakespeare est constituée d'événements invisibles et de faits improbables, mais il affirme néanmoins que cette dimension est réelle et que la description qu'il en donne est fidèle. À cet égard, sa pensée mystique est teintée de soufisme.

Dans ses comédies, les personnages s'égarent dans la forêt verdoyante, où des choses étranges commencent à leur arriver, et leur vie en est transformée, rectifiée. En termes soufis, la forêt verdoyante correspond à ce qui a été appelé le *mundus imaginalis* (ou monde imaginal).

Henry Corbin, auteur et philosophe français du XXe siècle, a fait connaître et a expliqué la sagesse soufie à un public occidental plus large. Il décrivait le *mundus imaginalis* comme un monde entre les mondes, un lieu qui n'a « pas de lieu ». Pas la peine de chercher où ce royaume se trouve, disait-il, car ce « où » se situe à l'intérieur même de ce royaume. La plupart d'entre nous échouent à percevoir ce monde car, quand on étend nos perceptions au monde physique, on écarte cet autre monde avec une volition qui s'exerce bien au-dessous du seuil de notre conscience – ce que Corbin appelle le « réflexe agnostique ». Pour aller contre ce réflexe et entrer dans le *mundus imaginalis*, il nous faut développer ce que Corbin nomme la faculté d'« imagination active ». En développant cette faculté, des adeptes ont perçu et même visité ce royaume. Le monde imaginal possède une topographie cohérente, y compris des villes où peuvent se rendre tous ceux qui y pénètrent.

Ce royaume se situe entre le monde physique et le monde des êtres spirituels supérieurs : si on peut y pénétrer et imaginer ce qu'on désire avec suffisamment d'intensité, on peut le faire apparaître dans le monde matériel.

Ibn 'Arabî conseillait le développement et la pratique de ce qu'on appelle parfois aujourd'hui les « rêves lucides ». Selon lui, apprendre à contrôler ses pensées quand on rêve entraîne une vivacité d'esprit qui nous permet de devenir conscient de la dimension intermédiaire, « très bénéfique pour tout le monde ».

La Mégère apprivoisée s'inspire d'une parabole soufie qui traite de l'éveil aux états de conscience supérieurs. Catharina – la mégère – représente la part tumultueuse de l'homme, qui doit être tempérée avant de pouvoir accéder à la conscience supérieure[3]. L'accès aux états de conscience supérieurs est ensuite permis en développant les puissances de l'imagination que décrivent les soufis. La puissance imaginative peut amener des changements dans le monde matériel. Dans *Le Songe d'une nuit d'été*, Thésée dit : « [E]t, comme son imagination donne un corps aux choses inconnues, la plume du poète leur prête une forme et assigne à ces bulles d'air un lieu dans l'espace et un nom. Tels sont les caprices d'une imagination forte. » Dans *La Tempête*, Prospero appelle les esprits pour « exécuter ces jeux de [s]on imagination. »

La sagesse soufie proposait des méthodes pratiques pour guider le pouvoir que l'esprit a sur la matière. La *himmah* est une concentration d'énergie spirituelle qui entraîne un pouvoir extraordinaire. Un connaissant peut influer sur n'importe quel objet en concentrant toute son énergie spirituelle et imaginative dans une direction précise. Les plus grands connaissants peuvent même faire exister des objets physiques en exerçant leur *himmah*.

Les symboles peuvent jouer un rôle important pour concentrer l'énergie spirituelle dans les enseignements soufis, dans la poésie de Shakespeare et, bien sûr, dans les histoires racontées dans ce livre, imaginées par des esprits bien plus grands que le mien. Le symbolisme n'a pas la même fonction dans l'idéalisme que dans le monde matérialiste, où les symboles n'affectent que l'esprit. Dans le monde idéaliste, en contemplant des symboles qui ont une résonance particulière dans la psyché humaine, on peut émettre des vibrations qui influent sur la matière même du monde physique.

Bien sûr, d'aucuns ont supposé que le Prospero de *La Tempête* est en partie modelé sur le célèbre mage élisabéthain, John Dee. De nombreux commentateurs ont également fait remarquer que, au moment où une statue semble revenir à la vie à la fin du *Conte d'hiver*, Shakespeare a de toute évidence été influencé par *Les Noces chymiques* de Christian Rosenkreutz. *Les Noces chymiques* furent publiées en 1616 et *Le Conte d'hiver* fut écrit vers 1609-1610, mais le texte de Rosenkreutz, écrit plus tôt, circulait déjà secrètement. Et l'influence de Rosenkreutz sur cette pièce est flagrante. On reconnaît l'image

Deux images de rose (extraites de *The Lost Language of Symbolism*, 1912, de Harold Bayley). Selon Bayley, le jardin de roses représente soit le jardin clos dans le Cantique des Cantiques, soit celui du *Roman de la Rose*. Chez lui, les roses sont associées à un éveil qui prend sa source dans le front. Chez Shakespeare, dans *Roméo et Juliette* comme dans ses sonnets, la rose est la fleur de l'amour. On en est venu à considérer la rose comme un symbole universel de l'amour, et aussi de l'Angleterre mais, en réalité, les magnifiques roses rouges auxquelles il est fait allusion sont probablement des roses damescena – de Damas. Comme l'idée même de tomber amoureux, les roses avaient récemment été importées d'Arabie. Je suis ici redevable à mon ami Roderick Brown et aux recherches qu'il a effectuées sur l'importation des différentes variétés de roses. (Voir aussi *The Plant-Lore and Garden-Craft of Shakespeare*, 1878, p. 252, de Henry Nicholson Ellacombe.)

des statues qui s'animent aussi bien dans la description d'Hermione revenant à la vie que dans les thèmes abordés – la magie, la renaissance et la transformation :

> Voyez-vous, monseigneur ? Ne jureriez-vous pas qu'elle respire ? Que ces veines, portent vraiment du sang ? [...] Je crois voir la chaleur de la vie sur ses lèvres. [...] Dans son œil immobile un mouvement. [...] Il me semble, à nouveau, qu'un souffle s'en échappe. Et quel ciseau a jamais su pourtant sculpter le souffle ? [...] Le rouge est tout humide encore sur ses lèvres. [...] Vais-je tirer le rideau ?

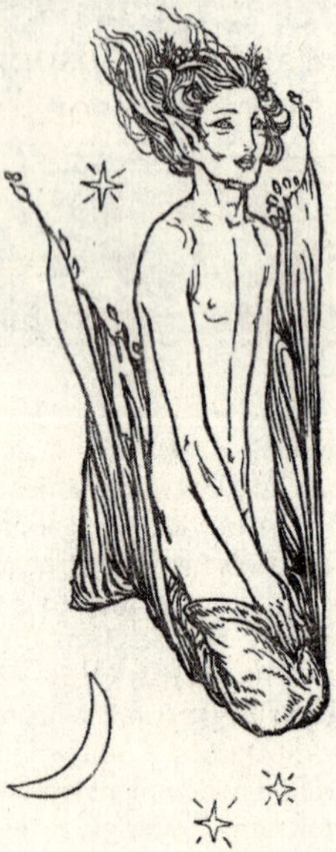

Ariel (de Robert Anning Bell).

Hamlet se situe à l'aube de l'ère moderne : il voit les choses aller de travers, mal tourner, devenir plus sombres. Hamlet apprend à vivre à la fois dans le nouveau monde matérialiste, obscur, et dans le monde intérieur étourdissant qui s'ouvre en lui. Les générations précédentes n'avaient pratiquement pas d'autres moyens pour penser leur vie intérieure que ceux dispensés par les sermons. Désormais, chaque être humain serait capable de développer le sens de son espace mental intérieur, aussi vaste que le cosmos, et Shakespeare peupla ce cosmos d'un nouveau type de personnages – Lear, Falstaff, Roméo et Juliette, Puck, Prospero et Obéron[4].

« Il y a plus de choses sur la terre et dans le ciel, Horatio, que votre philosophie n'en rêve », dit Hamlet. En comparaison, nos vies dans le monde matériel sont relativement irréelles et immatérielles. « Nous sommes de l'étoffe dont sont faits les rêves, et notre petite vie est entourée de sommeil », dit Prospero. La portée philosophique de Shakespeare et le grand élan derrière les Rose-Croix avaient pour but de montrer que l'invisible et le spirituel sont plus grands que le visible. Pour le dire en termes rosicruciens, Shakespeare a donné vie, forme et couleur aux grandes pensées de Dieu à l'œuvre dans le monde, pour que l'imagination humaine puisse les appréhender[5].

The White Hart Inn, Scole, Norfolk, construite en 1655 (illustration extraite de *Studies from Old English Mansions*, 1851, de C. J. Richardson). Le portail de ce vieux pub témoigne de la prolifération des fées dans l'Angleterre de Shakespeare, que Jez Butterworth a fait revivre avec grâce dans une pièce émouvante, *Jérusalem* (2009).

Hamlet pose des questions sur les différents états de conscience. Hamlet feint la folie, Ophélie devient folle, et Hamlet pourrait bien être fou lui aussi. Il souffre de la version XVIIe siècle de la folie divine de Platon, que Dürer a représentée dans sa célèbre gravure *Melencolia* (1514), et qu'on appelait alors « mélancolie divine » ou « génie mélancolique ».

On disait que cette mélancolie affligeait les philosophes et les auteurs de génie. Comme eux, Hamlet vit dans un crépuscule nébuleux et inquiétant, un état de conscience alternatif dans lequel il accède à de grandes vérités, invisibles aux autres personnages de la pièce[6].

Ted Hughes, le plus grand poète britannique de sa génération, s'intéressait de près à la pensée ésotérique et mystique. Il a écrit que, dans *Vénus et Adonis*, puis dans *Mesure pour mesure*, Shakespeare décrivait un bouleversement dans la société, une crise causée par la montée du puritanisme. Shakespeare montre Adonis se dérobant devant les désirs de la déesse. Dans *Mesure pour mesure*, le puritain Angelo est submergé par le désir sexuel et tente d'abuser de son pouvoir pour forcer Isabella à coucher avec lui, à nouveau avec des conséquences désastreuses. Le puritain commet un crime contre l'humanité, mais son crime ne consiste pas seulement à réprimer la pulsion sexuelle, mais à la réprimer avec la volonté de fermer la conscience, de la réduire au prosaïsme, au matérialisme. Shakespeare ne décrit pas seulement une étroitesse d'esprit vis-à-vis du sexe, mais aussi vis-à-vis de la conscience.

Vénus et Adonis et *Mesure pour mesure* ne traitent pas seulement de l'attitude puritaine à l'égard du sexe et des problèmes qu'elle engendre dans la société, car ces deux pièces ont différents niveaux d'interprétation. Certains critiques ont essayé d'identifier les contemporains de Shakespeare qui auraient pu servir de modèle à Angelo, mais les tentations d'Angelo sont universelles. Nous pouvons tous reconnaître les pulsions de Vénus et d'Adonis en nous, tout comme nous pouvons tous nous reconnaître en Angelo et Isabella.

Vénus et Adonis a une dimension historique au sens où on jouait cette histoire, un drame sacré, dans les centres de mystère de l'Antiquité. Ces drames ont été reconstitués au XIXe et au début du XXe siècle par des spécialistes, dont Sabine Baring-Gould et sir James George Frazer. L'histoire de Vénus et Adonis décrit ne cérémonie religieuse qui permet d'atteindre des états de conscience supérieurs. Dans cette histoire, l'intérêt que Vénus porte à Adonis n'est pas seulement sexuel. La *furore* mentale qu'elle induit est une forme de folie divine.

D'après la philosophie ésotérique, nous sommes à même de penser car nous utilisons nos forces vitales pour alimenter nos pensées. Penser nous rend donc un peu moins vivant, draine notre force vitale – c'est « la pâleur de la pensée », d'après Shakespeare – et est, en ce sens, un processus saturnien. (Albrecht Dürer, *Melencolia I*, 1514.)

Les œuvres de Shakespeare sont imprégnées de la pensée pluridimensionnelle caractéristique de l'idéalisme. La véracité d'un vers de Shakespeare ne peut être déterminée par le principe du tiers exclu, par un simple test visant à savoir s'il est vrai ou faux, comme l'exige la pensée binaire. Il est vrai ou faux à de nombreux niveaux, car il émane d'une conscience qui opère à plusieurs niveaux.

De fait, il est impossible de dire : « J'ai découvert le vrai sens de cette histoire », sous-entendant que les explications précédentes sont erronées. D'après les ontologies sophistiquées du soufisme, il est mal avisé d'appliquer le principe du tiers exclu aux récits sacrés. Selon l'idéalisme, ce que l'on perçoit avec nos sens n'est pas la réalité, mais la *virtualité*. Ce qui est important, précieux, significatif et réel se trouve ailleurs.

D'après les enseignements mystiques, nous portons tous en nous le potentiel d'une conscience pluridimensionnelle, capable de ce genre de perceptions. Nous nous sommes forgé une conscience tournée vers les sens qui se concentre généralement sur le monde matériel, mais notre esprit est toujours relié au grand Esprit cosmique : il communique toujours avec lui et son infinie connaissance du passé, du futur et de l'esprit des autres personnes. D'après Lorna Byrne, nous sommes tous capables d'accéder à d'autres dimensions mais, en général, nous y fermons notre esprit.

On dit que le libre accès au *mundus imaginalis* confère un immense pouvoir – pour le meilleur ou pour le pire. Quand David Bowie a écrit *The Man Who Sold the World*, il avait l'occultiste Aleister Crowley à l'esprit. Crowley, surnommé « l'homme le plus malsain au monde », a de toute évidence eu une grande influence sur l'émergence de la contre-culture des années 1960, ainsi que sur l'utilisation de l'occultisme pour faire fortune. On pourrait aussi dire de Bowie qu'il a fait appel à son imagination pour changer le monde. Dans la morosité des années 1970, frappées par la récession, ses paysages musicaux et ses textes ont ouvert de nouveaux possibles et de nouvelles façons d'être.

Selon Ibn 'Arabî, notre cœur est continuellement changeant, et ce à cause des multiples influences divines qu'il ressent. Si l'on se ferme un instant au monde matériel pour se concentrer sur notre être le plus profond à la place, on peut prendre conscience des changements de formes et des métamorphoses qui y prennent place : ainsi commence la vision mystique de la vie.

Shakespeare a sans doute éclairé la vie intérieure de l'humanité, infiniment belle, variée, et fluctuante, plus que tout autre écrivain. Son contemporain, Jean-Baptiste Van Helmont, fut lui aussi influencé par le soufisme et intrigué par les Rose-Croix. Helmont évoqua le pouvoir magique qui se cache dans la vie intérieure de l'homme. La plupart du temps, écrivit-il, ce pouvoir reste endormi, mais on peut le réveiller par l'illumination divine ou par les exercices spirituels des initiés, qui sont capables de l'éveiller à leur gré.

« Ainsi appelle-t-on les faiseurs d'or... »

Le toit de la cathédrale de Milan (gravure parue en 1900). Traditionnellement, les églises sont orientées vers les corps planétaires. Robert Temple a récemment découvert un morceau de magnétite dans le toit de la cathédrale de Milan, sans fonction pratique. Les métaux des planètes servent aussi à attirer ou repousser les influences planétaires.

Autel de la chapelle de Saint-Ignace-de-Loyola, œuvre d'Andrea Pozzo, dans l'église du Gesù, à Rome, église-mère de la Compagnie de Jésus, dont les jésuites sont issus. La statue originale du saint en vision béatifique était en argent massif, mais elle fut fondue pour payer des dommages de guerre à Napoléon. En un sens, les *Exercices spirituels* d'Ignace de Loyola représentèrent la réponse que l'Église catholique apporta aux exercices spirituels enseignés par les Rose-Croix. La pratique de ces exercices permettait aux disciples d'Ignace de Loyola, comme François Xavier, de rencontrer des anges et d'autres êtres spirituels.

La Sainte Famille (de Bartolomé Esteban Murillo, 1665-1670). Les traditions mystiques du monde entier évoquent un bébé qui choisit de naître de ses parents, dans son corps et sa situation particuliers. « Tout homme naît dans un monde qu'il a créé », Satapatha-Brâhmana II, 2.2.2.27 (traduction libre). « En naissant à l'existence, l'être vivant se construit le corps qui lui convient », *Panchastikayasara* 136, *L'essence de la doctrine des cinq substances*, dans les textes sacrés du jaïnisme (traduction libre). Dans l'art occidental, c'est le chérubin qui symbolise cette croyance ésotérique.

38

Événements surnaturels à l'ère scientifique

> *« Des millions de créatures spirituelles marchent invisibles dans le monde, quand nous veillons et quand nous dormons. »*
>
> John MILTON

> *« L'illustre Sir Isaac a labouré avec la génisse de Jakob Böhme. »*
>
> William LAW

La Royal Society fut fondée en 1660 et, dès les premiers jours, ses membres, qui forgeraient la méthode scientifique et déclencheraient l'industrialisation du monde, furent attentifs aux expériences de Paracelse. Ils appliquèrent la nouvelle méthode scientifique au monde matériel – mais aussi à l'expérience spirituelle et religieuse.

Les expériences alchimiques d'Isaac Newton sont bien connues. Quand quelqu'un se moquait de l'intérêt qu'il portait à l'astrologie, il rétorquait : « Monsieur, je l'ai étudiée... pas vous ! »

Frontispice du *Novum Organum Scientiarum*, le « nouvel outil de la science » (1620), de Francis Bacon, mystique et initiateur de la méthode scientifique.

Newton croyait que Dieu avait adressé une série d'épreuves à l'humanité à travers des messages cryptés dans les monuments antiques comme la grande pyramide de Gizeh, les anciens textes comme la Genèse, et dans la nature elle-même.

Le dessein de Dieu était le suivant : l'humanité serait intriguée par ces mystères et continuerait à développer la faculté d'intelligence jusqu'au moment où elle parviendrait à déchiffrer ces messages codés. Gottfried Wilhelm Leibniz, le rival de Newton pour l'invention du calcul infinitésimal, fit ses découvertes en étudiant le mysticisme numérique juif de la Kabbale.

Isaac Newton s'inspira grandement de l'approche philosophique de Jakob Böhme. Son idéalisme avait conduit Böhme à rechercher un principe unificateur qui maintenait l'univers ensemble et donnait sa place à chaque chose. Pour lui, cette loi était l'amour et il l'appelait « Désir ». Newton poursuivit cette recherche d'un principe universel, mais la fit passer de l'idéalisme au matérialisme et lui donna le nom de « gravité ».

Parmi les pairs de Newton à la Royal Society se trouvait un certain nombre d'hommes remarquables qui s'intéressaient à la fois à la science et à l'ésotérisme, à la spiritualité. Sir Robert Moray publia la toute première revue scientifique. Il portait un grand intérêt aux traditions rosicruciennes. L'un des membres fondateurs de la Royal Society, Elias Ashmole, était alchimiste. La loi de thermodynamique de Robert Boyle ouvrit la voie au moteur à combustion interne, et lui aussi pratiquait l'alchimie. De même que William Harvey, qui découvrit les lois de la circulation sanguine. Robert Hooke pensait que les nouveaux instruments, comme le microscope sur lequel il travaillait, permettraient à l'humanité de retrouver la capacité de voir dans le monde spirituel et angélique dont elle jouissait avant la Chute.

Robert Kirk étudia sous la direction de Robert Boyle. Quand il vivait dans les Highlands écossais, il décida de réaliser une enquête scientifique sur les expériences de ce que ses concitoyens appelaient la « seconde vue » (ou « double vue ») – la capacité de voir le monde des êtres spirituels. Il lui sembla qu'il pouvait déceler dans leurs récits les grandes lignes d'une vision du monde pertinente et cohérente et il se mit à recueillir, classer et catégoriser leurs données afin de déterminer les règles régissant cet autre monde[1].

En 1691, il entreprit l'écriture d'un livre où il faisait remarquer que les esprits qu'il répertoriait comme les « êtres souterrains » avaient des corps « d'air congelé », qu'ils changeaient rapidement de forme et qu'on les voyait mieux au crépuscule. Les gens dotés de seconde vue les voyaient fréquemment aux funérailles. On les voyait parfois manger aux banquets funéraires, écrivit-il, ce pourquoi les gens doués de seconde vue refusaient de manger à ces occasions.

Les êtres souterrains apparaissaient beaucoup plus fréquemment lors des quatre grands tournants astronomiques et spirituels de l'année, les équinoxes et les solstices. On voyait alors des tribus d'êtres souterrains arpenter la surface de la Terre. Dans ces moments-là, les personnes douées de seconde vue ne quittaient plus leur domicile, excepté pour aller prier à l'église pour leur protection et celle de leur bétail et de leurs récoltes.

On disait que les demeures des êtres souterrains étaient grandes, belles, et que de nombreux feux et lampes les éclairaient. Les êtres souterrains aimaient manger et boire, jouer de la musique et danser, et ils tenaient des « assemblées ». Ils protégeaient par ailleurs « l'intimité de leurs mystères » et, si un inconnu tombait par hasard sur eux, ils le « rendaient aveugle de l'œil, d'une bouffée de leur souffle ». Quiconque visitait leur maison ne devait toucher à aucun de leurs mets sous peine de rester à jamais prisonnier.

Kirk consigna des histoires de nouveau-nés kidnappés, remplacés dans leur berceau par un leurre. (Rappelons que dans *Le Songe d'une nuit d'été,* Tatiana a enlevé un bébé.) La nuit, les habitants des Highlands laissaient souvent du fer à côté d'un enfant pour repousser les êtres souterrains, car on disait qu'ils en avaient peur.

On racontait aussi que les êtres souterrains vivaient plus longtemps que les hommes, mais qu'ils finissaient par disparaître. Des funérailles se tenaient alors. D'après leur conception du monde, rien, petit ou grand, ne disparaissait ni ne mourait jamais complètement : tout se transmutait en un autre état, tout était pris dans un cycle éternel. Selon eux, à l'intérieur de chaque chose vivante vivait une chose plus petite[2].

D'après Kirk, quand les personnes douées de seconde vue souhaitaient permettre à quelqu'un d'autre de voir temporairement ce qu'elles voyaient continuellement, elles mettaient leur tête et leurs mains dans une certaine position.

Cette première tentative visant à recueillir et catégoriser les données spirituelles en se servant de la méthode scientifique est remarquablement cohérente, et ce dans ses moindres détails, avec les descriptions de Paracelse et les contes populaires venant d'autres lieux, à l'instar de l'histoire de William Noy que nous avons racontée à nouveau au chapitre 34, par exemple. Comme je l'ai déjà suggéré, différentes personnes dans différentes parties du monde à différentes époques visitent la même région du *mundus imaginalis* et y rencontrent les mêmes espèces d'êtres désincarnés.

De même, on pourrait penser que les *poltergeist* (ou esprits frappeurs) sont un phénomène moderne. Or des cas bien connus ont été attestés il y a plusieurs siècles, dont un consigné peu de temps avant que Kirk n'écrive son livre et un autre peu après sa publication.

L'histoire qui devint connue sous le nom du « tambour de Tedworth » débuta en 1661 après qu'un gentleman nommé M. Mompesson confisque le tambour d'un musicien itinérant qui l'ennuyait. Suite à cet événement, des chaises se mirent à se déplacer toutes seules dans la maison de Mompesson. Un ecclésiastique en témoigna. Un bâton fut même jeté sur le pasteur du village. Les mois suivants, les enfants entendaient souvent le cliquetis de pièces de monnaie et voyaient des lumières « bleues et scintillantes » bouger dans la maison. Un bruit de cognement se faisait constamment entendre dans les boiseries des lits des enfants et, parfois, des cognements répondaient à ceux des visiteurs.

Des bruits étranges commencèrent à se faire entendre dans la maison de Samuel Wesley – le père de John et Charles Wesley, les fondateurs du méthodisme – à Epworth, en décembre 1715 et ne cessèrent qu'en janvier de l'année suivante. Samuel Wesley consigna minutieusement ce cas dans son journal et des lettres de la famille écrites au moment des faits, ainsi que des souvenirs ultérieurs, corroborèrent ses propos. Les événements commencèrent par des gémissements, puis des cognements qui se déplaçaient dans toute la maison. Ces cognements accompagnaient en général les pas de l'une des filles, Hetty. Parfois, ils répondaient à ceux faits par la famille. Mme Wesley et son autre fille, Emily, virent quelque chose « qui ressemblait à un blaireau » sortir en courant de sous un lit et se volatiliser. Robin, une domestique, vit un moulin à bras tourner violemment tout seul. Elle surnommait cette présence invisible « le vieux Jeffrey », d'après un gentleman récemment décédé, tandis que le reste de la famille l'appelait simplement « Jeffrey ». Samuel Wesley n'entendit rien avant le 21 décembre mais, par la suite, il fut « à trois reprises poussé par une force invisible » et, une fois, son assiette « dansa devant lui un bon moment, sans que personne ne fasse bouger la table ».

Une étude similaire à celle de Kirk fut publiée en 1705 par un gentleman nommé John Beaumont, dont le titre entier était *An historical, physiological and theological treatise of spirits : apparitions, witchcrafts, and other magical practices. Containing an account of the genii... With a refutation of Dr. Bekker's World bewitch'd ; and other authors...* Dans son « traité sur les esprits », Beaumont inclut les récits de plusieurs témoins convoqués à Manningtree, dans l'Essex, en 1645 pour observer et vérifier les dires d'une certaine Elizabeth Clarke qui affirmait que des lutins lui rendaient fréquemment visite. Les témoins jurèrent sous serment l'avoir vue jouer avec un lutin blanc sur ses genoux. Un quart d'heure plus tard, un autre lutin avait fait son apparition, tout potelé et très court sur pattes, blanc avec des points couleur sable. Ce dernier s'était volatilisé, puis un autre était apparu : il s'appelait Vinegar Tom et avait la forme d'un lévrier aux jambes aussi longues que celles d'un cerf. Ils avaient aussi vu un lutin qui ressemblait à un putois, mais avec une énorme tête. Une autre fois, ils avaient vu un lutin blanc à pois rouges et, encore une autre, huit lutins rassemblés : l'un avait la forme d'un furet, un autre d'un lapin et encore un autre d'un crapaud noir[3].

En 1655, un contemporain, John Pordage, évoqua lui aussi ses expériences de seconde vue :

> Si les hommes voyaient le royaume du Dragon en ce monde, avec ses hordes de mauvais anges

qui, partout, tentent et piègent les hommes, ils en seraient ébahis et n'oseraient pas rester seuls sans avoir bonne conscience et l'assurance de l'amour et de la grâce de Dieu qui les protège par les bons soins des saints anges.

Il décrivit ce que lui-même voyait :

« Ils avaient tous une forme humaine, mais monstrueusement difforme, avec des oreilles ressemblant à celles des chats, des pieds fendus, des jambes et des corps hideux, des yeux ardents, perçants, pénétrants. »

Tout cela est bien sombre et pourrait nous rappeler les mises en garde des prédicateurs de l'enfer tels que Jonathan Edwards :

L'expérience continuelle et multiple des siècles montre que l'homme n'a aucun gage d'assurance de ne pas être à la porte même de l'éternité, et d'être soudain propulsé dans un autre monde. Les manières imprévisibles et inattendues par lesquelles les hommes quittent ce monde sont innombrables et inconcevables. Les inconvertis marchent au-dessus de la bouche même de l'enfer. Une plaque pourrie recouvre cet abîme, si faible en tant d'endroits qu'elle soutient à peine leur poids. L'homme ne voit pas ces faiblesses. Les flèches de la mort volent invisibles en plein jour, et même l'œil le plus perçant ne les décèle pas.

À l'aube de l'ère matérialiste, l'expérience que de nombreuses personnes faisaient des mondes spirituels était sombre et obscure.

Des élémentaux. En 1670, un livre intitulé *Le Comte de Gabalis* fut publié. Écrit par Nicolas-Pierre-Henri de Montfaucon, abbé de Villars, et prétendument basé sur des entretiens avec un mystérieux comte, le livre était composé de dialogues ou de discours sur la vie intérieure, dans lesquels le maître, le comte en question, était présenté comme un initié Rose-Croix. L'édition anglaise originale comprenait une reproduction d'un tableau de Rembrandt, et plusieurs candidats ont été suggérés comme étant son auteur, y compris le comte de Saint-Germain. À un moment donné, le maître fait une promesse au candidat à l'initiation : « Quand vous serez enrôlé parmi les Enfants des Philosophes, et que vos yeux seront fortifiés par l'usage de la Très-Sainte Médecine, vous découvrirez d'abord, que les Éléments sont habités par des Créatures très parfaites [...]. Cet espace immense qui est entre la Terre et les Cieux a des Habitants bien plus nobles que les Oiseaux et les Moucherons. [...] [I]ls ne meurent qu'après plusieurs siècles : mais qu'est-ce que ce temps au prix de l'éternité ? Il faudra rentrer éternellement dans le néant. » Le livre influença Alexander Pope, qui joua avec les idées qui y sont développées dans *La Boucle de cheveux enlevée*.

*
* *

La science fournit les résultats escomptés. Elle a en grande partie été une réussite parce que les scientifiques et les philosophes ont développé un ensemble de critères efficaces pour décrire le fonctionnement du monde. Ils décidèrent qu'une bonne théorie scientifique se devait d'expliquer un ensemble de phénomènes définis d'une manière qui soit :

– empiriquement adéquate (au sens où elle les explique tous) ;

– consistante ;

– simple et élégante (au sens où il n'existe pas d'exception à la règle maladroite et inélégante) ;

– répétable et testable, de façon à pouvoir l'utiliser pour prédire des exemples futurs du même ensemble de phénomènes.

Cette façon de décrire le monde a été impulsée par le philosophe écossais David Hume au milieu du XVIIIe siècle et évolue toujours aujourd'hui[4].

Hume se concentrait sur la manière dont on pouvait rationnellement parler des événements qui se produisaient dans le monde – ce qu'il appelait les « choses de fait », distinctes des « relations d'idées ». Aujourd'hui, nous appelons ce procédé « induction logique », par opposition au « raisonnement déductif ». Hume remarqua que, alors qu'il était possible de *prouver* si une somme mathématique ou une formule logique – des types de raisonnement en « circuit fermé » – était vraie ou fausse, on ne pouvait pas en dire autant des énoncés portant sur les phénomènes sensibles. Ce qu'on énonce à ce sujet ne peut prétendre au même niveau de certitude. Hume se rendit compte qu'un travail philosophique excitant méritait d'être entrepris. Il remarqua que « les anciens et les modernes avaient peu prêté attention à cette partie de la philosophie ». Il avait raison. Il avait eu du nez. Bientôt, on tenta d'étayer ces énoncés, ce qui donna naissance à la philosophie des sciences[5].

Les ouvrages qui firent connaître Hume furent *Enquête sur l'entendement humain* (1748) et *Enquête sur les principes de la morale* (1751), qui contenait un chapitre intitulé « Des Miracles », devenu l'ur-texte de l'athéisme. Hume avançait que, tandis que les énoncés sur le lien de cause à effet ne pouvaient pas être certains (au contraire du raisonnement « en circuit fermé »), on pouvait rationnellement dire qu'une cause particulière engendrait un effet particulier si la cause et l'effet étaient toujours « contigus » dans l'espace et le temps – il entendait par là s'ils étaient constamment conjoints et successifs. Si le fait de laisser échapper une pomme est toujours suivi par sa chute, si deux événements de ce type ont toujours été conjoints dans tous les pays et à toutes les époques, si l'évidence des sens est universelle, alors, une loi naturelle s'établit.

De fait, avançait Hume, si on définit un miracle comme une violation de l'une de ces lois et si une personne rapporte malgré tout avoir vu un miracle, on doit se demander ce qui est le plus probable : que la valeur probante de l'évidence des sens à toutes les époques et dans tous les pays soit trompeuse, ou que la personne mente ou se fasse des illusions ?

*

*   *

La science fonctionne grâce à son approche ciblée. Elle se concentre sur l'évidence des sens. Hume a violemment détourné l'attention de l'appréciation de la substance et des subtilités de la vie intérieure pour se focaliser sur l'objectivité et la mesure des données sensorielles.

Le problème, c'est que les expériences spirituelles – influences divines, visions, manifestations de sens – tendent à être hautement subjectives et à résister à la mesure.

Si ce qui est mesurable devient le modèle de la réalité, le danger est que toute expérience spirituelle, y compris l'expérience religieuse, en vienne à être considérée comme irréelle. En effet, certains scientifiques ont adopté une position radicale : n'est réel que ce qui peut être expliqué par une théorie scientifique. De fait, les phénomènes religieux et spirituels ont été attaqués au motif que, pour être considéré comme réel, un phénomène doit être répétable. Par exemple, si un guérisseur ne peut pas accomplir de miracles à la demande, alors ces miracles ne se sont jamais produits, peu importe qu'ils aient été largement attestés par ailleurs.

Or si, au lieu de l'évidence des sens, on se concentre sur les subtilités de la vie intérieure, un tableau très différent apparaît, qui suggère un modèle de la réalité tout autre. On pourrait dire, par exemple, que, de tout temps et en tout lieu, la grande majorité des preuves a montré que les prières sont exaucées. L'humanité a toujours eu l'intuition profonde que quelque chose dans l'univers répond à ses besoins les plus essentiels – que la relation entre l'esprit et la matière ne va pas que dans un sens.

Médaille astrologique faite par Johannes Kepler pour Albrecht von Wallenstein.

Insister sur la répétabilité revient à piper les dés et échoue à tenir compte du genre de phénomènes dont on parle ici, alors même que ces phénomènes font universellement partie de l'expérience humaine.

« Si bien qu'en somme, nous pouvons conclure que la Religion chrétienne, non seulement a été à ses débuts accompagnée de miracles, mais, même à ce jour, ne peut être l'objet d'une croyance sans un miracle. » On peut sentir dans le ton moqueur de Hume les prémices de l'intolérance religieuse et spirituelle qui aboutirait à l'athéisme militant du philosophe Daniel Dennett et des biologistes Richard Dawkins et Lewis Wolpert[6]. Ce que Hume veut dire, c'est que les événements surnaturels récurrents que nous avons évoqués jusque-là dans ce livre ne se produisent pas aujourd'hui, car ils ne se sont jamais produits.

Dans les pages qui vont suivre, nous nous demanderons si ce genre d'expériences et de récurrences surnaturelles s'est aussi produit à l'ère de la science.

L'observatoire de Delhi construit par le mahârâja Jai Singh II en 1710, sur une gravure du XIXe siècle. Pour mieux effectuer ses calculs astrologiques, Jai Singh fit construire cinq observatoires gigantesques, ce qui lui permit de mesurer les mouvements des corps célestes avec plus de précision que Copernic, Galilée ou Kepler.

Des demi-dieux tels que Thésée ont-ils existé à l'époque moderne ?

Des hommes ont-ils été guidés par leur démon, comme Socrate ?

Des forces surnaturelles ont-elles aidé des hommes à accomplir leur destinée, comme elles l'ont fait pour Mahomet ?

Des personnes douées de seconde vue ont-elles eu des visions qui se sont avérées vraies et utiles, comme celles de Paracelse ?

Des maîtres humains à l'inspiration divine ont-ils été envoyés du Paradis pour guider l'humanité ?

Certaines personnes visitent-elles toujours le royaume des morts pour rendre compte de ce qui nous attend tous, comme Dante ?

Les anges nous rendent-ils visite, comme à Abraham ?

Y a-t-il eu des miracles à grande échelle, devant des milliers de témoins, comme ceux qui ont accompagné Moïse toute sa vie ?

39
Napoléon – le pôle magnétique de son époque

> *« Je l'ai su à l'éclat dans ses yeux... Je le considère comme le pôle magnétique de l'époque. »*
>
> Chef Sardar

> *« Tant de fois me suis-je à toi montré, et tu ne m'as pas vu. »*
>
> Ibn 'Arabî, *Le Livre des théophanies*

Le 13 octobre 1806, le philosophe allemand Georg Wilhelm Friedrich Hegel vit Napoléon passer à cheval, en marche vers une grande victoire. Dans une lettre adressée à un ami, il écrivit : « J'ai vu l'Empereur – cette âme du monde – sortir de la ville pour aller en reconnaissance ; c'est effectivement une sensation merveilleuse de voir un pareil individu qui, concentré ici sur un point, assis sur un cheval, s'étend sur le monde et le domine. »

Hegel pensa voir le grand Esprit cosmique – « l'Absolu » – se concrétiser, se déployer sous ses yeux. Il écrirait plus tard que certains individus jouaient un rôle de premier plan dans tous les grands mouvements historiques et pouvaient faire en sorte que « l'idéal apparaisse en face du réel ». À ses yeux, Napoléon était un homme d'action, qui révéla à l'humanité son potentiel créateur. Napoléon savait ce qu'il avait à faire : comme il participait au déroulement de l'histoire du monde, du plan divin, il pouvait transgresser les codes moraux, empiéter sur les droits, écraser les autres et semer la destruction. Les autres le laissaient toujours faire, car, à un certain niveau, ils reconnaissaient en lui un agent du divin. Il avait, disait Hegel, le droit d'édicter les lois et de fonder des états. Il était le « nouveau Thésée ».

Mais Hegel lut et relut Shakespeare toute sa vie et il voyait aussi une figure tragique en Napoléon. Privé des plaisirs simples d'une vie ordinaire, il était constamment en proie au tourment, miné par les conflits, ce qui finit par provoquer sa ruine. Napoléon en personne déclara : « Je me sens poussé vers un but que je ne connais pas : quand je l'aurai atteint, dès que je ne serai plus utile, alors un atome suffira pour m'abattre. »

Les dirigeants puissants, les artistes et les scientifiques de génie tendent à avoir une conscience visionnaire. Ce sont eux qui écrivent l'histoire. Si on adopte un point de vue idéaliste, on est enclin à les considérer comme inspirés mais, si on est matérialiste, on les voit le plus souvent comme des fous.

Bas-relief des Travaux publics, aux Invalides, représentant Napoléon dans la mort, tel qu'il se voyait dans la vie – comme un dieu (gravure publiée en 1854).

Nous avons vu que l'élaboration de la méthode scientifique par Francis Bacon fut accompagnée de l'élan contraire, avec l'imagination débordante de Shakespeare. De même, la philosophie des sciences de David Hume alla de pair avec un retour de l'idéalisme. Tandis que l'empirisme, le matérialisme, l'accent mis sur l'objectivité impulsés par Hume s'enracinaient et se répandaient, l'élan contraire vit le jour en Allemagne – un idéalisme conscient des variations, des subtilités et des bizarreries de l'expérience humaine.

Le petit homme rouge (illustration aux *Chansons* de Pierre-Jean de Béranger, 1869). On raconte qu'un petit homme ressemblant à un gnome et vêtu d'habits rouge sang est apparu à Catherine de Médicis et à d'autres, présageant en général un massacre, un assassinat ou une défaite sur le champ de bataille. Il serait apparemment apparu plusieurs fois à Napoléon, pour la première fois pendant la campagne d'Égypte et pour la dernière fois – la mieux attestée – le 1er janvier 1814. Napoléon avait donné pour instruction de ne pas le déranger mais, quand Mathieu Molé, conseiller d'État, lui dit qu'un petit homme tout de rouge vêtu insistait pour le voir, il donna ordre de le faire entrer immédiatement. Il abdiqua peu après.

La grande tradition idéaliste de la philosophie allemande inclut Johann Georg Hamann, surnommé le « Mage du Nord », Fichte, Schelling et, plus tard, Rudolf Steiner, mais sa figure principale fut Hegel. Hegel partit des descriptions fidèles et circonstanciées que Jakob Böhme fit de ses propres expériences spirituelles, puis s'empara de sa vision imaginative pour la traduire en philosophie académique[1].

Pour Hegel, comme pour Böhme, le cosmos entier est l'expression d'un grand esprit cosmique, qui est « un ami pour tous les sentiments de la vie ». Cet esprit accompagne Napoléon dans toutes ses grandes entreprises, mais il nous pousse également, nous encourage, nous incite et nous soutient tous dans nos activités quotidiennes en apparence banales et insignifiantes.

*

* *

Bien sûr, Napoléon était un héros aux yeux des Romantiques. Goethe écrivit de lui qu'il était « [t]oujours illuminé, toujours clair et résolu, et doué à toute heure de l'énergie suffisante pour mettre en œuvre aussitôt ce qu'il avait reconnu avantageux et nécessaire. Sa vie fut la marche d'un demi-dieu, de bataille en bataille et de victoire en victoire. On pouvait bien dire de lui qu'il se trouvait dans une illumination perpétuelle ». Goethe médita aussi sur les démons, au sens socratique du terme : « Plus un homme est élevé, plus il est sous l'influence des démons, et il doit toujours prendre garde que sa volonté ne suive une fausse route. » D'après les *Conversations de Goethe avec Eckermann*, Goethe aurait dit de Napoléon qu'il était de nature démoniaque : « [P]ersonne presque ne peut lui être comparé à ce point de vue. Feu le grand-duc était aussi une nature démoniaque, pleine d'une énergie sans mesure, sans repos, aussi son empire lui semblait trop petit, et le plus grand aurait été trop petit encore. Les Grecs comptaient les créatures démoniaques de cette espèce au nombre des demi-dieux. »

Pour les matérialistes militants et les personnes d'un tempérament pragmatique, ce genre de propos peut paraître d'une rare ineptie. Hegel évoqua les personnes avec un certain tempérament, les personnes qui n'ont « aucun sentiment à l'égard des plus tendres représentations de l'amour… les organes par lesquels elles ressentent sont moins affûtés… les cordes de leur cœur ne vibrent pas sous les caresses de l'amour ». Elles répondent à la peur, à la violence, explique-t-il. Elles sont avides de nourriture, de sexe, de célébrité. La toile de leurs sentiments n'est pas aussi finement tressée et leur cœur est sans doute trop dur pour éprouver et comprendre les sentiments plus profonds. Quand ces personnes accèdent à des postes de pouvoir ou de prestige et que leurs idées deviennent influentes, elles ont « pour habitude de remplacer la richesse et la chaleur de la foi par des connaissances froides et des démonstrations habiles de dextérité verbale ». Si elles ont une nature spirituelle plus élevée, elles n'y ont pas accès[2].

Comme je l'ai déjà suggéré, il doit exister un éventail bien plus large de formes de conscience chez l'homme qu'on ne le pense généralement. Voici le récit que Goethe fait de son expérience du monde : « Nous marchons tous au milieu de secrets, entourés de mystères. [...] Mais il y a une chose certaine, c'est que dans certaines circonstances notre âme, par certains organes, a plus de pouvoir que les sens, et qu'il lui est donné de pressentir, et même, oui, de voir réellement l'avenir le plus rapproché. » Il évoqua aussi l'influence incontestable qu'une âme peut avoir sur une autre. Par exemple, en ayant à l'esprit l'image de quelque chose, il pouvait amener un compagnon à parler de cette chose. Il écrivit que ce pouvoir quasi magnétique était particulièrement fort entre les amoureux. Jeune homme, disait-il, il avait été capable de faire venir sa maîtresse à lui à distance.

Séjournant volontiers dans le mystère, Goethe avait un grand talent pour ce que John Keats appelait la « capacité négative » : celle de « demeurer au sein des incertitudes, des mystères, des doutes, sans s'acharner à chercher le fait et la raison ». Des poètes tels que Goethe, Coleridge et Keats ne cherchent pas à imposer à la hâte un cadre aux expériences. Ils préfèrent laisser la conscience s'élargir et continuer à scruter leur expérience pour voir si elle livre quoi que ce soit qui se situerait au-delà des limites de leur compréhension actuelle.

Illustrations de William Blake aux *Plaintes, ou Pensées nocturnes sur la vie, la mort et l'immortalité* d'Edward Young (1797). L'opposition des deux philosophies est représentée dans l'art et la poésie du poète romantique William Blake : « Rouge-gorge mis en cage/Voilà tout le Ciel en rage. » La cage représente la science, et le rouge-gorge, notre expérience personnelle propre.

Schopenhauer, le philosophe allemand du XIXe siècle, a dit : « Dès qu'on met une pensée en mots, elle cesse d'être vraie. » Il reconnaissait que l'expérience est bien trop variée, subtile et insaisissable pour entrer dans les limites du langage – et encore moins dans celles du matérialisme scientifique.

L'éducation d'Achille (dessin d'Eugène Delacroix, 1862 approximativement). La poésie et la musique romantiques visent à induire la *furore*, la forme de conscience qui concorde avec l'idéalisme. Croire en l'idéalisme offre de nombreux bienfaits, notamment le sentiment d'appartenance au monde et celui que la vie à un sens dans le contexte d'un univers chargé de sens – et l'art, la musique et la littérature aspirent en grande partie à son retour, consciemment ou non.

L'idéalisme allemand se diffusa dans le monde sous la forme de la poésie romantique. Ces philosophes et ces poètes nous disent la chose suivante : si une description de l'expérience humaine est « empiriquement adéquate » – ce que les philosophes des sciences attendent d'une bonne théorie –, elle tiendra pleinement compte de la richesse et de la subtilité de l'expérience humaine. On verra alors qu'elle contient de nombreux éléments que le matérialisme scientifique ne peut pas expliquer[3].

Le matérialisme scientifique apporta une réponse aux expériences « anormales » que décrit Goethe : il est impossible qu'on les vive vraiment. Le matérialisme scientifique cherche à les définir pour mieux les détruire. Dans ce livre, nous accumulons des éléments de preuve pour montrer que ce point de vue est problématique, car de nombreuses personnes sont persuadées d'avoir des expériences spirituelles, et ce à longueur de temps. On peut prier et sentir que nos prières ont été entendues. On peut avoir des prémonitions, des rêves significatifs, ou ressentir d'autres formes d'influences surnaturelles. On peut se trouver face à des coïncidences dont on sent qu'elles sont riches de sens. On peut tomber amoureux et sentir que c'était *écrit*. On peut vivre toutes ces expériences avec toute l'intensité et l'immédiateté que la vie humaine a à offrir et déployer les pouvoirs de discernement les plus subtils, les plus nuancés, les plus sincères et les plus réfléchis dont on est capable, le matérialisme scientifique nous dira malgré tout qu'*en réalité, on ne vit pas du tout ces expériences*. Et si on croit les vivre, c'est qu'on se fait des illusions.

40
Abraham et Bernadette

« Le Tout-puissant a ses propres buts. »

Abraham LINCOLN

Lourdes était une petite ville nichée dans l'ombre des Pyrénées, ses maisons regroupées autour d'un rocher isolé où la légende disait que Charlemagne s'était battu jadis.

Tout commença le 11 février 1858, tandis qu'on célébrait la fête de sainte Geneviève. Dans une bâtisse de la rue des Petits-Fossés vivaient François Soubirous, sa femme Louise et leurs quatre enfants, deux garçons et deux filles, l'aînée se prénommant Bernadette. Leur père avait été propriétaire d'un moulin, mais devait désormais accepter des travaux précaires pour subvenir aux besoins de sa famille.

La mère de Bernadette avait convaincu une voisine d'être la nourrice de Bernadette. Une fois sevrée, la fillette resta chez le couple de paysans. Puis, quand elle fut en âge de travailler, les fermiers, qui l'aimaient beaucoup, la gardèrent avec eux : elle les aidait en gardant les moutons sur les collines alentour.

En février 1858, elle était âgée de quatorze ans, mais en paraissait onze. Elle souffrait d'asthme chronique. Deux semaines avant le 11 février, elle était retournée chez ses parents pour préparer sa première communion. Sa mère s'inquiétait pour elle plus que d'ordinaire. Bernadette était fragile et éprouvait parfois une grande douleur à la poitrine.

« C'était un jeudi », se souviendrait plus tard la jeune fille :

> ... il faisait gris et froid. Après le dîner, mère nous a annoncé qu'il n'y avait plus de bois à brûler. Ma sœur Toinette et moi avons proposé d'aller en ramasser. Mère nous a dit qu'il faisait trop mauvais mais Jeanne Abadie, qui vivait à côté, est entrée et a annoncé qu'elle nous accompagnerait. Nous avons supplié mère et, comme nous étions trois désormais, elle nous a donné la permission.
>
> Nous avons traversé la prairie et nous sommes retrouvées quasiment en face de la grotte de Massabielle. En arrivant devant le canal, nous nous sommes arrêtées. Le lit du canal était presque vide, mais j'avais peur de le traverser car l'eau était glaciale. Jeanne Abadie et ma sœur ont pris leurs sabots à la main et ont traversé. J'étais sûre que, si je mettais le pied dans l'eau, mon asthme reviendrait. J'ai demandé à Jeanne, qui était plus grande et plus forte que moi, de revenir pour me porter. « Oh non ! a-t-elle répondu. Si tu ne peux pas passer, reste où tu es. »

Sur ce, les deux fillettes ramassèrent quelques bouts de bois dans la grotte, puis disparurent le long du canal.

Après leur départ, j'ai jeté de grosses pierres dans l'eau pour voir si je pouvais me faire un passage, mais ça ne servait à rien. J'ai donc décidé d'enlever mes sabots et mes bas pour traverser à mon tour. Je venais juste d'ôter un de mes bas quand j'ai entendu un grand bruit, pareil à une rafale de vent. J'ai regardé à droite et à gauche, vers les arbres bordant la rivière, mais aucune branche ne remuait. J'ai cru m'être trompée et me suis remise à enlever mes bas quand j'ai entendu un autre bruit, exactement comme le premier. Prise de peur, je me suis relevée. J'ai essayé de crier, mais je me suis rendu compte que je ne pouvais émettre aucun son. Je ne savais quoi penser. Puis j'ai regardé de l'autre côté du canal, vers la grotte, et j'ai vu qu'un des buissons d'églantiers sauvages qui poussaient à l'entrée de la grotte remuait en tous sens, comme sous le souffle d'un grand vent.

Presque au même moment, un nuage d'or est sorti de la grotte et, peu après, une belle jeune femme, belle comme je n'en ai jamais vu, est apparue. Elle est sortie et est restée à l'entrée de la grotte, au-dessus du buisson. Elle m'a regardée droit dans les yeux, m'a souri, et m'a fait signe d'approcher, comme une mère. Je n'avais plus peur. Je me suis frotté les yeux, les ai fermés puis rouverts, mais la Dame était toujours là...

Voici comment Bernadette décrirait plus tard cette apparition :

La Dame a l'air d'une jeune fille de seize ou dix-sept ans. Elle porte une robe blanche retenue à la taille par une ceinture bleue qui touche presque le sol. On ne voit presque pas ses cheveux, à cause du voile blanc qu'elle porte sur la tête et qui lui tombe sur les épaules, jusque sous la taille. Sur chacun de ses pieds nus, que les plis de sa robe recouvrent presque, se trouve une rose jaune. Elle tient dans la main droite un chapelet aux perles blanches dont la chaîne dorée brille comme les roses sur ses pieds.

Lors de cette première apparition, elle « souriait et essayait de me faire comprendre que je ne rêvais pas. Sans vraiment savoir ce que je faisais, j'ai sorti mon chapelet et me suis agenouillée. Je voulais porter mes mains à mon front pour faire un signe de croix, mais mes bras étaient comme paralysés : je n'ai pas pu bouger tant que la Dame ne s'était pas signée elle-même[1]. »
Quand le chapelet fut récité, la Dame se retira dans la grotte, et le nuage d'or disparut avec elle.

Juste après son départ, Jeanne et ma sœur sont revenues à la grotte et m'y ont trouvée agenouillée. Elles ont éclaté de rire et m'ont demandé si, oui ou non, je rentrais à la maison avec elles. J'ai retraversé le ruisseau sans aucune difficulté, car l'eau m'a semblé tiède, comme celle qu'on utilise pour laver la vaisselle.

Nous avons ramené trois fagots de branches et de bois flotté. Sur le chemin, j'ai demandé à Jeanne et à Toinette, ma sœur, si elles avaient remarqué quelque chose à la grotte.

« Non… Pourquoi poses-tu cette question ?

— Oh, ne fais pas attention. Ce n'est pas important. »

Mais, plus tard, je n'ai pu m'empêcher de raconter à ma sœur la chose étrange qui s'était produite. Je l'ai suppliée de ne rien dire à personne. Toute la journée, j'ai pensé à la Dame et, le soir venu, au moment de la prière de famille, je me suis mise à pleurer. Mère m'a demandé ce que j'avais et, à cause des allusions de Toinette, j'ai dû lui expliquer.

« Ce n'est que le fruit de ton imagination, a répondu mère. Sors-toi ces bêtises de la tête, et ne retourne pas à Massabielle ! »

Nous nous sommes couchés, mais je n'ai pas réussi à trouver le sommeil. J'avais beau me rappeler ce que m'avait dit ma mère, je n'arrivais pas à croire que je m'étais trompée.

Le lendemain, la mère de Bernadette vit que sa petite fille avait changé. Elle semblait triste. De toute évidence, elle brûlait d'envie de retourner voir la Dame.

Le vendredi et le samedi passèrent, mais, le dimanche après-midi, sa mère lui donna la permission de se rendre à nouveau à la grotte avec les deux petites filles, déjà dans la confidence.

« Allez-y, dit-elle, et ne m'embêtez plus avec ça ! Mais soyez de retour pour les vêpres, ou vous savez ce qui vous attend ! »

Les fillettes emportèrent un flacon d'eau bénite pour se protéger du Malin. Bernadette se mit à genoux et pria, les yeux rivés sur la niche où la vision était apparue la première fois. Les autres, restées à côté, l'observaient, dans l'expectative.

Soudain, Bernadette s'écria : « Elle est là... Elle est là ! »

Ses compagnes lui tendirent le flacon d'eau bénite et elle lança quelques gouttes en direction de la vision.

Au bout d'un moment, elle dit : « La Dame n'est pas fâchée. Elle approuve de la tête en souriant. »

Elle entra alors en extase et resta immobile, très pâle, totalement inconsciente de son environnement. Son visage s'illumina : elle était comme transfigurée.

Les autres fillettes étaient elles aussi tombées à genoux. L'une d'elles s'écria : « Oh, mais si Bernadette mourait ! » Elles s'approchèrent d'elle, lui parlèrent, mais elle ne paraissait pas les entendre. Le regard fixé sur la niche derrière le buisson, elle semblait perdue dans la contemplation d'un spectacle céleste, visible d'elle seule.

À ce moment-là, la mère et la sœur d'un meunier de la région arrivèrent. Elles lui parlèrent doucement, instamment, mais elle ne semblait toujours pas les entendre. La mère du meunier partit chercher son fils en toute hâte. Peu après, les adultes ramenèrent Bernadette au moulin.

Entre-temps, la nouvelle s'était ébruitée et Mme Soubirous accourut au moulin, très irritée. Un bâton à la main, elle se dirigea droit sur sa fille en disant : « Espèce de petite effrontée, tu veux donc qu'on devienne la risée du village ? Je vais t'en donner, moi, des histoires de Dame à dormir debout ! »

Elle s'apprêtait à frapper sa fille quand la femme du meunier s'interposa :

« Que faites-vous ? Qu'a donc fait votre fille pour mériter d'être punie ? »

La rumeur fit le tour de Lourdes et, le mercredi soir, deux dévotes, désireuses d'en apprendre davantage, se rendirent chez les Soubirous. Ils convinrent d'une visite à la grotte, tôt le lendemain matin.

À l'aube, un cierge fut allumé et toutes trois s'agenouillèrent devant la grotte pour prier. Bientôt, Bernadette s'écria de joie : « Elle vient ! La voilà ! »

Les femmes avaient apporté un crayon et une feuille de papier. Elles demandèrent à Bernadette de supplier la Dame d'y écrire ses volontés. L'apparition s'y refusa, mais communiqua le message suivant à Bernadette :

« Ce que j'ai à vous dire, ce n'est pas nécessaire de le mettre par écrit. Voulez-vous me faire la grâce de venir ici pendant quinze jours ? Je ne vous promets pas de vous rendre heureuse en ce monde, mais dans l'autre. »

Voilà pourquoi pendant quatorze jours, du 18 février au 4 mars, Bernadette se rendit à la grotte tous les matins.

Le cinquième jour, des centaines de personnes l'accompagnèrent. Certains habitants du bourg lui demandèrent de demander son nom à la Dame, mais Bernadette ne reçut aucune réponse.

La ville entière bruissait de ces étranges événements. Les uns criaient au miracle. Les autres, surtout parmi les plus cultivés, souriaient avec dédain : certains affirmaient qu'il s'agissait d'un simple phénomène nerveux bien connu de la science.

Dans la matinée du 21 février, le maire de la ville, le procureur et le commissaire de police se réunirent à la mairie et concoctèrent un plan pour empêcher de nouvelles manifestations. Il fallait maintenir l'ordre, enrayer les superstitions, canaliser les fanatiques et juguler les illusions morbides. Selon eux, le meilleur moyen d'y parvenir était de persuader Bernadette de ne pas retourner à la grotte. Ils étaient certains que la jeune fille ne pourrait pas s'opposer à leur autorité.

Le procureur la convoqua donc dans son cabinet.

« Me promets-tu de ne plus retourner à Massabielle ?

— Non, Monsieur, je ne vous le promets pas.

— Est-ce ton dernier mot ?

— Oui, Monsieur.

— Alors, va-t'en... Nous aviserons. »

Le soir venu, ce fut au tour du commissaire de police de voir ce qu'il pouvait faire. Il manda Bernadette à son bureau et lui demanda lui aussi de ne plus aller à la grotte.

« Monsieur, répondit-elle très simplement. J'ai promis à la Dame d'y revenir.

— Si tu ne promets pas de renoncer à retourner à Massabielle, j'enverrai la police te chercher pour te jeter en prison. »

Bernadette resta impassible, même quand le commissaire menaça de faire emprisonner son père.

Le lendemain, elle retourna au céleste rendez-vous. Deux gendarmes la suivaient, ainsi qu'une immense foule de curieux. Elle se rendit à l'endroit habituel, mais son visage ne montra aucun signe d'extase. Quand elle se releva, elle déclara que la Dame ne lui était pas apparue.

Les sceptiques triomphèrent : « La Dame a peur des gendarmes », lança quelqu'un dans la foule, provoquant de nombreux éclats de rire.

Le lendemain, avant l'aube, près de deux cents personnes étaient déjà arrivées quand Bernadette s'agenouilla. Elle commença à réciter son chapelet, fixant le rocher d'un regard interrogatif et impatient. Soudain, comme si un éclair l'avait frappée, elle tressaillit. Ses yeux s'illuminèrent et devinrent étincelants. Un sourire céleste lui vint aux lèvres et, comme le déclara un témoin de la scène : « Une grâce indéfinissable se répandit sur toute sa personne. Bernadette n'était plus Bernadette. »

Tous les hommes présents se découvrirent spontanément la tête et s'inclinèrent.

Tour à tour, Bernadette approuvait de la tête, ou semblait elle-même interroger en silence.

La journée du lendemain vit des événements spectaculaires. Bernadette s'avança vers la grotte. En passant, elle écarta les branches de l'églantier et se pencha pour embrasser la terre juste derrière le buisson. Puis elle retomba en extase. Après avoir récité deux ou trois dizaines de chapelet, elle se leva de nouveau… et sembla embarrassée. Hésitante, elle fit deux ou trois pas en avant puis s'arrêta brusquement, regarda en arrière comme si quelqu'un l'appelait et écouta des paroles qui semblaient lui venir du côté du rocher. Elle fit un signe affirmatif puis se rendit à l'angle gauche de la grotte. Aux trois quarts de la montée, elle fit halte, se courba et se mit à gratter la terre avec ses mains. La petite cavité qu'elle venait de creuser se remplit d'eau. Elle attendit un moment, but un peu et s'y lava la figure. Elle prit ensuite un brin d'herbe qui poussait à ses pieds et le porta à sa bouche.

Quand elle se releva, elle avait le visage barbouillé d'eau boueuse. La pauvre enfant devenait-elle folle ?

Elle ne paraissait pas avoir conscience des exclamations des spectateurs. Après qu'on lui eut essuyé la figure, elle se remit à contempler la céleste vision, semblant plus heureuse que jamais.

Elle expliquerait plus tard ce qu'il s'était passé :

> Pendant que j'étais en prière, la Dame m'a dit : « Allez boire et vous laver à la fontaine. » J'ai obéi, mais je ne voyais pas d'eau. Ne sachant où en prendre, j'ai gratté la terre et il en est arrivé. Je l'ai laissée s'éclaircir un peu, puis j'ai bu et je me suis lavée.

Quant au brin d'herbe, « j'ai senti en moi que la Dame voulait que je le mange ».

D'abord, l'eau suffit à peine à produire une sorte de flaque boueuse. Un certain docteur Dozous décida qu'il ne quitterait pas la grotte sans avoir exploré avec soin les diverses parties du sol. Il dirait plus tard : « Je l'ai trouvé partout très sec, excepté dans l'endroit où Bernadette avait creusé de ses mains un petit trou, d'où jaillit aussitôt la source. »

Le filet d'eau continua à grandir pendant le restant de la journée, même après le départ de la plupart des spectateurs.

Le lendemain, quand les témoins revinrent, il avait la grosseur du doigt.

La Dame avait demandé à Bernadette de se rendre à la grotte pendant quatorze jours. Le dernier jour, on s'attendait donc à quelque prodige. L'affluence fut immense – au moins quinze mille personnes.

La Dame vint, l'extase dura plus d'une heure, mais aucun signe miraculeux n'éclata aux yeux de la foule. Comme les spectateurs se retiraient, déçus, quelqu'un demanda à Bernadette si elle reviendrait à la grotte.

« Oh, oui, répondit-elle. Je reviendrai, mais j'ignore si la Dame reparaîtra. Ce qu'il y a de certain, c'est qu'elle m'a souri en s'en allant, et qu'elle ne m'a pas fait d'adieux. »

Les jours suivants, elle retourna souvent à la grotte, mais l'être mystérieux ne se montrait pas.

Puis, au bout de vingt jours, le 25 mars, jour de l'Annonciation, la Dame reparut. Plus tard, Bernadette se souviendrait :

> Je me suis agenouillée devant la Dame et lui ai dit combien j'étais heureuse de pouvoir la revoir. Après m'être épanchée, j'ai pris mon chapelet. Pendant que je priais, l'idée m'est venue de lui demander son nom. Au bout d'un moment, je n'avais plus que cette idée en tête. J'avais peur de la mettre en colère si je lui posais à nouveau

une question à laquelle elle avait déjà refusé de répondre. Pourtant, quelque chose semblait vouloir me forcer à parler. J'ai fini par ne plus pouvoir me retenir et j'ai demandé à la Dame de bien vouloir me dire qui elle était.

Comme elle l'avait toujours fait, la Dame a approuvé de la tête et a souri, sans répondre. Je ne sais pas comment j'ai fait, mais j'ai eu le courage de renouveler ma question. À nouveau, elle a souri en inclinant la tête, sans me donner de réponse. J'ai alors joint mes mains et admis que je n'étais pas digne d'une telle faveur, et lui ai posé une troisième fois ma question.

La Dame se tenait au-dessus du buisson d'églantier. À ma troisième demande, l'air grave, elle a levé les mains, les a jointes sur sa poitrine et a regardé le Ciel. Puis, en séparant lentement les mains et en se penchant vers moi, elle m'a dit d'une voix tremblante : « Je suis l'Immaculée Conception. »

Bernadette se tourna alors vers une spectatrice et lui demanda : « Mais, mademoiselle, que signifient ces mots *"Que soy er Immaculada Counception" ?* » (Le dialecte de Bernadette s'apparentait plus à l'espagnol qu'au français.)

La doctrine de l'Immaculée Conception avait été officialisée par le Vatican seulement trois ans auparavant. Quand les spectateurs apprirent le nom de la Dame, ils furent transportés d'un enthousiasme religieux. Des ouvriers construisirent une canalisation en bois afin que l'eau de la source s'écoule jusque dans un petit bassin. Bientôt, les malades et les infirmes se mirent à en boire l'eau.

Plus tard dans l'année 1858, Louis Bouriette, un carrier de Lourdes à qui un éclat de pierre avait fait perdre un œil vingt ans auparavant et qui risquait désormais de perdre l'usage du deuxième, envoya sa fille chercher de l'eau à la source mystérieuse. Elle était boueuse, mais il s'en frotta l'œil à plusieurs reprises. À chaque application, sa vue s'améliorait et, le lendemain, il se rendit chez son médecin, le Dr Dozous. Sa guérison s'avéra permanente. Dans un rapport daté du 17 novembre 1858 rédigé à la demande de l'évêque de Tarbes, le Dr Dozous écrivit :

> J'examinai les deux yeux de Bouriette, qui ne me parurent offrir, dans leur forme et l'organisation de leurs diverses parties, aucune différence. Les deux pupilles fonctionnaient régulièrement sous l'action de la lumière. Sur l'œil droit, la cicatrice existait encore : c'était la seule trace qui restait, sur cet organe, de l'action de l'agent vulnérant.

Bernadette vécut encore vingt ans, mais n'eut plus jamais de visions.

Au bout d'un moment, les religieuses qui dirigeaient l'école locale l'admirent chez elles en qualité de malade indigente. C'est là, entre sa dix-huitième et sa dix-neuvième année, qu'elle finit son apprentissage de la lecture et de l'écriture. Finalement, elle décida d'adopter la vie religieuse et, à vingt-deux ans, quitta l'école pour entrer au couvent à Nevers. Elle ne retourna jamais à Lourdes.

Avec le temps, son asthme se transforma en tuberculose et, le 16 avril 1879, elle s'éteignit, un crucifix à la main, avec ces mots : « Je l'ai vue. Oui, je l'ai vue[2]. »

*

* *

Abraham Lincoln naquit dans une cabane en rondins et fut élevé sur la « Frontière » américaine, dans les États sauvages du Kentucky et de l'Indiana. Il ne reçut aucune éducation formelle. Travaillant d'abord comme magasinier et postier, il devint arpenteur puis avocat. Pendant tout ce temps, il développa un sens aigu de la justice qui l'amena à affirmer que la nation ne pouvait pas être « à moitié esclave et à moitié libre ».

Lincoln prônait la liberté religieuse autant que politique. Sa femme était épiscopalienne et fréquentait une église presbytérienne, et Abraham l'y accompagnait de temps à autre. Il expliquerait plus tard qu'il n'avait jamais été membre d'aucune église en particulier et qu'il n'assistait pas régulièrement à l'office, car il trouvait difficile d'adhérer à un dogme. Mais, ainsi que l'expliqua son ami Isaac Britton, il y avait une autre raison, que « très peu de personnes connaissaient ».

Comme plusieurs amis d'Abraham Lincoln, Britton était un fervent partisan d'Emanuel Swedenborg, grand scientifique et philosophe suédois du XVIIIe siècle. « Swedenborg nous permet de comprendre pourquoi nous avons été créés, pourquoi nous sommes en vie, et ce qui nous arrive après la mort de notre corps. Swedenborg nous permet d'appréhender au mieux le message de Dieu tel qu'il est livré dans les livres de la Bible, qui constituent la Parole de Dieu. » Ainsi parla Martin Luther King.

Abraham Lincoln lui-même se fit parfois l'écho des enseignements de Swedenborg. Il affirma que la conviction religieuse était une question de conscience personnelle et cita même le philosophe : « La conscience est la présence de Dieu dans l'homme[3]. »

*
* *

1860. Abraham Lincoln reçut la nouvelle de son élection par télégraphe et la fêta avec ses amis. De retour chez lui, il s'écroula sur le divan, épuisé. Au matin, il se réveilla et aperçut son reflet dans un miroir posé sur le secrétaire :

> En regardant ce miroir, je m'y suis vu reflété presque entièrement, mais j'ai remarqué que mon visage présentait deux images bien distinctes, le bout de mon nez sur les deux images étant distant de sept centimètres. Soucieux, stupéfait même, je me suis levé et me suis approché de la glace, mais l'illusion a disparu. Je me suis rallongé et cette double image est reparue – encore plus nette que la première fois. J'ai alors remarqué que l'un des visages était un peu plus pâle que l'autre – disons cinq tons en dessous. Je me suis levé et l'illusion s'est encore évanouie. Je suis sorti et, dans l'effervescence du moment, je n'y prêtais plus attention – presque, pas tout à fait, car j'y repensais de temps à autre : j'éprouvais alors un pincement, comme s'il venait de se passer quelque chose qui m'avait mis mal à l'aise.

Lincoln essaya de reproduire cette vision, comme s'il s'était agi d'une simple illusion d'optique, mais en fut incapable et l'étrangeté de cette expérience ne cessa de le hanter.

Cette aventure préoccupait beaucoup sa femme, Mary. « Elle pensait que c'était le signe que je serais élu pour un second mandat et que la pâleur de l'un des visages présageait que je mourrais avant la fin de ce mandat. »

En juillet 1865, le magazine *Harper's Monthly* publia un article sur la vision. Comment les lecteurs ont-ils réagi au fait que leur Président parle d'une expérience aussi troublante ? N'ont-ils pas trouvé cela bizarre ?

Remettre ces événements dans le contexte de la montée du spiritisme peut nous être utile.

La femme de Lincoln pourrait s'être intéressée au spiritisme dès la fin des années 1840. Au moment où les Lincoln arrivèrent à Washington en 1860, les séances de spiritisme étaient en vogue chez l'élite dirigeante. Mary y assistait fréquemment et Abraham l'y accompagna au moins une fois. En 1862, elle invita même des médiums à organiser des séances dans la *Red Room* de la Maison-Blanche.

Le 11 avril 1865, Abraham Lincoln raconta à sa femme et à quelques amis un rêve qu'il avait fait une dizaine de jours auparavant. L'un de ses amis, Ward Hill Lamon, rapporta plus tard dans une biographie ce qu'il leur avait dit :

> Je me suis couché très tard. J'avais attendu des dépêches très importantes venant du front.

J'étais couché depuis peu quand je suis tombé dans un sommeil profond, car j'étais très fatigué. J'ai rapidement commencé à rêver. Il semblait y avoir un silence de tombe autour de moi. Puis, j'ai perçu des sanglots étouffés, comme si un grand nombre de personnes pleuraient. J'ai eu l'impression de quitter mon lit et de descendre l'escalier. En bas, le silence était troublé par les mêmes sanglots pleins de compassion, mais cette foule éplorée était invisible à mes yeux. Je suis allé de pièce en pièce : il n'y avait personne mais, tandis que j'avançais, les mêmes plaintes lugubres me suivaient. Il y avait de la lumière dans toutes les pièces ; chaque objet m'était familier, mais je ne pouvais voir nulle part ces gens qui se désolaient comme si leur cœur allait se briser. J'étais intrigué et inquiet. Que tout cela pouvait-il bien signifier ? Résolu à trouver l'origine de ces pleurs mystérieux, j'ai poursuivi mon chemin et je suis arrivé devant la *East Room*. Quand je suis entré, une surprise m'a serré le cœur. Il y avait devant moi un catafalque sur lequel reposait un cadavre sous un suaire. Tout autour, des soldats semblaient monter la garde. Il y avait aussi une multitude de gens. Certains contemplaient tristement le corps, dont le visage était caché. D'autres pleuraient avec compassion. « Qui est mort à la Maison-Blanche ? ai-je demandé à un soldat. Le Président, m'a-t-il répondu. Il a été assassiné. » Un long sanglot de douleur est alors monté de la foule, ce qui m'a immédiatement réveillé. Cette nuit-là, je n'ai plus fermé l'œil. Et, même si ce n'était qu'un rêve, il me poursuit depuis lors.

Plus tôt ce mois-là, Robert E. Lee, le général en chef des armées des États confédérés, s'était rendu au général Ulysses Grant. Un acteur du nom de Robert Wilkes Booth, un sympathisant des Confédérés, espérait rallier les troupes confédérées et les pousser à continuer le combat. Le 14 avril 1865, alors que Lincoln et sa femme assistaient à une pièce intitulée *Our American Cousin* au Ford's Theatre de Washington, Booth lui tira une balle à bout portant derrière la tête, au niveau de la nuque.

41
Le nabab de l'étrange[1]

« Louez l'éternel, tous les cèdres » (illustration extraite de *The Child's Bible*, XIXe siècle).

Le phénomène que l'on appellerait plus tard spiritisme[2] vit le jour en 1848 à Hydesville, dans l'État de New York, quand les sœurs Fox, Margaret et Kate, commencèrent à entendre des meubles se déplacer et d'étranges cognements dans leur maison. Elles expliquèrent qu'elles mettaient les esprits au défi : elles claquaient des doigts et d'étranges séries de coups sur la table semblaient leur répondre. En dévoilant ces faits, elles accédèrent immédiatement à la célébrité, mais avoueraient plus tard avoir menti. Pour autant, cette idée avait fait son chemin et, rapidement, des personnes dotées de pouvoirs plus impressionnants se firent connaître.

Un jour, Zephaniah Eddy travaillait dans sa ferme quand il vit ses deux fils jouer avec des petits sauvages qu'il n'avait jamais vus auparavant. Quand il essaya d'attraper ces mystérieux enfants, ils semblèrent se volatiliser dans les airs[3]. Le vieil homme traîna ses fils jusqu'à la ferme et les frappa avec un fouet en cuir brut. Le passé familial de sa femme comptait des cas de sorcellerie : cela l'inquiétait depuis longtemps et il ne voulait surtout pas que cela se reproduise avec ses fils.

Malgré tout, les garçons grandirent et des phénomènes étranges continuèrent à se produire – des ardoises, des tables et des encriers qui volaient dans la maison, de curieux bruits de martèlement, des voix désincarnées. Des esprits apparaissaient, parmi lesquels une créature à la fourrure blanche dont les garçons disaient qu'elle leur reniflait le visage quand ils étaient au lit et qui grandissait jusqu'à devenir un nuage lumineux ayant une forme humaine.

Zephaniah était de plus en plus inquiet. Parfois, quand ses garçons tombaient en transe, il les battait. Il arrivait même qu'il leur verse de l'eau bouillante dessus ou qu'il les brûle avec des charbons embrasés – il était prêt à tout pour les faire sortir de cet état. Les frères Eddy quittèrent la maison familiale dès qu'ils en eurent l'occasion, mais des foules en colère s'en prirent à eux : on leur jeta des pierres, on les poignarda, on leur passa les menottes, on les tortura et on leur tira même dessus. Aussi rentrèrent-ils chez eux, dans la modeste ferme du Vermont, à la mort de leur père. Balafrés, renfrognés, ils se méfiaient du monde entier, mais la nouvelle se répandit : la ferme était envahie d'esprits.

Henry Steel Olcott était un brillant juriste. Il avait été colonel dans l'armée de l'Union, où il était chargé de mettre au jour la fraude et la corruption dans les arsenaux et sur les chantiers navals militaires. Éminent franc-maçon, il avait aussi fait partie du comité de trois hommes désigné pour enquêter sur l'assassinat de Lincoln. Plus tard, il deviendrait rédacteur en chef du *New York Tribune*. En 1874, on l'envoya investiguer sur les phénomènes à la ferme des Eddy : il s'y rendit accompagné d'un artiste nommé Kappas, dont il utiliserait plus tard les illustrations dans un ouvrage remarquable intitulé *People from the Other World*[4].

Le premier jour, il assista à une séance menée par les frères Eddy dans une grotte voisine, la grotte de Honto. Il inspecta les lieux au préalable, afin de s'assurer qu'il n'y avait ni entrée ni passage secret. Quand la séance débuta, il vit, très étonné, un Indien gigantesque en sortir. Puis un autre apparut, se découpant à l'entrée de la grotte, puis une squaw. Suite à quoi Olcott ne vit aucune trace de pas sur le sol.

Il était accro. Il resta deux mois et demi sur place, consignant quelque quatre cents manifestations spirituelles. Durant son séjour, il démonta presque entièrement la ferme, planche après planche, pour se prouver à lui-même qu'on ne se jouait pas de lui avec des pièges ou d'autres stratagèmes.

De nombreux phénomènes se produisaient à la ferme : prophéties, glossolalie, guérisons, lévitations, apparitions de mains flottantes et de papiers flottant dans les airs sur lesquels étaient inscrits des messages, psychométrie, matérialisations d'apports (objets qui apparaissent par des moyens surnaturels, en général lors de séances spirites) et générations d'êtres spectraux qui devenaient visibles, tangibles et même audibles, parfois, pour toutes les personnes présentes. L'un des frères était particulièrement doué pour provoquer ces matérialisations et Olcott eut l'autorisation de les mesurer, et même d'en peser certaines. Il rapporta dans son livre que le corps d'un être matérialisé était froid au toucher, contrairement à la chair d'une personne vivante, et qu'on sentait un pouls, mais faible.

Parfois, les esprits de centaines d'hommes, de femmes et d'enfants – trop nombreux pour pouvoir les compter avec précision – apparaissaient tout d'un coup, devant de nombreux témoins. Ces esprits étaient baignés d'un éclat lunaire, et certains flottaient au-dessus du médium, l'inondant de lumière. Certains esprits étaient bleutés,

La grotte de Honto (illustration extraite de *People from the Other World,* de Henry S. Olcott, 1875).

Soirée où des centaines d'esprits apparurent en même temps devant une large assemblée (illustration extraite de *People from the Other World,* de Henry S. Olcott).

d'autres grisés, d'autres d'un blanc étincelant, avec des vêtements brillants et un visage « tel celui de Moïse quand il descendit du Sinaï ». Certains posaient des couronnes de fleurs sur la tête des membres de l'assistance. D'autres s'agenouillaient devant certaines personnes et semblaient les regarder fixement, comme s'ils étaient de vieux amis. Puis, soudain, on allumait une bougie et tous les esprits disparaissaient instantanément.

Plus tard, Olcott recueillit les déclarations sous serment de nombreux dignitaires.

Quelques semaines après l'arrivée d'Olcott, un autre visiteur se présenta à la ferme. C'était Madame Blavatsky, une excentrique voyageuse russe qui s'intéressait de près aux enseignements ésotériques et qui avait une personnalité magnétique. Quand elle assistait aux séances, certains des êtres convoqués par les frères Eddy se mettaient à parler et à écrire en russe. De nouveaux esprits se manifestèrent devant Olcott et le reste de l'assistance : Madame Blavatsky disait en avoir déjà rencontré certains lors de ses voyages, y compris un guerrier kurde et le chef d'une troupe de jongleurs nord-africains.

Olcott essaya de comprendre les pouvoirs dont il avait été témoin et de discerner les principes universels les sous-tendant :

> Quelle est cette chose indétectable qui nous enveloppe comme une atmosphère propre et qui imprègne tous ceux qu'on rencontre ? Quel pouvoir subtil rend le simple contact de la robe d'un apôtre capable de guérir les maladies, et

l'imposition d'une main royale d'avoir le même effet ? Quel éclair humain le regard de Napoléon lançait-il pour transformer tous les soldats en héros quand il tombait sur eux ? Quel charme puissant accompagnait la présence de Florence Nightingale et permit aux soldats blessés à Scutari de se rétablir, s'ils pouvaient à peine embrasser son ombre quand elle passait à côté de leur lit[5] ?

On trouve d'autres antécédents historiques. Il est sans doute peu probable que les Eddy, ou même un homme instruit comme Olcott, aient été familiers des écrits des néoplatoniciens : ceux-ci avaient été peu traduits en anglais et étaient seulement connus d'une petite poignée de spécialistes. Mais nous avons déjà dit que Plotin avait assisté à une séance dans le temple d'Isis. À plusieurs reprises, avec certains de ses disciples, ils virent des médiums entrer en transe dans le but de délivrer des messages. Apulée, lui, décrivit des médiums tombant dans un sommeil profond. Proclus et Psellos rapportèrent que dans certains cas, la personnalité du médium était complètement éclipsée par l'esprit, mais que, dans d'autres, le médium était conscient de communiquer avec l'esprit. D'après Jamblique, certains médiums avaient des convulsions, tandis que d'autres devenaient tout rigides. Jamblique lui-même lévita devant ses élèves. Parfois, de faux esprits ou des esprits indésirables faisaient intrusion. Il arrivait que le corps d'un médium s'allonge. En général, seul le médium pouvait entendre la voix de l'esprit mais, en certaines occasions, les autres membres de l'assemblée entendaient aussi des voix désincarnées. Les esprits pouvaient aussi laisser des traces matérielles derrière eux – des apports. Parfois, on voyait des formes lumineuses sortir du corps du médium – ce qu'on appelle aujourd'hui « ectoplasme ». De toute évidence, nous avons affaire au même genre de phénomènes : près de deux millénaires après leur manifestation devant les philosophes grecs, ils se reproduisaient devant des fermiers américains illettrés.

Les textes sacrés des religions orientales furent traduits en langues européennes au milieu du XIXe siècle. Le sentiment qui dominait alors était que l'Église établie n'était plus à même de répondre aux besoins spirituels des gens. De nombreux chefs de file culturels et intellectuels européens, parmi lesquels Nietzsche, Schopenhauer et Wagner se piquèrent de curiosité pour la spiritualité orientale. Naturellement, suite à ces nouvelles traductions, on tenta à nouveau de déterminer des vérités universelles – une philosophie pérenne. Comme nous l'avons vu, l'idée d'une philosophie éternelle et universelle existait chez les groupes hérétiques poussés à la clandestinité depuis l'époque de Mani. Désormais, au sein des sociétés secrètes qui faisaient remonter leur origine aux Rose-Croix, il y avait débat : leur sagesse cosmique devait-elle être rendue publique[6] ?

En 1875, Madame Blavatsky et Henry Olcott co-fondèrent la Société théosophique, dans le but de promouvoir une confrérie universelle, indépendamment des races et des croyances, basée sur la libre étude des religions mondiales. En 1887, Madame Blavatsky publia *Isis dévoilée*, un grand recueil de traditions rosicruciennes. Elle exposa les grandes lignes d'une théologie qui visait à comprendre l'explosion d'activités spirituelles pendant la seconde moitié du XIXe siècle, principalement sous les auspices du spiritisme.

Henry Olcott était franc-maçon et Madame Blavatsky, bien qu'elle n'ait jamais passé les degrés d'initiation maçonnique, était une de leurs proches alliés[7].

L'influence de la franc-maçonnerie a été bénéfique à de nombreux égards, sur lesquels on ferme systématiquement les yeux. Les rituels maçonniques exhortent les initiés à explorer « les mystères cachés de la science et de la nature ». La Royal Society puise ses racines dans la franc-maçonnerie, elle aspirait aux idéaux maçonniques de fraternité, d'égalité et de liberté – par-dessus tout, l'absence de fanatisme et de préjugés. La franc-maçonnerie et la Royal Society fournissaient un espace de tolérance. On y explorait les mystères cachés de manière réfléchie et compréhensive, dans un lieu où tout le monde se comportait bien, calmement.

Koot Hoomi (ou Kut-Humi), l'un des maîtres spirituels qui poussa Madame Blavatsky à fonder la Société théosophique (dessin extrait d'*À travers les yeux des maîtres* de David Anrias, 1932).

Cette tolérance était tout aussi importante quand il s'agissait d'explorer les mystères spirituels et de réfléchir aux grandes questions de la vie et de la mort, du début et de la fin de l'univers. La condition humaine s'était construite d'une étrange manière. Quand on se pose des questions ordinaires et concrètes, les futilités du quotidien – Combien restent-ils de bonbons dans le paquet ? Combien d'essence dans le réservoir ? –, la vérité nous apparaît en général assez clairement. Il tend à y avoir une prépondérance de preuves. Au contraire, quand on réfléchit aux grandes questions de la vie et de la mort, les éléments de preuve ne sont jamais aussi probants et sont en général beaucoup moins nombreux.

Comme je l'ai fait remarquer en introduction, quand on réfléchit à la naissance de l'univers et qu'on se demande si elle a résulté du Big Bang, comme le décrit la science, ou d'une intention – si un grand Esprit cosmique était derrière tout ça –, les preuves sont extrêmement rares. En réalité, il n'y a quasiment aucun élément de preuve. Il n'y a que des bribes de preuve des plus ambiguës, sur lesquelles on échafaude un volume considérable, et toujours croissant, de spéculations.

Nous sommes incapables d'affirmer quoi que ce soit avec certitude dans ce domaine : les éléments de preuve sont des plus minces et sujets à l'interprétation, et les hypothèses sont nécessairement extrêmement fragiles. Il est donc très curieux que ce soit précisément dans ce domaine que nos opinions tendent à être les plus tranchées, les plus extrêmes et les plus intolérantes, et que nous échouions à faire preuve du calme et de la générosité qui devraient témoigner d'une quête de la vérité sage et sereine[8].

Existe-t-il un moyen de remettre un peu d'ordre dans ce débat ? Existe-t-il des critères sur lesquels les deux camps peuvent s'accorder ? Au XIXe siècle, les francs-maçons se demandèrent s'il était possible d'appliquer les raffinements de la pensée de Hume, qui faisait déjà le succès de la science, aux sujets spirituels. Pouvait-on fonder une science de l'esprit ? Dans un premier temps, il était nécessaire de recueillir le plus de données possibles...

À la fin du XIXe siècle, patronné par les francs-maçons, le spiritisme devint rapidement un phénomène international. De plus en plus de personnes possédant des dons extraordinaires se faisaient connaître. Les principaux scientifiques de l'époque, fascinés, se demandèrent s'il était possible d'étudier ces phénomènes scientifiquement. Parmi ces derniers figuraient Camille Flammarion, le célèbre astronome français, et William Crookes, l'homme qui découvrit le thallium et identifia l'hélium et qui fut un pionnier dans l'usage des tubes à vide pour étudier les propriétés de l'électricité. Crookes écrivit la *Recherche sur les phénomènes spiritualistes* (1874), ouvrage dans lequel il se plaignait du fait que des scientifiques hostiles tentaient de réfuter les phénomènes spirites en imposant des conditions inappropriées aux phénomènes à l'étude. Nous l'avons vu, Alfred Russel Wallace, qui co-découvrit la sélection naturelle, croyait que ce processus était guidé par des intelligences créatrices, qu'il assimilait aux anges. Marie Curie assistait à des séances. Thomas Edison, le père de l'enregistrement du son, et Alexander Graham Bell, l'inventeur du téléphone, firent leurs découvertes en effectuant des recherches sur les mondes spirituels. Edison travaillait sur une radio capable d'entrer en contact avec les royaumes spirituels. La télévision, elle, fut inventée en essayant de capter les influences psychiques sur les gaz qui fluctuaient devant un tube cathodique.

Aujourd'hui, le spiritisme est souvent considéré comme le domaine de quelques excentriques, une activité peu répandue, mais, du milieu du XIXe siècle au début du XXe siècle, on le voyait comme un mouvement progressiste, apparenté à la campagne contre l'esclavage et aux suffragettes[9]. La reine Victoria, le Premier Ministre William Gladstone et Charles Dickens consultaient des médiums. Keir Hardie et Ramsay MacDonald, les co-fondateurs du Parti travailliste, étaient respectivement adepte spirite et disciple avéré de l'œuvre de Swedenborg. Le premier Ministre Arthur Balfour et Lord Hugh Dowding, maréchal en chef de la Royal Air Force qui fut aux commandes de la Bataille d'Angleterre, étaient spirites, et Winston Churchill consultait un médium, Helen Duncan.

L'un des médiums les plus célèbres était Daniel Dunglas Home. Cet Écossais fit la démonstration de ses dons devant de nombreuses têtes couronnées d'Europe, ainsi que de nombreux intellectuels, y compris des sceptiques. Alors que la plupart des médiums travaillaient dans le noir, il travaillait à la lumière du jour. Les sceptiques eurent beau essayer de prouver que c'était un charlatan, on ne le prit jamais sur le fait. Il entrait en transe : parfois il frissonnait et semblait bouleversé, d'autres fois il était calme et paisible, avec ce que l'on décrivait comme une expression angélique. Sa capacité à allonger son corps quand il était en état de transe fut bien attestée. « Celui qui vous protégera, dit-il à Lord Adare, est aussi grand que ça. »

> Sur ces paroles, Mr Home – et dans le but d'en faire la démonstration – grandit ; je me tenais debout près de lui (je mesure un mètre quatre-vingt-deux) et je lui atteignais à peine l'épaule. Dans le miroir en face, il faisait une bonne tête de plus que moi. L'élongation semblait commencer à partir de la taille… Marchand de long en large, Mr Home attira particulièrement notre attention sur le fait que ses pieds étaient bien collés au sol. Puis il diminua à nouveau, jusqu'à retrouver sa taille normale et m'arriver seulement à l'épaule.

Voilà le récit que fit un célèbre avocat de l'époque, H. D. Jencken, après avoir assisté à ce phénomène[10].

La prouesse surnaturelle la plus célèbre de Home se produisit devant trois témoins, deux d'entre eux en firent des comptes rendus détaillés. Trois étages au-dessus du sol, il sortit d'une pièce par la fenêtre, en lévitant. Pendant quelques secondes, il flotta en l'air, environ quinze centimètres au-dessus du rebord de la fenêtre voisine, puis souleva la fenêtre de quarante-cinq centimètres et se glissa dans l'ouverture les pieds en avant.

« Un côté te fera grandir. » (Extrait d'*Alice au pays des merveilles*, de Lewis Carroll, 1865.)

*

* *

Les civilisations se sont-elles toujours fondées sur la violence ? On a souvent dit, à raison, que nombre des fondateurs des empires européens en Afrique et en Asie étaient des pirates et des aventuriers, mais il est tout aussi vrai de dire que ces derniers emmenèrent dans leur sillage les valeurs de la loge franc-maçonne – tolérance et égalité devant la loi. Un élan spirituel sincère, une quête visant à percer les mystères, réside aussi au cœur de la franc-maçonnerie. Malgré tout, toute grande organisation est vouée à se fossiliser et, au milieu du XIXe siècle, ce qu'avait déjà connu le christianisme commença également à toucher la franc-maçonnerie.

La franc-maçonnerie anglaise se montre toujours évasive sur ses intérêts spirituels et ésotériques. Les loges qui entreprennent des quêtes spirituelles dissimulent bien ces activités – et ce même aux autres francs-maçons – et laissent à des porte-parole haut placés le soin de dénigrer en public toutes les déclarations que des non-initiés font au sujet de leur organisation et de l'occulte.

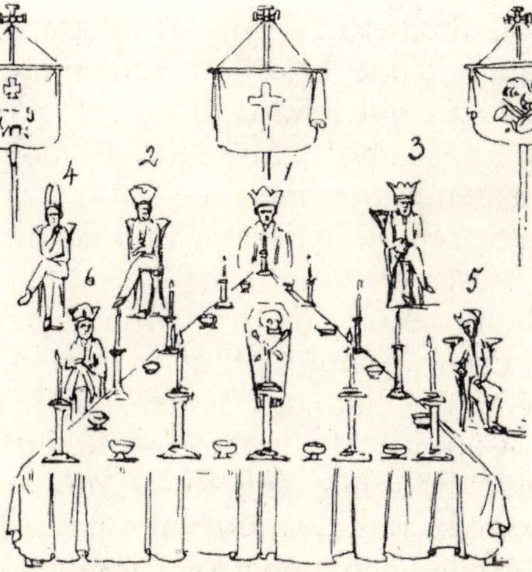

Cérémonie d'initiation maçonnique (gravure extraite de *A Ritual and Illustrations of Freemasonry*, Avery Allyn, 1831).

Lors de l'écriture de ce livre, je suis tombé sur un ouvrage maçonnique datant de 1860 dans une librairie d'occasion de Tunbridge Wells, *The Mysteries of Freemasonry*. Son auteur, J. Fellows, y relate une histoire mystique du monde très proche de l'histoire du monde que racontaient Madame Blavatsky et ses disciples théosophes. Rudolf Steiner la développa plus tard mais, pour l'essentiel, les mêmes événements y sont rapportés : Osiris, les initiations dans l'Égypte antique, Zoroastre/Zarathoustra, Orphée, Cadmos, Énoch, Moïse, Salomon, le Bouddha, Solon, Pythagore, les mystères d'Éleusis, Socrate, Mani (ici appelé Scythianos), les templiers, Dante et Christian Rosenkreutz.

Mon but ici n'est pas de dénigrer la théosophie ou Rudolf Steiner. Ce qui m'importe, c'est la préservation d'une tradition authentique, pas l'originalité. Ce que je veux dire, c'est qu'il existe une histoire secrète et mystique du monde qui est bien entendu très ancienne – et que la franc-maçonnerie semble avoir joué un rôle important pour la préserver.

Les liens entre la franc-maçonnerie et la Rose-Croix remontent au moins à 1638. En 1676, on publia une notice qui indiquait que la « Compagnie des maçons acceptés » et « l'Ancienne fraternité de la Rose-Croix » avaient dîné ensemble. Dans son journal, Elias Ashmole, que la Grande Loge unie d'Angleterre tient pour être le fondateur de la franc-maçonnerie anglaise, consigna ses recherches fructueuses pour découvrir le grand secret de l'alchimie – l'alchimie permettant d'atteindre les royaumes spirituels supérieurs, décrite dans *Les Noces chymiquesde Christian Rosenkreutz*[11].

Malgré tout, au milieu du XIXe siècle, la piste spirituelle se refroidit. Certains francs-maçons pensaient sans doute que leur confrérie se fossilisait et se coupait des courants spirituels authentiques, car le livre de 1860 rapporte comme un fait très significatif que « les francs-maçons allemands maintiennent que Christian Rosenkreutz était une personne réelle » :

> On débita, [...] d'abord en Allemagne [...] que cet homme était né en 1387, qu'ayant fait le voyage de la Terre sainte, pour visiter le tombeau de J. C., il avait eu à Damas des Conférences avec les Sages Chaldéens, de qui il avait appris les Sciences Occultes [...], qu'il avait augmenté ses connaissances à cet égard en continuant les voyages en Égypte et en Lybie. Que de retour dans la patrie, [...] il avait institué une société secrète dont la substance se transmit par différents chemins aux francs-maçons d'Angleterre et d'Allemagne.

En 1906, un autre franc-maçon britannique, le Dr Robert Felkin, désira découvrir la vérité au sujet des origines du « Degree of the Rose Croix » au sein de la franc-maçonnerie britannique. Espérant sans doute trouver sa véritable origine spirituelle, il se rendit en Allemagne. Il traversa Cologne, Ulm, Stuttgart, Munich, Vienne, Passau, Rastibonne, Nuremberg et Berlin, et visita des loges et cinq temples « rosicruciens ». Il participa aux cérémonies, dont certaines duraient cinq heures et demie, au cours desquelles le candidat à l'initiation prenait place dans un cercueil fermé, le couvercle vissé. Felkin entendit une musique pour orgue assourdissante et des cris, vit du feu dans l'obscurité. On lui montra un disciple flottant haut dans les airs, dans un nuage d'encens et on fit des références à Ahriman et à Lucifer. Les Allemands lui firent une démonstration de leurs dons de clairvoyance.

Felkin avait surtout très envie de rencontrer l'un de leurs « chefs secrets », l'origine de leur pouvoir occulte. Or, à l'époque, les ténors occultistes de la franc-maçonnerie britannique et des organisations affliliées étaient des gentlemen de la haute société : quand Felkin finit par rencontrer l'un de leurs « chefs secrets », les manières de ce dernier lui déplurent et il rapporta l'avoir trouvé rustre. Il s'appelait Rudolf Steiner.

En 1913, Rudolf Steiner rompit tout lien avec la Société théosophique puis, en 1914, avec la franc-maçonnerie.

Comme Jakob Böhme avant lui et Lorna Byrne aujourd'hui, Steiner évoquerait avec une grande clarté les expériences saisissantes qu'il faisait des royaumes et des êtres spirituels et de leurs interactions avec le monde matériel. En dépit du travail des spirites et de chercheurs plus contemporains, cette interaction n'est pratiquement pas – si ce n'est pas du tout – vérifiable par la science, mais la lecture de ces auteurs (des types d'auteurs très différents, nous y reviendrons) peut nous pousser à prendre pleinement conscience d'expériences spirituelles et mystiques auxquelles nous ne prêterions pas beaucoup d'attention autrement, ou que nous échouerions à reconnaître, purement et simplement.

42

Le grand secret de ce monde

L'action se passe en Espagne, à Séville, au moment de l'Inquisition, lorsque chaque jour s'allumaient des bûchers à la gloire de Dieu et que dans de superbes autodafés, on brûlait d'affreux hérétiques. Dans sa miséricorde infinie, il revient parmi les hommes sous la forme qu'il avait quinze siècles plus tôt. Le voici qui descend vers les rues brûlantes de la ville méridionale.

Il est apparu doucement, sans se faire remarquer, et – chose étrange – tous le reconnaissent. La foule est irrésistiblement attirée par lui, le peuple se presse sur son passage et s'attache à ses pas. Silencieux, il passe au milieu de la foule avec un sourire d'infinie compassion. Son cœur est embrasé d'amour, ses yeux dégagent la Lumière, la Science, la Force, qui rayonnent et éveillent l'amour dans les cœurs.

Il s'arrête sur le parvis de la cathédrale de Séville au moment où l'on apporte un petit cercueil blanc où repose une enfant de sept ans, la fille unique d'un notable. La morte est couverte de fleurs. « Il ressuscitera ton enfant », crie-t-on dans la foule à la mère en larmes. L'ecclésiastique venu au-devant du cercueil regarde d'un air perplexe et fronce les sourcils. Soudain, un cri retentit et la mère se jette à ses pieds. Le cortège s'arrête, on dépose le cercueil sur les dalles. Il le contemple avec pitié et sa bouche profère doucement une fois encore : « Jeune fille, lève-toi. » La petite fille s'assied dans son cercueil et regarde autour d'elle, souriante, d'un air étonné. Elle tient le bouquet de roses blanches qu'on avait déposé dans son cercueil.

Dans la foule, on est troublé, on crie, on pleure. À ce moment passe sur la place le cardinal grand inquisiteur. C'est un grand vieillard, presque nonagénaire, avec un visage desséché, des yeux caves, mais où luit encore une étincelle. Il s'arrête devant la foule et observe de loin. Il fronce ses épais sourcils gris et ses yeux brillent d'un éclat sinistre. Il le désigne du doigt et ordonne aux gardes de le saisir. Comme un seul homme, ce peuple s'incline jusqu'à terre devant le vieil inquisiteur, qui le bénit sans mot dire et poursuit son chemin.

On conduit le prisonnier au sombre et vieux bâtiment du Saint-Office, on l'y enferme dans une étroite cellule voûtée. La journée s'achève, la nuit vient, une nuit de Séville, chaude et étouffante. L'air est embaumé des lauriers et des citronniers. Dans les ténèbres, la porte de fer du cachot s'ouvre soudain et le grand inquisiteur paraît, un flambeau à la main. Il est seul. Il s'arrête sur le seuil, considère longuement la

Sainte Face. Enfin, il s'approche, pose le flambeau sur la table et dit :

« C'est toi ? »

Ne recevant pas de réponse, il ajoute rapidement :

« Ne dis rien, tais-toi. »

Il se tait.

« As-tu le droit de nous révéler un seul des secrets du monde d'où tu viens ? » demande le vieillard, qui répond à sa place : « Non, tu n'en as pas le droit, car cette révélation s'ajouterait à celle d'autrefois, et ce serait retirer aux hommes la liberté que tu défendais tant sur la terre. Toutes tes révélations nouvelles porteraient atteinte à la liberté de la foi.

« Tu leur promettais le pain du ciel ; encore un coup, est-il comparable à celui de la terre aux yeux de la faible race humaine, éternellement ingrate et dépravée ? Des milliers et des dizaines de milliers d'âmes te suivront à cause de ce pain, mais que deviendront les millions et les milliards qui n'auront pas le courage de préférer le pain du ciel à celui de la terre ? Ne chérirais-tu que les grands et les forts, à qui les autres, la multitude innombrable, qui est faible mais qui t'aime, ne servirait que de matière exploitable ?

« Ils nous sont chers aussi, les êtres faibles. Quoique dépravés et révoltés, ils deviendront finalement dociles. Tel est le sens de la première question qui t'a été posée dans le désert, et voilà ce que tu as repoussé au nom de la liberté, que tu mettais au-dessus de tout. Pourtant elle recelait le secret du monde. Nous avons corrigé ton œuvre en la fondant sur le *miracle*, le *mystère*, l'*autorité*. Et les hommes se sont réjouis d'être de nouveau menés comme un troupeau.

« Oh ! il s'écoulera encore des siècles de licence intellectuelle, de vaine science et d'anthropophagie, car c'est par là qu'ils finiront, après avoir édifié leur tour de Babel sans nous. L'indépendance, la libre pensée, la science les auront égarés dans un tel labyrinthe, mis en présence de tels prodiges, de telles énigmes, que les uns, rebelles furieux, se détruiront eux-mêmes, les autres, rebelles, mais faibles, foule lâche et misérable, se traîneront à nos pieds en criant : "Oui, vous aviez raison, vous seuls possédiez son secret et nous revenons à vous ; sauvez-nous de nous-mêmes !"

« Nous leur prouverons qu'ils sont débiles, qu'ils sont de pitoyables enfants, mais que le bonheur puéril est le plus délectable. Ils deviendront timides, ne nous perdront pas de vue et se serreront contre nous avec effroi, comme une tendre couvée sous l'aile de la mère. Certes, nous les astreindrons au travail, mais aux heures de loisir nous organiserons leur vie comme un jeu d'enfant, avec des chants, des chœurs, des danses innocentes. Ils n'auront nuls secrets pour nous. Suivant leur degré d'obéissance, nous leur permettrons ou leur défendrons de vivre avec leurs femmes ou leurs maîtresses, d'avoir des enfants ou de n'en pas avoir, et ils nous écouteront avec joie. Ils nous soumettront les secrets les plus pénibles de leur conscience, nous résoudrons tous les cas et ils accepteront notre décision avec allégresse, car elle leur épargnera le grave souci de choisir eux-mêmes librement. Et tous seront heureux, des millions de créatures, sauf une centaine de mille, leurs directeurs, sauf nous, les dépositaires du secret.

« Ce que je te dis s'accomplira et notre empire s'édifiera. Je te le répète, demain, sur un signe de moi, tu verras ce troupeau docile apporter des charbons ardents au bûcher où tu monteras, pour être venu entraver notre œuvre. Car si quelqu'un a mérité plus que tous le bûcher, c'est toi. Demain, je te brûlerai. »

L'inquisiteur se tait, il attend un moment la réponse du prisonnier. Le vieillard voudrait qu'il lui dît quelque chose, fût-ce des paroles amères et terribles. Tout à coup, le prisonnier s'approche en silence du nonagénaire et baise ses lèvres exsangues.

*

* *

L'histoire du grand inquisiteur, extraite des *Frères Karamazov* de Dostoïevski, concerne en partie l'Église catholique[1]. À ses débuts, l'Église avait formé une carapace protectrice autour de la branche florissante de l'évolution de la conscience humaine, mais, au bout d'un moment, elle avait commencé à devenir plus dure et plus restrictive. Là où elle avait jadis cherché à diffuser l'expérience spirituelle, elle voulait désormais la contrôler et la limiter. Quand l'inquisiteur affirme avec éloquence que les hommes ne veulent pas être libres, il nous faut entendre que la meilleure partie de nous le *veut*. L'inquisiteur utilise le vocabulaire de la moralité et de la spiritualité, mais ses paroles sont fourbes et obséquieuses. Le mal suinte à travers son discours.

L'inquisiteur dresse une critique au vitriol de la nature et de la condition humaines, même si on sent que ce n'est pas l'entière vérité. Il suggère qu'il y a une incompatibilité fondamentale entre la nature et la condition humaines, que les termes de notre existence sont trop durs pour nous, que nous sommes trop faibles. Il nous est sans doute déjà arrivé à tous de nous demander : *la vie ne pourrait-elle pas être plus simple ?* Oui, nous concevons qu'à certains égards, la vie se doit d'être difficile pour nous permettre de développer notre libre arbitre et de l'exercer – mais, *malgré tout*, la vie ne pourrait-elle pas être *un peu* plus simple de temps à autre ? Qui dirait le contraire ? Dostoïevski lui-même nourrissait ces pensées troublantes. L'un des frères Karamazov dit d'ailleurs à Ivan, qui vient de raconter l'histoire du grand inquisiteur : « Peut-on vivre avec tant d'enfer au cœur et dans la tête ? »

D'après l'inquisiteur, si l'Église ne dispense pas le miraculeux, la science mettra les insoumis face à des merveilles et des mystères qui les détruiront. Le grand inquisiteur associe science et anthropophagie dans une prophétie qui concorde avec celles de l'ami de Dostoïevski, Soloviev, au sujet de l'Antéchrist[2].

La fiction de Dostoïevski est prophétique à plusieurs niveaux. Il anticipe à la fois Nietzsche et Freud dans sa description des forces obscures, frénétiques et irrationnelles qui se frayaient un chemin hors de la psyché humaine pendant la seconde moitié du XIXe siècle – des forces qui grandiraient et feraient des ravages au XXe siècle, semant la destruction. Mais il y a une profonde ambivalence chez Dostoïevski. Il *aime* l'irrationnel et croit que les théories rationalistes d'utopie que son pays embrasserait plus tard étaient vouées à l'échec – et même fatales. « Deux fois deux quatre, messieurs, ce n'est déjà plus la vie, c'est la mort. » Selon lui, les forces obscures et mystérieuses que renferme la psyché humaine ne peuvent être ni niées, ni vaincues par la raison : cette croyance est implicite dans sa fiction. D'une manière ou d'une autre, il nous faut embrasser ces forces et les transformer.

*

* *

Herman Melville passa lui aussi sa vie aux prises avec les grandes questions de la vie et de la mort. Il mourut avant d'avoir achevé un court roman intitulé *Billy Bud, marin,* dont l'action se déroule à bord d'un navire à l'époque napoléonienne.

Billy Bud est orphelin. Il n'est sans doute pas très intelligent ; en tout cas, il ne s'exprime pas bien, en partie à cause d'un défaut d'élocution. Mais il est profondément bon, innocent et beau – et très populaire auprès du reste de l'équipage, ce qui attise la haine du capitaine d'armes du bateau, John Claggart.

Le navire, à midi, allant largue devant le vent, roulait en poursuivant sa course, et Billy, qui déjeunait en bas en devisant gaiement avec ses commensaux, répandit par hasard, dans une soudaine embardée, toute la soupe de sa gamelle sur le pont qui venait d'être récuré. Claggart, le capitaine d'armes, la badine[3] de sa fonction à la main, se trouva passer le long de la batterie dans une travée de laquelle la tablée était logée, et le liquide graisseux ruissela en travers de sa route. L'enjambant, il allait poursuivre son chemin sans commentaires, puisque, dans la conjoncture, il n'y avait rien là qui fût digne de remarque, quand il observa par hasard quel était l'auteur du dégât. Son attitude changea. S'arrêtant, il parut sur le point de dire quelque chose d'acerbe au marin, mais il se retint et, montrant du doigt la soupe ruisselante, le tapota par-derrière avec enjouement du bout de sa badine, en disant de la voix basse et musicale qui, de temps à autre, lui était particulière : « Voilà du beau travail, mon gars ! À bel ouvrier bel ouvrage ! » Après quoi il s'en fut. Billy ne remarqua pas, car c'était en dehors de son champ de vision, le sourire involontaire, ou plutôt le rictus qui accompagna les paroles ambiguës de Claggart en tirant sèchement vers le bas les minces commissures de ses lèvres bien modelées. Chacun cependant, jugeant que sa remarque se voulait humoristique et que, dès lors qu'elle venait d'un supérieur, il était tenu d'en rire « avec une feinte gaieté[4] », agit en conséquence ; et Billy, chatouillé peut-être par l'allusion à sa qualité de Beau Marin, fit joyeusement chorus[5]...

La méchanceté submerge Claggart : il accuse à tort Billy de fomenter une mutinerie. Lorsqu'il répète ses accusations devant le capitaine, Billy s'exprime trop mal pour pouvoir se défendre et s'en prend à Claggart, le tuant accidentellement.

« Frappé à mort par un ange de Dieu ! Et pourtant l'ange doit être pendu ! » s'écrie le capitaine.

Tout marin enrôlé qui tue un officier est passible de la peine de mort. Le capitaine n'a pas le choix : le lendemain matin, Billy est pendu à la fusée de vergue.

L'incident de la soupe renversée par Billy, autour duquel s'articule tout le roman et qui conduit à sa « crucifixion », pourrait difficilement être plus anecdotique ou paraître plus insignifiant. C'est un épisode des plus banal. Il semble si *dispensable*. Pourtant, il est *indispensable* à l'histoire de Billy, à la tournure que prendra sa vie, à son sens. Plus largement, Melville illustre le fait que les grands événements de notre vie dépendent souvent des événements les plus futiles – que les choses qui sont *écrites*, et qui sont la conséquence d'une influence surnaturelle, peuvent sembler anodines.

Nous avons vu les batailles célestes se rejouer sur terre lors de batailles épiques avec l'histoire de Charlemagne et de Roland. Dans ces histoires, les armées étaient sous le commandement des personnes les plus puissantes, les plus manifestement extraordinaires de la planète. À l'époque moderne, la bataille entre les forces maléfiques et les forces angéliques se joue au niveau des événements les plus prosaïques de la vie de personnes ordinaires.

*
* *

Parfois, la pensée linéaire, la catégorisation, l'abstraction ne suffisent pas. Certaines parties de l'expérience n'entrent dans aucune catégorie, certaines expériences échappent à la pensée conceptuelle et rationnelle. Or, quand le langage discursif atteint ses limites, on peut leur donner vie, les affronter et les accepter grâce aux histoires.

Mais quels éléments faut-il pour faire une histoire ? Les tentatives visant à définir ceux qui sont essentiels ont tendu à se concentrer sur la notion de conflit : un désir maximal rencontre un maximum d'obstacles pour un maximum de spectacle. C'est la formule hollywoodienne.

Mais, selon moi, outre le conflit, un autre élément est essentiel.

Un homme aborde un autre homme dans la rue et le frappe.

Est-ce une histoire ? Cela fonctionne-t-il comme histoire et cela répond-il à ce que nous attendons d'une histoire ? Je ne le crois pas.

Un homme aborde un autre homme dans la rue et le frappe sans raison apparente.

« Pourquoi diable m'avez-vous frappé ?

— Tu ne te souviens pas ? Tu me harcelais à l'école. »

Ça, c'est une histoire selon moi et le supplément qui en fait une histoire, c'est l'élément de mystère. On a souvent l'impression qu'on ne comprend pas tout, que la situation est plus complexe qu'il n'y paraît, et les histoires répondent à ce sentiment. Dans les histoires, le cosmos réagit aux décisions de vie d'un personnage – harceler ou être harcelé – en mettant mystérieusement ce personnage face à une situation qui lui donne l'occasion de découvrir le sens de cette décision et d'en changer.

Dans l'univers du matérialisme scientifique, se retrouver face à des situations qui découlent de décisions de vie prises plus tôt est hautement improbable. Dans l'univers que décrivent les histoires au contraire, ce type de rapports riches de sens entre personnes et circonstances est courant. On peut vouloir ignorer ce genre de significations ou ne pas en avoir conscience, il se passera toujours quelque chose qui nous mettra face à ce qu'on pourrait appeler, en termes plus élevés, notre destin. Melville a écrit à l'aube du réalisme psychologique en fiction. Il ne montre pas d'ange ni de démon en train d'encourager Billy, mais les événements prennent une tournure qui serait impossible si la science matérialiste permettait de tout expliquer. Les histoires soulignent les interventions de l'immanence divine dans le monde.

De fait, pour qu'une histoire soit une histoire et non pas une série d'événements aléatoires, elle doit obéir à certaines lois. La grande question est la suivante : la vie obéit-elle au même ensemble de lois ? Les histoires reflètent-elles fidèlement l'expérience que nous faisons de la vie ? Ou sont-elles de simples divertissements ? Je soupçonne les matérialistes militants de ne pas être de gros lecteurs de fiction. Tout au fond d'eux, ils doivent se méfier des histoires. Elles doivent leur paraître séduisantes, mais en profonde contradiction avec la vision du monde athée. C'est vrai.

*

* *

Notre destin est lié à celui d'autres personnes et nous ne savons ni pourquoi ni comment. Quelque part, une antichambre accueille tous ceux qui façonnent notre vie et lui donnent du sens, à leur façon. Il y a nos parents, nos enfants, nos frères et sœurs et nos compagnons, mais aussi ce garçon qui nous harcelait à l'école, et cette fille à vélo qu'on a renversée, et aussi cette vieille femme avec laquelle on s'est lié d'amitié et dont on s'est occupé, et cet homme dont on a sauvé la vie avec un mot gentil sans même connaître l'importance de notre acte. Ces personnes nous accompagnent tout au long de notre vie, même quand elles ne sont pas présentes physiquement. Ce sont elles qui donnent une profondeur et un sens à notre vie.

43

L'histoire de la vie après la mort

Les francs-maçons œuvraient en coulisses et, nous l'avons vu, nombre d'éminents théosophes faisaient également partie de la franc-maçonnerie. Or, si Madame Blavatsky et la Société théosophique avaient à l'origine été inspirées par l'élan rosicrucien visant à réunir les religions occidentales et orientales dans une unité transcendantale, certains au sein du mouvement avaient l'impression que son œuvre penchait désormais trop du côté de l'Orient. En 1914, Rudolf Steiner quitta la Société théosophique pour fonder son propre mouvement, la Société anthroposophique, dans le but de rétablir l'équilibre.

Quel est le rapport avec l'histoire de la vie après la mort ? Les croyances sur ce qui se passe après la mort ont évolué au cours de l'histoire. Les croyances primordiales sur les cieux telles que nous les avons rencontrées dans l'histoire antédiluvienne d'Énoch se sont assombries à l'époque d'Homère et des Psaumes. Elles décrivent l'esprit errant dans la « fosse », dans un genre de demi-vie. Mais suite à la vie et à la mort de Jésus, et à sa descente aux Enfers, l'au-delà est redevenu glorieux. Steiner explique que les croyances des hommes sur ce qui arrive à l'esprit après la mort ont changé parce que ce qui se passe après la mort a changé. Ce qui suit est le récit qu'il livre du voyage de l'esprit après la mort.

À l'époque moderne, l'âme et l'esprit ont été confondus, amalgamés mais, traditionnellement, la pensée religieuse les distinguait. Pour comprendre l'expérience de l'au-delà, il faut d'abord comprendre les différentes parties qui constituent un être humain d'après l'idéalisme mystique.

Elles sont au nombre de quatre :

1. Tout d'abord, il y a bien sûr le corps physique ;
2. Puis il y a le principe animant qui donne sa vie organique au corps matériel : l'âme. Pour les mystiques comme Lorna Byrne, elle emplit tout le corps. Dans la Kabbale, elle est appelée *nephesch* et, en théosophie, « corps éthérique ». Certains mystiques, parmi lesquels Jakob Böhme et William Blake, l'ont appelée « corps végétatif », car elle nous confère la vie que nous partageons avec les plantes[1] ;
3. Niché dans ce corps végétatif se trouve le corps animal – l'esprit –, qui donne la forme de conscience animale que n'ont pas les plantes. Il est appelé *tzelem* dans la Kabbale et « corps astral » en théosophie[2] ;

4. Celui-ci contient à son tour le moi, étincelle de la nature divine. Le moi nous donne le sentiment de notre conscience individuelle, qu'un animal n'a pas et qui nous permet d'exercer notre libre arbitre et notre libre pensée[3].

Pour rester en vie, il faut que le corps végétatif reste à l'intérieur du corps physique. Quand on dort, on est vivant, mais pas conscient. Quand certains voyants regardent quelqu'un s'endormir, ils voient le corps végétatif rester à l'intérieur du corps matériel, mais ils voient également le corps animal, qui porte l'étincelle divine, s'élever au-dessus du corps physique. En temps normal, le corps animal ne flotte pas librement et ne monte pas au plafond, comme on l'imagine parfois, mais reste juste au-dessus du corps physique ou, d'après certains récits, en sort seulement en partie[4].

Paracelse disait que, pendant le sommeil, l'esprit devient plus libre de ses mouvements : il peut parfois s'élever hors du corps pour converser avec les ancêtres et les anges. En général, au réveil, on a « bu une gorgée d'oubli » et on ne se souvient plus de notre rencontre avec les anges mais, parfois, quand on se trouve dans une situation désespérée, les anges qui nous secourent nous parlent avec une telle intensité qu'on se souvient de leurs paroles le matin venu[5].

En d'autres termes, quand on dort, comme le corps animal et le moi sortent du corps physique, qui filtre les influences spirituelles, on peut faire l'expérience des mondes spirituels. Voilà ce que sont les rêves : des expériences décousues des royaumes spirituels. Quand on meurt, au contraire, les trois autres corps quittent le corps matériel. Le corps végétatif quitte le corps physique, emportant avec lui le corps animal et le moi. Tandis qu'ils s'élèvent hors du corps physique, le corps végétatif commence à se dissiper. Puis le corps animal, ou esprit, en fait autant.

Cette élévation et cette dissipation correspondent aux premières expériences de l'au-delà à l'époque moderne, telles que les décrit Rudolf Steiner.

D'après la croyance populaire, une personne en danger de mort, en train de se noyer par exemple, voit toute sa vie défiler devant elle, dans un flash. Selon Steiner, une réalité physiologique importante est à l'origine de cette croyance. Ce bref « rembobinage » de la mémoire survient au moment où le corps végétatif se détache du corps physique.

Quand on meurt, dit Steiner, on fait l'expérience d'une clarté et d'une luminosité qui constitue un genre d'éveil[6].

La revue de sa propre vie qui survient quand on est sur le point de mourir est brève et mécanique : c'est un résumé visuel rapide, tel qu'on pourrait le voir sur un écran. Il ne nous *implique* pas. Quand on meurt au contraire, quand notre corps animal se libère du corps végétatif en dissolution, on fait l'expérience d'une autre revue, mais celle-ci est bien plus longue et on la ressent au plus profond de soi. Quand on était en vie, c'était notre corps animal qui nous permettait de ressentir des émotions et d'éprouver des désirs. Une fois mort, notre moi étant toujours niché dans notre corps animal, on éprouve toujours des désirs, mais, n'étant plus enfermé dans un corps physique, on n'a plus aucun moyen de les satisfaire.

Cette seconde revue dure environ un tiers du temps passé sur Terre – une vingtaine ou une trentaine d'années donc. C'est ce que l'hindouisme appelle le *Kamaloca* (littéralement, « le monde du désir »), et la tradition chrétienne, le « Purgatoire ». Avant de pouvoir pénétrer dans les Cieux supérieurs (que les hindous nomment le *Devachan*), il nous faut purger nos désirs, qu'on ne peut plus satisfaire. Pour le dire autrement, on doit se défaire de tout attachement terrestre. Au plus bas niveau, ces attachements sont les appétits bestiaux et dépravés, ou le désir de biens matériels. Mais ils peuvent aussi être plus élevés, comme par exemple l'amour de l'art pour l'art (et donc dénué de contenu spirituel) ou, bien sûr, l'attachement à la philosophie matérialiste, aussi bien intentionné soit-il.

La non-satisfaction de nos désirs est très douloureuse, mais entraîne une prise de conscience : les désirs qui nous assujettissaient au cours de notre vie et dont il nous faut nous départir étaient en réalité des êtres. Ils nous apparaissent désormais comme des hybrides malveillants, mi-homme, mi-animal[7].

La vue des démons est éprouvante et terrifiante, mais d'autres souffrances nous attendent.

Outre nos propres émotions, si on a fait de la peine aux autres au cours de notre vie, on ressent désormais cette peine comme la nôtre. *Un chant de Noël,* de Charles Dickens, traduit quelque chose de cet ordre mais, après la mort, l'esprit n'a plus la possibilité de faire amende honorable. Après la mort, il est trop tard.

Gemme d'onyx sculptée archaïque représentant Hermès en train de conduire l'esprit vers les cieux (dans *Antique Gems*, du Rev. C. W. King, 1866).

Après avoir traversé ce royaume et avoir été purgé de tous les éléments du corps animal, on perd notre corps astral. (Selon Steiner, les médiums qui disent être en communication avec les morts sont parfois seulement en contact avec ces corps astraux, qui conservent les traces de la mémoire et du langage, mais n'ont pas d'intelligence vivante.) Puis, tandis qu'on passe de la sphère de la Lune – la sphère du désir, ou le

Purgatoire dans toutes les traditions religieuses – à la sphère suivante, on ressent cette explosion de lumière, cette illumination. En qualité de messager des dieux, Mercure est là pour nous guider et éclairer notre chemin vers les Cieux supérieurs[8].

Au IVe siècle, l'empereur Julien écrivit que le rayonnement de la lumière des étoiles sur lui avait la capacité de le faire accéder à une conscience supérieure[9]. Le sentiment d'émerveillement qu'inspirent les étoiles à quelqu'un qui marche à la surface de la Terre est décuplé quand on pénètre dans les Cieux supérieurs. On voit les grands êtres angéliques qui se cachent derrière les corps physiques des planètes et des étoiles. On comprend que ce que l'on voit sur Terre – les objets physiques comme les événements – est l'œuvre de ces êtres spirituels, qui travaillent de concert.

Dans la sphère de Mercure, on peut retrouver ceux que l'on connaissait sur Terre, dont nos amis et notre famille. Ces retrouvailles sont heureuses si on s'est bien comporté envers eux pendant notre vie, si on a la conscience tranquille. Sinon, on sent une distance entre eux et nous.

Dans la sphère de Mercure, on comprend aussi que les êtres spirituels qui œuvraient pour créer les événements physiques dont on a fait l'expérience au cours de notre vie terrestre étaient également à l'œuvre en nous : ils nous ont protégés, éduqués et appris lentement à bien nous comporter. Comment avons-nous réagi à ces êtres ? Dans la sphère de Mercure, on pose des questions du type : Ai-je suffisamment aimé ? Ai-je échoué en amour ? Ai-je été jaloux ? Ai-je endurci mon cœur ? Ai-je gâché mes chances d'être heureux et comblé, par hasard, en ce jour pluvieux d'avril ? Ai-je laissé passer une occasion de bien agir, feignant de ne pas voir l'occasion qui se présentait ? Un danger existe dans cette sphère : on peut se rendre compte que ces occasions manquées ont représenté la plus grande partie de notre vie.

Plus tôt dans cette histoire, nous avons vu que Jésus Christ avait une mission aussi bien envers les morts qu'envers les vivants. Un individu qui a assimilé la sagesse aimante du Christ comprendra le voyage à travers les sphères, communiquera mieux avec les êtres spirituels supérieurs entre ses vies et, par conséquent, retournera sur Terre avec de plus grands dons et de plus grandes bénédictions.

Après Mercure, on traverse les sphères de Vénus, de Mars, du Soleil et de Saturne et ainsi de suite, jusqu'à ce qu'enfin, on se trouve en présence de Dieu.

Vous vous êtes peut-être imaginé un minuscule moi désincarné en train de s'élever à travers de vastes sphères cosmiques – c'est ainsi qu'il est conventionnellement représenté. Mais d'après Steiner, une représentation plus fidèle montrerait l'esprit s'étendre pour emplir d'abord la vaste sphère que renferme l'orbite de la Lune, puis la sphère de Mercure, et ainsi de suite, jusqu'à ce que ce moi emplisse la totalité du cosmos, ainsi que l'a dépeint Léonard de Vinci avec son célèbre dessin, *L'Homme de Vitruve*. Le moi est étiré sur le Soi. En un sens, l'entièreté du cosmos est donc le corps de ce moi. Les planètes sont les organes à l'intérieur de ce corps – Saturne étant par exemple la rate, le Soleil, le cœur, et la Lune, le cerveau. À ce moment-là, le cosmos entier fusionne avec le moi. Puis le moi commence à rapetisser et rentre dans un nouveau corps physique. Quand on reprend un corps humain, l'essence des corps célestes qu'on a englobés reste en nous. Origène, le père de l'Église a écrit : « Sachez que vous êtes un petit cosmos en vous-même et que le Soleil, la Lune et les étoiles sont en vous[10]. »

Pour quelqu'un comme moi, élevé au sein de l'Église d'Angleterre, les descriptions que fait Steiner de la vie spirituelle et des mondes spirituels sont surprenantes de par leur audace et leur précision. Steiner ne transigeait pas avec le matérialisme. Il déchiffra les implications de l'idéalisme dans toutes les sphères de la vie – et, ici, de la mort.

44

Jung et son démon

Carl Gustav Jung a été sensible au mystérieux toute sa vie. Enfant, il sondait sa vie intérieure et ses rêves lui paraissaient souvent plus nets que ses expériences éveillées. Plus tard, il lui sembla que la psychiatrie – discipline qu'il aidait à concevoir – était en passe d'accorder trop d'attention à l'évaluation extérieure des maladies mentales, à la catégorisation de données comportementales. Selon lui, il lui manquait le langage approprié pour parler de l'expérience intérieure, tel qu'il l'avait rencontré dans l'œuvre de Swedenborg. Encouragé par cette lecture, Jung commença à forger un langage basé sur sa propre expérience subjective. Comme Swedenborg, il finit par croire qu'une partie de notre psyché existait en dehors du temps et de l'espace[1].

En 1914, alors âgé d'une trentaine d'années et étant sorti de l'ombre de Freud, il entreprit une série d'expériences sur lui-même. Il fut influencé par Ludwig Staudenmaier, un professeur de chimie expérimentale qui avait publié *Magic as an Experimental Science*, basé sur diverses auto-expériences, dont l'écriture automatique[2].

Jung décrirait ce projet comme une « plongée dans les ténèbres de l'inconnu ». Il consistait en partie à travailler sur ses rêves. Dans l'un d'eux, il vit le puissant héros germanique Siegfried apparaître au sommet d'une montagne dans les premiers rayons du soleil, puis dévaler la montagne sur un char fait d'ossements humains. Dans son rêve, Jung s'emparait d'un fusil et l'abattait[3].

À cette époque, le pire massacre de l'histoire de l'humanité se déroulait sur les champs de bataille de la Première Guerre mondiale. Jung pouvait presque entendre les canons depuis sa villa au bord du lac des Quatre Cantons. S'il avait eu l'intention de l'occulter pendant qu'il conduisait ses expériences de pensée, il n'y parvint pas. Sa maison devint hantée. Sa fille cadette vit une silhouette blanche fantomatique dans les chambres du dernier étage et, une nuit, on arracha la couverture de son aînée alors qu'elle était au lit. Une autre fois, toute la famille entendit qu'on sonnait à la porte, alors qu'il n'y avait personne devant.

Dans un autre rêve, Jung se retrouva dans un pays lugubre, sans soleil, qu'il prit pour le royaume des morts. Il y rencontra un vieil homme portant une longue barbe blanche, qui se présenta sous le nom d'Élie. Salomé, une belle jeune femme, accompagnait le vieux prophète. Jung fut surpris de voir ces deux personnages ensemble. *Quel drôle de couple*, pensa-t-il. Il aurait sans doute été moins surpris s'il avait été familier de l'œuvre de son contemporain, Rudolf Steiner, qui a longuement commenté la réincarnation d'Élie en Jean le Baptiste.

Comme Steiner, Jung fut énormément inspiré par le mysticisme de Goethe. Jung voyait dans le *Faust* de Goethe, comme dans la légende de Siegfried, une prophétie du destin de l'Allemagne – un pays et un peuple idéalistes, s'efforçant d'être à la hauteur de leurs aspirations mais condamnés à devenir meurtriers. Avec *Faust*, disait-il, le peuple allemand se préparait inconsciemment à la catastrophe à venir.

Dans la pièce de Goethe, Faust est responsable du meurtre de Philémon et Baucis, un couple de vieillards très unis. Dans la mythologie grecque, Philémon et Baucis sont bons et offrent l'hospitalité aux dieux déguisés en mortels. Bien qu'ils n'aient pas suffisamment à manger pour eux-mêmes, ils sacrifient leur unique oie. Quand les dieux partent, leur humble chaumière est transformée en temple d'or et, à leur mort, Philémon et Baucis sont changés en arbres, leurs feuillages s'entrelaçant tendrement.

Peu après son entrevue avec Élie et Salomé, Jung rencontra également Philémon. Le vieil homme sortirait de son rêve pour entrer dans sa vie éveillée et devenir son mentor, son démon. Philémon incarnait la sagesse et surpassait même Élie à cet égard.

Quand Jung rencontra pour la première fois Philémon en rêve, il le vit naviguer dans les cieux affublé d'ailes ressemblant à celles d'un martin-pêcheur. Comme Élie, c'était un vieillard barbu, mais il avait des cornes de taureau et boitait d'une jambe. Il portait un trousseau de quatre clés et tenait l'une d'elles à la main, comme s'il s'apprêtait à ouvrir quelque chose.

Jung entreprit de peindre le portrait de Philémon. Un jour qu'il y travaillait, il sortit dans le jardin et trouva le cadavre d'un martin-pêcheur. Ces oiseaux sont rares dans cette partie du pays – Jung n'en verrait plus pendant cinquante ans – et cet événement fut pour lui un exemple de ce qu'il appellerait plus tard la « synchronicité ». À travers cette coïncidence, le cosmos essayait de lui dire quelque chose d'important.

Philémon de profil.

Jung en vint à comprendre que, même s'il avait au départ rencontré Philémon dans le cadre d'une expérience intérieure, le vieillard avait une existence indépendante et savait de nombreuses choses qui lui étaient inconnues. Jung arpenterait souvent le jardin de long en large avec lui, plongés en grande conversation.

Plus tard, Jung rencontra un ami de Gandhi et l'interrogea sur son gourou. L'Indien répondit que son gourou était Shankaracharya (ou Adi Shankara). Surpris, Jung lui demanda s'il entendait par là le reformeur de l'hindouisme ayant vécu au VIIIe siècle. L'homme le lui confirma et lui expliqua que certains gourous vivaient et enseignaient sous forme d'esprit, ce qui aida Jung à mieux comprendre Philémon.

Le nom « Philémon », nous l'avons vu, vient des mythes grecs, mais l'apparence du vieil homme évoque aussi les traditions égyptienne et gnostique. Jung dirait plus tard que Philémon venait d'Alexandrie, où l'Orient rencontre l'Occident, et également qu'il avait été le mentor du Bouddha, de Mani, de Jésus Christ et de Mahomet – tous ceux qui avaient réellement communié avec Dieu. Les ailes de martin-pêcheur de Philémon rappellent par ailleurs le Saint Graal, car Perceval fut orienté vers le château du Graal par le roi pêcheur, qui s'avéra être son gardien. Plus tard, Jung rêverait qu'il traversait la mer pour ramener le Saint Graal.

Ses explorations de l'inconscient l'amenèrent à croire que, bien que le christianisme soit essentiel pour comprendre le cosmos et son histoire, la doctrine de l'Église était devenue trop étriquée pour couvrir l'expérience religieuse dans toute sa diversité. Il écrivit sur « Paracelse en tant que phénomène spirituel[4] » et explora aussi l'alchimie des Rose-Croix, d'influence paracelsienne. Il se pencha sur la vie de Jésus Christ à l'aune des enseignements astrologiques réprimés par l'Église, et étudia également les chakras de la pratique religieuse orientale. Il fut sans doute aussi influent que Rudolf Steiner sur l'épanouissement du mouvement New Age au XXe siècle.

Dans *Le Livre rouge*, journal dans lequel Jung consignait ses rêves, il dit avoir rencontré Philémon dans son jardin, en train d'arroser les tulipes[5]. Il voit également Baucis : elle est à la fenêtre de la cuisine et regarde tranquillement Philémon prendre soin des fleurs.

Le couple est extrêmement âgé et lent : tous deux ont l'air épuisés. Leur horizon ne semble pas dépasser les tulipes. Puis Jung remarque une baguette et quelques livres de magie kabbalistique et hermétique sur les étagères d'un placard. Il appelle Philémon.

Dans un premier temps, le vieillard ne semble pas l'entendre, mais il finit par se retourner, tremblant, et lui demander ce qu'il fait là.

Jung lui répond qu'il a entendu dire qu'il connaissait la magie : accepterait-il de lui en parler ?

Le vieil homme réplique qu'il n'y a rien à dire. Devant l'insistance de Jung, il ajoute qu'il n'aide que les malades et les indigents, en faisant preuve de compassion. Rien de plus.

Comme Jung continue d'insister, Philémon le somme de ne pas se montrer aussi impertinent. Jung s'obstine malgré tout à essayer de faire parler le vieil homme, qui finit par lui dire :

« Mais la magie ne peut être ni apprise, ni enseignée. La magie est justement tout ce qu'on ne comprend pas. »

Jung persiste malgré tout à le questionner de façon plus pressante, mais Philémon l'avertit qu'il n'écoute pas vraiment. Jung essaie toujours d'utiliser sa raison – et c'est vain.

Jung se sent pris de vertige et descend la rue, s'éloignant de la maison et du jardin. Il surprend alors une conversation de ses voisins : ils ont remarqué qu'il avait longuement parlé avec Philémon et en ont conclu qu'il devait connaître les mystères…

Plus tard, Jung voit en vision le vieil homme en train de rire dans son jardin. Il est midi, les silhouettes bleues des morts soupirent à l'ombre de la maison et des arbres. Philémon s'entretient avec une ombre bleue à l'écart des autres, une ombre qui semble assombrie par le tourment et qui a du sang sur le front. Il se rend compte qu'il s'agit de Jésus Christ.

« Si tu plonges longtemps ton regard dans l'abîme, l'abîme te regarde aussi », dit Nietzsche. Les dialogues du *Livre rouge* sont manifestement influencés par *Ainsi parlait Zarathoustra*. Jung ne se contente pas d'explorer les multiples dimensions de l'expérience religieuse révélée dans les différentes traditions, il veut se confronter à ses côtés sombres et difficiles. Il entend penser la vie et le monde en entreprenant, comme il le dit dans *Ma vie*, « un voyage de découvertes – le plus souvent impopulaire, ambigu et dangereux – vers l'autre pôle du monde ».

Il écrivit : « Le sens de mon existence est que la vie me pose une question. »

Certaines personnes font l'expérience de la vie de cette manière. D'autres choisissent de ne pas s'appesantir sur le mystère. Elles acceptent simplement la vie telle qu'elle est et s'en accommodent. Je doute que ces deux groupes de personnes tombent un jour d'accord.

*
* *

Jung se réveilla dans son lit. Il était dans une chambre d'hôtel. Il s'y était retiré après une conférence. Il ressentit une forte douleur au front et eut l'intuition que l'un de ses patients s'était suicidé.

Il mena son enquête et reçut la confirmation que ce patient s'était bien tiré une balle dans la tête, au moment précis où il s'était réveillé.

Le 11 février 1944, alors âgé de soixante-huit ans, Jung fit une chute et se cassa la jambe. Il y eut des complications. Il fit une crise cardiaque et perdit connaissance.

Il eut un rêve ou une vision dans lequel il flottait hors de son corps au-dessus du désert d'Arabie et des sommets enneigés de l'Himalaya.

Puis il redescendait et voyait un temple hindou. Il comprit qu'il trouverait toutes les réponses à ses questions, au travail de toute une vie, dans ce temple. Puis son médecin lui apparut et lui dit que le moment n'était pas encore venu pour lui de mourir : on l'avait envoyé pour le ramener.

Le 4 avril, Jung se sentit suffisamment bien pour s'asseoir dans son lit, mais un grand poids l'affligeait. Il savait grâce à son rêve que son ami médecin s'était sacrifié afin qu'il puisse recouvrer la santé et vivre pour parachever son œuvre.

Le jour même, le médecin dut s'aliter, atteint de septicémie. Quelques jours plus tard, il s'éteignit.

*
* *

Avant d'entreprendre les recherches pour ce livre, la lecture fortuite de plusieurs récits m'avait convaincu que les apparitions d'anges rapportées pendant la Première Guerre mondiale, tels que les « anges de Mons », avaient été inspirées par une nouvelle d'Arthur Machen, auteur occulte, parue dans le *Evening News*, et que de nombreuses personnes avaient lue à tort comme un reportage. Or une récente lecture m'a convaincu du contraire.

Les troupes françaises, belges et anglaises se faisaient repousser par les Allemands près de la ville de Mons. La défaite se profilant à l'horizon, on organisa une journée nationale de prière et les fidèles affluèrent dans les églises d'Angleterre. Sur le champ de bataille, les Anglais semblaient à la merci des Allemands. Tandis qu'ils battaient en retraite, la cavalerie allemande fonça droit sur eux, mais, subitement, les chevaux des Allemands firent volte-face, refusant de continuer à avancer – comme l'ânesse de Balaam. Les tirs cessèrent dans les deux camps. Par la suite, de nombreux soldats rapportèrent avoir vu trois, quatre ou peut-être cinq êtres de lumière vêtus de robes blanches flotter dans le ciel, dos aux Anglais, face aux Allemands[6].

C'était une soirée chaude et claire, entre vingt heures et vingt et une heures. Ces étranges lumières se découpaient assez nettement dans le ciel. Elles ne pouvaient en aucun cas être un jeu de la lumière de la lune, puisque le ciel était dégagé. Officiers et soldats les contemplèrent pendant environ quarante-cinq minutes.

Les déclarations-clés des témoins de ces événements furent recueillies et publiées avant le 14 septembre, date à laquelle parut la nouvelle de Machen. En outre, les apparitions dans le récit de Machen sont des archers fantomatiques, ce qui n'est pas sans rappeler les archers qui défirent les chevaliers français à Azincourt – bien loin des créatures angéliques que les hommes dans les tranchées des deux camps rapportèrent avoir vues.

En mars 1918, les troupes britanniques et portugaises combattant au nord de Béthune, dans le nord de la France, risquaient à nouveau de se faire anéantir par les Allemands. Paris était menacé. Se souvenant de ce qu'il s'était passé à

Les anges de la Première Guerre mondiale.

Mons, une nouvelle journée nationale de prière fut organisée. Les Américains, qui avaient décidé d'envoyer des troupes au mois de mai de l'année précédente, y participèrent également.

À nouveau, les troupes allemandes stoppèrent subitement leur avancée et cessèrent de tirer. Quelqu'un entendit une alouette chanter. Mais que pouvait-il bien se passer ?

Plus tard, les soldats allemands qui avaient été fait prisonniers rapportèrent avoir vu une brigade de cavalerie avancer vers eux, portant des uniformes blancs et montant des chevaux blancs. À cause de ces étranges uniformes, ils supposèrent qu'il s'agissait de forces coloniales qu'ils n'avaient jamais rencontrées jusque-là. Au départ, ils pensèrent même que le comportement de ces cavaliers était totalement insensé : ils chargeaient les positions allemandes en terrain découvert. Les Allemands tirèrent des obus et dirigèrent leurs mitrailleuses sur eux, mais la cavalerie blanche continua sa progression sans qu'un seul homme ne tombe, telle une grande vague irrésistible.

45

Fátima et les secrets de l'ange gardien

Ayant reçu le nom de la fille de Mahomet, la ville de Fátima est située au centre du Portugal.

En 1915, une fillette de huit ans, Lúcia dos Santos, gardait le troupeau de moutons familial avec des amies dans les champs avoisinant la ville. Après le déjeuner, elles récitaient le chapelet quand Lúcia vit au loin une silhouette planer au-dessus d'un arbre dans la vallée. Elle dirait plus tard que cette forme était plus blanche que la neige et, en même temps, presque transparente. La silhouette plana à la cime de l'arbre, mais ne se rapprocha pas et n'essaya pas de communiquer avec elle.

Les jours suivants, Lúcia la vit à deux autres reprises. En rentrant chez elle, elle en parla à ses sœurs, qui se moquèrent d'elle : c'était sans doute un homme enveloppé dans un drap blanc, qui jouait au fantôme.

L'année suivante, ses cousins, Francisco, alors âgé de neuf ans, et Jacinta, sept ans, furent autorisés à garder le troupeau avec Lúcia. Un matin de printemps, il se mit à pleuvoir et les trois enfants se réfugièrent dans une grotte. Un peu plus tard, ils en sortirent, déjeunèrent et se mirent à jouer. Tout à coup, une rafale de vent leur fit lever les yeux et ils virent une figure venir à eux à la cime des arbres. Cette fois encore, elle était plus blanche que la neige et transparente comme le cristal dans les rayons du soleil. Quand elle s'approcha, ils virent qu'elle avait l'apparence d'un garçon de quatorze ou quinze ans.

« N'ayez pas peur ! dit-il. Je suis l'Ange de la paix. Priez avec moi. »

Il s'agenouilla et posa son front contre terre. Les trois enfants suivirent son exemple et répétèrent également sa prière :

« Mon Dieu, je crois, j'adore, j'espère et je vous aime. Je vous demande pardon pour ceux qui ne croient pas, qui n'adorent pas, qui n'espèrent pas et qui ne vous aiment pas. »

(Contrairement à ses cousines, Francisco n'entendait pas les paroles de l'ange, mais il se joignit à la prière en répétant ce que disaient les filles.)

Plus tard cette année-là, durant une brûlante journée d'été, les enfants jouaient à l'ombre dans le fond d'un jardin. Ils se trouvaient près d'un puits quand ils levèrent subitement les yeux et virent l'ange.

« Que faites-vous ? » leur demanda-t-il.

Il leur enjoignit de prier, de toujours prier, et leur apprit que, dans leur cœur, Jésus et Marie avaient des projets pour eux. Il leur révéla également qu'il était l'ange gardien du Portugal.

À l'automne, après la moisson, les enfants gardaient à nouveau le troupeau. Ils venaient de déjeuner et priaient, ainsi que l'ange le leur avait appris. Alors qu'ils avaient le front contre terre, ils prirent subitement conscience qu'une clarté extraordinaire les enveloppait. Ils levèrent les yeux et l'ange était là, tenant dans la main un calice. Au-dessus était suspendue une hostie : des gouttes de sang s'en écoulaient et tombaient dans le calice. Ils continuèrent à prier après le départ de l'ange et ce jusqu'à la tombée de la nuit, quand ils rentrèrent chez eux.

L'année suivante, le dimanche 13 mai, après la messe, les trois bergers gardaient à nouveau leur troupeau quand ils virent ce qu'ils prirent dans un premier temps pour un éclair. Ils rassemblèrent leurs bêtes et se préparèrent à rentrer. Puis une chose les frappa : il n'y avait pas un nuage dans le ciel. Ils virent alors un second éclair, puis une femme vêtue de blanc, enveloppée d'une lumière vive, en train de planer au-dessus d'un petit chêne. Ils ne se trouvaient qu'à quelques pas d'elle et se sentaient eux aussi baignés de sa clarté.

« N'ayez pas peur, dit-elle. Je ne vous ferai aucun mal.

— D'où venez-vous ? lui demanda Lúcia.

— Je suis du Ciel.

— Qu'attendez-vous de moi ? »

La Dame demanda à Lúcia et aux autres enfants de revenir au même endroit, devant le chêne, le 13 de chaque mois, et ce pendant sept mois.

« Et moi, irai-je au Ciel ?
— Oui, tu y viendras.
— Et Jacinta ?
— Aussi.
— Et Francisco ?
— Il viendra aussi, mais il doit réciter de nombreux chapelets. »

Lúcia posa la question pour une amie, Amelia.

« Elle ira au Purgatoire jusqu'à la fin du monde. »

(Selon moi, il est ici sous-entendu qu'à la fin du monde, Amelia sera libre d'aller au Paradis.)

La dame demanda alors aux petits bergers s'ils voulaient s'offrir à Dieu et s'ils acceptaient toutes les souffrances qu'il voudrait leur envoyer. Ils répondirent qu'ils le voulaient et la Dame ajouta :

« Vous allez donc avoir beaucoup à souffrir, mais la grâce de Dieu vous assistera et vous soutiendra. »

Sur ce, elle ouvrit les bras et un flot de lumière émana d'elle, dont les enfants eurent l'impression qu'il pénétrait au plus profond de leur être. Ils tombèrent à genoux et se remirent à prier.

Puis, alors que la Dame commençait à s'élever vers l'est, son chemin s'éclaira dans les cieux et les petits bergers crurent voir les portes du Paradis s'ouvrir.

Ils décidèrent de ne rien dire à personne, mais Jacinta ne put retenir sa langue et la nouvelle se répandit comme une traînée de poudre dans le village. Dans un premier temps, la famille de Lúcia se moqua d'elle mais, voyant que les taquineries ne la feraient pas changer d'avis, ils commencèrent à s'inquiéter et tentèrent de lui faire admettre qu'elle mentait.

Le 13 juin, les enfants se rendirent près du chêne, ainsi que leur avait demandé la Dame. Une petite foule d'une cinquantaine de personnes les accompagnait. La Dame apparut et recommanda à Lúcia d'apprendre à lire. Lúcia lui demanda la guérison d'un garçon de sa connaissance qui était malade et la Dame lui répondit qu'il guérirait s'il se convertissait dans l'année. Elle dit également à Lúcia qu'elle emmènerait bientôt ses cousins.

« Je vais rester ici toute seule ? »

La Dame lui répondit :

« Non, je ne t'abandonnerai jamais. Mon Cœur immaculé sera ton refuge. »

Et elle montra à Lúcia une vision de son cœur entouré d'épines.

Le 13 juillet, des témoins entendirent Lúcia pousser un cri. La Dame montrait aux enfants une vision de l'Enfer et de terrifiants démons qui avaient la forme d'animaux inconnus. Elle leur dit que la guerre allait vers sa fin, mais que, si les gens ne cessaient pas d'offenser Dieu, sous le pontificat de Pie XI, en commencerait une autre, pire. Elle demanda aussi « la Consécration de la Russie à son Cœur immaculé », prévenant que si cela n'arrivait pas, la Russie répandrait ses erreurs à travers le monde. (Ce dernier point a souvent été interprété comme une référence à la diffusion du communisme et de l'athéisme.)

Les autorités ecclésiales locales firent d'abord preuve d'hostilité, suggérant que ce phénomène devait être l'œuvre du Diable. Les officiels de la ville menaçèrent les enfants de prison. Les adultes étaient tour à tour menaçants puis flatteurs, quand ils souhaitaient entendre les secrets qui leur avaient été révélés.

Le 13 juillet, la Dame révéla aussi à Lúcia ce qu'on appellerait plus tard le « troisième secret de Fátima ».

Le rapport du Vatican à ce sujet fut publié en 1984, avec un commentaire du cardinal Ratzinger, qui devint pape par la suite. D'après ce rapport, le secret semblait prédire l'assassinat d'un pape. Toutefois, les rumeurs ont toujours couru : d'autres éléments du troisième secret n'auraient pas été divulgués, dont des révélations sur l'incarnation imminente de l'Antéchrist[1].

Après avoir entendu les secrets, Lúcia demanda à la Dame de faire un miracle pour aider les gens à croire.

Le 13 août, les enfants ne purent honorer leur rendez-vous, car les autorités les emprisonnèrent brièvement. Elles allèrent même jusqu'à les menacer de torture et de mort par ébouillantage.

On estime que le 13 octobre, entre soixante-dix mille et cent mille personnes se présentèrent, dans l'espoir de voir un miracle. L'attente était à son comble et la mère de Lúcia craignait que les enfants se fassent attaquer si aucun miracle ne se produisait.

Il pleuvait à torrents ce jour-là : les photos montrent une mer de parapluies. La Dame apparut aux enfants et leur annonça la fin proche de la guerre : bientôt, les soldats rentreraient chez eux. D'après le récit de Lúcia, le sol boueux n'empêcha pas les gens de s'agenouiller. Elle leur demanda de fermer leur parapluie. Puis les enfants eurent une vision de la Dame avec saint Joseph et l'enfant Jésus, qui firent tous deux le signe de la croix, bénissant le monde.

Soudain, la vision s'évanouit et Lúcia se sentit poussée à s'écrier : « Regardez le soleil ! »

Les témoins se rendirent compte qu'ils pouvaient regarder directement le soleil, qui venait de percer les nuages. Ils purent continuer à le fixer, alors même qu'il brillait de plus en plus. Subitement, l'astre se mit à tourner sur lui-même, telle une pièce sur sa tranche. Ce prodige fut observé à plus de cent kilomètres à la ronde : certains témoins diraient qu'il évoquait une roue de feu d'artifice. Des photographies montrent la foule lever les yeux vers ce miracle, les corps et les visages baignés d'une lumière intense, dont la couleur variait à tout instant. Quand ils se regardèrent les uns les autres, ils virent qu'ils étaient eux aussi peints des couleurs de l'arc-en-ciel, qui changeaient, se transformaient, constamment. De la foule s'élevèrent des cris : « Miracle ! Miracle ! »

Soudain, le soleil sembla fondre sur la Terre. On cria. Était-ce la fin du monde ?

Mais la « danse du soleil » prit subitement fin et l'astre reprit sa place habituelle dans le ciel. Les spectateurs, trempés jusqu'aux os quelques instants auparavant, se rendirent compte qu'ils étaient désormais totalement secs, de même que les arbres, les plantes et le sol.

Le Dr José Maria de Almeida Garrett, professeur à la faculté de sciences de Coimbra, au Portugal, assista ce jour-là au phénomène et en fit plus tard le récit suivant : à trois reprises, une fine colonne de fumée bleutée s'éleva au-dessus de la tête des enfants, se prolongeant jusqu'à deux mètres au-dessus d'eux, avant de s'évanouir. Soudain, il entendit le brouhaha de milliers de voix. Comme tous les autres témoins, il se détourna des enfants pour regarder le soleil, qu'il décrivit comme un disque bien net, à l'arête vive, ni voilé ni brouillé, comme il l'aurait été vu à travers la brume ou les nuages. L'astre tournait sur lui-même. Il trouva remarquable de pouvoir le regarder fixement sans éblouissement de la rétine.

On entendit soudain une autre clameur monter de la foule, tandis que le soleil prenait une couleur rouge et paraissait « se détacher du firmament » pour plonger vers la terre en menaçant de les « écraser de sa masse ignée ».

Nous avons donc ici un miracle attesté par des milliers de témoins, un miracle à la mesure de ceux qui jonchent l'histoire de Moïse.

Pour les non-catholiques, certains éléments peuvent paraître gênants. Le but de la Dame semble être de promouvoir le dogme catholique. À Lourdes, cela ne semblait pas avoir été la motivation principale de la Dame en apparaissant à Bernadette. Mais à Fátima, la Dame insiste sur le fait de réciter le chapelet, l'importance d'échapper à l'Enfer et la doctrine du Cœur immaculé. Elle peut nous évoquer Catherine de Sienne, une grande sainte, entourée de miracles, qui joua aussi un rôle politique. Catherine croyait que sa mission d'inspiration divine consistait en grande partie à faire pression en faveur d'une autre croisade – ce qui, d'un point de vue moderne, était une entreprise très ambiguë sur le plan moral. Il est sans doute utile de garder à l'esprit que les individus qui relayent ces messages spirituels ont beau être extraordinaires, ils n'en restent pas moins humains.

Certains auteurs ont vu dans les apparitions mariales de la fin du XIXe et du début du XXe siècles un élan plus favorable à la sensibilité moderne – une origine spirituelle du mouvement féministe.

*

* *

Celui qu'on connaîtrait plus tard sous le nom de Padre Pio naquit en 1887 dans une famille nombreuse de paysans illettrés du sud de l'Italie.

Il commença à avoir des visions très jeune. Plus tard, il dirait que son ange gardien était le « compagnon de son enfance » et expliquerait que, lorsqu'il était petit, il pensait que tout le monde voyait les anges aussi nettement que lui. À cinq ans, il fit la promesse de consacrer sa vie à saint François d'Assise.

En 1910, il fut ordonné prêtre. La même année, il reçut les stigmates : comme saint François, les plaies de Jésus Christ sur la croix lui apparurent sur les mains et les pieds. Certains témoins dirent que ces plaies, de la largeur d'une pièce, traversaient ses mains et ses pieds et que, parfois, on pouvait voir la lumière passer à travers. Padre Pio pria, non pas pour que ses plaies cessent d'être douloureuses, mais pour qu'elles deviennent invisibles, car ces marques lui faisaient honte et le mettaient mal à l'aise. Ses prières ne furent pas exaucées, et il se mit à porter des gants et des bas pour les cacher.

Au moment des visions des enfants à Fátima, il fut appelé sous les drapeaux. En 1916, un général italien du nom de Cadorna fut démis de ses fonctions suite à une défaite catastrophique. Il était dans sa tente, un pistolet sur la tempe, quand il eut la vision d'un prêtre qui lui dit de poser son arme. Après la guerre, en visite dans un monastère, le vieux soldat reconnut Padre Pio comme étant le prêtre qui lui était apparu dans sa tente.

Padre Pio fut démobilisé en 1918. Au mois d'août de la même année, il confessait les jeunes scolastiques de son couvent quand il eut une vision : Jésus Christ lui apparut avec une plaie au flanc – et, au même moment, il reçut la transverbération. Il décrirait plus tard la terreur et la douleur qu'il ressentit tandis qu'un dard de feu lui transperçait le cœur. Il crut qu'il était en train de mourir. Deux jours durant, il eut l'impression qu'on lui déchirait les entrailles.

Certains de ses disciples dirent que chaque jour, environ une tasse de sang s'écoulait de sa blessure au flanc. Certains ajoutèrent que son sang sentait la violette et la rose.

La nuit, Padre Pio était souvent assailli par les démons. Le matin, on voyait qu'il avait été roué de coups : il saignait parfois de la bouche, du nez ou du front. À certains moments, le diable lui apparaissait sous la forme d'un chat noir ; à d'autres, d'une jeune femme sensuelle qui dansait devant lui.

« Souvenez-vous que si le diable fait du bruit, disait Padre Pio, c'est qu'il est encore dehors et pas encore dedans. » Il croyait que la souffrance était la voie qui le mènerait à Dieu.

Le diable lui apparut également sous la forme d'un homme grand, élancé et élégant, qui lui dit être venu se confesser, mais n'arrêtait pas de tergiverser. Padre Pio finit par le mettre au défi de dire : « Vive Jésus, vive Marie ! » À l'instant même, l'homme disparut dans une flamme de feu.

Padre Pio écrivit plus tard au sujet des dangers contre lesquels saint Paul avait mis en garde : « l'artificier » Satan peut se déguiser « en ange de lumière » (2 Corinthiens, XI, 14)[2].

Il devint vite un confesseur célèbre, car il démontra en plusieurs occasions qu'il pouvait lire dans les pensées de ceux qui venaient le voir. S'il voyait que ces personnes n'étaient pas honnêtes et sincères, qu'elles cachaient peut-être des péchés ou n'avaient pas l'intention de se réformer, il se mettait en colère et les insultait – il arrivait même qu'il les frappe.

On le vit léviter et accomplir de nombreux miracles de guérison : il guérit notamment une jeune fille atteinte de cécité. Il exorcisait aussi les démons. Il disait que sa principale œuvre commencerait après sa mort et qu'il entrerait au Paradis quand il aurait « vu entrer le dernier de [s]es fils spirituels ».

Au moment de sa mort en 1968, il s'était fait de nombreux ennemis, au sein même de l'Église. On l'accusait d'être à la fois un imposteur et un psychopathe. Malgré tout, en 2002, il fut canonisé par le pape Jean-Paul II, qui lui avait rendu visite quand il était jeune homme.

*
* *

Padre Pio conseillait aux gens de lui envoyer leur ange gardien s'ils avaient un message ou une demande à lui formuler. Un avocat nommé Attilio de Sanctis lui raconta une chose extraordinaire qui lui était arrivée. Il s'était endormi au volant et avait malgré tout réussi à conduire sa voiture pendant quarante-trois kilomètres sans accident. Padre Pio lui dit : « Votre ange gardien a conduit la voiture. »

Padre Pio parlait aussi de son propre ange gardien, dont il disait qu'il l'aidait souvent à apaiser ses souffrances. Nous avons vu que les chrétiens évoquent leur ange gardien depuis *Le Pasteur d'Hermas*, écrit au Ier ou au IIe siècle. Mais le XXe siècle connut un véritable regain d'intérêt pour les anges : on commença à mieux décrire leurs qualités et leurs actions et à mieux les comprendre.

Pie XI raconta à un groupe de visiteurs qu'il priait son ange gardien matin et soir, et souvent aussi pendant la journée si son travail devenait pénible. Il confia à un envoyé diplomatique du Vatican un « très beau secret » :

> Quand il nous arrive de devoir parler avec une personne difficilement accessible à nos arguments, et avec laquelle notre langage doit avoir un ton d'autant plus persuasif, nous recourons à notre ange gardien. Nous lui recommandons l'affaire. Nous lui demandons d'intervenir auprès de l'ange gardien de la personne que nous allons rencontrer. L'entente ainsi établie entre les deux anges, la conversation entre le pape et son visiteur devient beaucoup plus facile...
>
> Quand vous emménagez dans un nouveau quartier, demandez à votre ange de parler aux anges gardiens de vos nouveaux voisins...
>
> Notre ange gardien peut aussi nous aider dans notre relation à Dieu, nous apprendre à devenir plus proche de lui.

*
* *

C'est Lorna Byrne qui donne les informations les plus détaillées sur les qualités et le rôle des anges gardiens. D'après elle, notre ange gardien ne nous quitte jamais pendant notre vie terrestre. C'est l'étincelle divine en nous qui l'attire et le lie à nous. « Votre ange gardien est le gardien de votre âme », dit-elle et il arrive qu'il laisse entrer d'autres anges ou des êtres chers du Paradis pour vous aider.

46

Hitler et les anges hongrois

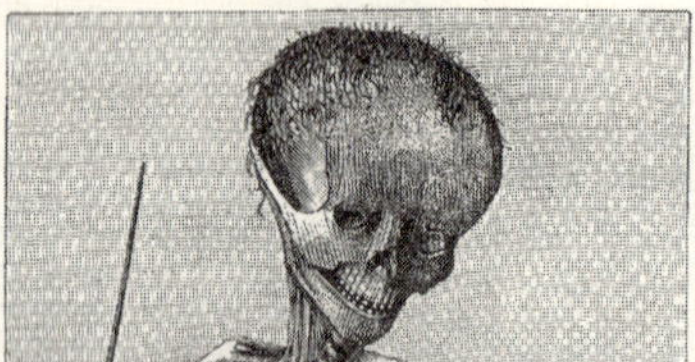

Docteur Mort (miniature extraite d'un livre d'heures du XVIe siècle).

Quand les tribus d'Europe du Nord aperçurent Odin à la tête de la chasse sauvage dans le ciel et entendirent la clameur assourdissante de la chevauchée des morts, les ébrouements des chevaux noirs et les aboiements des chiens de chasse tout aussi noirs, elles y virent un mauvais présage. À la fin du XIXe siècle, Richard Wagner ranima l'esprit de la chasse sauvage dans la chevauchée des Walkyries. Il dit : « Je suis convaincu qu'il y a des courants universels de pensées divines. » Selon lui, ceux qui savaient accéder à ces courants recevaient l'inspiration cosmique[1].

Les propos de table de Hitler montrent qu'il avait lui aussi un sens aigu de la destinée. Il pensait avoir miraculeusement échappé à la mort en plusieurs occasions au cours de la Première Guerre mondiale car des puissances supérieures l'avaient protégé. Il raconta qu'une fois, il était en train de dîner avec des camarades quand une voix lui dit de se lever et de longer la tranchée sur une vingtaine de mètres, ce qu'il fit, emportant sa gamelle avec lui. Au moment où il s'assit, il y eut un énorme flash et une détonation. Un obus venait de tomber à l'endroit où il était assis quelques instants auparavant : tous ses camarades furent tués.

« J'exécute les ordres que me donne la Providence. » Hitler expliquait qu'il ne faisait rien tant qu'une voix – qu'il prenait pour celle de la Providence – ne lui disait pas quoi faire. Il procrastinait, passait des heures à marcher seul, attendant d'entendre cette voix intérieure. Au moment de son ascension politique, ses opposants trouvèrent son timing et l'efficacité de ses décisions troublants.

« Le surhomme vit au milieu de nous, dit-il en privé. Il est là intrépide et cruel. » En public, il déclara : « La Providence m'a chargé de la mission de réunir les peuples germaniques. Avec pour mission de rendre ma patrie au Reich allemand. » Il étudia l'occultisme, la philosophie de Nietzche et la musique de Wagner, ce qui approfondit le sens qu'il avait de la destinée. Houston Stewart Chamberlain, écrivain occulte anglais et gendre de Wagner, proclamait qu'il était le « messie allemand ». Le côté obscur de l'idéalisme suscitait l'attente d'un héros hégélien qui soumettrait le monde à sa volonté[2].

Les témoignages sur le charisme d'Hitler ne manquent pas. Il semble qu'habituellement, l'atmosphère autour de lui était secrète et hypocrite. Hermann Rauschning, un de ses partisans qui se retourna contre lui par la suite, la décrivit comme suit : « Ce que l'on ressent le plus chez Hitler, c'est comme les miasmes récurrents d'une sexualité furtive et anormale qui emplit et pollue l'atmosphère autour de lui. Autour de lui, rien n'est franc. Relations sournoises, contrefaçons et symboles, faux sentiments et envies cachées – rien dans l'entourage de cet homme n'est naturel et vrai. » Mais il transparaît clairement dans d'autres témoignages que Hitler avait un charisme extraordinaire quand il s'exprimait en public. Gregor Strasser, un autre de ses partisans, dit quant à lui : « Écoutez Hitler. Un monsieur à la moustache comique se transforme en archange. » Joseph Goebbels relata avec enthousiasme qu'après sa première rencontre avec l'orateur Hitler, il eut l'impression de renaître : il sut où son chemin le menait, il était comme drogué, et les yeux de Hitler lui apparurent comme « deux grandes étoiles bleues ».

Pendant ce temps, Rudolf Steiner critiquait l'appropriation d'un ancien symbole, le svastika, à des fins politiques : « Soyez assurés du fait que ces gens qui ramènent aujourd'hui ce signe en Europe centrale *savent exactement ce qu'ils font. Ce signe est efficace.* » S'il y avait un homme en vie capable de comprendre les réalités spirituelles derrière le charisme d'Hitler – l'identité des êtres qui se cachaient derrière lui –, c'était bien Rudolf Steiner.

Steiner n'eut de cesse de s'élever contre la montée de l'antisémitisme, dont il disait qu'il était « le contraire d'une pensée saine » et « l'expression d'une infériorité spirituelle » qui faisait preuve de mépris envers l'aboutissement culturel du monde entier, dans lequel les juifs avaient joué un rôle central.

Hitler attaqua Steiner dans la presse au motif qu'il était un ami des juifs, et ses partisans lui déclarèrent la guerre. Quand une des conférences de Steiner fut perturbée par des gros bras de la droite dure, il annula la fin de sa tournée. Peu après, il cessa toute allocution publique. Des propos diffamatoires circulaient : on l'accusait de pratiquer la magie noire pour agresser sexuellement ses adeptes. Telle était l'atmosphère quand le siège de la Société anthroposophique, son chef-d'œuvre architectural, le Goetheanum, fut réduit en cendres par un incendie criminel.

En 1938, l'Allemagne annexa l'Autriche et Hitler entra dans Vienne sous les acclamations d'une foule en délire. Plus tard, cette nuit-là serait surnommée « la nuit de la terreur », car on commença à rassembler brutalement la population juive de la ville. Soixante-dix mille juifs furent arrêtés et un nouveau camp de concentration, Mauthausen, fut implanté sur les rives du Danube.

Plus tard, Hitler fit transporter la lance de Longinus (ou Sainte Lance), conservée dans la salle du trésor du musée Hofburg de Vienne, en Allemagne. On fêta dignement son retour dans la patrie. Elle resta fièrement exposée dans l'église Sainte-Catherine de Nuremberg jusqu'à ce que les esprits qui avaient conféré ses pouvoirs à Hitler le désertent et qu'il soit vaincu.

*

* *

Gitta était la fille d'un officier hongrois. Elle avait une mère autrichienne. Elle travaillait dans un studio d'art graphique avec un couple marié, Hanna et Joseph. Quand la Seconde Guerre mondiale éclata et que Budapest ne fut plus un lieu sûr pour les juifs, tous trois s'installèrent dans une maison d'un village voisin, avec Lilli, juive comme Hanna et Joseph.

Le 25 juin 1943, Hanna commença à recevoir des messages. Avant de les relayer à Gitta, elle la prévint : « Ce n'est plus moi qui parle. »

Il devint évident que Hanna entendait des anges. Plus tard, Gitta commença à sentir la présence de son propre guide intérieur, qui l'aida à comprendre les messages et à poser les bonnes questions.

Les enseignements qu'elles recevaient étaient souvent sévères. Les anges blâmaient les deux jeunes femmes pour leur profonde ignorance. Les hommes, disait l'ange de Hanna, ne *connaissent* même pas une seule cellule de leur corps. Plus tard, ils dirent aux jeunes femmes que même la plus petite cellule du corps humain peut se joindre à la prière.

Une théologie qui semblait dans la lignée de Mani et de Christian Rosenkreutz se dégagea de ces messages angéliques. Les anges dirent aux jeunes femmes que l'extase était un pressentiment de l'apesanteur qui adviendrait quand notre matière corporelle serait transformée. Comme dans *Les Noces chymiques*, ils leur dirent d'attendre l'union sacrée du Ciel et de la Terre. Lorsqu'elle se produirait, la mort elle-même mourrait.

En parlant de la transformation, les anges évoquèrent sept sphères et sept portes intérieures – à nouveau, comme les anciens enseignements mystiques. Ils dirent que la nouvelle Lumière ne viendrait que lorsqu'on allumerait les sept flammes en nous, l'une après l'autre.

Certains de leurs enseignements étaient extraordinaires :

« Quand le pain est-il pain ? Lorsqu'il est distribué à ceux qui ont faim, alors seulement il devient pain. »
« Si tu prêtes l'oreille, même les pierres parleront. »

Les anges donnèrent aux deux amies un point de vue qui englobait de grands pans de l'histoire cosmique, leur expliquant que chacun d'entre nous avait un moi en formation depuis le commencement des temps.

Ils les mirent également en garde contre une tempête imminente. La ville était décrite comme une « coquille vide », où même la poussière était « malédiction ». Le cosmos émettait un cri d'angoisse.

En mars 1944, la Hongrie fut envahie par les troupes allemandes. En avril, les appartements de Budapest appartenant aux juifs furent confisqués et leurs habitants rassemblés dans le ghetto. En mai, les juifs furent contraints de porter l'étoile jaune.

« Tout te sera donné, dont tu auras besoin », dit l'ange de Hanna. Mais en juin, son mari, Joseph, fut entassé dans une bétaillère et déporté.

Avec l'aide d'un prêtre catholique, Gitta réquisitionna un vieux cloître pour le transformer en atelier de confection militaire. Elle prétendit que son but était d'aider l'armée dans laquelle son père avait servi avec honneur, mais, en réalité, le cloître servait de refuge à une centaine de femmes juives et leurs enfants. Ils pariaient sur le fait que, compte tenu de la nature patriotique de l'entreprise, les factions antisémites de plus en plus puissantes ne se rendraient pas compte que les femmes fabriquant les uniformes étaient juives.

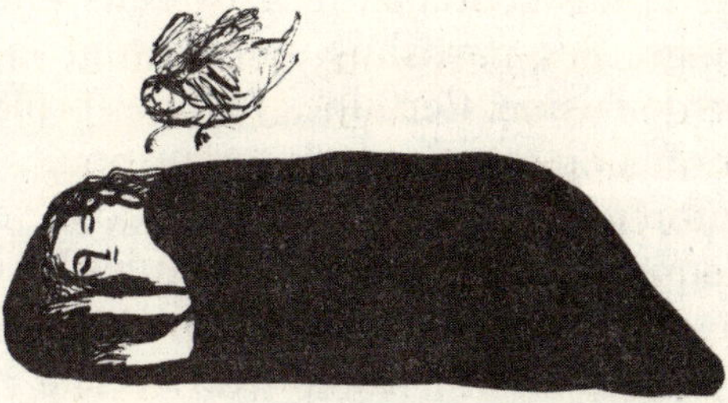

Le secours d'un ange.

Gitta et Hanna continuèrent à se rencontrer après le travail pour dialoguer avec les anges. Elles entendaient le bruit des coups de feu, comme les nazis gagnaient en confiance. Les gangs régnaient sur les rues. Les femmes étaient menacées. Il y avait des rumeurs de chasse aux juifs et de salles de torture.

Dans l'un des derniers messages, les anges demandaient d'aspirer les étoiles et d'en semer de nouvelles dans le ciel.

Les nazis locaux commençaient à soupçonner que le cloître abritait des activités subversives. Grâce à sa mère autrichienne, Gitta parlait parfaitement l'allemand : elle se servit de cet avantage pour persuader les soldats allemands de les protéger contre les nazis locaux. Elle affirma avoir reçu une autorisation d'un commandant allemand et quelque chose dans ses manières bourgeoises les convainquit, pour un temps. Mais le 5 novembre 1944, le « père » Kun, un infâme prêtre défroqué, la mit au pied du mur. Il arriva à la tête d'une foule, vêtu d'une bure noire, des pistolets et des couteaux fourrés dans une ceinture rouge. Ses partisans enfoncèrent la porte d'entrée de l'usine. Certaines femmes profitèrent de la confusion qui régna un temps pour s'enfuir dans la forêt voisine, mais soixante-douze d'entre elles n'eurent pas cette chance. On les fit mettre en rang et on les emmena à marche forcée. Quant à Gitta, on la fit tomber, on la rua de coups de pied et on lui cracha dessus. Le père Kun déclara qu'il s'arrangerait pour qu'elle ait un « traitement spécial ».

Hanna avait toujours dit à Gitta qu'elle devait survivre pour porter le message des anges au monde. Mais Gitta se rendit compte que Hannah et Lilli n'étaient pas de celles qui s'étaient enfuies dans la forêt. On les emmenait au camp de concentration de Ravensbrück.

Après la guerre, un témoin raconta une scène à Gitta : tondant Hanna, un des gardes SS avait remarqué ses cheveux blonds et ses yeux bleus d'Aryenne. Il lui avait demandé :

« Qu'est-ce que tu fais ici, *toi* ?

— Je suis juive », lui avait-elle répondu.

Gitta réussit à conserver les carnets noirs dans lesquels elle avait consigné les conversations angéliques. En 1983, l'Institut Jung de Zürich lui demanda de venir raconter ses expériences en public. Elle dit avoir accepté l'invitation car la lecture des expériences de Jung avec son propre guide spirituel, Philémon, l'avait profondément émue[3].

Ici encore, on peut peut-être voir un écho des êtres spirituels qui travaillent avec des gens de pays différents, de traditions culturelles et de religions différentes – mais dans un but commun.

47

Le *sine qua non*

Les vies des Présidents Lincoln et Kennedy présentent certaines similarités et d'étranges coïncidences entourent leur assassinat. Tous deux étaient des hommes athlétiques, qui mesuraient plus d'un mètre quatre-vingts. Tous deux avaient été capitaines de bateau et, bien sûr, tous deux s'intéressaient à ce qu'on appelle aujourd'hui les relations interethniques. Lincoln fut élu au Congrès en 1846, Kennedy en 1946. Lincoln fut élu Président en 1860, Kennedy en 1960 – et, dans les deux cas, la légalité de leur élection fut contestée. Chacun d'eux avait un ami démocrate venant de l'Illinois nommé Adlai E. Stevenson, chacun d'eux connaissait un certain docteur Charles Taft, et chacun d'eux avait un ami et conseiller nommé Billy Graham. Les deux hommes firent remarquer à plusieurs reprises qu'il serait extrêmement facile de tuer un président. Tous deux reçurent une balle dans la tête un vendredi et furent tendrement enlacés par leur femme. Leurs deux assassins furent détenus par des policiers du nom de Baker et furent eux-mêmes tués d'un unique coup de Colt avant d'avoir été jugés. John Wilkes Booth était né en 1839, Lee Harvey Oswald en 1939. Un démocrate du Sud portant le nom de Johnson succéda à Lincoln comme à Kennedy.

Les deux grands scientifiques de l'âme au XXe siècle étaient Jung et Rudolf Steiner. Qu'auraient-ils dit ?

Les coïncidences ne sont pas propres aux événements du monde matériel, mais aux observations que les hommes font de ces événements. Si on regardait ces deux séries d'événements en les dépouillant de toute description humaine, comme la manière dont on choisit de mesurer le temps par exemple, on ne verrait pas de similarités significatives.

De fait, ces deux séries d'événements historiques ne présentent des similarités remarquables que lorsqu'un esprit ouvert et attentif les examine. Pour qu'une coïncidence existe, il faut qu'un esprit *établisse* le lien. En d'autres termes, les coïncidences se produisent dans les substances des vies mentales qui se mêlent au fil du temps. Plus précisément, les coïncidences dépendent également des liens linguistiques. Une coïncidence ne surviendrait pas indépendamment du langage : c'est sa place au sein d'un réseau de mots qui lui confère du sens.

Comme la plupart des phénomènes décrits dans cet ouvrage, les coïncidences sont beaucoup plus faciles à expliquer du point de vue de l'idéalisme que de celui du matérialisme. Si des êtres non incarnés mais intelligents comme les anges des planètes et des constellations aident peu à peu à façonner l'histoire, si les grandes pensées qui construisent le monde traversent de nombreux esprits en même temps, comme l'avance l'idéalisme, il n'est pas surprenant que des motifs prennent forme ni qu'on se sente attiré par un sentiment d'interconnexion cosmique.

Dans les grands motifs récurrents de l'histoire, mais aussi de nos propres vies, on perçoit des mouvements circulaires. La plupart des gens ont déjà essayé d'éviter une épreuve pour la voir se représenter sous une forme différente. On peut voir ces récurrences dans les grands événements de notre vie, mais aussi dans les petites choses du quotidien. Je vous recommande à ce sujet les superbes films du réalisateur thaïlandais Apichatpong Weerasethakul, qui sont façonnés par l'idéalisme comme philosophie de vie. Dans *Syndromes and a Century*, la caméra se déplace dans un mouvement circulaire autour d'une statue du Bouddha dans la cour d'un hôpital, puis on voit un groupe d'infirmières marcher dans un couloir. L'une d'elles s'arrête pour refaire son lacet. Ensuite, la caméra nous montre un groupe d'internes, dont un s'arrête aussi pour renouer son lacet, puis retourne faire le tour du Bouddha. Cette coïncidence en apparence banale nous montre quelque chose de magique : la même pensée qui traverse différents corps.

*

* *

Nous avons abordé précédemment les traditions religieuses qui sont descendues des montagnes du Tibet pour se répandre dans le monde entier. Historiquement, les chefs du Tibet étaient des chefs spirituels. Le plus célèbre d'entre eux est bien entendu le Dalaï-lama, mais il y en a d'autres, parmi lesquels le Panchen-lama et le Karmapa. Le Karmapa est le chef de la plus vieille des quatre principales écoles du bouddhisme tibétain. Le Dalaï-lama et le Panchen-lama sont les chefs des nouvelles écoles réformatrices, plus populaires.

On dit de tous ces chefs qu'ils sont des *bodhisattvas*. Ce terme signifie qu'ils ont atteint l'éveil mais qu'ils ont choisi de revenir sur Terre pour aider le reste de l'humanité à s'éveiller elle aussi. Ils sont en outre si développés sur le plan spirituel qu'ils sont à même de *choisir* leur prochaine incarnation. Un Karmapa laisse des instructions pour trouver l'enfant qui sera sa prochaine incarnation, pour le reconnaître. À sa mort, ses disciples se mettent en route selon ses instructions, des hommes sages à la recherche d'un enfant divin. Les élus sont toujours précoces, apprennent souvent à lire et à écrire très jeunes, et comprennent étonnamment bien la doctrine bouddhiste. Ils gardent souvent des souvenirs de leur précédente incarnation et reconnaissent des personnes et des lieux qui leur étaient familiers.

Les facultés surnaturelles qui accompagnent le développement spirituel sont appelées *siddhi* (elles sont similaires aux « dons de l'Esprit » du Nouveau Testament, ou aux signes selon lesquels on reconnaît un « ami de Dieu » d'après Mahomet).

Le bouddhisme tibétain semble accorder beaucoup plus d'importance à ces facultés que la plupart des courants chrétiens. Si le Dalaï-lama est devenu la principale figure politique des chefs tibétains, le Karmapa est le chef le plus étroitement lié aux pouvoirs miraculeux. Traditionnellement, les Karmapas n'étaient pas seulement capables de guérir les malades, d'exorciser les démons, de prophétiser, de voler dans les airs et de lire dans les pensées des autres, ils pouvaient aussi convoquer et faire apparaître de grands êtres spirituels dans le ciel devant d'immenses foules et faire tomber des pluies de pétales des cieux. Il arrivait aussi qu'ils laissent des empreintes de pieds et de mains dans la roche[1].

Au XVe siècle, l'empereur chinois offrit au Karmapa la couronne Vajra – la coiffe noire – comme symbole de son autorité. Parée de rubis et de saphirs, la coiffe noire était la représentation physique d'une couronne spirituelle que ceux doués de « seconde vue » pouvaient voir sur la tête du Karmapa.

On entendit le seizième Karmapa réciter *om mani padme hung* dans le ventre de sa mère. Né en 1923, il fit sept pas et parla juste après sa venue au monde, comme le Bouddha. Enfant, il fonça dans un nid de serpents mortels et dansa, les reptiles entortillés autour de son corps. En une autre occasion, il fit un nœud avec l'épée d'un garde aussi facilement que s'il s'était agi d'une ficelle.

En 1950, la Chine envahit le Tibet. Le but, d'après la Chine, était d'éradiquer le vieux régime féodal théocratique qui avait laissé les paysans dans l'ignorance, la superstition et la pauvreté depuis le Moyen Âge. Accompagné du Karmapa, le Dalaï-lama alla voir Mao Zedong. « La religion est un poison », répondit Mao. Au moins, ils savaient à quoi s'en tenir…

En 1959, le Dalaï-lama fuit le Tibet déguisé en soldat. Le Karmapa en fit de même quelques mois plus tard. Au départ, ce dernier séjourna au nord-est de l'Inde. Son hôte, le roi du Bhoutan, ne pouvait pas avoir d'enfant. Il s'en plaignit au Karmapa, qui répondit nonchalamment que son vœu serait bientôt exaucé. La prédiction s'avéra exacte, à la grande joie du roi.

Des pèlerins commencèrent à affluer d'Europe et d'Amérique pour rendre visite au Karmapa. Ils rapportèrent avoir vu briller son troisième œil et déclarèrent qu'il pouvait induire une expérience mystique chez les autres d'un simple claquement de doigts et ouvrir le troisième œil d'un pèlerin en lui touchant le front.

Le Karmapa commença à beaucoup voyager. Lors d'un rassemblement à Londres, il revêtit la coiffe noire selon le cérémoniel d'usage : toutes les personnes présentes eurent alors l'impression qu'il rayonnait d'un vif éclat qui emplissait toute la salle. La lumière ne s'évanouit que lorsqu'il remit la coiffe noire dans sa boîte. Il se rendit également à New York, où les rumeurs allèrent bon train : il aurait parfois été ivre lors de ses allocutions et aurait couché avec certaines de ses disciples.

En 1976, il fut hospitalisé pour un cancer. Ses analyses stupéfièrent les médecins : elles semblaient indiquer qu'il était capable de contrôler son métabolisme à son gré.

La religion orientale fascinait de plus en plus les Occidentaux. Le bouddhisme tibétain de l'école du Karmapa promettait un accès libre au surnaturel, ce qui séduisait de nombreuses personnes à une époque où le christianisme semblait bien insipide en comparaison. Le christianisme, tiède, contrit et tergiversant, ne semblait proposer qu'une expérience très limitée du surnaturel, que ce soit au sein de l'Église catholique conservatrice ou des groupes évangéliques radicaux qui, du moins de l'extérieur, semblaient tout aussi fermés et autoritaires[2].

Les penseurs à la pointe du christianisme libéral – en particulier au sein des Églises anglicanes et épiscopales – faisaient partie d'un mouvement nommé les « réalistes chrétiens », ou « athéistes chrétiens ». Ils admirent que la vision matérialiste du cosmos devait être correcte et que, de fait, le surnaturel n'existe pas. Selon eux, le vocabulaire religieux dans la Bible et ailleurs qui semble décrire des événements surnaturels est symbolique : il ne fait qu'exprimer poétiquement des états psychologiques, affirmer des attitudes morales, ou même décrire des événements dans un univers parallèle qui n'ont aucun impact sur l'univers matériel. Ces penseurs insistaient sur la valeur et l'importance de « l'expérience spirituelle », mais tendaient à utiliser cette expression pour désigner le sentiment réconfortant d'appartenance à l'univers, plutôt que dans son sens originel, plus significatif, décrivant une rencontre avec les esprits, avec l'intelligence non incarnée. De plus en plus d'hommes d'Église pleins de bonnes intentions admettaient que, s'ils étaient honnêtes, ils ne croyaient pas vraiment à grand-chose. Parmi ces penseurs, on trouvait John A. T. Robinson, un évêque anglican et auteur de *Dieu sans Dieu*, Don Cupitt, et David Jenkins, alors évêque de Durham, qui défraya la chronique en déclarant qu'il ne croyait pas à la résurrection physique de Jésus Christ.

J'ai écrit ce livre pour montrer que, s'il nous faut essayer de concilier réligion et raison, religion et matérialisme sont inconciliables. Si on concède que la matière est apparue avant l'esprit, on concède déjà tant qu'il ne reste rien à défendre. L'idéalisme est le *sine qua non* de la survie de la religion. Si la matière est apparue en premier, si elle *ne résulte pas d'une intention*, si le cosmos n'a pas d'autres significations que celles que nous lui inventons, les grandes affirmations de la religion sont fausses. Si on ne vient de rien, les religions mondiales n'apportent rien.

Ironie de la chose, la version scientifique à laquelle Robinson, Cupitt et consors ont cédé – que j'appelle parfois le modèle Meccano de l'univers – est très années 1950. Ce n'est plus la version à laquelle les scientifiques de pointe adhèrent de nos jours[3]. L'univers que les physiciens de renom explorent aujourd'hui repose sur le principe d'incertitude. Dans cet univers, les objets peuvent être à deux endroits en même temps, influer sur les mouvements d'un objet différent à l'autre bout du cosmos et interagir avec l'esprit humain.

La mécanique quantique décrit ce qui se passe au niveau infinitésimal. Nous savons désormais que l'observation consciente affecte le comportement des particules subatomiques. Cette théorie fut proposée par la célèbre expérience de pensée du « chat de Schrödinger », démontrée expérimentalement par l'expérience dite « du choix retardé » de John Wheeler, le père de la bombe à hydrogène, en 1978, puis mise en pratique lors d'une expérience menée à l'université du Maryland en 1984[4].

Il y a donc un chat dans la boîte, mais il ne faut pas pour autant pratiquer la politique de l'autruche. Si on peut influencer le comportement de la matière au niveau subatomique, pourquoi ne pourrait-on pas l'influencer au niveau humain, ou même cosmique ? Si cela est possible au niveau d'un électron, pourquoi pas au niveau d'un ballon de foot, ou même d'une étoile ? Ou de l'univers entier ? D'après le physicien Roger Penrose, la science n'a pas encore de réponse à apporter à cette question profonde. « La mécanique quantique, dit-il, n'opère pas de distinction entre les particules simples et les systèmes de particules complexes ».

Les expériences menées à bord d'Apollo 11 ont démontré que, dans certaines circonstances, les sens humains sont suffisamment affûtés pour percevoir une unique particule subatomique[5]. Aujourd'hui, nous savons également que dans les paires de « particules intriquées », chaque particule peut instantanément influer sur le comportement de l'autre sur des distances intergalactiques : aussi voit-on enfin comment on pourrait envisager *en des termes acceptables aux yeux de la science* que l'esprit humain exerce un pouvoir sur la matière sur de vastes distances. Se pourrait-il que l'observation intelligente ait joué, ou joue, un rôle dans la formation de l'univers ? Se pourrait-il que notre intelligence ait contribué à former l'univers, pour qu'il nous convienne si bien ? Se pourrait-il que ce soit grâce aux observations humaines que les lois naturelles ordonnent et régissent toujours le cosmos ?

John Wheeler l'a dit ainsi : « Si l'univers est nécessaire à la création de la vie, se pourrait-il que la vie soit nécessaire à la création de l'univers ? Les actes d'observation, au sens quantique du terme, participent-ils d'une façon ou d'une autre à l'avènement de ce qui apparaît à nos yeux ? »

*

* *

Emprisonné par les Chinois pour avoir ouvertement critiqué leurs politiques, le dixième Panchen-lama fut libéré en 1977. En janvier de l'année suivante, il fut autorisé à rentrer chez lui, assigné à résidence. Mais, en 1989, il s'éleva à nouveau contre l'occupation chinoise du Tibet. Une semaine plus tard, il tomba mystérieusement malade et mourut.

Le seizième Karmapa, lui, était mort quelques années auparavant, en 1981. Les réincarnations du Panchen-lama et du Karmapa furent toutes deux contestées. Le dix-septième Karmapa fut trouvé en suivant les instructions laissées par le seizième Karmapa, comme le veut la tradition. Le garçon appartenait à une communauté nomade – des éleveurs de yaks, de moutons et de chèvres. La veille de sa naissance, sa mère avait rêvé de trois grues. Une conque avait sonné dans la vallée pour annoncer son arrivée sur Terre, comme l'avait prédit le seizième Panchen-lama. Le garçonnet avait prévenu ses parents que des hommes viendraient le chercher, la veille de leur apparition à l'horizon. Ces derniers l'emmenèrent dans un monastère pour l'éduquer et il fut sacré seizième Karmapa, en 1992. Or, entre-temps, certains des anciens partisans du seizième Karmapa prétendirent que les notes utilisées pour identifier sa réincarnation étaient une contrefaçon et, en 1994, proposèrent un autre candidat à la succession.

Quant au Panchen-lama, c'est le Dalaï-lama qui a le devoir sacré de trouver le garçon dans lequel il se réincarnera. En 1995, le Dalaï-lama déclara avoir trouvé la onzième incarnation, un garçon âgé de six ans et nommé Gedhun Choekyi Nyima : « J'ai mené toutes les démarches et procédures religieuses requises et ce avec le plus grand soin. Elles ont déterminé Gedhun Choekyi Nyima comme étant la réincarnation du défunt Panchen-lama. »

Mais les autorités chinoises répudièrent cette identification, la déclarant arbitraire et illégale. Elles proposèrent un nouveau candidat. L'enfant identifié par le Dalaï-lama fut arrêté. Avec sa famille, ils furent envoyés à Pékin, où on perdit leur trace.

Le Dalaï-lama exprima ses craintes : il avait peur que le garçon ait été « tué, drogué ou placé dans un asile où il sera rendu inutile ». Le gouvernement chinois refusa de répondre aux questions que lui posaient les Nations unies, Amnesty International et Human Rights Watch à ce sujet, se contentant d'affirmer que l'enfant était détenu dans un lieu secret « pour sa propre sécurité ». Entre-temps, le gouvernement chinois nomma son propre candidat comme onzième Panchen-lama[6].

En 2002, le dix-septième Karmapa s'assit sous l'arbre où le Bouddha avait atteint l'éveil et s'adressa à la foule qui s'était rassemblée autour de lui : « Nombre d'entre vous ont eu la chance de rencontrer le seizième Karmapa », dit-il avant d'ajouter en esquissant un doux sourire : « Malheureusement, ce n'est pas mon cas… »

Quand Mao déclara délivrer le peuple tibétain de la religion et de la superstition médiévale, il se faisait l'écho de la théorie marxiste de la religion : il s'agirait d'une ruse imaginée par les élites dirigeantes pour effrayer le peuple et le soumettre. J'aime appeler cette théorie de la religion la « théorie Scooby-Doo ». Marx reprit le concept philosophique de Hegel concernant l'Esprit cosmique qui se réalise en s'affinant dans son rapport dialectique avec des forces opposées, et l'adapta à des fins matérialistes. Staline et Mao furent des titans du matérialisme, et le matérialisme scientifique est lui-même une machine qui amoindrit l'humanité dans cette vie, mais aussi dans la suivante. Entrant dans les mondes spirituels sans savoir à quoi s'attendre, les esprits ne se rendent pas compte d'où ils sont. Leur âme met du temps à se dissoudre. Nous sommes plus que jamais entourés d'ombres[7].

Or, d'après Lorna Byrne, de plus en plus de gens développent la capacité de voir et d'entendre les êtres de lumière spirituels.

*

* *

Dans les années 1960, des missionnaires chrétiens rapportèrent avoir vu des êtres blancs lumineux dans la jungle africaine. À ce moment-là, pendant les rébellions populaires au Congo, des rebelles armés menaçaient une école missionnaire qui comptait quelque deux cents élèves. L'établissement n'était protégé que par quelques soldats et une frêle barrière. L'armée en approche, elle, comptait quelques centaines de combattants. Les enseignants savaient que les rebelles comptaient tous les massacrer – professeurs comme enfants – et pensaient que leur seule défense contre eux était la prière.

Or, alors que les rebelles pénétraient dans l'enceinte de l'école, les missionnaires les virent subitement faire demi-tour et fuir. Il se passa la même chose trois jours de suite, puis la menace fut écartée.

Plus tard, l'un des rebelles fut blessé. On l'amena à l'hôpital rattaché à l'école et on lui demanda pourquoi ils s'étaient enfuis. Il répondit qu'ils avaient vu l'école entourée d'une armée de soldats en uniformes blancs, qui la protégeait.

Que pourraient bien dire des ecclésiastiques pleins de bonnes intentions comme John Robinson et Don Cupitt à ce sujet ?

En 1991, Hope Price, une chrétienne convaincue, assistait à une conférence quand elle entendit Dieu parler à son cœur, lui intimant d'écrire un livre sur les anges. Elle commença par faire paraître des annonces dans des magazines chrétiens pour que les gens lui envoient des récits de leurs expériences. La radio locale et un journal de la région s'emparèrent de l'affaire et, rapidement, Hope reçut des centaines de lettres par la poste. Ces courriers furent rassemblés dans un livre intitulé *Angels : True Stories of How They Touched Our Lives* (Guidepost Books, 1993). En voici quelques exemples caractéristiques :

> Dans les années 1960, Joan Thomassen effectuait un trajet en voiture entre Lowestoft et Ipswich quand elle entendit subitement une voix retentissante crier : « Freine ! » Dans le virage suivant, elle évita de justesse un camion qui arrivait au beau milieu de la route.

En 1986, Kerry Cole faisait du shopping avec une amie. Elle s'arrêta devant une vitrine et laissa échapper accidentellement son landau, dans lequel dormait son bébé. Horrifiée, elle se retourna et le vit dévaler le trottoir et descendre sur la chaussée, sur une route très passante. Alors qu'elle se jetait dans cette direction, un homme grand vêtu d'un manteau apparut subitement et arrêta le landau.

« Dieu soit loué ! »

Elle regarda son amie et, l'instant d'après, se retourna : l'homme s'était volatilisé.

Au plus fort du conflit nord-irlandais, un jeune soldat était en patrouille dans le quartier notoirement dangereux de Falls Road, à Belfast. À 2 h 45 du matin, il se trouvait dans une cour adjacente à une église catholique quand il vit une lumière au-dessus d'elle qui prit peu à peu la forme de la Vierge Marie, ses bras tendrement tendus vers lui. Son camarade entra dans la cour et vit également l'apparition. Le premier jeune homme fut convaincu que Marie lui était apparue pour le sauver de l'Enfer[8].

*

* *

Dans les chapitres précédents, nous avons rencontré un demi-dieu moderne en la personne de Napoléon, un penseur qui, comme Socrate, était guidé par son démon en celle de Jung et des individus qui, à l'instar de Lot, furent guidés par des anges en des temps extrêmement dangereux en celles de Gitta et Hanna. Des grands êtres spirituels intervinrent durant la Première Guerre mondiale comme ils l'avaient fait pendant le siège de Troie et ils apparurent à Bernadette

Soubirous comme ils l'avaient fait jadis devant saint François. Abraham Lincoln eut une vision prophétique, comme Constantin le Grand avant lui. Avec le miracle du soleil à Fátima, un miracle de grande ampleur se produisit devant des milliers de témoins, comme les miracles ayant jonché la vie de Moïse. Avec Rudolf Steiner et Lorna Byrne, nous avons des mystiques modernes qui partagent la même vision du fonctionnement du monde qu'Ibn 'Arabî, Paracelse et Jakob Böhme.

De nos jours, peu de gens voient continuellement les anges et les autres grands êtres spirituels, comme Lorna Byrne en fait l'expérience. Il est possible qu'elle ait des capacités uniques. Mais un très grand nombre de personnes a vécu des expériences spirituelles. Une enquête menée en Grande-Bretagne en 1987 par David Hay et Gordon Heald a montré que 55 % des personnes interrogées avaient perçu un dessein providentiel dans l'expérience qu'ils avaient vécue ; 37 % avaient eu conscience d'une réponse à leur prière ; 25 % avaient eu conscience de la présence des morts ; 25 % d'une présence du mal, et 38 % de la présence de Dieu. Aucune question ne portait sur les anges[9].

Une enquête en ligne réalisée par la Bible Society et ICM au Royaume-Uni en 2010 rapporta que 31 % des sondés croyaient aux anges, 29 % croyaient aux anges gardiens et 5 % croyaient avoir personnellement vu ou entendu un ange[10].

Aux États-Unis, les statistiques sont bien plus élevées. En 2008, le magazine *Time* rapporta un sondage selon lequel 69 % des Américains croyaient aux anges, 46 % aux anges gardiens et 32 % affirmaient avoir personnellement rencontré un ange[11].

D'après les sociologues Christopher Bader, Cason Mencken et Joseph Baker, et suite au sondage de 1 700 personnes en 2008, 55 % des Américains prétendaient avoir été secourus par leur ange gardien. Un autre sondage datant de 2007 montrait que le pourcentage de personnes aux États-Unis prétendant avoir directement rencontré un ange variait en fonction des communautés religieuses : 57 % pour les catholiques, 66 % pour les protestants évangéliques et 10 % pour les juifs[12].

L'histoire moderne est laïque. On nous a enseigné qu'il n'y avait eu aucune grande manifestation du pouvoir spirituel, aucun événement « surnaturel » à l'époque moderne. J'ai écrit ce livre en partie pour montrer que ce n'était pas vrai.

Plus important sans doute, on nous a appris à ignorer nos propres expériences des manifestations du pouvoir spirituel.

Dans la guerre qui oppose l'idéalisme au matérialisme, le matérialisme triomphera-t-il ?

48

Lorna Byrne et le mysticisme du quotidien

« Celui qui cherche, qu'il ne cesse de chercher jusqu'à ce qu'il trouve ; quand il aura trouvé, il sera troublé ; troublé, il s'étonnera et il régnera sur le Tout. »

Jésus, Évangile selon Thomas

« La Terre deviendra soleil. »

Tommaso CAMPANELLA

« Dieu se révèle dans les sentiments intimes des êtres sensibles. »

Abraham Isaac KOOK

Les vents mordants du Nord recouvriront tout de neige, et les géants du givre se réjouiront. La Terre deviendra sauvage et stérile, et le ciel s'assombrira. L'Arbre du Monde pourrira, rongé par les asticots. Les loups sortiront du bois de Fer, ils s'enhardiront et s'attaqueront aux hommes. Les mères affamées mangeront leur bébé. On ne verra plus le Soleil ni la Lune puis, au chant du coq, l'Arbre du Monde tremblera et Heimdall, le gardien des dieux, sonnera son cor pour la dernière fois. Le grand serpent s'évadera, sortira des profondeurs et ondulera jusqu'au champ de bataille. Guidés par Loki, les géants franchiront les montagnes.

Il fut un temps où Loki ne prenait rien au sérieux, mais le mal grandit en lui jusqu'à l'emplir tout entier. Les autres dieux s'en rendirent compte trop tard et ce mal se répandit dans le monde. Hel, la reine de l'Enfer, sortira de terre, tenant les chiens de l'Enfer en laisse, et, derrière eux, les hordes de l'Enfer défileront et se rassembleront sur la plaine où se déroulera la dernière bataille. La création entière tremblera sous les pas des géants.

Fenris, le loup gigantesque, se libérera de ses chaînes magiques.

Portant un casque d'or, Odin escortera les dieux hors d'Ásgard et leur fera traverser le pont arc-en-ciel, qui se désagrégera et s'effondrera une fois leur passage effectué. Sur le champ de bataille, Fenris ouvrira si grand sa gueule qu'elle englobera le ciel et la Terre. Le Dévoreur de toute chose avalera le Père de toute chose, qui sera le premier dieu à mourir. Thor tuera le grand serpent, mais le dieu à la barbe rouge, chancelant, fera neuf pas et s'écroulera, tué par le venin s'écoulant des blessures du serpent. Le chef des géants du Feu incendiera l'Arbre du Monde, qui se consumera, et les ténèbres s'abattront sans un bruit.

Lorna Byrne vit le jour dans une famille pauvre de Dublin dans les années 1950. Leur maison, qui abritait aussi le magasin de réparation de vélos de son père, était tellement délabrée qu'elle finit par s'effondrer quand Lorna était encore enfant. La famille se retrouva à la rue.

Toute petite déjà, Lorna était capable de voir les êtres désincarnés. Son frère, Christopher, était mort bébé, mais devint pourtant son camarade de jeu. Elle voyait aussi des anges. Ils avaient généralement une apparence humaine et semblaient vêtus de toute une variété de couleurs éclatantes. Ils avaient des ailes et une lumière vive émanait d'eux. Leurs pieds ne touchaient pas le sol[1]. Elle pensait que tout le monde pouvait les voir et dit aujourd'hui que tous les enfants voient les êtres spirituels, au moins jusqu'au moment où ils commencent à parler.

Sans doute parce que Lorna était sans cesse distraite par des êtres éthérés et qu'elle ne se concentrait pas sur les choses matérielles quotidiennes comme tout un chacun ; sa famille en vint à croire qu'elle souffrait d'un retard mental.

Elle voyait l'ange gardien qui accompagnait chaque personne : il se tenait en général trois pas derrière elle et se penchait parfois en avant pour s'enrouler tendrement autour d'elle. Ces anges sont toujours affectueux, jamais fâchés, dit-elle aujourd'hui. Ils ont tendance à avoir l'air juvénile. Ils n'ont pas vraiment de genre, mais peuvent tout de même revêtir une apparence masculine ou féminine et, bien sûr, en changer. Ils ne font que très rarement attention aux autres anges gardiens, préférant se concentrer sur la personne sous leur garde.

Au bout d'un moment, Lorna cessa de voir ces anges gardiens dans toute leur gloire. À la place, elle voyait une colonne de lumière se déplacer derrière chaque personne, s'étirer au-dessus d'elle. Quand l'ange gardien avait quelque chose d'important à lui dire, ce rayon de lumière s'ouvrait pour lui permettre de le voir. Selon elle, si les anges se montraient entièrement à elle à longueur de temps, elle serait totalement incapable de faire face au quotidien. En l'état actuel des choses, elle grandit avec ce qu'on appellerait aujourd'hui des « difficultés d'apprentissage » et, à ce jour, n'a jamais lu un seul livre en entier.

C'est un point important selon moi. La quasi-totalité de ce que les anges lui ont révélé concorde avec les enseignements mystiques et ésotériques traditionnels que nous avons explorés dans ces pages. Or Lorna ne tient pas ses connaissances des livres, mais de visions directes.

Très tôt, un ange différent des autres lui apparut. Elle le vit pour la première fois dans un coin de sa chambre et il se contenta de lui dire : « Lorna. » Il avait une imposante présence masculine. Ils devinrent vite bons amis et il lui révéla son nom : Michel.

Un jour où elle se promenait dans la campagne, elle vit un ange avec l'apparence d'un vieil homme s'approcher d'elle en traversant une rivière. Il donnait l'impression de marcher, mais ses pieds ne touchaient pas l'eau. Cet ange deviendrait un autre compagnon, mais il n'était pas aussi chaleureux et sympathique que Michel. D'une grande élévation morale, il était toujours très sérieux, parfois farouche et furieux, parfois même un peu bizarre et déconcertant. Une fois, après avoir fini de lui parler, il lui souffla au visage avant de disparaître subitement. C'était l'ange Élie, qui expliquerait à Lorna comment accomplir sa mission.

Quand j'ai édité le premier livre de Lorna, *Ma vie avec les anges* (elle écrit principalement à l'aide d'un logiciel de dictée vocale), j'ai attiré son attention sur quelque chose qu'elle ignorait : Élie est un personnage de l'Ancien Testament. (Il peut paraître étrange à une personne ayant reçu une éducation protestante qu'on puisse ne pas connaître le Élie biblique après être allé à l'école, mais on m'a expliqué que l'Irlande catholique met moins l'accent sur l'Ancien Testament.) Lorna a consulté les anges à ce sujet et ils lui répondirent que oui, il s'agissait bien du même Élie. Ils ajoutèrent que le Élie de l'Ancien Testament était un homme dont l'âme était habitée par un ange. Quand Lorna le décrit en train d'avancer sur l'eau, il rappelle aussi de façon frappante Al-Khidr, que la tradition islamique identifie parfois à Élie, comme nous l'avons vu. (Fait intéressant, les intellectuels de la communauté islamique, parmi lesquels John Esposito et Tariq Ramadan, ont très rapidement reconnu et défendu les dons de Lorna.)

Lorna rencontra également une figure extrêmement brillante au visage souriant : c'était la reine des anges. Elle vit aussi un ange nommé Élisée. Contrairement au prophète de l'Ancien Testament, cet ange avait une apparence féminine.

Avec le temps, Lorna commença à en apprendre davantage sur les différents ordres et types d'anges, tels que les anges guérisseurs et les anges des nations. Elle rencontra l'ange d'un arbre, l'esprit groupé des renards (qui lui apparut sous la forme d'un unique renard) et l'ange d'un fleuve, auquel les Grecs auraient sans doute donné le nom de déesse-fleuve (ou *Potamoi*).

J'ai passé de nombreuses heures très agréables en compagnie de Lorna en Irlande et en Angleterre, dans la région de Glastonbury, au cours desquelles elle a essayé de m'apprendre à voir les esprits de la nature et les énergies qui entourent les plantes et les animaux. Sa vision est essentiellement chrétienne, mais pas exclusivement, car elle ne nie pas la réalité spirituelle des autres fois et traditions.

Quand elle était aux États-Unis pour la promotion de *Ma vie avec les anges*, elle visita le Metropolitan Museum de New York et l'esprit du temple de Dendur, qui y avait été reconstruit, lui apparut, lui disant que la place de ce temple était en Égypte. Cet être grand et élancé qu'elle décrit comme l'ange du temple est sans doute un *neter*, un dieu pour les Égyptiens.

Michel continua à apparaître régulièrement à Lorna, sous différentes formes. Il prenait souvent l'apparence d'un homme aux cheveux courts et bruns qui portait une robe noire, comme un prêtre.

Un jour, elle marchait seule sur un chemin de gravier dans l'enceinte d'une école de théologie à Maynooth, en périphérie de Dublin, en grande conversation avec Michel, quand deux prêtres passèrent près d'eux. L'un d'eux dit : « Bonjour, mon père. » En cette occasion, mais pas seulement, il sembla à Lorna que, quand Michel prenait une forme humaine, d'autres personnes pouvaient aussi le voir. Dans son deuxième livre, *Stairways to Heaven*, Lorna donne l'exemple d'un ange qui atténue sa lumière intérieure pour pouvoir jouer avec des enfants dans un parc.

Quand Lorna avait quatorze ans, Michel finit par lui révéler qu'il était l'archange Michel. Elle le vit alors avec de longs cheveux et des yeux saphir éclatants, portant une couronne d'or, une robe blanche et dorée, et des sandales toutes deux ornées d'un crucifix d'or. Il brillait comme le soleil et Lorna comprit qu'il était l'archange du Soleil. Plus tard, elle le verrait porter un bouclier et une énorme épée avec une poignée dorée.

Une autre fois, elle se trouvait dans une décharge. Elle jouait avec un ami quand elle vit une lumière s'approcher d'elle à travers un mur. Pendant une fraction de seconde, elle crut que la Lune venait à sa rencontre, puis vit qu'il s'agissait d'un ange gigantesque avec un beau visage, rond comme la Lune. Il se présenta comme étant l'archange Gabriel. Plus tard, elle verrait un livre au fond de ses yeux, dont les pages se tournaient sans cesse, et elle en viendrait à le considérer comme l'ange du livre.

Comme nous l'avons vu, la tradition qui veut que Michel soit l'archange du Soleil et Gabriel, celui de la Lune, n'est pas très répandue dans le courant dominant du christianisme. L'Église aime minimiser le lien entre êtres spirituels et corps célestes. Pourtant, ce lien fait partie de diverses traditions mystiques et ésotériques, de l'histoire mystique racontée dans ce livre.

Dans *Stairways to Heaven*, Lorna se rappelle sa première rencontre avec l'ange Jimazen. Elle avait environ cinq ans. Elle regardait des pommiers par-dessus le mur d'un jardin quand, soudain, elle leva les yeux et vit un ange gigantesque. Il emplissait le ciel, à perte de vue. Il n'avait pas d'ailes mais portait une armure avec une touche de noir et avait un énorme bâton à la main. Il frappa le sol et Lorna, terrifiée, sentit toute la Terre trembler. Elle comprit que Jimazen était l'ange gardien de la Terre.

Plus tard, elle vit aussi la Terre-Mère en vision : elle était enroulée sur elle-même au cœur de la planète, belle, féminine, vert émeraude, bleue et or, et elle remuait lentement ses bras, comme des voiles. Lorna comprit que le rôle de Jimazen était de maîtriser la Terre-Mère, de mettre fin à ses convulsions de douleur en cas de crises écologiques. Elle commencerait à redouter de voir cet ange car elle savait que ses apparitions annonçaient inondations, tremblements de terre et autres catastrophes.

On voit ici une vision moderne, spontanée, de l'ancien mythe de la Terre-Mère et de Saturne que nous avons raconté à nouveau au chapitre 2.

De nombreuses personnes, de cultures différentes et à des époques différentes, ont donc eu des visions des mêmes êtres en train de faire les mêmes choses, c'est évident. Et c'est un argument de taille pour dire qu'il existe un royaume spirituel qui a un niveau et un degré importants de réalité. Nous l'avons vu, les mystiques soufis disent que ceux qui se rendent dans ce royaume peuvent aller dans les mêmes lieux et y rencontrer les mêmes êtres.

Grâce aux écrits de Lorna, il est possible de brosser un tableau complet de l'écosystème de ce royaume spirituel dans tous ses différents états et dimensions, du moins en ce qui concerne la vie sur Terre. Lorna a déjà évoqué la part d'ombre de ce royaume, mais le fait rarement car il est dangereux selon elle de s'attarder dessus.

Dans *Ma vie avec les anges*, elle raconte être un jour allée pêcher avec son père. Ils s'étaient abrités du froid dans une vieille maison en ruines, mais l'intérieur de la bâtisse lui semblait glacial. Quand son père craqua une allumette, celle-ci explosa et une vieille chaise vola à travers la pièce. En s'enfuyant, Lorna eut tout juste le temps d'apercevoir un poltergeist : il mesurait environ un mètre, était large comme un être humain, et avait un aspect de cire fondu, sans bouche ni yeux bien distincts. Il était affreux. Selon elle, ces créatures sataniques sans âme sont amenées à l'existence quand les hommes manipulent des planches de ouija ou pratiquent la magie noire.

Des années plus tard, un homme d'affaires vint lui demander conseil. Pour faire fortune, il avait été impitoyable et il continuait à mal se comporter envers sa femme et son fils. Il sentait confusément qu'il devrait éprouver des remords, mais ne savait pas comment s'y prendre. Lorna pouvait voir qu'il était sous l'influence de Satan. Alors qu'il était assis à la table de sa cuisine, elle vit un visage maléfique sortir de sa poitrine, comme du plus profond de ses entrailles, et lui sourire d'un air narquois. Elle dirait plus tard que c'était comme si l'esprit malin se gaussait parce qu'elle ne l'avait pas vu avant – mais, bien sûr, en fanfaronnant de la sorte, il révélait sa présence !

Je lui ai demandé comment on devient possédé. Elle m'a répondu que cela pouvait arriver quand on « touchait » à l'occulte. Parfois, en jouant à des jeux dangereux enfant, on laisse entrer les forces du mal : elles sont alors sur le qui-vive. Une fois adulte, on n'a pas besoin de faire quelque chose de très grave – maudire nonchalamment quelqu'un par exemple – pour qu'elles prennent possession de nous.

Chacun d'entre nous a une petite part du divin en lui, qu'on appelle parfois le moi. Elle est nichée dans l'esprit qui, à son tour, est niché dans l'âme. D'ordinaire, l'âme est enfermée dans le corps matériel, ce pourquoi nous avons aussi des perceptions limitées des royaumes spirituels. D'après Lorna, il arrive que l'âme « sorte » en partie du corps : c'est dans ces moments-là que l'on peut avoir des visions. L'âme sort, par exemple, quand nous sommes très malades, sur le point de mourir.

Il arrive à Lorna d'être prise de secousses douloureuses et effrayantes tout en étant en extase. C'est dans cet état qu'elle a eu certaines de ses visions les plus extraordinaires et révélatoires, dont la vision de la bibliothèque céleste de Dieu mentionnée plus tôt. (Personnellement, mon hypothèse est que cette bibliothèque à un lien quelconque avec Énoch.) Dans cet état désincarné, elle a pu assister à la Nativité et, en une autre occasion, être présente pendant l'enfance de Jésus. Ces deux visions sont racontées dans *Stairways to heaven*.

Lorna a également fait l'expérience du Paradis : elle dit qu'elle aurait voulu ne jamais en partir, même si cela impliquait d'être séparée de sa famille, qu'elle aime énormément. Mais on lui a dit qu'elle n'avait pas le droit de mourir, car elle avait une mission à remplir. Au cours de sa vie, Michel et Élie l'ont aidée à comprendre quelle était cette mission.

Grâce à l'immense bonté de Lorna, à son amour profond et sincère, nouer un lien avec elle, même brièvement, éphémèrement, est bénéfique à de nombreuses personnes. Je suppose qu'elle assume la douleur des autres, qu'elle l'atténue pour eux. La partie la plus importante de sa mission consiste sans doute à faire connaître au plus grand nombre ces réalités spirituelles, en particulier le rôle des anges gardiens.

Un après-midi d'été, elle poussait un landau quand Michel lui apparut pour lui dire que les anges avaient besoin qu'elle écrive un livre. À l'époque, cela semblait impossible. Un Irlandais installé en Italie qui était ami avec son agent, Jean Callanan, l'a aidée à entrer en contact avec moi – cette histoire est racontée aux chapitres 20 et 22 de *Stairways to Heaven*. J'étais réticent à prendre part à ce projet. La liste de livres dont je m'occupais était déjà très longue, je me sentais surchargé de travail et ne souhaitais pas accepter de nouveaux projets. Je savais aussi que mes collègues seraient plus que sceptiques. En solution de secours, je m'étais dit que, si je sentais qu'il fallait vraiment qu'on le fasse, je confierais le livre à un autre éditeur. Mais peu à peu, il m'est apparu que j'avais un rôle à jouer.

C'est ma rencontre avec Lorna qui m'a décidé. J'ai été impressionné par son intégrité et ses conseils qui, même s'ils sont d'origine surnaturelle, sont d'un raisonnable rassurant. Passer du temps avec quelqu'un qui a un mode de conscience si différent, qui voit constamment des choses que le reste d'entre nous ne voit pas mais qui se « vérifient », est formidable. J'ai découvert plus tard que l'un des dons de Lorna est de voir le flux d'énergie vitale circuler autour du corps – tel qu'il est conçu dans la médecine chinoise, qui lui donne le nom de *chi*. Elle vit un blocage de mon flux énergétique et m'indiqua une partie de mon abdomen que je devrais faire examiner par un médecin. J'oubliai – je l'ai dit, j'étais débordé – jusqu'à ce que, quelques mois plus tard, je commence à ressentir une gêne. Il s'est avéré que j'avais une hernie qui nécessitait une opération.

Les anges voulaient que Lorna écrive des livres pour informer les hommes : chacun d'entre nous a un ange gardien, choisi pour nous au moment de notre conception. Avant notre incarnation, l'ange gardien est à nos côtés, nous préparant aux joies et aux défis qui nous attendent. Il ne nous quitte jamais pendant notre vie terrestre – contrairement à, disons, un archange, qui n'est jamais une présence constante et peut se trouver à plusieurs endroits à la fois. À la fin, l'ange gardien nous aide à passer de l'autre côté. Même après la mort, il reste quelque temps avec nous.

Les anges gardiens ont des noms très longs, composés d'une centaine de lettres. Lorna donne en général une version raccourcie de leurs noms, plus facile à retenir et qui peut nous sembler familière.

Quand on entend la voix de notre conscience ou qu'on sent que quelque chose nous pousse à bien agir, c'est peut-être notre ange gardien qui est en train de nous parler. On peut lui demander de l'aide, et notre ange peut à son tour « inviter d'autres anges à entrer » pour nous secourir – les anges guérisseurs par exemple, ou les anges qui peuvent nous apporter une compétence ou nous aider à une tâche particulière. Comme le pape Pie XI, Lorna dit qu'on peut demander à notre ange de parler à l'ange gardien de quelqu'un d'autre, si on est en conflit, par exemple, et qu'on veut arranger les choses, ou simplement si on se rend à une réunion qui nous inquiète. Notre ange prie aussi avec nous et, avec les autres anges, renforce nos prières.

Aucun lecteur de l'autobiographie de Lorna, *Ma vie avec les anges*, ne peut s'attendre à ce que les anges lui donnent tout ce qu'il demande.

Toute son enfance et la majeure partie de sa vie, Lorna a vécu dans une misère noire et a souffert parce qu'on la croyait mentalement déficiente. Après plusieurs années de mariage qui, en dépit de la pauvreté et de la maladie, ont été très heureuses, son mari, Joe, est mort jeune. C'est alors qu'elle a demandé à Michel : « Pourquoi ne peux-tu pas rendre les choses un peu plus faciles ? » Malgré tout, elle avait de grandes choses à accomplir et en a déjà accompli beaucoup. Elle a aussi connu de nombreux bonheurs dans sa vie, qu'elle n'aurait peut-être pas connus sans l'aide des anges.

De son propre aveu, le message de Lorna est particulièrement important à notre époque. Les gens ont besoin de prendre conscience des réalités spirituelles, car les forces du bien et du mal se rassemblent. Dans *Stairways to Heaven*, elle évoque l'incarnation de l'Antéchrist et de ses éclaireurs, qui sont déjà là, en train de préparer le terrain. Du côté de Dieu, les bébés rayonnants sont imparfaits sur le plan physique, de nombreux sont malades ou infirmes, si bien que peu survivent à l'âge adulte, mais ils sont parfaits en matière d'amour et de sagesse, et annoncent une nouvelle humanité, plus évoluée. Lorna a aussi vu un garçon en Irlande dont l'âme est habitée par un ange, comme Élie. S'il survit, il aura un rôle important à jouer dans l'histoire du monde. La reine des anges a promis qu'au moment opportun, elle se montrerait à tous comme elle s'est montrée à Lorna et que, à mesure que notre corps physique et notre âme s'imprègneront l'un l'autre, nous développerons de plus grands dons spirituels.

Lorna m'a demandé de préciser que le bien finira par l'emporter : elle n'a aucun doute là-dessus.

Conclusion

Ange sonnant de la trompette (gravure d'un détail des fresques du Duomo d'Orvieto, de Luca Signorelli).

Dans le débat qui oppose l'idéalisme au matérialisme, le matérialisme domine. Il domine d'ailleurs tellement qu'il peut même nous être difficile de comprendre pourquoi qui que ce soit a jamais cru ce que croyait pourtant *tout le* *mon*de à des époques antérieures – que les pensées et les idées sont plus réelles que les objets, que les objets sont les ombres des idées, et non pas le contraire. Mon but ici a été de suggérer que l'idéalisme dresse un tableau plus complet de l'expérience humaine.

Tout au long de ce livre, nous avons rassemblé le genre d'expériences que le matérialisme a du mal à expliquer, pas seulement des miracles de grande ampleur et bien attestés qui ont changé le cours de l'histoire, mais aussi des expériences ordinaires, de tous les jours. En voici à nouveau quelques exemples. On sent un lien spécial avec certaines personnes quand on les voit pour la première fois. On peut rencontrer quelqu'un et avoir l'impression de l'avoir déjà rencontré, même si on sait que ce n'est pas vrai, du moins pas dans cette vie. On a des prémonitions. On fait des rêves dont on pense qu'ils essaient de nous dire quelque chose. On se sent observé. On perçoit si un lieu est maléfique ou sacré. On sait clairement, sans l'ombre d'un doute, ce que pense quelqu'un d'autre. On agit mal et les événements semblent se liguer contre nous pour nous punir. À la fin, la bonté de cœur finit par être récompensée et nos prières sont exaucées. Au bout de la troisième tentative, on réussit. On sent que quelqu'un nous envoie de l'amour à distance. On essaie d'esquiver une épreuve, mais elle se représente à nous sous une autre forme. Les circonstances se réunissent pour mettre à l'épreuve nos plus grandes peurs au moment même où on est le plus faible. On tombe amoureux et on sent que c'était écrit. Dans toutes ces circonstances, on a l'impression de communier avec une intelligence qui nous amène à des expériences qui exigent une réponse, et aussi avec un amour qui prend soin de nous et répond à nos pensées les plus intimes avec bienveillance.

Selon moi, nous savons tous instinctivement, au plus profond de nous, que la relation entre l'esprit et la matière ne va pas que dans un sens, de la matière à l'esprit. Nous avons parfois l'intuition de prendre part à une joute d'esprits. « Celui qui cherche désire une chose mais en reçoit une autre », disait saint Bernard de Clairvaux. « L'esprit nous trompe, l'esprit complote, l'esprit nous ment », disait Hegel. Mais notre interaction intelligente avec le cosmos a aussi une dimension plus bienveillante, à laquelle le « Notre Père » fait allusion : « Pardonne-nous nos offenses, comme nous pardonnons aussi à ceux qui nous ont offensés. » Cette phrase fait référence à un processus dynamique, à un flux comme dans un piston. En pardonnant aux autres, on laisse un espace en nous-même dans lequel pourront couler les forces guérissantes du pardon.

L'idéalisme est la philosophie qui sous-tend toute religion. Observés à travers le prisme de l'idéalisme, tous ces instincts, ces expériences et ces intuitions prennent sens. D'après l'idéalisme, si on qualifie le pouvoir de l'esprit à déplacer la matière de « surnaturel », l'univers dans lequel on vit est surnaturel. L'esprit est à la base de tout et influence tout. Il vit juste sous la surface matérielle des choses, les gouvernant et les orientant selon un plan divin et en réponse à nos prières.

La religion et l'idéalisme aiment s'attarder sur ce qui abscons et inconnu, sur les grands mystères de la vie. Ils s'attardent sur le sommeil, les ténèbres qui nous entourent – aux deux extrémités de notre vie personnelle, aux deux extrémités de l'histoire de la race humaine et aussi aux deux extrémités du cosmos matériel. La religion et l'idéalisme observent ces ténèbres, l'inconnu qui nous cerne, et se demandent ce qui en émane.

La religion s'efforce de saisir l'expérience humaine dans sa globalité, y compris les expériences étranges, anormales, et mystérieuses – ce que les sociologues appellent le numineux –, et d'en rendre compte de manière sensée.

Le matérialisme scientifique donne une explication claire, brillante et très utile de la vie si on lui ôte cette part de mystère. Mais cette vision reste problématique à plusieurs égards : il engendre notamment une vision étroite de ce que sont les bonnes choses de la vie. Si les seules choses dignes de valeur sont celles que l'on peut mesurer et tester, on s'oriente vers un matérialisme des plus basiques, en portant trop d'intérêt à l'argent, aux biens matériels, aux marchandises, à l'électroménager, au sexy et au palpitant. Tous les sentiments humains les plus nobles et les plus élevés, toute la subtilité doivent être ignorés. Nous avons vu que l'idéalisme philosophique encourageait l'idéalisme au sens populaire du terme. De même, le matérialisme philosophique encourage le matérialisme le plus bas.

Le problème, c'est que, comme je l'ai déjà dit, le matérialisme a l'avantage. Nous avons tant perdu de vue l'idéalisme et sa vision du monde que la plus grande partie de la religion et de la pensée spirituelle, voire même la plus grande partie de la pensée et de la culture humaines, nous est désormais inaccessible.

Et c'est l'une des raisons pour lesquelles les histoires que nous avons racontées à nouveau dans ce livre sont si importantes. Nous l'avons vu, les histoires montrent l'immanence du divin dans la vie quotidienne. Quand on lit Dickens par exemple, on pénètre dans un espace qui encourage la bienveillance et la détermination à bien agir.

Dickens est un cas extrême, mais toutes les histoires ont en elles quelque chose de cet ordre. Elles ouvrent un univers structuré par des questions de *qualité*, un univers qui a des valeurs intrinsèques présentes car un agent extérieur les y a placées. Les histoires décrivent un *univers personnel*, au sens où il se préoccupe de la vie des individus. Elles montrent l'univers en train d'interagir, de jouer parfois, avec les espoirs de bonheur, de bonté, d'amour, de vérité d'un individu. Un conteur créé un dialogue entre un individu qui aspire au bonheur, à la beauté, au bien, au sens, et une série d'événements qui contrarient ce désir, cet espoir, ou qui y répondent de manière inattendue. Les histoires nous renvoient des aspects évanescents de notre propre expérience.

Elles peuvent aussi nous faire réfléchir à la fatalité, au destin et aux interventions de la Providence à une époque où nous n'avons plus le langage approprié pour en parler en termes abstraits, si ce n'est peut-être celui de l'horoscope. (Oui, l'astrologie peut parfois paraître superficielle. L'astrologie se retrouve sans doute orpheline sur le plan intellectuel à une époque où les plus grands esprits ne sont plus des idéalistes[1].) Quand Hume s'est demandé comment on pouvait justifier de parler de causalité pour « les choses de fait », il a fait remarquer qu'on ne réfléchissait guère à cette question. On peut aujourd'hui dire la même chose des questions portant sur le sens de la vie.

J'ai essayé de montrer que le choix entre raison et foi n'est pas évident. La religion est raisonnable si l'on se base sur les postulats de l'idéalisme, tout comme la science est raisonnable si l'on se base sur les postulats du matérialisme. L'évaluation objective est la pierre de touche de la science. La subjectivité, l'évaluation de l'expérience humaine, celle de la religion.

*

* *

L'esprit est-il un accident de la matière ? Ou le cosmos matériel a-t-il été précipité d'un grand Esprit cosmique ?

En Suisse, le Grand collisionneur de hadrons, un anneau de vingt-sept kilomètres dont la construction a duré trente ans et coûté des milliards de dollars, tente de reproduire les conditions qui existèrent moins d'une nanoseconde après le Big Bang, il y a quelque 13,7 milliards d'années. Des détecteurs sont utilisés pour essayer d'enregistrer les plus petites traces de débris subatomiques produits par les collisions que créé la machine, dans le but d'en apprendre davantage au sujet des forces qui façonnèrent le cosmos au commencement des temps.

Le Grand collisionneur de hadrons a donc été construit pour essayer de trouver des preuves en faveur de la théorie matérialiste des origines du cosmos[2].

De quelle machine aurait-on besoin pour trouver des preuves en faveur du point de vue contraire – l'idéalisme ? Où pourrait-on trouver des éléments prouvant que l'univers matériel dépend de l'esprit, qu'il y réagit ? Est-il possible de détecter des traces de l'Esprit de Dieu ?

Le cerveau humain est toujours la machine la plus subtile, la plus complexe, et la plus mystérieuse de l'univers connu. Selon moi, on pourrait mieux juger de ce qui s'est passé aux premiers temps du cosmos en réfléchissant à certains aspects de notre expérience quotidienne qu'en examinant les données provenant du Grand collisionneur de hadrons.

Si on envisage la vie avec la plus grande objectivité possible, on obtient des résultats excitants et utiles. La science nous révèle les merveilles du vivant – mais seulement dans le domaine du quantitatif.

La Porte de la Mort (de William Blake).

Mais que se passe-t-il si on envisage la vie avec la plus grande subjectivité possible ? Que se passe-t-il si on se concentre sur nos réactions les plus intimes, nos plus grands espoirs et nos peurs les plus profondes, et qu'on se demande : « Le cosmos répond-il ? »

Détecter de telles choses requiert de porter attention aux mouvements les plus évanescents et les plus délicats de l'esprit humain, aux variations les plus subtiles du cœur.

Pour se poser ces questions au sujet de notre propre expérience, il nous faut adopter les méthodes d'observation qu'on trouve dans les œuvres de Dostoïevski, de George Eliot, de Hermann Melville, de David Foster Wallace – des écrivains qui ont mis en danger leur tranquillité d'esprit, voire leur santé mentale, pour se frotter aux problèmes philosophiques les plus épineux et les plus mystérieux.

Le cosmos répond-il à nos désirs les plus profonds, les plus subtils, les plus secrets, à nos plus grandes peurs, à nos prières les plus sincères ? L'aile d'un ange nous a-t-elle déjà effleuré ? Nous seul pouvons en être juge. Quelles étaient nos intentions à l'égard de la personne aimée ? Étaient-elles bienveillantes et sincères ? Qu'espérons-nous au plus profond de notre cœur ? À quoi allons-nous finalement nous fier – à notre propre expérience, ou aux opinions de la dernière génération d'experts ?

Remerciements

Mes plus tendres remerciements à ma fille, Tabitha, pour ses magnifiques illustrations, à mon fils, Barnaby, pour ses corrections, et à ma femme, Fiona, pour avoir supporté avec autant de grâce que je la délaisse pour écrire ce livre. À Hannah Black, Kate Parkin, Sevak Gulbekian et Jean Callanan, pour avoir eu la gentillesse de lire le manuscrit et de m'avoir adressé des suggestions pertinentes et significatives. Je ne peux leur exprimer ici toute ma gratitude. J'adresse mes plus sincères remerciements à mon formidable agent Jonny Geller, pour continuer à me soutenir et à vendre dans le monde entier des livres qui n'entrent dans aucune catégorie existant à ce jour. Je remercie également toute l'équipe de Curtis Brown pour sa gentillesse, son soutien et sa prévenance, en particulier Kirsten Foster, Lisa Babalis, Melissa Pimentel, Kate Cooper et Eva Papastratis. Chez Quercus, je tiens à remercier le prodigieux Mark Smith, qui a été un véritable ami, Richard Milner, mon mystérieux et très sage éditeur, Iain Millar, qui a toujours une longueur d'avance et a grandement participé au succès des ouvrages de la maison depuis les premiers jours, et le brillant et infatigable Josh Ireland, avec lequel collaborer s'est révélé être un véritable plaisir. Merci également à Roy Flooks pour avoir superbement photographié mes vieux livres tout poussiéreux et à Rich Carr pour sa brillante maquette. Enfin, tous mes remerciements à mes nouvelles éditrices américaines chez Atria, Judith Curr et Johanna Castillo, pour leur flair éditorial et leur philosophie innovante et visionnaire.

Bibliographie

Allyn, Avery, *Un rituel et les illustrations de la franc-maçonnerie*, 1831.
Anderson, William, *Dante the Maker*, Hutchinson, 1980.
Barthélemy l'Anglais, *Le Propriétaire des choses*, 1490.
Ashmole, Elias, *Theatrum Chemicum Britannicum*, 1651.
Audsley, W. et G., *Handbook of Christian Symbolism*, 1865.
Bacon, Francis, *Du progrès et de la promotion des savoirs*, 1605.
Ball, Philip, *The Devil's Doctor*, William Heinemann, 2006 ; *Universe of Stone*, Bodley Head, 2008.
Bauval, Robert, *Le Code mystérieux des pyramides*, Pygmalion, 2008.
Bauval, Robert et Hancock, Graham, *Le Mystère du Grand Sphinx*, Éditions du Rocher, 2003.
Bayley, Harold, *The Lost Language of Symbolism*, 1912 ; *Archaic England*, Chapman and Hall, 1919.
Beaumont, John, *An historical, physiological and theological treatise of spirits : apparitions, witchcrafts, and other magical practices. Containing an account of the genii... With a refutation of Dr. Bekker's World bewitch'd ; and other authors...*, D. Browne, J. Taylor, R. Smith, F. Coggan and T. Browne, 1705.

Bellamy, David, *Jolly Green Giant*, Century, 2002.
Nicolas Berdiaeff, *Le nouveau Moyen Âge, Réflexions sur les destinées de la Russie et de l'Europe*, 1919 ; « Deux études sur Jacob Böhme », 1939.
Berlin, Isaiah, « Les Racines du romantisme », conférences.
Black, Jonathan, *L'Histoire secrète du monde*, Florent Massot, 2009 ; J'ai lu, 2011 ; *The Secret History of Dante*, Quercus, 2013.
Blavatsky, H. P., *Isis dévoilée*, vols I et II, 1877.
Bleibtreu, John, *The Parable of the Beast*, Paladin, 1970.
Bloom, Harold, *Shakespeare : The Invention of the Human*, Riverhead Trade, 1999.
Bock, Emil, *Genesis*, Floris Books, 1983.
Böhme, Jakob, *De la signature des choses*, vers 1622 ; *Mysterium Magnum*, 1623.
Booth, Mark, éditeur, avec Mr Basil Pennington et Alan Jones, *The Christian Testament Since the Bible*, Firethorn Press, 1985 ; publié aux États-Unis sous le titre *The Living Testament*, Harper & Row ; éditeur, *Christian Short Stories*, Crossroad, Continuum, 1985.
Borges, Jorge Luis, éditeur avec Adolfo Bioy Casares, *Contes brefs et extraordinaires*, 1955.
Bowen, Patrick, "The Ancient Wisdom in Africa" dans *Studies in Comparative Religion*, volume 3, n° 2, printemps 1969, pp. 113-121.
Briggs, K. M., *The Fairies in Tradition and Literature*, Routledge & Kegan Paul, 1967.
Brown, Mick, *The Dance of 17 Lives*, Bloomsbury, 2004.
Bucke, Richard Maurice, *La Conscience cosmique*, Éditions du IIIe millénaire, 2008.
Burton, Robert, *Anatomie de la mélancolie*, 1621.

Byrne, Lorna, *Ma vie avec les anges*, Exergue, 2012 ; *Stairways to Heaven*, Coronet, 2011 ; *Un Message d'espoir de vos anges*, Exergue, 2014.
Campbell, Joseph, *Le héros aux mille et un visages*, J'ai lu, 2013.
Cicéron, *De la nature des dieux.*
Cohn, Norman, *Démonolâtrie et sorcellerie au Moyen Âge*, Payot, 1981.
Coogan, Michael D., *The Old Testament : A Historical and Literary Introduction to the Hebrew Scriptures*, Oxford University Press USA, 2005.
Corbin, Henry, *Histoire de la philosophie islamique*, coll. « Idées », Gallimard, 1964.
Cowan, James, « Wild Stones », *Studies in Comparative Religion*, vol. 17, n° 1 et 2.
Crookes, William, *Researches into the Phenomena of Spiritualism*, J. Burns, 1874.
Culpeper, Nicholas, *Herbier*, 1653.
Dickens, Charles, *Un chant de Noël*, Folio, 2011.
Didron, Adolphe Napoléon, *Iconographie chrétienne*, Imprimerie royale, 1843.
Denys l'Aréopagite, *Les Hiérarchies célestes.*
Dodds, E. R., *Les Grecs et l'irrationnel*, Champs, Flammarion, 1999.
Dostoïevski, Fiodor, *Les Possédés*, 1872 ; *Les Frères Karamazov*, 1880.
Duffy, Maureen, *The Erotic World of Fairy*, Hodder & Stoughton, 1974.
Eckermann, Johann Peter, *Conversations de Goethe avec Eckermann*, Gallimard, 1988.
Eliade, Mircea, *Aspects du Mythe*, Gallimard, « Idées », 1963 ; « Folio essai », 1988.
Eliot, George, *Scènes de la vie du clergé*, Ombres, 2001.
Ellacombe, Henry Nicholson, *The Plant-Lore and Garden-Craft of Shakespeare*, W. Satchell & Co., 1878.
Fellows, J., *The Mysteries of Freemasonry*, 1860.

Fideler, David, *Jesus Christ, Sun of God*, Quest Books, 1996.
Wallace, David Foster, *L'Infinie Comédie*, Éditions de l'Olivier, 2015 ; *Le Roi pâle*, Au Diable Vauvert, 2012 ; J'ai lu, 2015.
Foucault, Michel, *Folie et déraison, Histoire de la folie à l'âge classique*, Plon, 1961 ; 10/18, 1964.
Fox, Matthew et Sheldrake, Rupert, *The physics of Angels*, HarperCollins, 1998.
Franzen, Jonathan, *Freedom*, Points, 2012.
Franzen, James, *Le Rameau d'or*, 1890.
Ginzberg, Louis, *Les légendes des Juifs*, Éditions du Cerf, 2002.
Godwin, Joscelyn, *Robert Fludd, Philosophe hermétique et Arpenteur de Deux Mondes*, Jean-Jacques Pauvert, 1980.
Guénon, René, *L'Homme et son devenir selon le Vêdânta*, Éditions traditionnelles, 2000 ; *L'ésotérisme de Dante*, Gallimard, 2015 ; *Le Roi du Monde*, Gallimard, 1995.
Gulbekian, Sevak, *In the Belly of the Beast*, Hampton Roads, 2004.
Hancock, Graham, *L'Empreinte des dieux*, Pygmalion, 2009 ; *Surnaturel*, Alphée, 2009.
Harpur, Patrick, *Daimonic Reality*, Viking, 1994 ; *The Philosophers' Secret Fire*, Ivan R. Dee, 2002.
Harrison, C. G., *The Transcendental Universe*, George Redway, 1896.
Harrison, Jane, *Themis : A Study in the Social Origins of Greek Religion*, Merlin Press, 1963.
Hegel, *Fragment de Tübingen*, 1973 ; *Leçons sur la philosophie de l'histoire*, Librairie philosophique J. Vrin, 1987.
Hodson, Geoffrey, *The Kingdom of Fairie*, 1927 ; *The Coming of Angels*, 1935.
Howarth, Stephen, *The Knight Templars*, Collins, 1982.

Huber, George, *Mon ange marchera devant toi*, Saint-Paul Éditions religieuses, 1997.

Hughes, Ted, *Shakespeare and the Goddess of Complete Being*, Faber and Faber, 1992.

Hume, David, *Enquête sur l'entendement humain*, 1748 ; *Enquête sur les principes de la morale*, 1751.

Irwin, Robert, *The Arabian Nights : A Companion*, Allen Lane, 1994.

Izutsu, Toshihiko, *Sufism and Taoism*, University of California Press, 1983.

Jaynes, Julian, *La naissance de la conscience dans l'effondrement de l'esprit*, PUF, 1994.

Jenner, Leon, *Bricks*, Coronet, 2011.

Jung, Carl Gustav, *Psychologie et alchimie*, Buchet Chastel, 2014 ; *"Ma vie", Souvenirs, rêves et pensées*, Gallimard, Folio, 1991 ; Paracelse en tant que phénomène spirituel » dans *Synchronicité et Paracelsica*, Albin Michel, 1988 ; *Le Livre rouge*, Les Arènes, 2012.

Kirk, Robert, *La République mystérieuse des elfes, faunes, fées et autres semblables*, Durante, 2003.

Latini, Brunetto, *Le Livre du Trésor*, Honoré Champion, 2013.

Lecky, William Edward Hartpole, *The History of the Rise and Influence of the Spirit of Rationalism in Europe*, vol. 1, 1865 ; Vol. 2, 1866.

Lethaby, William, *Architecture, Mysticism and Symbolism*, 1891.

Leudar, Ivan et Thomas, Philip, *Voices of Reason, Voices of Insanity*, Routledge, 2000.

Lomas, Robert, *The Secret Science of Masonic Initiation*, avec un avant-propos de Mark Booth, 2000 ; *La clé perdue : les pouvoirs secrets des francs-*maçons de Robert Lomas (Dervy éditions, 2014).

Lomas, Robert et Knight, Christopher, *Uriel's Machine*, Random House, 1999.

Loyola, Ignace de, *Exercices spirituels : Texte définitif, 1548*, coll. « Points sagesses », Seuil, 2004.
Mallasz, Gitta, *Dialogues avec l'ange*, Aubier Montaigne, 1994.
Meun, Jean de et Lorris, Guillaume de, *Le Roman de la rose*, Le Livre de Poche, 1992.
Michell, John, *City of Revelation*, Ballantine, 1973.
Nasr, Seyyed Hossein, *Islamic Spirituality : Foundations*, Crossroads, 1987.
Nicoll, Maurice, *The Mark*, Vincent Stuart, 1954.
Olcott, Henry Steel, *People from the Other World*, Cambridge University Press, New York, 1895.
Paracelse, *De Virtute Imaginativa*, vers 1535.
Plant, David, *Johannes Kepler and the Music of the Spheres*, www.skyscript.co.uk/kepler.html.
Plantinga, Alvin, *Where the Conflict Really Lies*, Oxford University Press Inc., 2011.
Plotin, « Lettres à Flaccus » ; *Les Énnéades.*
Plutarque, *Vie de Marcellus* ; *De la face qui paraît sur la Lune.*
Price, Hope, *Angels : True Stories of How They Touch Our Lives*, Guidepost Books, 1993.
Prokofieff, Sergei P., *Le cycle de l'année, un chemin d'initiation vers le vécu de l'être du Christ*, Éditions du Pic de la Mirandole, 2013.
Pullman, Philip, *À la croisée des mondes, I : Les Royaumes du nord*, Folio junior, 2007 ; *À la croisée des mondes II : La Tour des anges*, Folio junior, 2007 ; *À la croisée des mondes III : Le Miroir d'Ambre*, Folio junior, 2007.
Punter, David *Blake, Hegel and Dialectic*, Rodopi, 1982.
Quincey, Thomas de, *Esquisses autobiographiques*, José Corti, 1994.
Richardson, C. J., *Studies from Old English Mansions*, 1851.

Robinson, John, *Dieu sans Dieu*, Nouvelles éditions latines, 2008.
Rohl, David, *A Test of Time*, Century, 1995 ; *Legend*, Century, 1998.
Rola, Stanislas Klossowski de, *Le Jeu d'or*, Thames and Hudson, 1997.
Salverte, Eusèbe, *Des sciences occultes ou Essai sur la magie, les prodiges et les miracles*, 1829.
Sartre, Jean-Paul, *La Nausée*, Éditions Gallimard, 1938.
Schuchard, Marsha Keith, *Why Mrs Blake Cried*, Century 2006.
Schure, Édouard, *Les Grands Initiés*, Pocket, 1983.
Sease, Virginia et Schmidt-Brabant, Manfred, *Thinkers, Saints, Heretics*, Temple Lodge Publishing, 2007.
Seznec, Jean, *La survivance des dieux antiques*, coll. « Champs Arts », Flammarion, 2012.
Shah, Idries, *Les Soufis*, Le Courrier du Livre, 2014 ; *The Way of the Sufi*, Jonathan Cape, 1968.
Sheldrake, Rupert, *Réenchanter la science – Les dogmes de la science remis en cause par un grand scientifique*, Albin Michel, 2013 ; J'ai lu, 2016.
Silberer, Herbert, *Hidden Symbolism of Alchemy*, 1917.
Staudenmaier, Ludwig, *Magic as an Experimental Science*, 1912.
Steiner, Rudolf, *Philosophie de la liberté*, Éditions Anthroposohiques, 1990 ; *La création selon la Bible : les mystères de la Genèse*, Triades-Revue, 1967 ; *Inner Impulses of Evolution : The Mexican Mysteries and the Knights Templar*, Anthroposophical Press, 1916 ; *Considérations sur l'histoire contemporaine* (cycle Le Karma de la non-véracité), Éditions Novalis, 2015 ; *Comment acquérir des connaissances sur les mondes supérieurs ou L'initiation*, Centre Triades, 1976 ; *La Légende du Temple et l'essence de la Franc-Maçonnerie*, Nivalis Montesson, 1999.

Strieber, Whitley, *Christmas Spirits*, Coronet, 2012.
Temple, Robert, *He Who Saw Everything*, Rider, 1991 ; *The Crystal Sun*, Cebtury, 2000 ; *Netherworld*, Century, 2002.
Thomas, Keith, *Religion and the Decline of Magic*, Weidenfeld and Nicolson, 1971.
Tomberg, Valentin, *Méditations sur les 22 arcanes majeurs du Tarot*, Éditions Aubier Montaigne, 1992.
Toynbee, Arnold, *Experiences*, 1969.
Vail, Rev. C. H., *The World's Saviours*, N. L. Fowler & Co., 1913.
Voragine, Jacques de, *La Légende dorée*, 1275.
SAR Le Prince de Galles, Tony Juniper et Ian Skelly, *Harmony*, Blue Door, 2010.
Budge, E. A. Wallis, *Egyptian Magic*, Kegan Paul, Trench and Truber & Co., 1899.
Warner, Marina, *From the Beast to the Blonde*, Chatto & Windus, 1994.
White, Terry, *The Sceptical Occultist*, Century, 1994.
Wilmshurst, W. L., *The Scientific Apprehension of the Superphysical World*, 1905.
Wilson, Ian, *Expériences vécues de la survie après la mort*, Belfond, 1998.
Wirth, Oswald, *Le Tarot des imagiers du Moyen Âge*, Tchou, 2014.
Yates, Frances A., *Giordano Bruno et la tradition hermétique*, Dervy, 2013.
Young, Pamela, *Hope Street*, Coronet, 2012.
Zaleski, Carol, *Otherworld Journeys*, Oxford University Press, 1987.
Zeldis, Le Vén. Frère León, *An Esoteric View of the Rose-Croix Degree*, disponible en ligne (en anglais) sur Pietre-stones Review of Freemasonry, freemasons.freemasonry.com.

Index

B

C

D

I

N

O

P

Q

R

S

T

Notes

Préface

1. Dans la vision matérialiste du monde, l'imagination est une faculté dont il faut se méfier, souvent réduite à de simples fantasmes. D'après l'idéalisme – philosophie selon laquelle l'esprit est en un sens plus réel que la matière –, l'imagination humaine joue un rôle bien plus élevé. Elle nous permet d'accéder aux grandes forces créatrices du cosmos et de devenir des co-créateurs conscients. Voir les chapitres 30 et 38 pour une explication de l'imagination telle qu'elle est comprise par l'idéalisme, à travers les visions du monde d'Ibn' Arabî, de Henry Corbin et de William Shakespeare, entre autres.

2. La première partie de cet ouvrage fait le récit de la création. Elle est « créationniste » dans le sens où elle considère que la Genèse raconte la création de la condition humaine par Dieu et les créatures angéliques qui l'ont aidé à réaliser son plan. Mais j'avancerais que, puisqu'il s'agit d'une histoire *intérieure* et non d'une reconstitution extérieure fondée sur quelques bribes d'informations, elle n'est pas nécessairement en contradiction avec les découvertes objectives de la science moderne.

3. Remarque sur le vocabulaire : j'ai en général essayé d'éviter le terme « surnaturel ». La question : « Existe-t-il des événements surnaturels dans le monde ? » est du même acabit qu'une question comme : « Quand avez-vous arrêté de battre votre femme ? » Toutes deux partent d'un postulat hostile. Comme nous le verrons au chapitre 38, le terme « surnaturel » est apparu avec le matérialisme scientifique et part de l'hypothèse qu'il existe des lois naturelles universelles, dont il est très peu probable qu'elles soient un jour brisées. Du point de vue du matérialisme, les événements surnaturels

sont on ne peut plus improbables. Toutefois, comme nous le verrons dans cet ouvrage, si on adopte le point de vue idéaliste, on en vient à s'y attendre et à les repérer.

4. Plotin, philosophe néoplatonicien, a plaidé en faveur de l'idéalisme de la manière la plus claire et concise qui soit selon moi : « Les objets extérieurs présentent à nous seulement leur apparence. » (Lettres à Flaccus) Selon lui, le monde des idées ne doit pas être sondé comme une chose qui nous est extérieure et, par conséquent, seulement imparfaitement connue. Il est à l'intérieur de nous-mêmes. Le monde des idées réside dans notre intelligence. La conscience, de fait, est le seul fondement de la certitude. L'esprit est son propre témoin.

5. Clin d'œil à Hegel et à sa « religion populaire » dans le *Fragment de Tübingen* (1973).

6. Qu'ils l'aient un jour exprimé en ces termes précis ou non, la plupart des croyants adhèrent implicitement à l'idéalisme. Selon moi, on ne peut pas vraiment se dire croyant ou spirituel sans se placer du côté de l'idéalisme contre le matérialisme (voir chapitre 39).

7. Au vu de la nature insuffisante des preuves qui existent, il est selon moi déplacé d'avoir des certitudes en la matière, mais les fanatiques des deux camps – fondamentalistes religieux comme athées militants – expriment leur certitude. Se montrer cordiaux, tolérants et ouverts d'esprit serait selon moi une réponse plus appropriée.

8. Alvin Plantinga, *Where the Conflict Really Lies : Science, Religion and Naturalism*, Oxford University Press Inc., 2011.

9. George Eliot, *Scènes de la vie du clergé*, 1858.

10. David Foster Wallace, *L'Infinie Comédie*, Éditions de l'Olivier, 2015 (traduction de Francis Kerline).

Indroduction. La vision mystique

1. Saint Thomas d'Aquin, le grand théologien des anges, définissait un mystique comme quelqu'un qui « expérimente en soi-même le goût de la douceur de Dieu », qui selon lui va au-delà de la « connaissance spéculative » (*Somme théologique*, II/II, question 97, article 2, solution 2).

2. Henry Maudsley, le fondateur du célèbre hôpital psychiatrique de Camberwell, dans le sud de Londres, croyait que de nombreux guides spirituels, dont Paul, Mahomet, Ann Lee – la fondatrice des shakers –, Swedenborg, Ignace de Loyola, George Fox et Charles Wesley, souffraient d'épilepsie. Pour un compte rendu des états modifiés de conscience comme théâtre de l'affrontement entre croyance religieuse et psychiatrie, voir Ivan Leudar et Philip Thomas,

Voices of Reason, Voices of Insanity : Studies of Verbal Hallucinations (Routledge, 2000). Il y a eu un moment très émouvant lors d'une apparition publique de Lorna Byrne au Quaker Hall de Londres en novembre 2012, quand elle a reconnu que, si elle n'avait pas avoué voir des anges quand elle était enfant, c'était en partie parce qu'elle craignait d'être enfermée en institution et que son message ne soit jamais entendu.

3. Être transporté au point de perdre toute conscience du monde matériel, c'est faire l'expérience de la « vision béatifique ». Ce n'est pas toujours une expérience bienheureuse ni indolore. Lorna Byrne rapporte que dans son cas, cette vision est précédée d'un ange qui enfonce sa main dans sa poitrine : son âme est alors extirpée de son corps dans une terrible secousse.

4. *Annie Hall*, de Woody Allen, comporte une scène brillante où Woody fait la queue au cinéma avec Diane Keaton. Il est agacé par un homme derrière lui, qui étale sa science devant sa petite amie en évoquant Marshall McLuhan. S'ensuit une dispute et Woody lui dit qu'il ne sait pas de quoi il parle. Puis, comme par enchantement, il fait apparaître Marshall McLuhan, qui confirme évidemment que ce type a travesti sa pensée. Woody se tourne alors vers la caméra et dit : « Si seulement la vie pouvait être comme ça ! » Jonny Geller, mon agent, m'a demandé pourquoi je considère Lorna Byrne comme une autorité en la matière. Les grands mystiques ont une certaine autorité naturelle, quelque chose qui *s'apparente* à la force de personnalité. Elle ne leur vient pas des livres et ne leur a pas été conférée par d'autres autorités, bien qu'elle puisse être compatible avec les visions d'autres mystiques ou d'autres traditions religieuses. Saint Bonaventure, le biographe de saint François d'Assise, dit de ce dernier qu'il était « empli de connaissances ». Au moment de mourir, il montra son crucifix et déclara : « Voilà la source où je puise mes connaissances. »

5. Au fil des pages, l'auteur cite indifféremment la King James Bible, traduction de la Bible datant de 1611 très répandue dans le monde anglo-saxon, et la English Revised Version, une traduction plus moderne. Dans le premier cas, nous avons opté pour la traduction française de la King James Bible (ou Bible du roi Jacques) ; dans le second, pour la Bible de Louis Segond, plus récente et très répandue dans les pays francophones (N.d.T.).

6. Job, XXXVIII, 7 : « Alors que les étoiles du matin éclataient en chants d'allégresse, Et que tous les fils de Dieu [les anges] poussaient des cris de joie » ; voir aussi Genèse, III, 24, quand les chérubins barrent le passage permettant de retourner au jardin d'Éden. Mais il y a un autre niveau d'interprétation, plus ésotérique, relatif au rôle des anges dans la création, que j'explique dans *L'Histoire secrète*

du monde (Éditions Florent Massot, 2009 ; J'ai lu, 2011). Le terme « Elohim », traduit dans les versions françaises de la Genèse par « Dieu » est en réalité un nom pluriel, qui fait référence aux sept anges qui agissent de concert pour former le Verbe de Dieu. Ils sont Dieu dans l'acte de création. Les récits dans la Genèse et dans l'Évangile selon Jean sont cohérents. C'est à travers le Verbe – à travers l'Elohim – que tout a été créé.

7. Le Livre des Jubilés, II, 2 : « Car au 1er jour il créa les cieux qui sont en haut et la terre et les eaux et tous les esprits qui servent face à lui : les anges de la présence et les anges de sanctification et les anges de l'esprit des vents et l'ange de l'esprit des nuages, de noirceur, de neige, de grêle et de cristal glacé, et les anges des voix du tonnerre et de l'éclair, et les anges des esprits du froid, du chaud, du printemps, d'automne, d'été, et tous les esprits de ses créatures qui sont dans les cieux et sur la terre. »

Le Livre des Jubilés est un texte juif très ancien, qui faisait autorité aux yeux de l'Église paléochrétienne. Selon des spécialistes, certains de ses documents sources sont aussi anciens que ceux des premiers livres de l'Ancien Testament. De même, les *Hermetica* (textes d'origine égyptienne qui allaient avoir une grande influence sur la pensée et l'art de la Renaissance), ainsi que les fragments subsistants de Manéthon de Sebennytos (historien égyptien qui a écrit sur les générations de dieux), sont plus anciens que certaines parties de la Bible, et certaines sources de ces textes sont sans doute aussi anciennes que la totalité la Bible. Qui plus est, les différents ordres d'êtres spirituels que décrivent ces textes sont aussi représentés sur les pyramides et les temples du monde antique, ce qui suggère qu'ils faisaient partie d'une cosmologie universellement admise bien avant qu'ils n'apparaissent dans les textes qui ont survécu.

La description des différents ordres d'anges est typique de la pensée théosophique. Aujourd'hui, la plupart des gens associent sans doute le terme « théosophie » à la Société théosophique, mouvement fondé au XIXe siècle par Madame Blavatsky, mais, en réalité, comme nous venons de le voir, les origines de ce mode de pensée remontent au moins à la fin de l'Antiquité grecque et probablement bien plus loin. La théosophie tente de penser l'expérience humaine du divin de manière systématique – la géographie des royaumes spirituels, les différents ordres d'êtres spirituels et leurs caractéristiques, le plan divin pour le cosmos et les différentes étapes de son déroulement, le plan divin pour les individus avant la naissance, pendant la vie et après la mort. Si la théologie telle qu'elle est enseignée à l'université a tendance à être rigoureusement chrétienne, la théosophie aspire elle à être universelle et tend à se concentrer sur ce que les religions du monde ont en commun. Elle a une longue tradition, auguste, bien que parfois confuse. J'ai trouvé des traces de cette tradition dans des ouvrages datant de l'époque victorienne, en général très longs et souvent écrits par des ecclésiastiques du type de ceux dont George Eliot a fait la satire sous les traits de Casaubon. C'est toujours un véritable plaisir de tomber sur ces livres dans des librairies d'occasion ou, aujourd'hui, sur Abebooks, une librairie en ligne : ils sont d'une grande érudition et notent minutieusement les similarités qu'on retrouve et les échanges qui existent entre les grandes traditions religieuses. Casaubon est resté perché sur mon épaule pendant toute l'écriture de ce livre.

1. La rosée tombe doucement...

1. On peut voir les grands conflits du XXe siècle comme une bataille entre le communisme et les forces de l'athéisme d'un côté et, de l'autre, les démocraties chrétiennes et les théocraties comme le Tibet.

2. « Fées, répandez partout/La rosée sacrée des champs [...]. » : Obéron dans *Le Songe d'une nuit d'été* (Acte V, scène première, Librairie Générale Française, 1983, traduction de F.-V. Hugo). Nous nous pencherons sur l'immersion de Shakespeare et d'autres grands écrivains dans ce courant de pensée au cours des chapitres suivants.

3. Le récit que fait l'idéalisme des différents ordres d'êtres spirituels qui émanent du grand Esprit cosmique afin de créer l'univers matériel s'appelle l'émanatisme. Ce courant remonte au moins au début de la religion égyptienne. Les Égyptiens du monde antique voyaient leurs dieux – ou *Neteru* – comme les incarnations des principes générateurs de la nature qui œuvrent de concert pour lui donner sa forme.

On trouve l'une des premières traces de l'émanatisme dans l'hermétisme. L'hermétisme présentait le cosmos comme une émanation vivante du divin, tissé par des couches d'émanations complexes et subtilement distinctes. Aujourd'hui, il est communément admis que ces écrits ou, du moins, les idées qui les sous-tendent proviennent probablement des cercles sacerdotaux d'Égypte. Les documents qui subsistent ont pu avoir été écrits par des prêtres égyptiens en exil après la fermeture des « écoles de mystère ».

Parmi les autres formes d'émanatisme, on trouve l'énumération des Sephiroth dans la Kabbale et le récit des différents ordres d'êtres spirituels du néoplatonicien Plotin. On voit aussi cet émanatisme dans l'allusion que saint Paul fait aux différents ordres d'anges, dont son disciple, Denys l'Aréopagite, a donné une description complète, qui fait autorité dans la tradition chrétienne. Pour une description parallèle des différents ordres d'anges, glanée chez les sages zoulous au XXe siècle, voir *"The Ancient Wisdom in Africa"*, de Patrick Bowen, dans *Studies in Comparative Religion*, volume 3, n°2, printemps 1969, pp. 113-121. Pour un compte rendu du récit du « drame dans le ciel » tel qu'il apparaît parallèlement dans les traditions chrétienne et gnostique, la Kabbale d'Isaac Luria et la gnose ismaélienne chiite, voir « L'Élément dramatique commun aux cosmogonies gnostiques des religions du Livre » de Henry Corbin, *Cahiers de l'Université Saint-Jean de Jérusalem, 5,* 1979.

4. Corinthiens, IV, 18 : « Les choses visibles sont passagères, et les invisibles sont éternelles. »

2. La Terre-Mère et le Père-Temps

1. La figure du Père-Temps est née à la Renaissance de l'identification entre Cronos (Saturne dans la mythologie romaine) et Chronos, un dieu primordial personnifiant le Temps dans la tradition orphique (N.d.T.).

2. Le film comporte une grande dimension métaphysique, typique de l'œuvre de Terrence Malick. Le réalisateur ne veut pas seulement parler ici d'un conflit provoqué par de simples atomes se heurtant les uns aux autres : il parle d'un conflit de valeurs au cœur même de la nature. Pendant de nombreuses années, j'ai révisé et publié les livres de Chris Ryan, un héros du *Special Air Service* (les forces spéciales britanniques), qui m'a dit que *La Ligne rouge* est l'un des deux films qui traduisent le mieux le sentiment qu'on ressent au combat.

3. D'après le néoplatonicien Proclus, la théologie orphique « attribue au principe mâle l'origine de la stabilité et de l'identité, et au principe femelle l'origine de la diversité et de la mobilité des êtres. [...] "À commencer par le sommet des causes, dit Proclus, le ciel est à la terre, dans les rapports du mâle à l'égard de la femelle. C'est le mouvement du ciel, qui par sa révolution donne les raisons séminales et les forces, dont la terre reçoit en elle les émanations qui la rendent féconde, et lui font produire les animaux et les plantes de toute espèce." [...] Proclus ajoute ensuite, en parlant de l'union et du concours de ces deux causes, que leur action réciproque s'appelait, en langue théologique, mariage ; la terre était regardée comme la première *mariée*, et son union au ciel, comme le premier *mariage*. » (Cité dans *Origine de tous les cultes, ou religion universelle*, Charles-François Dupuis, Paris : Louis Rosier, Libraire-éditeur, 1835.)

4. Il est dans la nature des minéraux de se fragmenter et de se disperser. « Le Soi se manifeste dans les opposés et dans le conflit qui les oppose ; c'est une *coincidentiaoppositorum* (coïncidence des contraires). » Carl Gustav Jung, *Psychologie et alchimie*, Buchet-Chastel, 1970 (traduit par Henry Pernet et Roland Cahen).

5. On peut retracer l'origine du développement du concept de « Verbe » comme principe organisateur du cosmos chez Héraclite, les Stoïques et Philon d'Alexandrie, philosophe hellénisé qui a probablement eu une influence sur l'auteur de l'Évangile selon Jean. Dans la tradition grecque, Apollon était la représentation divine de ce principe organisateur. Voir *Jesus Christ, Sun of God : Ancient Cosmology and Early Christian Symbolism* de David Fideler (Quest Books, 1976). Voir aussi *Le Popol Vuh1 : 1* : « [T]out était en suspens, calme et silencieux. Tout était immobile, muet, et le ciel vide, à l'infini. Voici la première histoire, le premier discours. »

6. Plotin, disciple de Platon qui emmena son idéalisme du côté du mysticisme pratique, écrivit : « En effet, dans ce monde intelligible, tout est transparent ; nulle ombre n'y borne la vue ; toutes les essences s'y voient et s'y pénètrent dans la profondeur la plus intime de leur nature » (*Les Ennéades,* Cinquième Ennéade, Livre huitième, IV, Paris, Librairie de L'Hachette et Cie, 1857, traduction de M.-N. Bouillet).

7. Dans la philosophie mystique, la dimension végétale incarnée par Adam et Ève survit en nous : c'est le principe vital qui donne vie à notre corps matériel et l'organise. Comme l'a dit le poète soufi Rûmî : « Vous et moi étions avec Adam et Ève au commencement. » (Mathnawî, vi. 735, traduction libre). Nous aurons l'occasion de revenir sur ce thème à plusieurs reprises.

3. L'ange Michel et le serpent

1. Excepté le Soleil et la Lune, Vénus est le seul corps céleste qui brille suffisamment pour projeter des ombres.

2. L'émeraude était la pierre précieuse dédiée à Hathor, la Vénus/Aphrodite égyptienne. Un poème médiéval intitulé « *The Warburg War* » a préservé la tradition d'une émeraude tombant de la couronne de Lucifer, et nous verrons plus tard pourquoi cette pierre est devenue un élément important dans l'histoire du Graal.

3. Tous les êtres humains désirent ardemment le bonheur. La mort est comme le tain noir au dos d'un miroir : c'est elle qui nous donne la capacité de nous voir.

4. Quand il est dit dans la Genèse qu'Adam et Ève « surent qu'ils étaient nus », cela signifie que, en tant qu'animaux, ils prirent

conscience du fait qu'ils avaient un corps – au contraire des plantes, qui n'en avaient pas conscience. C'est avec cette prise de conscience qu'est née la potentialité du « péché ».

5. Nous reconnaissons cette dualité – cette manière qu'a le mal de nous attaquer de deux côtés – dans le « Notre Père » : « Ne nous soumets pas à la tentation [Vénus], mais délivre-nous du Mal [Saturne]. »

6. Par exemple, Michel est traditionnellement représenté comme l'archange du Soleil et Gabriel, celui de la Lune. Pour une étude plus détaillée de la manière dont la tradition astronomique est à la fois explicite (mais ignorée) et cryptée dans la Bible, l'architecture ecclésiale et l'art chrétien, voir *L'Histoire secrète du monde*.

7. Inscription tamoule mentionnée par Ananda K. Coomaraswamy, illustre spécialiste de la religion traditionnelle.

4. La Femme-Araignée tisse son sort

1. Comparez avec *Les Yoga sūtra de Patañjali* par exemple : « Si vous méditez sur la force, ou sur l'attribut spécifique de la force d'un éléphant, cela vous aide à développer cette qualité. »

« Grâce à la pratique de la méditation en toute conscience sur les relations qui existent entre le substrat de l'espace et les sons, il est possible de développer ses facultés de perception extraordinaires. »

« Grâce à la pratique de la médiation en toute conscience sur la relation entre le corps et le substrat de l'espace tout en s'identifiant à la légèreté du coton, vous obtenez la faculté de vous déplacer dans l'espace. »

2. Femme-Araignée lui ayant montré comment faire, la petite Navajo put rentrer chez elle et apprendre à son peuple à tisser les magnifiques motifs qui font aujourd'hui sa renommée.

5. Isis et le mystère de l'accord parfait

1. La pantoufle de verre de Cendrillon évoque de manière évidente cet « accord parfait ». De nombreux contes de notre enfance – *La Belle au bois dormant*, *Jack le tueur de géants*, *Cendrillon* – racontent ce qui est arrivé aux anges.

2. Le Pimandre (ou Poimandrès), la « vérité de Rê », premier traité du *Corpus Hermeticum*, décrit la manière dont l'esprit d'un homme s'élève à travers les cieux et abandonne certains défauts dans les différentes sphères : il abandonne par exemple « l'industrie du mal et la ruse » dans la sphère de Mercure, « l'illusion [...]

des désirs » dans la sphère de Vénus, « l'audace téméraire » en Mars, « l'attachement aux richesses » en Jupiter et « le mensonge insidieux » en Saturne.

3. Novalis : « Une naissance sur terre implique un décès dans le monde des esprits. »

4. Le deuxième livre d'Esdras décrit le monde spirituel primitif qu'habitait l'humanité avant la création du monde matériel (Néhémie ou Le deuxième livre d'Esdras, III, 4-7).

5. Les mythes montrent les actions des dieux – des anges – pour que les humains soient capables de les reproduire. Ils nous ouvrent la voie. L'histoire d'Isis et d'Osiris raconte comment nous en venons à naître et à vivre dans le monde matériel pour une durée de temps limitée, mesurée par le Soleil et la Lune ; comment nous serons testés et traverserons certaines épreuves en fonction des dons qui nous ont été octroyés ; et comment nous obtiendrons le secours divin si nous le demandons, puis mourrons dans le monde matériel pour continuer à vivre un temps dans les royaumes angéliques.

Nous vivons juste assez longtemps pour être mis à l'épreuve, encore et encore. Nous faisons tous la rencontre de Seth, et les prêtres égyptiens nous promettent qu'après la mort, nous rencontrerons Osiris : sa lumière nous guidera et nous verrons alors clairement.

6. Amants divins et femmes angéliques

1. La principale source de ces métamorphoses est bien sûr Ovide, mais j'ai emprunté certains éléments à Shakespeare.

2. Il existe un dicton, qu'on attribue à Baal Shem Ṭov, le fondateur du judaïsme hassidique : « Il n'est pas un seul brin d'herbe poussant ici sur Terre qui ne possède un ange au-dessus de lui qui lui commande de croître. »

3. Milton décrit les esprits comme suit : « Si ténue et si simple est leur essence pure : elle n'est liée ni cadenassée par des jointures et des membres, ni fondée sur la fragile force des os », et les anges comme étant capables de se métamorphoser pour exécuter leurs « résolutions aériennes ». (*Le Paradis perdu*, livre 1, chant 1, traduction de Chateaubriand, Paris : Renault et Co, Libraires-éditeurs, 1861).

4. Dans un autre conte celte, *Les Aventures de Cormac en Terre de Promesse*, le roi parcourt la Terre de Promesse et trouve un puits qui est la source de cinq ruisseaux. On lui apprend que chacun des ruisseaux représente l'un des cinq sens.

Voici un exemple saisissant de renversement narratif, qui nous fait subitement comprendre que le point de vue du conteur est surnaturel – en d'autres termes, le conteur examine la manière dont le monde se forme au quotidien depuis l'autre monde. Ce n'est pas sans rappeler une scène du film *Matrix*, basé sur les romans ésotériques et mystiques de Philip K. Dick, quand on montre soudain au spectateur que les personnages du film sont attachés à des machines qui leur font faire l'expérience d'un monde virtuel qu'ils prenaient à tort pour le monde réel.

En un sens, des histoires comme celles-ci et celle de Taliesin décrivent ce qui se passe pendant l'initiation, en révélant la perspective surnaturelle au lecteur ou au spectateur. Dans la mesure où elles habituent le lecteur à cette perspective, on peut dire qu'elles sont elles-mêmes initiatiques.

7. Odin et la théorie angélique de l'évolution

1. La mission d'Odin était de combattre la possibilité du mal, que la création de la vie animale avait introduite dans le monde, et d'aider à développer des facultés pour résister à la tentation et à la ruse introduites par Vénus. Les astrologues nordiques ont observé les mouvements complexes de Mercure et de Vénus, visibles dans les lueurs du levant et du couchant, et compris que le destin de l'humanité était lié au lien qui unit ces deux planètes.

2. L'histoire d'Odin et d'Ásgard, comme celle de Zeus/Jupiter, témoigne d'une époque où de grandes victoires ont été emportées sur les forces de Saturne et de Vénus (les forces du matérialisme et de l'illusion), mais aussi où la guerre n'était en aucun cas finie pour les deux camps. Les conteurs savaient que les forces du matérialisme se soulèveraient à nouveau sous la forme des Titans et des Géants. Les forces du matérialisme menaçaient toujours de gagner du terrain depuis l'extérieur. Vénus était quant à elle l'ennemi intérieur.

3. Pour une description claire et concise de la théorie des champs morphiques au regard des derniers développements de la science, voir *Réenchanter la science – Les dogmes de la science remis en cause par un grand scientifique*, de Rupert Sheldrake (Albin Michel, Paris, 2013 ; J'ai lu, 2016).

4. Éditions J'ai lu, 2016 (N.d.T.).

5. Mary Midgley, *The Guardian*, 27 janvier 2012, paru en français sous le titre « Les prétentions de la science », dans le magazine *Books* en septembre 2013.

6. L'enfer se dit « hell » en anglais (N.d.T.).

7. « Si tout le monde était papier/Et toutes les mers étaient encre/Et tous les arbres étaient pain et fromage/Qu'aurions-nous

à boire ? » Cette comptine souligne l'éternel mystère auquel est toujours confrontée la science. Le cosmos n'a pas à être comme il est, réglé avec une extraordinaire précision pour nous être adapté et nous fournir les conditions nécessaires à la vie. Il pourrait présenter des conditions privilégiées, nous convenir à bien des égards, mais lui manquer un unique élément, minuscule, sans lequel la vie telle que nous la connaissons serait impossible.

8. « Il n'est rien en lui [le Monde entier], soit dans sa totalité, soit en une seule de ses parties, qui n'ait la vie » : *Le Corpus Hermeticum* d'Hermès Trismégiste, XIII (« Hermès Trimégiste à Tat : Le Noùs universel ou l'Esprit sanctifiant »).

9. Les représentations picturales traditionnelles de la Nativité symbolisent parfaitement ce processus historique.

10. D'après Rudolf Steiner, les pierres ont une conscience équivalente à celle des humains quand ils sont dans une transe profonde.

11. « [L]a lune est, à bon droit, regardée comme l'astre du souffle vital ; [...] elle est pour les corps cause de réplétion par son approche, d'inanition par son éloignement [...]. De plus, le sang de l'homme augmente et diminue avec la lumière de cet astre. » (Pline l'ancien, *Histoire naturelle*, livre 2, CII. Paris : Dubochet, 1848-1850, édition d'Émile Littré). Éléazar, un zélote du Iᵉʳ siècle, a dit que « l'âme, même enchaînée au corps, a une grande puissance, car elle fait de lui son organe de perception, [...] ; mais lorsque [...] l'âme regagne son séjour natal, alors vraiment elle participe à la force des bienheureux et à une puissance libre de toute entrave [...]. » Enfin, tout le monde connaît la phrase de Blaise Pascal, mathématicien et mystique français : « Le cœur a ses raisons que la raison ne connaît point. » Au cœur, il aurait pu ajouter les poumons, l'estomac, les organes génitaux, le système nerveux et, bien sûr, le cerveau.

12. Comme le point de départ de l'idéalisme est l'opposé de celui du matérialisme, les idées qui en découlent peuvent sembler sens dessus dessous à ceux qui épousent la pensée contemporaine. Nous le verrons, de nombreux grands penseurs spirituels, de Jésus Christ aux maîtres Zen, ont joué avec ce caractère paradoxal. Il y est plus évident dans les mythes nordiques – où l'espace et le temps ne veulent pas dire grand-chose – que dans les mythes grecs et romains, plus familiers, ce qui explique peut-être pourquoi les premiers ont peu été réécrits. Les mythes nordiques ont même donné du fil à retordre aux Victoriens, qui excellaient pourtant à cet exercice, à l'instar de Roger Lancelyn Green qui livra ce qui fut sans doute sa réécriture la moins réussie en s'y attaquant.

8. L'histoire du précieux

1. Dans le Coran (sourate 27, verset 16), Salomon dit : « On nous a appris le langage des oiseaux. » Ce qui signifie : « Nous savons parler aux intelligences supérieures » – les oiseaux symbolisant ici les anges. Le même symbolisme est utilisé dans la parabole de la graine de moutarde, dans laquelle l'arbre représente l'Arbre du Monde, qui passe à travers tous les niveaux de l'être et de la réalité – et les oiseaux dans ses branches les plus hautes représentent les anges. Analyse d'après René Guénon (« La langue des oiseaux », dans *Symboles de la Science sacrée*, coll. « Tradition », Éditions Gallimard, 1962, chap. VII).

9. Les hommes puissants, les gens de renom

1. Les différentes traditions religieuses mettent l'accent sur différentes époques. Tout le corpus des mythologies grecque et romaine est traité dans un court passage de la Genèse (VI), qui fait allusion aux anges ayant pris pour épouses des humaines et aux « hommes puissants » nés de ces unions.

2. Persée est un héros solaire et ses actes font écho à ceux des précédents héros solaires. Il combat un monstre saturnien du matérialisme qui veut transformer le monde entier en matière morte. D'après l'idéalisme, ces situations récurrentes dans l'histoire n'impliquent pas pour autant qu'elles ont été « inventées ». Si certaines situations sont récurrentes, c'est à cause de la rotation des étoiles et des planètes – nous reviendrons sur ce point.

10. Les dieux appellent les hommes à l'aide

1. Lorna Byrne a écrit au sujet d'un démon qui agit à son insu. Si vous voulez voir Lorna parler de « l'autre côté », voir l'interview filmée de Graham Hancock, disponible sur son site Internet.

2. Les textes énochiens sont largement cités et font autorité dans le Nouveau Testament. Jésus Christ lui-même y fait allusion. Le Livre d'Énoch a été perdu pendant plus de 1 500 ans avant d'être redécouvert par James Bruce, un franc-maçon écossais, en 1773, dans un territoire qui fait aujourd'hui partie de l'Éthiopie.

3. Saïd al-Andalusî, un historien du XIe siècle, a consigné la tradition selon laquelle Thot ou Hermès – que les juifs appellent Énoch et les musulmans Idris – vivait en Égypte, a donné naissance à toutes les sciences antédiluviennes, a le premier évoqué les mouvements des

planètes, a construit des temples à Dieu et a prévenu de catastrophes, dont le Déluge. Voir aussi : « [J]'aperçus les limites de la terre, et l'endroit où le ciel finissait. Les portes du ciel étaient ouvertes et j'en vis sortir les étoiles. Alors je les comptais à mesure qu'elles sortaient, et j'en notais exactement le nombre. Je pris note également de leurs noms, de leurs courses périodiques, de leurs vicissitudes [...]. » (Le Livre d'Énoch, XXXII, 2). Robert Lomas et Christopher Knight ont suggéré dans *Uriel's Machine* que ce qui était décrit ici était un monument mégalithique et sa fonction : prédire les mouvements des corps célestes et, donc, les saisons. De nos jours, de nombreuses personnes espèrent toujours découvrir la bibliothèque d'Énoch dans les déserts d'Afrique du Nord, où les traditions de la « salle des archives » ont persisté. Certains pensent qu'elle est enterrée sous les pattes du Sphinx. Dans *Stairways to Heaven*, Lorna Byrne fait ce qui me semble être une description très colorée, particulièrement détaillée, d'une bibliothèque existant dans une dimension spirituelle.

4. Malachie reçoit la prophétie du « Soleil de justice » (Malachie, IV, 2), que saint Paul et la tradition chrétienne tiennent pour la prophétie de Jésus Christ. Jésus Christ est traditionnellement décrit à l'aide de l'imagerie solaire et cette association est souvent explicite dans les premiers textes chrétiens, comme la *Pistis Sophia*.

5. « Voici maintenant la vision que j'eus : Voici : je me voyais environné de nuages et de brouillards épais ; [...]. Je fus enlevé ainsi jusqu'au ciel [...]. Je l'examinai avec attention, et je vis qu'il y avait un trône élevé ; dont l'aspect ressemblait à la grêle, tandis que son contour était comme l'orbe éclatant du soleil ; et il en sortait des voix de chérubins. » (Le Livre d'Énoch, chapitre XIV).

6. « Et lorsque les anges, les enfants des cieux, les eurent vues, ils en devinrent amoureux ; [...]. Et ils se choisirent chacun une femme, et ils s'en approchèrent, et ils cohabitèrent avec elles ; et ils leur enseignèrent la sorcellerie, les enchantements [...]. Et ces femmes conçurent et elles enfantèrent des géants dont la taille avait trois cents coudées. [...] Alors ils se tournèrent contre les hommes eux-mêmes, afin de les dévorer. Et ils commencèrent à se jeter sur les oiseaux, les bêtes, les reptiles, les poissons, pour se rassasier de leur chair et se désaltérer de leur sang. » (Le Livre d'Énoch, chapitre VII). « Et cela arriva lorsque [...] les anges de Dieu les virent, car elles étaient belles à regarder, et se prirent des femmes parmi toutes celles qu'ils choisirent et elles leur portèrent des fils qui étaient géants. Et les sans-lois augmentèrent sur la terre et toute chair corrompit sa voie [...] et toute imagination des pensées des hommes [était] sans cesse au mal. Et Dieu [...] dit qu'il détruirait de la surface de la terre les hommes et toute chair qu'il avait créés. » (Le Livre des Jubilés, chapitre V).

11. Orphée, le Sphinx et le temps verrouillé

1. Ayant déclaré qu'il n'allait pas faire de prophéties, Élisée dit : « Mais maintenant, amenez-moi un ménestrel. » « Et il arriva, comme le ménestrel jouait, la main du seigneur vint sur lui. » (2 Rois, III, 15).

2. Jadis, il existait des hommes très sages qui connaissaient intuitivement les sentiments et les comportements de tous les êtres vivants. Ils comprenaient parfaitement le langage de différentes espèces animales et, quand ils les appelaient, les animaux se rassemblaient pour écouter leurs enseignements.

3. Celui qui conduit une embarcation (N.d.T.).

4. Dans la Grèce antique, l'*oreibaia* était un rite dédié à Dionysos qui se déroulait au milieu de l'hiver. Les femmes quittaient la ville de nuit pour se rendre dans les montagnes où, en imitation des Ménades, elles buvaient du vin et dansaient, en extase, fouettant l'air de leurs cheveux, avant de démembrer et de dévorer un jeune bouc cru, qui symbolisait le dieu. En grec, « bouc » se dit *tragos* : cette cérémonie est à l'origine des tragédies et a ouvert la voie à tous les grands arts traitant des questions primordiales de la vie et de la mort. Ce rite mêle exaltation frénétique et répulsion. Il est saint et barbare à la fois. Il est paradoxal. C'est également une affirmation de la force vitale : il se confronte au pire qui puisse arriver et dit que, malgré tout, la force vitale reste indestructible. Il survit à la mort de n'importe quel individu et est finalement joyeux. La vie continuera.

Dans *Le Rameau d'or* (1890) de James George Frazer, un missionnaire décrit une danse effectuée par des cannibales en Colombie-Britannique, à la fin de laquelle un corps humain est dépecé et dévoré (chapitre 43).

Au début du XXe siècle encore, l'explorateur Wilfred Thesiger a assisté au rite annuel d'une tribu montagnarde à Tanger. Ses membres étaient affamés et déliraient sous l'effet d'une drogue. Ils dansaient au son des pipeaux et des tambours. Puis on jeta un mouton sur la place du village et tous se jetèrent sur lui, le mettant en pièces, se dépêchant de le manger cru, tant que le sang était encore frais. Thesiger est cité par E. R. Dodds dans *Les Grecs et l'irrationnel* (1951, traduction française 1965 ; Flammarion, 1999).

5. Cette information sur les abeilles provient de *The Parable of the Beast*, de John Bleibtreu (1970), un formidable ouvrage de biologie expérimentale qui révèle l'intelligence à l'œuvre dans le monde naturel de nombreuses manières inattendues.

6. Comme Krishna, dont nous raconterons l'histoire au chapitre 15, l'a dit : « Ce qui est vraiment su sait qu'il est su. »

7. Les plus grands écrivains abordent les questions de la vie et de la mort, les mystères de la condition humaine, les liens mystérieux et les séries d'événements mystiques. Pour prendre un exemple moderne remarquable, dans *Freedom*, Jonathan Franzen, dont les écrits sont dans la veine de George Eliot, évoque un personnage qui a commis « la vraie grosse erreur de sa vie ». Manquant d'assurance à cause d'une enfance sans amour, Patty « adhère » à la version que son amant a d'elle, alors qu'elle la sait fausse. Son insécurité s'imbrique parfaitement dans son insécurité à lui. Leurs qualités et défauts à tous les deux sont engagés, et cette « erreur » devient le grand « test » de leur vie. Il est peu probable que cette imbrication parfaite puisse se produire sans la main du destin. Parfois, et c'est profondément mystérieux, seuls les grands écrivains sont capables de traduire de telles choses sur la page. Des romanciers comme George Eliot et Jonathan Franzen nous disent la chose suivante : nous avons beau nous plonger dans d'autres choses pour repousser le moment où nous devrons réfléchir à ces questions, en fin de compte, nous nous retrouvons tous face à des choix personnels capitaux. Ces grands auteurs nous montrent ce processus à l'échelle d'une vie ou d'une génération grâce au réalisme psychologique. Nous reviendrons sur ce sujet au chapitre 42.

12. Noé et les eaux de l'oubli

1. Dans le *Matsya Purâna* (II, 8-10), Vishnou dit à Manu : « Sept nuages chargés de pluie apporteront la destruction. Les océans tumultueux se fondront en une seule mer. Ils transformeront le monde en un désert d'eau. Alors tu dois prendre les graines de chaque espèce vivante et les charger à bord du navire des Védas. » (Traduction libre.)

2. Dans *Méditations sur les 22 arcanes majeurs du tarot*, Valentine Tomberg, spécialiste catholique de la sagesse mystique et ésotérique, a décrit cet œil comme une blessure. Selon moi, il entend par là que nos yeux physiques nous blessent, car ils nous empêchent de voir le monde spirituel (Lettre V).

3. « [I]l [le Dieu] disposa avec ordre et beauté, l'accordant aux mouvements animiques, la parure du zodiaque, plaçant les signes de forme humaine, puis ceux qui suivent, c'est-à-dire des animaux [...]... » (*Koré Kosmou :* 20, Hermès Trismégiste). Mais les quatre chérubins aux signes fixes du zodiaque – Taureau, Scorpion, Lion et Verseau – forment une croix sur le cosmos. (« Ces quatre constellations forment les extrémités d'une croix centrée sur l'étoile Polaire, immobile au milieu de la rotation céleste. » *Le Tarot des imagiers*

du Moyen Âge, Oswald Wirth, traduction libre). C'est la croix sur laquelle le dieu Soleil serait plus tard crucifié, afin que la matière puisse enfin être spiritualisée selon le plan cosmique.

4. Le sphinx a été sculpté sur le plateau de Gizeh en 11 451 av. J.-C. pour commémorer le verrouillage du temps. Pour les arguments avancés sur la datation, voir *L'Empreinte des dieux* de Graham Hancock (Pygmalion, 2009), *Le Mystère du Grand Sphinx* de Robert Bauval et Graham Hancock (Éditions du Rocher, 2003) et *Le Code mystérieux des pyramides* de Robert Bauval (Pygmalion, 2008). Ces théories reposent en partie sur le travail du Dr Robert Schoch qui a réévalué la datation. Voir "Erosion Processes on the Great Sphinx and its dating", 1999.

13. Râma et Sîtâ, les amants de la forêt

1. Certains disaient que cette montagne mystique était faite de cristal. D'autres, d'or. Ses grottes regorgeaient de joyaux magiques gardés par des serpents, et les rumeurs évoquaient aussi des villes et des chemins souterrains qui descendaient en spirales jusqu'au centre de la Terre.

Aux alentours de 450 av. J.-C., un mathématicien et mystique du nom de Pingala donna le nom de « mont Méru » à la forme pyramidale qu'on appelle aujourd'hui « suite de Fibonacci ». Le mont Méru peut être vu comme une pyramide de pensées sacrées qui émane du grand Esprit cosmique et va s'élargissant pour créer le monde en dessous.

D'après le troisième Panchen-lama, l'un des chefs spirituels traditionnels du Tibet, entreprendre un voyage physique pour trouver cette montagne sacrée n'est pas suffisant. Des exercices spirituels et mystiques intenses et difficiles sont également nécessaires.

L'attraction du mont Méru s'est fait sentir dans le monde entier. Des mystiques chrétiens tels que saint Augustin et Anna Katharina Emmerick de l'ordre des augustines ont écrit à son sujet. Thomas Vaughan, un Anglais inspiré par les idéaux rosicruciens, a écrit sous pseudonyme au sujet d'une « montagne située au milieu de la terre ou au centre du monde, qui est à la fois petite et grande. Elle est douce, et aussi dure et pierreuse au-delà de toute mesure. Elle est éloignée et à portée de main, mais par la providence de Dieu, invisible. En elle sont cachés de très amples trésors que le monde n'est pas capable d'évaluer. » (Thomas Vaughan dit Eugène Philalèthe, *Lumen de Lumine* dans *Œuvres complètes*, éd. La Table d'Emeraude, Paris, 1999, pp. 308–310).

Au XIXe siècle, ce royaume sacré était connu sous le nom de Shambhala. Le tsar Nicolas II était persuadé qu'il était la réincarnation d'un grand mystique de cette région et, par conséquent, fit construire un temple bouddhiste à Saint-Pétersbourg en 1910. Le peintre russe Nicolas Roerich transporta de la terre sainte – que les Mahatmas, des maîtres spirituels aux facultés supérieures vivant dans les montagnes, lui auraient donnée – pour la déposer dans le tombeau de Lénine. Il était convaincu que Marx comme Lénine avaient été instruits en secret par ces maîtres.

Les prophéties venant de l'enseignement kalachakra du bouddhisme datant du IIe siècle av. J.-C. annonçaient que, entre 1927 et 2027, le bouddhisme disparaîtrait presque au Tibet, en Mongolie et en Chine. Elles disaient aussi qu'entre 2327 et 2424 surviendrait une grande guerre. Des armées descendraient alors du mont Méru, emmenées par un roi qui repousserait les forces du matérialisme et ferait naître un nouvel âge d'or.

2. Râma est l'archétype du dirigeant qui quitte ces sujets, comme Haroun al-Rachid, le calife des *Mille et Une Nuits*, et le Duc dans *Mesure pour Mesure* de Shakespeare. Thomas d'Aquin a écrit que Dieu et les anges s'absentent parfois pour que nous puissions développer notre libre arbitre.

3. Je donnais un coup de main à Lorna Byrne lors du lancement de *Stairways to Heaven* quand un homme s'est approché de moi pour me donner une enveloppe contenant les travaux d'un professeur ésotérique que je ne connaissais pas. Selon Brian Cleeve, chacun d'entre nous a un esprit, qui fait partie d'un groupe de mille esprits. Après la mort, ces esprits intègrent un esprit groupé et forment un être qui renferme les expériences de mille vies humaines. Dans cet état, nous conservons notre sentiment d'individualité tout en partageant les expériences de tous les autres membres du groupe. J'ai perdu les coordonnées de ce monsieur et n'ai pas eu l'occasion de le remercier : j'en profite ici, s'il lit ces lignes. (Il est intéressant de noter la similarité avec la notion de « familles d'âmes » développée par Isaac Louria, selon laquelle les âmes sont attirées les unes vers les autres par des affinités particulières.) En se basant sur ses propres expériences des Cieux, Lorna elle-même a parfois dit que, quand nous y sommes, nous perdons tout sentiment de l'injustice de la vie devant quelque chose d'infiniment plus grand que tout ce dont nous faisons l'expérience sur Terre en tant qu'individus. Certains des écrits de Brian Cleeve sont disponibles en ligne : *Seven Mansions : The Works of Brian Cleeve 1921-2003*.

14. Krishna, Blanche-Neige et les sept vierges

1. Zarathoustra est l'un des êtres supérieurs qui veillent sur l'histoire de l'homme et interviennent aux moments charnières.

2. D'après les chercheurs érudits et laïques, qui supposent que les anges et les ordres supérieurs d'êtres spirituels ne sont pas réels, c'est l'influence culturelle qui donne naissance aux rumeurs sur les anges : les anges de l'Ancien et du Nouveau Testaments sont modelés sur les récits perses, notamment la rencontre de Zarathoustra avec les grands êtres de lumière. Voir, par exemple, *The Old Testament : A Historical and Literary Introduction to the Hebrew Scriptures* de Michael D. Coogan (Oxford University Press USA, 2005).

3. Enfant, Nietzsche eut la peur de sa vie quand, assis dans le grand fauteuil de son père, seul dans la bibliothèque, il entendit soudain une voix d'homme l'appeler dans son dos. Pétrifié, il n'osa pas se retourner pour regarder. Plus tard, cet interlocuteur apparut devant lui pour le saluer. C'était Zarathoustra : il était terrifiant et un grand danger émanait de lui. Nous reviendrons plus tard sur Nietzsche et son époque.

4. Le divin est à l'intérieur de chacun de nous, dit Plotin, « comme les reflets d'un visage en plusieurs miroirs » (Ennéade I, livre I). La doctrine mystique du Soi et du moi, qui nous est sans doute plus familière dans l'hindouisme, était enseignée dans le christianisme dès les premiers temps de l'Église. Saint Augustin a dit : « Vous [Dieu] étiez intérieur à l'intimité, supérieur aux sommités de mon âme. » (*Confessions*, livre III, chapitre 6, 11.) Ce qui se passe dans le royaume spirituel, dans le monde du Soi, arrivera par la suite à chacun d'entre nous.

5. Conducteur de char de l'Antiquité gréco-romaine (N.d.T.).

6. Le « Christ » de Jésus Christ n'est évidemment pas un nom de famille. C'est le titre qu'il a obtenu à son baptême, signalant qu'il endossait le rôle de sauveur cosmique.

7. Après la bataille, Krishna ramena le petit-fils d'Arjuna à la vie.

8. Le Kali Yuga a débuté en 3001 av. J.-C. et s'est achevé en 1899 ap. J.-C.

15. Gilgamesh et l'élixir d'immortalité

1. La plus vieille forme d'écriture attestée se trouve sur des tablettes cunéiformes ayant été exhumées à Uruk, dans le sud de l'Irak actuel.

2. Noé et Denys le Jeune, figures associées à la transition vers la société postdiluvienne, ont eux aussi un lien avec l'ébriété. L'alcool

a aidé les hommes à évoluer, car il est important pour le genre humain d'être enivré par le monde matériel – et coupé de la dimension spirituelle.

3. Enlil est Jupiter/Zeus. La meilleure traduction de l'épopée de Gilgamesh, qui met en évidence les références astrales sous-jacentes, est *He Who Saw Everything* de Robert Temple (Rider, 1991).

16. Abraham et le siège de la pensée

1. Orthographié Melchizedek dans la traduction française de la Bible du roi Jacques (qui est citée ici), et Melchisédek dans la Bible de Louis Segond (N.d.T.).

2. Allusion à l'Épître aux Hébreux, XIII, 2 (N.d.T.).

17. Moïse et les dieux de la guerre

1. Je suis David Rohl et les défenseurs de la « nouvelle chronologie » en identifiant Ouadjekhâ (ou Thoutimaïos), et non Ramsès II, au pharaon de l'Exode. Pour une description détaillée, voir *A Test of Time* (Century, 1995) de David Rohl.

2. Il y avait aussi des instructions relatives à la construction du Tabernacle, y compris deux chérubins dorés déployés sur l'arc pour le protéger. D'autres instructions concernaient la fabrication des sept lampes et des vêtements sacerdotaux comportant une poche pour transporter l'Urim et Thummim – les instruments de divination. Enfin, Yahvé donna des instructions détaillées sur le sacrifice et le rituel cérémonial.

3. Cette histoire est relatée dans le Coran (XVIII, 61-83).

4. Pour l'identification de Bahreïn au lieu du confluent des deux eaux, voir *Legend : The Genesis of Civilisation* (Century, 1998) de David Rohl.

5. Il existe une tradition dans le mysticisme juif selon laquelle la première série de tables que Moïse descendit de la montagne contenait une sagesse différente, supérieure, à celle figurant sur les tables qu'il descendit après que les hommes se furent montrés indignes en adorant le veau d'or. On appelait parfois cette sagesse supérieure la Kabbale.

6. A. Lieber, "Human aggression and the lunar synodic cycle", *Journal of Clinical Psychiatry* 39 (5), 1978 : 296.

7. Dans *Du progrès et de la promotion des savoirs*, livre II, Francis Bacon dit que la Lune reflétait les « choses invisibles ».

8. La lumière de la Lune est constamment changeante, souvent ombrageuse. De même, la pensée humaine perd périodiquement de sa clarté et devient fantasque. Les démons de la Lune font la taille d'un enfant de six ou sept ans environ. Ils hurlent au moment de la pleine Lune et se taisent à la nouvelle Lune.

9. Josué, chapitres V-VI. Le Rouleau de la guerre des Fils de Lumière contre les Fils des Ténèbres, l'un des manuscrits de Qumrâm publié en 1995, interdit aux rituellement impurs de prendre part à la bataille, car des anges saints combattront également. L'ange qui est allé au-devant des israélites était saint Michel. À l'époque, sa mission était d'aider les israélites à développer une conscience rationnelle, pensante. On représente souvent Michel, le messager de Yahvé, en train de porter l'âme des morts. En dotant les juifs de la raison et de la capacité à choisir rationnellement entre le bien et le mal, il les condamnait également à être jugés selon cette voie.

10. La « nouvelle chronologie » situe l'Exode en 1447 av. J.-C. environ. Les dernières fouilles à Hisarlik en Turquie situent le siège de Troie pendant l'âge de bronze final, environ 200 ans plus tard. Voir *A Test of Time* (Century, 1995) de David Rohl.

11. Traduction de Frédéric Mugler (Actes Sud, Babel, 1999) (N.d.T.).

12. Pythagore crut avoir reconnu le bouclier qu'il portait lors d'une précédente incarnation au siège de Troie. Récit de Pythagore préservé par Diogène Laërce dans *Vies et doctrines des philosophes illustres* (Paris : Le Livre de Poche, 1999).

13. Pour une critique perspicace de Jaynes, voir *Voices of Reason, Voices of Insanity* d'Ivan Leudar et Philip Thomas (Routledge, 2000). À mon sens, cet ouvrage apporte un correctif utile à Jaynes, qui montre que ce dernier grossit le trait. Certains passages d'Homère suggèrent bel et bien une vie intérieure, en particulier et surtout Ulysse qui se demande : « Mais pourquoi mon cœur balance-t-il encore ? » (*Odyssée*, Chant 11.) D'autre part, il est significatif que ce soit Ulysse qui prononce ces paroles, car c'est ce héros astucieux qui forge la nouvelle forme de conscience. Comme les héros hébreux, et au contraire des héros traditionnels grecs représentés par Achille lors du siège, Ulysse réussit grâce à son intelligence, non à sa force supérieure. Il est également instructif de jeter un œil au travail des générations précédentes de spécialistes, comme E. R. Dodds (*Les Grecs et l'irrationnel*, Flammarion/Champs, 1999) et John Wisdom, disciple de Wittgenstein, et ses « Gifford Lectures » (1948-50). Ces derniers auraient sans doute été d'accord avec Jaynes sur de nombreux points, mais ne l'auraient sans doute pas formulé de manière aussi provocante. Dans ce contexte, il est également intéressant de noter que, quand Homère demande aux muses de l'aider pour écrire, il ne leur demande pas une aide d'ordre stylistique,

il leur demande des *informations factuelles* sur le déroulement de la guerre et des différentes batailles. Non seulement Homère écrit sur des personnes qui rencontrent des êtres spirituels extérieurs à leur esprit, mais il fait lui aussi la rencontre de tels êtres. Cela peut nous rappeler les théosophes et Rudolf Steiner, qui consultaient les « annales akashiques », le « bloc de mémoire » cosmique. De même, dans *Le Paradis perdu*, livre 9, John Milton évoque sa « céleste patronne (...) qui daigne, sans être implorée, [l]e visiter la nuit, et qui dicte à [s]on sommeil, ou inspire facilement [s]on vers non prémédité ». (Traduction de chateaubriand, Paris, 1864, Renault et Ce, Libraires-éditeurs, p. 183.)

14. Nous racontons ici l'histoire du monde telle qu'elle était comprise, et tenue pour vraie, par des individus qui avaient une forme de conscience différente de celle qui domine aujourd'hui. Ce qui est surprenant, c'est que, de nos jours, de nombreuses personnes ont toujours cette forme de conscience, ou quelque chose qui y ressemble de près – et, si vous avez lu ce livre jusqu'ici, vous en faites probablement partie !

18. Salomon, le sexe et la beauté

1. Portant une chaîne et un anneau, tous deux gravés du nom de Dieu, Salomon entra dans la salle du trône. Le démon Asmodée était assis à droite du trône, mais, lorsqu'il vit Salomon, il leva ses ailes, effrayé, s'envola dans un cri et disparut. (Légende juive préservée dans la tradition franc-maçonne. Voir *Masonic Legends and Traditions* de Dudley Wright, 1921, chapitre 3, disponible en ligne dans l'excellente Ohio Grand Lodge Library of Masonic Books).

2. Cette version de l'histoire d'Hiram fut réintroduite dans le courant de la tradition maçonnique au XVIIIe siècle par le mystérieux diplomate et guide spirituel qui se faisait appeler le comte de Saint-Germain. Si les anges influent sur nos vies et si, comme l'affirme la tradition chrétienne, certains de ces anges sont les anges des planètes et des constellations, alors le christianisme contient implicitement les grandes lignes d'une vision du monde qui est au moins très proche de celle de l'astrologie, sinon identique. De nos jours, l'Église traverse une de ses phases où elle désavoue l'astrologie, en dépit du fait que, pendant la majeure partie de l'histoire, les croyances astrologiques ont été intégrées dans la pratique religieuse quotidienne. L'Ancien comme le Nouveau Testament sont émaillés de connaissances stellaires et planétaires et, comme le Temple de Salomon, les églises chrétiennes ont traditionnellement été construites et orientées selon des principes

astrologiques. L'un des buts de cet ouvrage est d'examiner ce que les grandes religions ont en commun : toutes semblent comporter une dimension astrologique. Voir aussi *L'Histoire secrète du monde* (Éditions Florent Massot, 2009 ; J'ai lu, 2011).

3. Voir *Uriel's Machine* de Robert Lomas et Christopher Knight (Random House, 1999).

19. Élie entre les mondes

1. Quand il apparaît pour la première fois, il est appelé « Élie le Tishbite », mais les recherches n'ont découvert aucune ville, aucune tribu, ni aucune région associée à ce nom.

2. Les attentions des corbeaux indiquent la présence de Zarathoustra, un alter ego.

3. Bien sûr, ce n'est pas sans rappeler la tradition chrétienne, relativement récente, qui veut que les enfants laissent quelque chose à manger et à boire au père Noël.

4. Élisée mit le manteau et eut « une double portion d'esprit » (2 Rois, II, 9). La Torah explique qu'il accomplit seize miracles, là où Élie n'en avait accompli que huit. Dans la littérature ésotérique, ce manteau est décrit comme un manteau d'amour ardent. Il fait référence à une étape de la transformation du corps subtil dans le mysticisme juif, une étape de la *Merkabah*, par laquelle les corps subtils sont embarqués dans un char pour transporter l'esprit vers les cieux.

5. Moïse et Élie jouent toujours des rôles importants dans l'économie spirituelle du cosmos. Élie intervient dans ce que le mystique du XVIIe siècle Jakob Böhme appelle le « monde extérieur » et annonce le second avènement. Moïse, lui, nous demande des comptes après la mort. Les textes sacrés des Juifs montrent que le cosmos a été fait pour nous et qu'il évolue à la fois pour nous aider et pour nous mettre à l'épreuve, dans cette vie comme dans celle d'après.

6. Cela peut nous rappeler la promesse des Psaumes (XCI, 11-13) : « Car il ordonnera à ses anges De te garder dans toutes tes voies ; Ils te porteront sur les mains, De peur que ton pied ne heurte contre une pierre. Tu marcheras sur le lion et sur l'aspic, Tu fouleras le lionceau et le dragon. »

20. L'histoire du Bouddha

1. L'immortalité est un fil qui relie et traverse de nombreuses incarnations. Les très bons astrologues peuvent suivre sa trace. On

dit que Mère Meera peut le voir quand on s'agenouille devant elle et qu'elle regarde dans notre tête. En fonction des cultures et des époques, les grands êtres qui vivent et œuvrent dans ce monde et dans les mondes spirituels revêtent différentes apparences culturelles. D'après Rudolf Steiner, l'être que cette reine mettrait au monde et qu'on appellerait le Bouddha avait déjà vécu sous les traits d'Odin. Ce grand être joue un rôle essentiel dans l'histoire du cosmos : il nous élève hors de notre corps animal.

2. L'arbre devant lequel est assis le Bouddha est l'Arbre du Monde d'Odin, l'arbre qui nous relie spirituellement à l'entièreté du cosmos. En outre, en s'appuyant contre lui, le Bouddha le revivifie et renoue le lien entre l'humanité et le tout.

3. Pour les affinités du Bouddha avec les bergers, voir aussi son apparition devant les pâtres dans l'évangile selon Luc. Voir *L'évangile de saint Luc*, conférences 1 et 2, Rudolf Steiner, 1909.

4. Les enseignements du Bouddha sur les principes sous-tendant le cosmos sont d'une extraordinaire clarté et représentent un bond en avant historique en matière de pensée conceptuelle, par opposition à la conscience traditionnelle, en images, de l'Ancien Monde.

5. Le moi est le centre de la conscience d'un individu. Le Soi est l'Esprit cosmique. Dans l'idéalisme, le moi ne donne pas naissance à sa propre conscience, comme c'est le cas dans le matérialisme, mais « emprunte » sa conscience au Soi. Le Soi est parfois conçu comme indifférencié et, quelquefois, ses pensées sont ressenties comme étant des dieux et des anges. Lorna Byrne m'a raconté qu'il lui arrive de voir tous les anges reliés à Dieu par une corde.

6. Cité dans *L'Évangile du Bouddha raconté d'après les anciens documents*, de Paul Carus (Paris : Ernest Leroux éditeur, 1902) (N.d.T.).

7. La doctrine du noble sentier octuple peut sembler extrêmement abstraite, mais c'est une façon d'agir sur le chakra à seize pétales, de façonner la plasticité immatérielle des pétales afin d'obtenir des dons spirituels – mais de façon morale. Le Bouddha enseignait que vivre saintement amenait à faire l'expérience des mondes supérieurs.

21. Socrate et son démon

1. Socrate est le père de la philosophie occidentale : j'ai donc été surpris de ne trouver aucun récit de sa vie axé sur son démon, comme je le fais ici. Cela s'explique sans doute par le fait que sa philosophie faisait école chez les rationalistes et les matérialistes. Or, comme le montre ce chapitre, Socrate ne partageait pas leurs croyances.

2. Dans la pièce de Sophocle, Œdipe dit que le démon qui l'a poussé à sa fin malheureuse et aveugle était Apollon, mais il insiste aussi sur le fait que la main qui a accompli l'action était la sienne et aucune autre (*Œdipe roi*, vers 1385-1390).

3. Version abrégée de l'« Apologie de Socrate », dans *Œuvres de Platon* (Paris : Bossange frères, Libraires, 1822. Traduction de Victor Cousin) (N.d.T.).

4. Pour un point de vue alternatif sur le démon de Socrate, sir John Beaumont – seigneur du XVIIIe siècle qui a fait des descriptions du chamanisme et des esprits frappeurs sur lesquelles nous reviendrons – a écrit que le démon était manifestement malveillant, car il a conduit Socrate a une mort non nécessaire ! (*An historical, physiological and theological treatise of spririts : apparitions, witchcrafts, and other magical practices. Containing an account of the genii... With a refutation of Dr. Bekker's World bewitch'd ; and other authors...*, 1705).

La vie de Plotin, philosophe néoplatonicien, offre un nouvel éclairage sur le démon de Socrate. Un des amis de Plotin le persuada de rencontrer un prêtre égyptien de passage à Rome. Ce prêtre lui dit qu'il lui montrerait son démon, ou esprit familier. Il l'invita à se rendre au temple d'Isis, où l'évocation devait avoir lieu : c'était le seul endroit suffisamment pur à Rome pour que la langue égyptienne y résonne efficacement. Or, quand le prêtre évoqua le démon, ce fut un dieu qui apparut. Le prêtre égyptien s'écria : « Vous êtes heureux, Plotin, vous avez pour démon un dieu au lieu d'un être d'un ordre inférieur. » (Porphyre, *Vie de Plotin*, X, 1-2).

En relatant cet épisode, Beaumont développe des commentaires faits par Hermès Trismégiste : « Tous ceux qui sont gardés par des anges plus sublimes, sont au-dessus des autres hommes ; car leurs anges qui prennent soin d'eux, les élèvent, et leur soumettent les autres par une certaine force secrète, et quoiqu'aucun ne s'en aperçoive, il sent néanmoins un certain joug de préséance dont il ne peut pas aisément se décharger, bien plus il craint et révère cette force et puissance que les anges supérieurs envoient à leurs supérieurs, et qui contraint les inférieurs à la terreur de la préséance. » (Cité dans *La philosophie occulte ou la magie* de Henri Corneille-Agrippa. Paris : Villain et Belhomme – éditions traditionnelles, 1970.)

5. Omphalos signifie « ombilic » en grec ancien. L'Omphalos était donc le « nombril du monde » (N.d.T.).

6. Le premier philosophe à avoir fait un exposé systématique des atomes était un contemporain de Socrate nommé Démocrite. Littéralement, un atome signifie « ce qui est insécable ». On pensait que l'atome était irréductible, que c'était donc le constituant fondamental de la réalité – ce qui était vraiment réel. Épicure,

le disciple de Démocrite, et, une centaine d'années plus tard, le Romain Lucrèce, développèrent l'atomisme et, avec lui, une vision mécaniste de l'univers qui était matérialiste dans le sens où elle proposait que la matière subsistait par elle-même, de sorte que l'explication spirituelle n'était plus nécessaire. Dans *De la nature des choses*, Lucrèce niait la providence divine, célébrait le plaisir comme le bien le plus précieux et déclarait que le monde n'était composé que d'atomes et de vide. Les plus grandes périodes de créativité humaine résultent-elles du besoin de faire coïncider notre expérience quotidienne du divin avec l'atomisme – avec la science ?

Épicure fonda l'une des écoles les plus populaires de la fin de l'Antiquité. De la même manière, l'atomisme devint extrêmement populaire à la fin du XIXe siècle, avant d'être discrédité par les avancées scientifiques des années 1950.

22. Jésus met le monde sens dessus dessous

1. Parmi les mystiques qui ont eu des visions de la vie de Jésus, on trouve aussi Brigitte de Suède, Catherine de Sienne, Anne-Catherine Emmerich et Thérèse Neumann.

2. La mécanique quantique a révélé que les perceptions humaines influent sur le comportement des particules subatomiques. Ce qui fait naître une étrange possibilité : c'est peut-être en concevant l'idée des atomes que Démocrite et Épicure les ont fait naître. La matière était peut-être constituée différemment avant cela.

3. « C'est le Fils de Dieu qui [...], comme une étoile brillante, resplendit dans les ombres nocturnes. » Hildegard de Bingen, *Scivias*.

4. Dans le *Timée*, Platon écrit : « C'est ainsi que le Dieu, qui existe de tout temps, avait conçu le Dieu qui devait naître ; il le polit, l'arrondit de tous côtés, plaça ses extrémités à égale distance du centre, en forma un tout, un corps parfait, composé de tous les corps parfaits ; puis il mit l'âme au milieu, l'épandit partout, en enveloppa le corps. » Dans *La République*, il écrit : « Le juste [...] sera crucifié. » De nombreux commentateurs voient dans cette dernière formule l'accomplissement à l'échelle humaine de l'acte cosmique décrit dans le *Timée*. Ces deux passages sont parfois combinés pour former une prophétie de la crucifixion. Rudolf Steiner écrit, par exemple : « Le Père a construit l'Univers avec le Corps et l'Âme du monde. [...] Ainsi naquit le Corps du monde, et l'Âme du monde est étendue sur lui en forme de croix. »

5. Une fois que l'esprit humain aura été transformé au contact du Christ, la conscience divine se déplacera vers l'extérieur, affinant

et spiritualisant d'abord la conscience animale, puis la vie végétale et, pour finir, la matière. Afin d'entreprendre ce processus spirituel, il nous faut d'abord changer de mentalité, puis commencer à modifier notre physiologie. À mesure que se déroulera ce mystérieux processus de spiritualisation, nous prendrons le contrôle des dimensions animale, végétale et, enfin, à un stade très avancé, matérielle de la vie. Certains saints, par exemple, étaient capables de contrôler les bêtes sauvages, de lire dans les pensées des autres, de guérir et même de voler. On voit ici une théologie de la matière complexe et mystérieuse. Le christianisme ne demande pas qu'on se détourne de la dimension matérielle, qu'on refoule le corps humain ni qu'on réprime l'amour et le désir, mais œuvre pour qu'on les spiritualise.

6. Luc, X, 38-42.

7. Une huile utilisée pour l'onction – « Christ » signifie « celui qui est oint » – est une huile extraite doucement, lentement, d'un arbre ou d'une plante. C'est l'essence intérieure de son esprit vivant. L'onction peut entraîner un rayonnement spirituel.

8. De tous les écrits apocryphes chrétiens qui ont manqué être inclus dans le canon, l'Évangile selon Thomas est celui qui ressemble le plus aux quatre évangiles canoniques, aussi bien par sa forme que par son contenu. De nos jours, il est parfois inclus dans les compilations et les éditions synoptiques.

9. La première version de ce texte qui nous est parvenue est abîmée : le mot « bouche » est une supposition.

10. Cette histoire a été créée à partir d'extraits du Codex Borgia, tel qu'interprétés par Lord Kingsborough et réunis par le révérend C. H. Vail dans *The World's Saviours* (N. L. Fowler & Co., 1913), mêlés aux idées développées par Rudolf Steiner dans ses conférences publiées sous le titre *Inner Impulses of Evolution : The Mexican Mysteries and the Knights Templar* (Anthroposophical Press, 1916). Ici, Femme-Araignée est la déesse créatrice/Isis des chapitres 4 et 5.

11. Tiré de l'Évangile selon Thomas, logion 82.

12. Cité par Léon Wieger dans *Les pères du système taoïste*. Paris : Cathasia, Société d'édition Les Belles Lettres, 1950 (N.d.T.).

23. Le Soleil à minuit

1. Dans l'Antiquité, il existait plusieurs méthodes pour induire un état visionnaire. Les candidats choisis étaient initiés dans des « écoles de mystère », des enceintes secrètes rattachées aux temples. L'initiation signifiait mourir au monde pendant trois jours, puis « naître à nouveau ». En Égypte, dans la grande pyramide de Gizeh,

le candidat à l'initiation restait allongé trois jours dans un coffre en granit situé dans la salle que nous connaissons aujourd'hui comme étant la « chambre du roi ». Au cours des cérémonies d'initiation dans d'autres parties du monde, le candidat était suspendu à un arbre. Pendant cette période de trois jours, le candidat vivait une expérience similaire à celle de l'esprit humain après la mort. À leur réveil, les candidats étaient persuadés d'avoir fait l'expérience de réalités supérieures. Le centre initiatique le plus célèbre de Grèce, Éleusis, était situé juste à côté d'Athènes. Parmi l'élite intellectuelle et politique athénienne y ayant été initiée, on trouve Sophocle, Platon, Pindare, Plutarque, Aristophane et Cicéron. (Pour une description plus détaillée, voir *L'Histoire secrète du monde*, Florent Massot, 2009 ; J'ai lu, 2011, et *The Secret History of Dante*, Quercus, 2013).

2. Paul et les autres premiers chrétiens étaient versés dans les traditions mystiques et ésotériques. Irénée de Lyon, Clément, Tertullien et Jérôme se servaient de la Guematria, la symbolique mystique des nombres plus souvent associée à la Kabbale et à l'Ancien Testament que nous avons évoquée au sujet des mythes grecs.

Ces dernières années, John Michell et David Fedeler ont tous deux fait des découvertes capitales dans ce domaine d'études, démontrant que le récit de la pêche miraculeuse de cent cinquante-trois poissons (Jean XXI) et celui de la multiplication des pains pour nourrir cinq mille hommes contiennent un symbolisme numérique complexe. Le filet de pêche des évangiles est le même filet que celui que nous avons rencontré autour de l'omphalos en Grèce : tous deux symbolisent le processus par lequel les pensées de l'Esprit cosmique sont attrapées et tirées dans le monde matériel. Ces récits décrivent le processus de la précipitation de la matière par l'esprit avec une précision mathématique. Voir *City of Revelation* de John Michell (Ballantine, 1973) et *Jesus Christ, Sun of God* de David Fideler (Quest Books, 1996).

3. 1 Corinthiens, XV, 51-55.

4. Actes, II, 24 ; 1 Pierre, III, 19 ; Évangile de Pierre, 41.

5. Pour Nicodème en tant qu'initié, voir *The Mark* (Vincent Stuart, 1954) de Maurice Nicoll. Quand l'auteur de l'évangile écrit que Nicodème est venu auprès de Jésus *de nuit*, il veut dire que Nicodème et Jésus se rencontraient hors de leur corps, aptitude que confèrent certaines initiations. Le but de l'initiation est d'aider l'humanité à préparer son évolution future et, de fait, la nature de l'initiation évolue elle aussi. Dans le passage qui suit, Jésus explique à Nicodème que le temps est venu pour l'homme de naître à nouveau, de manière plus élevée et plus spirituelle (Jean, III, 1-21).

6. Énoch et Élie décrivent ensuite la manière dont ils retourneront combattre l'Antéchrist à Jérusalem.

7. La mort de trois jours de Jésus et sa résurrection ont dans une certaine mesure ressemblé aux cérémonies d'initiation des écoles de mystère, à l'exception du fait qu'elles se sont déroulées en public. En outre, il ne s'agissait évidemment pas de mort et de renaissance symboliques. Il ne s'agissait pas de simples états de conscience modifiés. Jésus est réellement mort. En un sens, on peut considérer que les initiations des écoles de mystère prophétisaient cet événement historique.

8. Pour une interprétation moderne de ce mythe, racontée avec une grandeur toute miltonienne, voir le dernier chapitre de *La Tour des anges*, deuxième tome de la trilogie *À la croisée des mondes*, de Philip Pullman.

9. Le fait de ne plus voir – le monde matériel – symbolise parfois l'initiation, comme chez Homère. Voir également Valentin Tomberg, *Méditations sur les 22 arcanes majeurs du Tarot*, p.110.

10. Cité dans *Essai sur la diffusion du manichéisme dans l'Empire romain*, Émile de Stoop (Gand, librairie scientifique E. van Goethem, 1909) (N.d.T.).

11. Pour une description détaillée des différents degrés de certitude dans la doctrine chrétienne concernant les anges, voir les archives de John Hardon, www.therealpresence.org. Voir aussi *Le Livre des morts tibétain* : « Le Bon Génie qui naquit simultanément avec toi [...]. Et le Mauvais Génie, né simultanément avec toi, [...]. » (Livre second, 1, « Le jugement ».)

24. L'âge des miracles

1. D'après les soufis, les saints sont capables d'accomplir des choses qui vont à l'encontre des « habitudes ». Pour une description moderne des régularités dans la nature considérées comme des « habitudes évolutives » plutôt que comme des lois éternelles immuables et fixes, voir le chapitre 3 de *Réenchanter la science*, de Rupert Sheldrake.

2. *Troisième Ennéade*, Livre VIII, traduction de M.-N. Bouillet (Paris : Librairie de L. Hachette et Cie, 1859) (N.d.T.).

3. Le Livre d'Adam est un autre texte datant de cette période qui rend de manière saisissante et immédiate la façon dont le mal opère dans l'histoire : « Ce monde n'est que nuit, plein de dédales et de méandres, tordu, noué, et scellé de sceaux incommensurables. » (Traduction libre.)

25. La montagne vient à Mahomet

1. On décrit parfois la saleté comme de « la matière qui se trouve au mauvais endroit ». On peut formuler une définition du mal qui va dans le même sens : le mal, c'est « de la sagesse au mauvais moment. » Après l'effondrement des civilisations du monde antique et la fermeture des écoles de mystère rattachées aux grands temples publics, les prêtres, les mages, furent obligés de s'enfuir. Ils furent nombreux à se rendre en Arabie. En dehors des limites jalousement gardées des écoles de mystère, leur sagesse commença à se répandre, donnant naissance à une vaste culture d'expérimentation occulte. La mission de Mahomet consistait en partie à la juguler – ce que reflète le symbole islamique, sur lequel l'étoile de Vénus est enfermée dans le croissant de la Lune. Voir *L'Histoire secrète du monde*.

2. Origène établissait une distinction nette entre le fait de demander de l'aide aux anges et le fait de les invoquer. Voir *The Westminster Handbook to Origen*, 2004.

3. Les anges apparaissent plus de quatre-vingts fois dans le Coran et font partie de la théologie islamique. « La position de l'humanité au centre du cosmos est expliquée en prenant les anges comme référents et, au-dessus de chaque âme, dit-on, se trouve un gardien. » Sachiko Murata dans *Islamic Spirituality : Foundations* (Crossroad, 1987), de Seyyed Hossein Nasr.

Fait sans doute significatif, les chefs spirituels islamiques aux États-Unis se sont vite pris d'affection pour Lorna Byrne : « Lorna Byrne lève le voile devant nos yeux en rapprochant le lecteur d'un royaume angélique invisible. À une époque où le monde est en proie à la confusion, *Un message d'espoir de vos anges* témoigne de l'amour et du secours divins qui nous entourent constamment – même si nous ne les voyons ni ne les ressentons pas toujours. » (Imam Feisal Abdul Rauf, auteur de *Moving the Mountain* et président de Cordoba Initiative.) « Les scandales du clergé, les "néo-athées" et la laïcité, la poussée de l'intolérance religieuse et les bancs vides ont mis en cause et discrédité la religion et la croyance institutionnelles. *Un message d'espoir de vos anges* de Lorna Byrne contient un message d'espoir qui répond bien aux crises et aux problèmes quotidiens auxquels sont confrontées de nombreuses personnes dans le monde d'aujourd'hui. » (John L. Esposito, professeur à l'université de Georgetown et auteur de *The Future of Islam* et *What Everyone Needs to Know about Islam*.)

26. Charlemagne et les paladins de la peine

1. Charles le Chauve, un des petits fils de Charlemagne, offrit le Voile de la Vierge, la chemise sacrée de la vierge Marie, à l'église qui deviendrait la cathédrale de Chartres. Le culte de la vierge Marie naquit à Chartres et, de là, se répandit à travers le monde.

2. Roger Bacon, savant du XIIIe siècle et père de la méthode scientifique expérimentale en Europe, citait des textes soufis tel que le *Hikmat al-Ishrâq* (*Le Livre de la sagesse imaginative*) et s'habillait même comme un Arabe lors de ses déambulations dans Oxford.

3. Ibrahim ibn Adham, mort aux environs de 790, était un saint soufi.

4. Dieu envoya Al-Khidr au roi de Mossoul pour exiger qu'il se convertisse à l'islam. Le roi refusa et ordonna qu'on exécute Al-Khidr. Les bourreaux firent leur travail, mais, quelques jours plus tard, Al-Khidr se représenta à la cour pour réitérer sa requête. Le roi le fit à nouveau exécuter et, de nouveau, Al-Khidr revint à la vie et reparut à la cour pour prêcher. Cette fois, le roi le fit brûler et fit jeter ses cendres dans le Tigre. Quand Al-Khidr réapparut à nouveau, le roi et sa ville furent détruits par un terrible tremblement de terre. (Tiré de *Curious Myths of the Middle Ages*, Sabine Baring Gould, 1866).

5. Allusion à une balade anglaise intitulée « John Barleycorn » (N.d.T.).

6. Hildegarde de Bingen : « Cette symphonie disait encore : "Victorieux triomphateurs ! qui par l'effusion de votre sang avez rendu hommage à l'établissement de l'Église [...].Vous êtes des boutons de roses, vous qui, par l'effusion de votre sang, jouissez du plus grand bonheur, ce bonheur qui découle et ruisselle de la Rédemption [...]."

« Et ce concert disait de même : "O beaux visages ! à qui il est donné de voir Dieu, vous qui prenez votre modèle sur l'aurore, ô bienheureuses vierges ! que vous êtes nobles ! vous, en qui le Roi s'est miré, lorsqu'il a représenté en vous la splendeur même des cieux, où vous êtes par tous vos ornements comme un jardin délicieux, exhalant les plus suaves odeurs. O verdoyante noblesse !" » *Scivias*, Troisième partie, vision 13.

27. Perceval se couvre de ridicule

1. Le père du Perceval historique était l'un des paladins de Charlemagne, nommé Guillaume d'Orange (ou Guillaume de Gellone).

2. Dans son célèbre sermon de 1622, « Jésus pleure », John Donne dit qu'être profondément touché par la détresse d'autrui,

que verser des larmes d'amour peut devenir un processus sacré et miraculeux. Quand on verse des larmes sacrées, on est baigné des larmes de Jésus Christ, et notre être, aussi bien intérieur qu'extérieur, en est transformé. Selon Valentin Tomberg, auteur catholique et ésotérique, les larmes sacrées émanent du cœur, c'est-à-dire du lotus à douze pétales. Voir *Méditations sur les vingt-deux arcanes majeurs du tarot*, Lettre XIV.

3. L'idée d'une coupe ou d'un bol miraculeux est universelle. On la trouve dans le *Soma* des Hindous et le *Homa* des Perses, l'élixir d'immortalité et la coupe de communion. Dans la cérémonie du thé japonaise, l'humble tasse est en un sens l'âme humble, pauvre en esprit et prête à être infusée de l'esprit du *wahi*, c'est-à-dire prête à recevoir en elle la sainte illumination. Pour autant, les antécédents immédiats des légendes sur le Graal sont à l'évidence celtes. L'une des premières sources des légendes arthuriennes qui nous sont parvenues, *Le Butin d'Annwn* (« Enfers » en gallois), relate la quête d'un chaudron d'abondance.

La lance s'apparente à la lance légendaire, qui est la seule à pouvoir guérir la blessure qu'elle a causée : dans l'histoire du Graal, sa fonction est de guérir le sang humain. Le sang humain transporte la conscience animale – l'esprit –, mais, étant animal, il est bestial. Néanmoins, une fois transformé, il peut transporter l'esprit du Christ. Pour un compte rendu de la redécouverte de cette lance pendant le siège d'Antioche en 1268, voir *The Secret History of Dante*, Appendice 1.

Le Graal est comme une fleur qui s'ouvre quand elle reçoit les rayons du soleil – la lance sacrée de l'amour. De fait, il représente la dimension végétative de l'être humain – l'âme qui nous relie aux mondes spirituels. Quand notre sang, notre nature animale, aura été totalement purifié par l'esprit du Christ, notre âme s'épanouira. On voit ici une allusion à l'activation du chakra couronne, mais aussi une anticipation de l'époque où l'humanité sera tellement spiritualisée, où sa nature animale sera tellement transformée, qu'elle retournera à l'état paradisiaque décrit au chapitre 2. Dans cet état, elle ne se reproduira plus par voie sexuelle, mais par le pouvoir de la pensée. « Car, à la résurrection, les hommes ne prendront point de femmes, ni les femmes de maris, mais ils seront comme les anges de Dieu dans le ciel. » (Matthieu, XXII, 30.)

28. Les contes des Mille et Une Nuits

1. « Voici, je t'établis en ce jour sur tout le pays comme une ville forte, une colonne de fer et un mur d'airain, contre les rois de

Juda. » (Jérémie, I, 18.) Henry Corbin, le grand spécialiste français de la philosophie ésotérique islamique, consigna un récit qui, en un sens, est l'image en miroir de ce conte. Dans cette histoire, les aventures du héros le portent vers le monde fabuleux, la dimension parallèle, où vit le mystérieux Imam caché. Une partie de ce monde lui semble étrangement familière, puis il se rend compte qu'il est arrivé chez lui. « *Mundus Imaginalis* ou l'imaginaire et l'imaginal » (Cahiers internationaux de symbolisme, 1964).

2. Un épisode de ce conte en particulier le fascina à un point tel qu'il ne put jamais l'oublier. Il appelait ce genre d'incidents décisifs les « développantes de la sensibilité humaine » : « Ce sont les combinaisons par lesquelles la matière première des pensées ou des sentiments futurs est introduite dans l'esprit par un procédé aussi insaisissable que le transport des semences végétales dans les pays éloignés par les rivières, les oiseaux, les vents et les mers. » (Thomas De Quincey, *Esquisses autobiographiques*, 1853.) Ici aussi, le sens que De Quincey avait de l'interconnexion de toute chose dans le monde est palpable.

3. Cité par Arvède Barine dans *Thomas de Quincey* (Éditions de La République des Lettres, 2013) (N.d.T.).

29. Saint François prend l'Évangile au pied de la lettre

1. On dit que le squelette d'un loup a été retrouvé enterré sous les pavés de l'Église San Francesco della Pace, à Gubbio, au début des années 1870.

2. La vie de saint François fut une lutte intérieure permanente. À travers cette lutte, la vie intérieure de l'humanité devint plus riche, plus variée, plus subtile et nuancée, et plus profondément ressentie. À son tour, cette vie intérieure influença la peinture, conduisant à ce que Frank Auerbach décrivit comme « une représentation plus directe et plus intense des événements humains », dans les œuvres de Giotto par exemple. (Cité dans *Dante the Maker*, William Anderson, 1980.)

3. Comme Osiris et Jésus, François éclaire les Enfers. Il est en mission pour toute l'humanité, les vivants comme les morts. Voir aussi le chapitre 45 sur Padre Pio.

30. La nouvelle façon d'aimer venue d'Arabie

1. Un hadîth est une parole ou un acte attribué au prophète Mahomet, rapportant parfois directement la parole de Dieu.

2. On peut retrouver une chaîne de transmission similaire chez les grands mystiques allemands, de Maître Eckhart à Jean Tauler en passant par Jean-Valentin Andreæ, l'auteur présumé des manifestes rosicruciens ; voir *L'Histoire secrète du monde*.

3. *L'Interprète des désirs* (Paris, Albin Michel, 2012, traduction de Maurice Gloton) (N.d.T.).

4. Il s'agit bien sûr d'un désert existentiel, d'un désert de non-être.

5. Ibn 'Arabî décrit ce qu'on ressent en tombant amoureux en des termes élégants et poétiques. Aujourd'hui, on pourrait penser qu'il s'agit d'une expérience universelle, mais cela n'a pas toujours été le cas. Les descriptions de l'amour firent leur entrée dans la littérature européenne avec les troubadours et Dante, quand il tomba amoureux de Béatrice dans les rues de Florence en 1247. L'idée d'amour romantique se répandit et devint plus populaire grâce à la mode de l'amour courtois célébré, par exemple, dans *Le Roman de la Rose* de Guillaume de Lorris et Jean de Meun, publié en intégralité en 1275. Pour une description plus détaillée de la vie d'Ibn 'Arabî, voir *The Secret History of Dante*.

6. Saint François commençait toujours ses prêches avec la phrase suivante : « La paix de Dieu soit avec vous ! » – salutation incontestablement arabe.

7. Cette pratique de l'Église invite à la comparaison avec les sortilèges réunis dans *Egyptian Magic* de Wallis Budge (1899), par exemple.

8. Le statut des vaches et des taureaux sacrés dans l'hindouisme et la religion égyptienne antique est bien connu. Eusèbe de Salverte, l'auteur sceptique de *Des sciences occultes ou Essai sur la magie, les prodiges et les miracles* (1829), a préservé une archive du bourg de Bury St Edmunds, en Angleterre, datant de 1487. Une cérémonie y est décrite, au cours de laquelle une dame choisissait un taureau blanc qui n'avait jamais été attelé à une charrue et n'avait jamais combattu. Une procession conduisait ce taureau au sanctuaire de saint Edmond : les moines chantaient, la foule criait, et la femme marchait à côté du taureau en caressant ses flancs laiteux et son fanon gulaire (la peau située sous sa gorge).

9. Essai écrit par Henry Lincoln, Michael Baigent et Richard Leigh en 1982 (N.d.T.).

10. La distinction entre l'âme et l'esprit fut abolie par le quatrième concile de Constantinople en 869. On peut voir le malaise que cela provoqua aussi bien chez les cathares et les minnesänger que, plus tard, chez Luther et Calvin. Vu sous cet angle, on peut aussi considérer que les Rose-Croix étaient l'aile radicale ou extrémiste de la Réforme.

31. Dante, les templiers et le chemin le moins fréquenté

1. Dans une lettre adressée à un ami, le seigneur de Vérone, Dante décrivit l'effet qu'il espérait produire chez le lecteur avec son poème. Il citait Pindare sur les bienfaits de l'initiation aux mystères : « La fin du tout et de la partie est de retirer de l'état de misère les vivants dans cette vie et de les conduire à l'état de félicité. » (Épître à Can Grande della Scala.) Dante escomptait que la lecture de son poème serait en elle-même une forme d'initiation. Pour une étude plus approfondie, y compris de l'initiation de Dante dans un ordre templier, voir *The Secret History of Dante* de Jonathan Black (Quercus, 2013). Plus je me documentais sur les templiers et leurs motivations pour vouloir contrôler Jérusalem (liées aux prophéties de l'antéchrist), plus il me semblait que le système de pensée le moins utile pour les comprendre est le sens commun moderne.

32. Christian Rosenkreutz et la naissance du yoga

1. Le Hatha-yoga est un type de mysticisme pratique. Il implique des exercices physiques, de respiration notamment, pour induire des changements physiologiques qui, à leur tour, favoriseront l'expérience spirituelle directe. Quatre textes traitent en particulier des chakras : le *Jabala Darshana Upanishad*, le *Yoga Chudamani Upanishad*, le *Yoga-Shikha Upanishad* et le *Shandilya Upanishad*. Ces textes décrivent l'emplacement des chakras et fournissent des descriptions symboliques de chacun d'eux. Les enseignements alchimiques de Christian Rosenkreutz comprennent un travail similaire sur les chakras – ou « les yeux de l'âme », comme les appelait Thérèse d'Avila – mais avec une différence notable : dans ce « yoga chrétien », c'est la chaleur du dieu Soleil, du Christ, qui réchauffe les centres (ou lotus) et les fait s'ouvrir, s'épanouir et mûrir à la lumière du beau et du bon.

Le chakra à douze pétales du cœur est le centre de l'amour. Il n'est pas fixé à l'organisme physique et peut sortir du corps pour embrasser les autres de son rayonnement. C'est l'un des plus grands secrets ésotériques.

2. Cette histoire ressemble beaucoup à celle de Vénus et de Tannhäuser – et vient de la même période. Bien sûr, comme *La Belle au bois dormant*, elle est racontée du point de vue de quelqu'un qui se trouve dans les royaumes spirituels. Quand Matsyendranath et Tannhäuser sont retenus dans le monde enchanté, ils sont dans

notre monde matériel, puis ils s'échappent à nouveau dans les mondes spirituels. Tannhäuser se rendit à Rome pour implorer le Pape de l'absoudre. Ce dernier refusa, déclarant que Tannhäuser avait autant de chance de trouver le salut que sa férule pontificale de fleurir. Après le départ du troubadour, des fleurs poussèrent bel et bien de sa férule – mais Tannhäuser était déjà retourné auprès de Vénus, à sa damnation.

3. Évidemment, la croix rouge sur fond blanc est la croix de saint Georges ou, sous une autre forme, la croix des templiers. Dans la tradition et la pratique spirituelles rosicruciennes, les roses rouges symbolisent les chakras.

4. Avec sa corne à la place du troisième œil, la licorne symbolise l'intelligence élevée à un niveau tel qu'elle peut voir dans les mondes spirituels.

5. Mercure joue un rôle important en alchimie et agit à différents niveaux. À un niveau, quand le temps sera venu pour nous de ne plus nous reproduire sexuellement, Mercure remplacera la Lune et sera la planète la plus proche de la Terre, et la plus influente. Les forces de Mercure, qu'Odin et le Bouddha représentèrent à des époques différentes, sont les élans qui oeuvrent à cette transformation. Mercure est le messager qui nous guide vers un monde transformé, spiritualisé.

6. La perle symbolise le moi supérieur. « Le Chant de la perle » nous est parvenu en annexe aux Actes de Thomas. Cet hymne décrit l'histoire d'un jeune prince envoyé en Égypte – pays qui représente le monde matériel – afin de récupérer une perle. Il retire sa robe de gloire et descend en Égypte. Mais, une fois parmi les Égyptiens, il goûte de leurs mets et tombe dans un profond sommeil, oubliant qu'il est le fils d'un roi et la raison de sa présence.

7. Il arrive qu'à la lecture des *Yoga sūtra de Patañjali*, certaines personnes réagissent avec incrédulité devant des instructions portant sur la manière de développer la force d'un éléphant par exemple. En réalité, de tels dons spirituels, comme les prodiges auxquels il est fait allusion dans le rêve de Christian Rosenkreutz, ne peuvent s'obtenir que sur plusieurs incarnations.

8. Le mythe du vampire est une inversion maléfique de l'histoire de Christian Rosenkreutz.

34. Les fées veulent notre essence

1. De quelle nature était l'être que William Noy a rencontré ? Il est important d'établir une distinction entre les fantômes, dont le voyage après la mort a été entravé de manière non naturelle,

et les êtres que nous aimons au Paradis, qui peuvent nous rendre brièvement visite pour nous pousser ou nous guider, et peuvent même nous apparaître. David Bellamy nous donne un exemple de ce dernier cas dans son autobiographie, *Jolly Green Giant* (Century, 2002). Au moment où je finissais ce livre, on m'a envoyé un ouvrage qui contient une description extraordinaire et authentique, écrite par un Occidental y ayant assisté de première main, de la Kundalini, le pouvoir mystique qui s'élève à travers les chakras. Voir le chapitre consacré à l'illumination dans *The Nine Freedoms*, de George King, 1963.

35. Paracelse et les mystères de la guérison spirituelle

1. Jean Trithème a déclaré : « Avec l'aide des anges, je peux, en restant assis ou même en marchant, communiquer mes pensées à quelqu'un d'autre à plusieurs kilomètres de distance sans faire usage d'aucuns mots, ni signes ni signaux. » Aujourd'hui, on pourrait avoir un réflexe anachronique et désapprouver les recherches occultes de mages comme Jean Trithème et Henri-Corneille Agrippa. À l'époque, on trouvait les opinions les plus diverses sur le sujet, mais il convient de rappeler que l'un des contemporains de Paracelse, le pape Sixte IV, a personnellement traduit soixante-douze livres kabbalistiques en latin.

2. Dans le folklore, les gobelins étaient parfois considérés comme capables de déclencher des cauchemars en murmurant à l'oreille d'une personne endormie.

3. Dans ses mémoires, le sculpteur de la Renaissance italienne Cellini se souvient avoir vu une salamandre dans le Colisée.

4. *Le Songe d'une nuit d'été*, Acte II, scène 1 (N.d.T.).

5. *La Tempête*, Acte I, scène 5 (N.d.T.).

6. Tiré du traité *De Virtute Imaginativa*.

7. Pour Paracelse, l'âme de l'homme est aussi étroitement liée à l'âme de la Terre qu'au corps physique. C'est par l'influence de l'âme que la matière invisible s'organise et devient visible. Si une chose vivante comme une plante perd sa substance matérielle, sa forme invisible existe toujours à « la lumière de la nature ». Si on peut revêtir cette plante de matière visible, on peut de nouveau la rendre visible.

8. Pratiquant une forme d'alchimie d'influence paracelsienne, le prêtre jésuite Athanase Kircher a fait renaître une rose de ses cendres devant la reine Christine de Suède en 1687. Geoffrey Hodson, remarquable théosophe visionnaire néo-zélandais, a décrit des esprits

ou des fées en train de donner existence à la forme idéale de fleur – telle que l'aurait conçue Platon – dont il disait qu'elle fut ensuite emplie de matière pour créer une fleur physique. Pour voir un mage faire revivre miraculeusement une fleur, voir Mooji, « Flower of Life », sur YouTube.

9. C'est « l'œuvre » des alchimistes.

10. Dans la méthodologie des sciences expérimentales – dont on assiste aux balbutiements à cette époque –, on accorde beaucoup d'importance au fait de recueillir des éléments de preuve pour éprouver les théories. Mais, bien sûr, c'est grâce à l'intuition que ces théories ont été élaborées.

Si on considère l'histoire des sciences de ce point de vue, on se retrouve face à un paradoxe : plus la découverte représente une grande avancée, plus le rôle joué par l'intuition est important. Les idées les plus brillantes ne sont en général pas celles qui découlent de calculs méticuleux et méthodiques, mais celles qui « sortent de nulle part », pourrait-on dire – si on est matérialiste. Traditionnellement, on les expliquait par des inspirations angéliques. En donnant le nom d'« intuition » à ce processus, on ne propose pas d'explication alternative, on ne fait que donner un nom plus scientifique à la même explication.

36. Le cordonnier et son autre mode de connaissance

1. Également orthographié Jacob Boehme (N.d.T.).

2. *De la signature des choses*, 1622 (Paris : éditions Ligaran, 1908) ; *Epistolae theosophicae*, XII, 8 – Lettre à Caspar Lindner (1624).

3. *Le Grand mystère*, 1623 (*Mysterium Magnum*, Paris : Aubier, 1946) ; *Aurore naissante*, 1612 (Paris : Imprimerie de Laran et Ce., 1800).

4. *Aurore naissante*, 1612 (idem).

5. Le système de classification des personnalités de Myers et de Briggs (*Myers Briggs Type Indicator*) est devenu la méthode standard pour évaluer les employés dans les grandes organisations. Il propose quatre principaux types psychologiques, dont trois sont avant tout concentrés sur les données sensorielles – la vue, l'ouïe et le toucher. Le quatrième groupe – le groupe « digital » – reçoit des informations non pas tant directement des sens, mais après que cette information a été traitée intérieurement. Ce groupe, un quart de la population environ, se focalise plus sur le caractère changeant, les variations et les nuances de la vie intérieure. Les autistes au contraire tendent à se focaliser sur les données sensorielles et à avoir un sens moins aigu de la vie intérieure, chez eux comme

chez les autres. On peut donc dire que la science représente un bon choix de carrière pour les personnes à tendance autistique. En outre, les recherches ont également montré que les autistes sont rarement croyants.

6. En 1894, la *English Society of Psychical Research* a effectué un recensement des hallucinations et révélé qu'une personne sur dix fait à un moment ou un autre de sa vie l'expérience d'une hallucination qui ne résulte pas d'une maladie physique ou mentale. Une étude similaire conduite en 1948 a confirmé ce résultat.

7. Philosophie analytique anglo-américaine dans les années 1970. Les choses peuvent avoir changé.

37. Shakespeare et les Rose-Croix

1. Dans « Le karma de la non-véracité » (conférence/tome 1 des *Considérations sur l'histoire contemporaine*), Steiner fait remarquer : « ... le philosophe foncièrement britannique Francis Bacon, baron de Verulam, père de la pensée matérialiste moderne, avait la même source d'inspiration que Shakespeare » (traduction libre). Pour Élie agissant à travers ces deux hommes, voir *L'Histoire secrète du monde*.

2. *Des Sciences*, Livre II, chapitre 13 dans *Œuvres philosophiques, morales et politiques de François Bacon* (Paris, Société du panthéon littéraire, 1840).

3. Vous trouverez une étude plus approfondie de *La Mégère apprivoisée* dans *L'Histoire secrète du monde* (chapitre 20). Un essai de Corbin sur le *mundus imaginalis* est disponible gratuitement en ligne.

4. C'est bien sûr à Harold Bloom, Professeur de lettres à l'université de Yale et auteur de *Shakespeare : The Invention of the Human* (Riverhead Trade, 1999), que nous devons cette idée.

5. Le principal ouvrage sur le sujet est *Anatomie de la mélancolie*, de Robert Burton, publié en 1621. Burton y fait remarquer de manière gnomique que le vrai chef de l'ordre de la Rose-Croix était alors toujours en vie.

6. Dans *Folie et déraison, Histoire de la folie à l'âge classique*, Michel Foucault écrit : « La folie fascine parce qu'elle est savoir. » Or les états de conscience modifiés, d'origine mystique ou non, ne sont intéressants que si ce qu'ils montrent est réel. Chez Shakespeare bien sûr, c'est souvent par le canal des fous, de ceux qui ont l'air fou et des insensés que s'exprime de la sagesse supérieure. Ils voient des réalités supérieures invisibles aux autres personnages.

38. Événements surnaturels à l'ère scientifique

1. Robert Kirk, *La République mystérieuse des elfes, faunes, fées et autres semblables*, achevé en 1692. Cet ouvrage ne fut pas publié du vivant de Kirk, mais seulement bien plus tard, en 1815, par sir Walter Scott.

2. Cette idée de la vie féerique a-t-elle inspiré *Le Fantôme d'une puce* de William Blake ? Cette peinture est exposée à la Tate Britain, à Londres.

3. Ces récits furent tirés des dépositions des témoins, mais, quelles que soient leurs motivations, personne ne doute du fait qu'ils pensaient avoir vu ce qu'ils dirent avoir vu. Les archives du tribunal de Manningtree sont consultables en ligne.

4. Au XXe siècle, on mettait l'accent sur un critère supplémentaire : les propositions d'une bonne théorie scientifique ne devaient pas seulement être testables, mais *falsifiables* (ou réfutables). L'argument voulait que, si un comportement inverse de celui qui était observé se révélait tout aussi compatible avec la théorie proposée, alors cette théorie n'expliquait rien. On utilisait ce bâton pour battre la religion.

5. Au moment de l'émergence du scientisme au XVIIe siècle et de la transition d'une vision du monde idéaliste à une matérialiste aux XVIIIe et XIXe siècles, les pionniers des sciences et des mathématiques avaient des convictions qui seraient totalement impensables aux yeux des matérialistes radicaux d'aujourd'hui. Le néoplatonicien Francis Bacon croyait aux anges et aux démons. Spinoza croyait aux anges. Descartes pensait avoir été abusé par un mauvais génie. Alors qu'il était encore un jeune soldat, un ange lui était apparu en rêve pour lui révéler sa mission dans la vie – et comment la mener à bien. D'après le récit qu'il fit de ce rêve, l'ange lui avait dit : « La conquête de la nature se réalisera par les mesures et les nombres. » Kepler et Galilée croyaient tous deux à l'astrologie. Toute l'œuvre de Kepler comportait une forte dimension spirituelle. Kepler était persuadé que l'astrologie témoignait de « l'œuvre de Dieu » et était une révélation divine. Il croyait aussi qu'à la naissance, l'âme d'un individu recevait l'empreinte céleste des positions des étoiles et des planètes, qui permettait à cette personne d'entendre la musique céleste et l'incitait à danser sur la musique des sphères (voir *Johannes Kepler and the Music of the Spheres* de David Plant). Locke lui-même conseillait de ramasser les plantes médicinales aux moments propices d'un point de vue astrologique. *L'Herbier* (1653) de Nicholas Culpeper, le premier herbier systématique en langue anglaise qui jeta les bases des produits pharmaceutiques, était un commentaire approfondi des travaux de Paracelse et de Jakob Böhme.

6. Le sentiment que notre vie a un sens est lié à nos préoccupations les plus profondes par des milliers de fils. Dénouer ces fils est une opération douloureuse. Or, si vous êtes athée et si vous voulez être cohérent intellectuellement, c'est ce que vous devez faire, car la réalité est la suivante : sans un Esprit cosmique préexistant en ayant eu l'intention, le cosmos et notre rôle dedans n'ont aucune signification intrinsèque. C'est la dure vérité. Je suspecte que peu de ceux qui se disent athées se confrontent à cette réalité et à ses implications sur leur manière d'appréhender leur existence quotidienne. Je les soupçonne de compartimenter leurs convictions athées et de continuer à vivre leur train-train quotidien comme s'il était plein de sens. Mener une vie rigoureusement cohérente avec l'athéisme, en résistant constamment aux intuitions qu'il existe une transcendance et aux impressions que les choses ont un sens intrinsèque, à la tentation de croire que telle ou telle chose était écrite, doit demander beaucoup d'efforts et même être dangereux. *La Nausée* (Gallimard, 1938) de Jean-Paul Sartre est un roman autobiographique : il raconte l'histoire d'un homme qui essaie de vivre avec une honnêteté intellectuelle totale une vie fondamentalement vide de sens intrinsèque. C'est le récit douloureux d'une série d'épisodes psychotiques. À la fin, le héros ne peut plus le supporter et décide de donner arbitrairement un sens à sa vie – en devenant écrivain. Le biologiste Lewis Wolpert, l'un des plus ardents défenseurs de l'athéisme, a lui aussi évoqué avec beaucoup de sincérité et de sensibilité les périodes de dépression débilitante qu'il a traversées. Bien entendu, que l'athéisme soit déprimant n'est pas une raison déterminante en soi pour choisir de croire en Dieu, mais cela indique que nous avons sans doute un besoin de sens inscrit profondément en nous.

39. Napoléon – le pôle magnétique de son époque

1. Dans « Deux études sur Jakob Böhme » (1939), essai consacré à Böhme et ses influences, le philosophe Nicolas Berdiaeff écrit : « La philosophie de Hegel repose une base irrationnelle. » Hegel était aussi systématique dans son rationalisme que d'Aquin ou Descartes, mais l'intégralité de son système se fondait sur une vision irrationnelle – celle de Böhme. « Sa divinité est à l'origine une divinité inconsciente et ce n'est que dans la philosophie humaine, dans la philosophie de Hegel lui-même qu'elle atteint à la conscience », ajoute Berdiaeff. Dans « Les racines du romantisme », une formidable série de conférences données en 1965, Isaiah Berlin nous fait découvrir – du moins à moi – des auteurs et penseurs appartenant à un courant

mystique profond et intrigant de la philosophie allemande. Grâce à cette lecture fascinante, j'ai découvert la vision que Herder avait de Dieu – un poète qui s'adresse à nous à travers l'histoire –, l'idée de Fichte selon laquelle on n'agit pas parce qu'on sait mais plutôt qu'on sait parce qu'on nous demande d'agir, et l'idée de Schelling selon laquelle Dieu est le principe créateur de la conscience. Il existe un lien direct entre Böhme et ces philosophes, et ce jusqu'à Steiner.

2. Hegel, *Fragment de Tübingen*, 1793 (traduction libre).

3. Il existe bien entendu deux principaux types d'idéalisme : la philosophie selon laquelle l'esprit précède la matière, et le sens où on entend le terme au quotidien, à savoir l'état d'esprit d'une personne prête à d'énormes sacrifices au nom d'un principe. Mais ces deux formes d'idéalisme ont tendance à aller de pair, de l'abnégation de Socrate au combat pour la liberté des Romantiques. En réalité, chez les Romantiques en particulier, ces deux types d'idéalisme se rejoignent, les Romantiques ayant tendance à rejeter le monde quotidien et à vivre sous une mansarde en contemplant les étoiles.

40. Abraham et Bernadette

1. J'ai appris dans l'excellent *Daimonic Reality* (Arkana, 1994), de Patrick Harpur, que, quand on parle d'avoir une attaque d'apoplexie, on fait allusion à la « crise féerique » dont parlent parfois les personnes ayant rencontré le « petit peuple ». Celles-ci se retrouvent paralysées partiellement, incapables de parler. Les personnes ayant rencontré des extraterrestres et, ici, Bernadette Soubirous rapportent avoir vécu la même chose.

2. Ce texte est largement inspiré de l'autobiographie de Bernadette, complétée par d'autres récits de l'époque.

3. Il est de notoriété publique que Swedenborg vit un incendie ravager Stockholm et fut capable de le décrire avec force de détails alors qu'il se trouvait... à quatre cent cinquante kilomètres de là ! Il rapporta également mot pour mot au négociateur suédois des pourparlers secrets avec la Prusse et prédit l'assassinat de l'Empereur de Russie, Pierre III, par étranglement, quelques jours avant les faits. Comme Jeanne d'Arc et Lorna Byrne, Swedenborg voyait les anges aussi clairement que nous voyons les êtres de chair et de sang.

41. Le nabab de l'étrange

1. En 2006, j'ai publié un livre intitulé *Why Mrs Blake Cried*, de Marsha Keith Schuchard, une grande spécialiste de l'ésotérisme.

Elle fut invitée à participer à un débat à la Grande Loge unie de Londres. Lors du dîner qui suivit, elle donna avec humour le sobriquet de « nababs » à certains de ses hôtes et contradicteurs, loin de s'être comportés en parfaits gentlemen lors du débat.

2. Phénomène également appelé « spiritualisme ». Nous avons préféré le terme « spiritisme » afin d'éviter toute confusion avec le spiritualisme philosophique (N.d.T.).

3. Dans *The Key* (2000), Whitley Strieber rapporte avoir vu des enfants sauvages dans la même région, prélude aux rencontres avec des êtres surnaturels. Je ne connais aucun écrivain capable de mieux décrire ce qu'on éprouve en rencontrant un être venu d'une autre dimension.

4. Henry Steel Olcott, *People from the Other World*, Cambridge University Press, New York, 1875.

5. *Ibid.*, chapitre 8.

6. C. G. Harrison, *The Transcendental Universe*, George Redway, 1896.

7. John Yarker, franc-maçon anglais supérieur qui entretenait des liens forts avec l'Amérique et était membre d'au moins une loge ésotérique, établit un certificat à cet effet. (Voir *Revised Encyclopedia of Freemasonry*, 1929, de Mackey).

8. Olcott cite William Edward Hartpole Lecky, auteur de *The History of the Rise and Influence of the Spirit of Rationalism in Europe*(1865), pour s'élever contre ceux dont l'attitude à l'égard des miracles est « celle d'une incrédulité absolue, moqueuse, et même sans examen ». Cela me rappelle le récit d'une conversation que Rupert Sheldrake a récemment eue avec son confrère, le biologiste Richard Dawkins. « Les preuves ne m'intéressent pas ! » a lancé Dawkins, poussé dans ses retranchements. Nous y reviendrons, les matérialistes ont encadré la question de telle sorte que les preuves ne sont plus pertinentes.

9. *Hope Street*, l'autobiographie de Pamela Young (Coronet, 2012), évoque la vie de la classe ouvrière de Manchester. Pamela a été élevée au sein de l'Église spirite, alors vue comme un mouvement progressiste, dynamique sur le plan intellectuel, qui allait de pair avec le socialisme. Pam descend d'une longue lignée de femmes douées de pouvoirs spirituels, dont sa mère, un médium de talent. Le récit des matérialisations et autres miracles auxquels son frère et elle ont assisté dans les années 1950 est d'autant plus percutant qu'il est raconté à travers les yeux d'un enfant.

10. L'élongation corporelle est un phénomène traditionnellement associé aux saints et aux mystiques, à l'instar de Veronica Lapelli au XVIIe siècle, ou de la bienheureuse Stephanie de Quinzani au

XVIIIe siècle. Plus d'une centaine de saints catholiques auraient pratiqué la lévitation.

11. Pour un article bien documenté sur le lien entre la franc-maçonnerie et la Rose-croix, voir *An Esoteric View of the Rose-Croix Degree* du Vén. Frère Leon Zeldis, disponible en ligne.

Elias Ashmole publia *The Theatrum Chemicum Britannicum* en 1651, une anthologie de poèmes alchimiques. Plus tôt cette année-là, il avait rencontré un propriétaire terrien nommé William Backhouse. Backhouse l'avait adopté comme son « Fils » et il avait accepté Backhouse comme maître spirituel. L'éducation spirituelle d'Ashmole fut longue et difficile. Il n'étudiait que par intermittence, jusqu'à ce que son journal rapporte en mai 1653 : « Mon père Backhouse étant alité dans Fleet Street, près de l'église St. Dunstan, et ne sachant s'il allait survivre ou trépasser, me révéla sur les onze heures du soir, d'une manière syllabique, la véritable nature de la Pierre Philosophale, qu'il me laissa en héritage. » Après quoi les notes d'Ashmole ne font plus mention d'autres expériences alchimiques. Son éducation était finie. (Par le terme « syllabique », il fait allusion à la prononciation correcte des mots selon une série de vibrations rythmiques, qui à leur tour engendrent une succession de répercussions qui peuvent se propager dans les dimensions successives d'un être. Voir la *Maitri Upanishad*, VI.)

42. Le grand secret de ce monde

1. Publié en 1880. Le texte ci-dessus est une version abrégée de la traduction de Henri Mongault, 1923.

2. Vladimir Soloviev (1853-1900) a fondé la philosophie mystique qui porte le nom de sophiologie. Pour une description des prophéties de l'Antéchrist, voir *L'Histoire secrète du monde*. Comme son ami Soloviev, Dostoïevski prédit que la science précipitera l'Enfer sur Terre, et tous deux s'inspirent des prophéties de Daniel au sujet de l'Antéchrist. Étudiant, Soloviev avait sauté d'un train en marche, d'un wagon à un autre, mais à mi-parcours, s'était évanoui. Une jeune femme qu'il avait rencontrée plus tôt le tira à l'intérieur, le sauvant d'une mort certaine. Il s'aperçut que cette femme était vraiment très belle. Il l'appellerait son « amie éternelle » : c'était une vision de la sagesse, de la bonté et de la joie telles qu'il « pensait qu'elles n'existaient plus en ce monde ». Son amie éternelle le guiderait toute sa vie. Alors qu'il était en voyage d'études avec Dostoïevski à Londres, elle le somma de la trouver dans le désert égyptien. De temps à autre, on trouve des indices des croyances eschatologiques de Dostoïevski dans sa fiction : « L'homme sera

dieu et changera physiquement. Une transformation s'opérera dans le monde, dans les pensées, les sentiments, les actions. Croyez-vous qu'alors l'homme ne subira pas un changement physique ? » (Dostoïevski, *Les Possédés*, 1872.)

3. Une badine est une petite canne souple.

4. Citation d'un poème d'Oliver Goldsmith, « Le Village abandonné » (1770).

5. Traduction française de Pierre Leyris (Paris, L'imaginaire Gallimard, 1987) (N.d.T.)

43. L'histoire de la vie après la mort

1. William Blake : « Ce monde de l'Imagination est le monde de l'Éternité ; c'est le sein divin dans lequel nous irons tous après la mort du corps végétatif. » *Une Vision du Jugement Dernier*, 1810.

2. Vous trouverez un enregistrement exceptionnel d'une conférence donnée par Gershom Scholem sur la *Tselem* en 1975 sur le site Book of Doctrines and Opinions, dédié à la théologie et à la spiritualité juives.

3. Passages bibliques qui distinguent l'âme de l'esprit : 1 Thessaloniciens V, 25 ; I Corinthiens II, 14 ; Luc I, 46-47. Cette distinction fut « abolie » par l'Église en 669. Steiner et d'autres y ont vu une tentative visant à empêcher les hommes de faire l'expérience directe du spirituel en dehors de l'égide de l'Église.

4. D'après la *Maitri Upanishad* (VII, 11) : « Veille, rêve, sommeil profond, et ce qui est au delà, tels sont les quatre états d'*Âtman* [souffle vital]. » La *Maitri Upanishad* décrit le corps humain entier comme un instrument de perception et explique que les différents éléments du corps sont les véhicules des différentes formes de conscience (*Maitri Upanishad*, VII, 2).

5. Athanase d'Alexandrie, évêque d'Alexandrie au IIIe siècle, disait que, pendant le sommeil, l'âme rencontre les saints et les anges car elle n'est plus confinée dans le corps terrestre. Pour saint Augustin, Dieu œuvre aussi bien à travers les rêves qu'à travers les visions et, d'après Tertullien, c'est à travers leurs rêves que la plupart des gens connaissent Dieu.

6. Il s'agit sans doute ici du « tunnel lumineux » dont de nombreuses personnes ont fait l'expérience. Pour une description saisissante de ce phénomène, voir *Ma vie avec les anges*, de Lorna Byrne. Pour une étude qui rend compte de la remarquable cohérence de tels récits dans les différentes cultures, voir *Expériences vécues de la survie après la mort*, étude que j'ai commandée à l'historien Ian Wilson en 1987.

7. Il est intéressant d'effectuer une comparaison avec les récits d'attaques de démons pendant l'expérience de l'au-delà du néoplatonicien Proclus, qui décrivent l'irruption de « démons terrestres ». Voir *Commentaire sur le Premier Alcibiade de Platon*.

8. Dans *De la face qui paraît sur la Lune*, Plutarque écrit qu'après la mort, on laisse le corps physique derrière soi, tandis que l'âme et l'intellect divin – auquel il donne le nom de « nous » – continuent leur voyage vers la Lune. Au bout d'un moment, l'intellect divin continue tout seul. Dans les descriptions de la mort qui nous viennent du monde antique, tel que celle qu'on trouve dans ce qu'on appelle aujourd'hui le *Livre des morts des Anciens Égyptiens*, le moi (le « nous ») doit traverser sept portes et, à chacune d'elles, doit réciter une formule magique qu'il a mémorisée au cours de sa vie terrestre. Ici, dans la description de Steiner, ce sont les qualités morales et spirituelles qui nous font traverser – signe de l'évolution spirituelle de l'humanité dans la période intermédiaire. Steiner évoque aussi en passant une idée intrigante : les esprits qui vivent dans la sphère de Mars peuvent nous sentir passer par exemple. À leurs yeux, nous ressemblons à des fantômes. Voir aussi *L'Histoire secrète du monde*, chapitre 10, pour une description mise au jour en Irak, qui remonte au IIIe millénaire av. J.-C.

9. E. R. Dodds, *Les Grecs et l'irrationnel* (Paris, Flammarion, 1999).

10. Steiner a écrit : « [L]e monde spirituel est édifié avec la substance qui compose la pensée humaine. » (*Théosophie*, chapitre III. Paris, Éditions Alice Sauerwein, 1923.) On peut s'imaginer la substance qui compose la pensée comme l'eau d'une rivière, suggère-t-il. La matière s'apparente à de gros morceaux de glace flottant sur l'eau – la même substance, mais dans un état différent.

44. Jung et son démon

1. Pour la liste des livres de Swedenborg empruntés par Jung, voir l'essai d'Eugene Taylor intitulé « Jung on Swedenborg, Redivivus », sur le site Internet de la *Philemon Foundation*, www.philemonfoundation.org.

2. Pour une description complète, voir *Le Livre rouge* (Paris : Les arènes, 2012).

3. Il dirait plus tard que les légendes siegfriediennes ne lui avaient jamais plu. L'idéalisme allemand peut parfois sembler menaçant quand il devient *héroïque*.

4. Cité dans *Ma vie* de C. G. Jung et Aniéla Jaffé (Paris : Gallimard, Folio, 1991).

5. Toute sa vie, Jung garda *Le Livre rouge* secret, et sous clé – sans doute de peur qu'on ne le croie fou. Philémon est une illustration d'un « archétype » jungien : l'archétype du vieux sage. Comme l'a fait remarquer le théologien suisse Paul Tillich, « archétype » est ici la traduction latine des « Idées » de Platon.

6. Pendant les croisades, on vit des êtres vêtus de robes blanches venir à l'aide des chrétiens au combat, ce qui aida à conférer une aura surnaturelle aux templiers. Voir *The Knights Templars*, de Stephen Howarth, Collins, 1982.

45. Fátima et les secrets de l'ange gardien

1. Dans *L'Église* (1967), l'ami de Joseph Ratzinger, le théologien Hans Küng, attirait l'attention sur les similarités entre les phénomènes s'étant produits à Fátima et les prophéties de Joachim de Flore – les prédictions, les dates récurrentes, le symbolisme numérique. Il y a trois enfants, trois secrets et sept apparitions. La Dame apparaissait le treize de chaque mois. Lúcia mourut un 13 mai. La tentative d'assassinat d'un pape prédite se réalisa le 13 mai 1981. Elle échoua et Jean-Paul II fit don d'une des balles l'ayant atteint à l'évêque de Leiria-Fátima, qui la fit enchâsser dans la couronne de la statue de Notre-Dame de Fátima. Pour une analyse plus complète de Joachim de Flore, voir *L'Histoire secrète du monde* et *The Secret History of Dante*.

2. Pour de plus amples informations sur les expériences catholiques du surnaturel à l'époque moderne, je vous recommande www.mysticofthechurch.com. Pour donner un autre exemple, en 1968, deux mécaniciens musulmans qui travaillaient dans un garage dans la banlieue du Caire virent une femme sur le dôme de l'église Sainte-Marie de Zeitoun. Pensant qu'elle s'apprêtait à se suicider, ils lui crièrent de ne pas sauter. Elle ne répondit pas mais, quand une femme la désigna d'un doigt gangréné, son doigt guérit. Environ un million de personnes virent cette apparition lumineuse. Il existe même des photographies. Pour un compte rendu complet de ce phénomène, agrémenté de photos, voir *The Sceptical Occultist* de Terry White (Century, 1994).

46. Hitler et les anges hongrois

1. En 1946, lors d'une interview à la BBC, Jung dit qu'en 1918 il avait commencé à remarquer qu'un nombre impressionnant de ses patients lui racontait rêver d'une entité que Jung identifiait à la « bête

blonde ». Nietzche avait prophétisé cette entité dans les années 1880, quand il avait évoqué ce qui arrivait aux hommes « nobles » quand ils se trouvaient à l'extérieur de leur milieu, parmi des étrangers, et cette idée fut adoptée par les nazis à des fins de propagande. On voit là encore un exemple frappant d'un esprit puissant ou d'une intelligence désincarnée à l'œuvre dans plusieurs esprits en même temps (Friedrich Nietzche, *Généalogie de la morale*, 1887).

2. On a beaucoup spéculé sur l'intérêt d'Hitler pour l'occultisme, dans *La Lance du Destin* notamment, écrit à l'origine par Trevor Ravenscroft comme un roman. Au cours de l'écriture de ce livre, on m'a envoyé un excellent ouvrage, *Whisperers*, de J. H. Brennan, qui en apporte la preuve irréfutable sous la forme d'un livre nommé *Magische Geschichte/Theorie/Praxis*. Hitler en possédait un exemplaire, qu'il avait beaucoup annoté – soixante-six fois (chapitre 18).

3. À ma connaissance, la seule source de l'histoire de Gitta et Hanna est un livre extraordinaire, dont Gitta est le « scribe » : *Dialogues avec l'ange* (Aubier Montaigne, 1994).

47. Le *sine qua non*

1. La capacité de laisser des empreintes dans la roche, bien qu'en grande partie oubliée aujourd'hui, était un don qu'on attribuait également à des individus exceptionnels, ou évolués sur le plan spirituel, en Occident. D'après Hérodote, Hercule laissa l'empreinte de son pied, longue de deux bonnes coudées, sur un roc près de Tyras en Scytie. Le mont Carmel, lui, conserva l'empreinte du pied d'Élie. Moïse laissa l'empreinte de son dos et de ses bras dans une grotte où il s'était caché et on trouvait l'empreinte de la tête de Mahomet sur les parois d'une grotte près de Médine. On disait que la pierre sur laquelle on posa le corps de sainte Catherine mollit et reçut l'empreinte de ses reins. Pour tous ces exemples et d'autres, voir *Des sciences occultes, ou Essai sur la magie, les prodiges et les miracles*, d'Eusèbe Salverte (1829).

2. Dans les années 1970 et 1980, les Pères Thomas Keating, William Meninger et Basil Pennington développèrent une nouvelle méthode de prière contemplative, inspirée du *Nuage de l'inconnaissance*, texte écrit au Moyen Âge. Le but était d'introduire les méthodes et les exercices spirituels de méditation d'un monastère trapiste dans le monde extérieur, afin de créer une forme de méditation chrétienne pour pondérer les formes orientales qui étaient alors très en vogue chez les jeunes.

3. Pour une excellente analyse des scientifiques qui s'accrochent toujours au paradigme mécaniste, ayant été discrédité, voir *Réenchanter la science*, de Rupert Sheldrake (J'ai lu, 2016).

4. L'expérience à « choix retardé » a été pour la première fois réalisée en 1984 à l'université du Maryland par Alley, Jakubowicz et Wickes, et a depuis été répétée à plusieurs reprises.

5. Voir Annexe II de *La clé perdue : les pouvoirs secrets des francs*-maçons de Robert Lomas (Dervy éditions, 2014) pour une description précise. « Les astronautes à bord d'Apollo 11 avaient rapporté avoir vu des flashes étranges, même les yeux fermés. La NASA décida d'enquêter sur ce phénomène, qui ne s'était produit qu'en dehors du champ électromagnétique naturel de la Terre. Ils découvrirent que ces flashes avaient été causés par une unique particule à énergie élevée qui avait stimulé les nerfs optiques et les rétines des astronautes. » (Chapitre 11, traduction libre.) Lomas poursuit en citant le rapport officiel de la NASA.

6. C'est Sevak Gulbekian, éditeur chez Temple Lodge Publishing, Rudolf Steiner Press et Clairview Books, et auteur de l'excellent *In the Belly of the Beast : Holding your Own in Mass Culture* (Hampton Roads, 2004), qui a attiré mon attention sur le triste sort du Panchen-lama, auquel il consacre un chapitre dans son livre.

7. Voir *Le cycle de l'année, un chemin d'initiation vers le vécu de l'être du Christ* (Éditions du Pic de la Mirandole, 2013), de Sergueï O. Prokofieff. Prokofieff, auteur anthroposophe majeur, y décrit la manière dont les influences matérialistes sur les vivants au XVIIIe, au XIXe et au début du XXe siècle ont conduit au dessèchement de leur corps éthérique, imprimé d'images noires, si bien qu'après la mort leur corps éthérique était lent à se dissoudre et formait même une barrière, qui faisait obstacle aux rencontres avec le Christ.

8. Le récit complet se trouve dans les archives du Religious Research Centre de l'université du Pays de Galles.

9. David Hay, *Religious Experience Today*, Mowbray, 1990. Voir aussi David Hay et Gordon Heald, « Religion is good for you », New Society, 17 avril 1987.

10. Enquête de l'institut ICM pour la Bible Society, rapportée dans le *Daily Telegraph* du 17 décembre 2012.

11. Sondage effectué par le Baylor University Institute for Studies of Religion et rapporté dans le magazine *Time* le 18 septembre 2008.

12. Enquête du Pew Forum on Religion and Public Life, consultable à l'adresse suivante : religions.pewforum.org/reports.

48. Lorna Byrne et le mysticisme du quotidien

1. Plus tôt dans l'année, l'agent et manager de Lorna, Jean Callanan, nous a conduits à une exposition de peinture des préraphaélites à la Tate Britain. Pour Lorna, c'est une peinture de Dante Gabriel Rossetti représentant l'Annonciation qui capture le mieux la manière dont les anges flottent au-dessus du sol, et ce jusqu'au détail de leur ombre. J'espérais montrer à Lorna la toile *L'habitant dans l'intime* (*The Dweller in the Innermost*), de George Frederic Watts, qui est sans doute une représentation du Gardien du seuil, qu'Edward Bulwer-Lytton, Rudolf Steiner et d'autres ont décrit. Nous avons fini par en trouver une reproduction dans une librairie. Pour une comparaison intéressante, voir ce passage extrait d'*Experiences* d'Arnold Toynbee, Partie II, chapitre 9 : « ... ce qui m'intéresse dans l'humanité, c'est l'aspect spirituel de la présence psychosomatique qu'un être humain montre à ses semblables et à lui-même. La vérité (telle que je la conçois) a été exprimée visuellement par le peintre anglais victorien dans un tableau qu'il a intitulé *The Dweller in the Innermost*. »

Conclusion

1. Dans les premiers chapitres de ce livre, j'ai essayé de démontrer que l'astrologie n'est superficielle qu'en *apparence* – et qu'elle fait partie d'un système philosophique complexe et sophistiqué qui a bien servi l'humanité et qui, du moins dans la mesure où il concilie expérience objective et subjective, représente la description la plus complète du monde imaginée à ce jour. Kant a écrit que deux choses lui remplissaient « le cœur d'une admiration et d'une vénération, toujours nouvelles et toujours croissantes » : le ciel étoilé au-dessus de lui et la loi morale en lui. Dans la philosophie esquissée dans ces pages, les deux sont intimement liés.

2. Rupert Sheldrake arborait un sourire facétieux en me disant en novembre 2012 que, selon lui, le Grand collisionneur de hadrons était une gigantesque expérience de l'effet quantique. Tous ces scientifiques qui s'évertuent à trouver le Boson de Higgs finiront peut-être par le faire exister !

Dans des milliers d'années, les archéologues découvriront peut-être les restes du Grand collisionneur de hadrons et les examinerons en contrepoint des pyramides sur le plateau de Gizeh : selon leur prédisposition philosophique, ils les verront soit comme de monumentales folies architecturales, soit comme d'énormes machines conçues pour rendre visible un pouvoir d'une autre dimension.

Est-il maladroit de se servir de l'histoire entière pour remonter à l'origine de l'expérience la plus évanescente qui soit – le sentiment qu'on ne peut pas vraiment, prudemment, légitimement dire que la pensée qui vient de nous traverser l'esprit nous appartient ?

Table des matières

12017

Composition
NORD COMPO

Achevé d'imprimer en Espagne
par CPI (Barcelone)
le 14 janvier 2018.

Dépôt légal : février 2018.
EAN 9782290147283
OTP L21EPLN002219N001

ÉDITIONS J'AI LU
87, quai Panhard-et-Levassor, 75013 Paris

Diffusion France et étranger : Flammarion